JN409857

역사의 고전

역사의 고전

펴낸날 2판 1쇄 2017년 2월 28일(『세계 속의 한국사』의 개정판)
2판 2쇄 2017년 8월 30일
1판 1쇄 2015년 8월 25일
1판 2쇄 2016년 7월 25일
지은이 홍성화 · 권만용 · 이도남 · 유동호
펴낸이 민상기
펴낸곳 건국대학교출판부
등록 / 제4-3 호(1971. 6. 21.)
주소 / 05029, 서울특별시 광진구 능동로 120
전화 / (02)450-3891~3
팩스 / (02)457-7202
홈페이지 / http://press.konkuk.ac.kr
e-mail / press@konkuk.ac.kr
책임편집 임경희
찍은곳 네오프린텍주식회사
정가 16,000원

ISBN 978-89-7107-612-5 93910

이 도서의 국립중앙도서관 출판예정도서목록(CIP)은 서지정보유통지원시스템 홈페이지(http://seoji.nl.go.kr)와 국가자료공동목록시스템(http://www.nl.go.kr/kolisnet)에서 이용하실 수 있습니다. (CIP제어번호 : CIP2017004772)

건국대학교출판부

▮개정판 머리말

역사와 고전의 만남

최근 매스컴을 통해 보면 역사에 대한 관심도가 점점 높아지고 있음을 느낄 수 있다. 이는 아마 격변하는 현재 시점의 역사 인식과 맞물려 과거 역사에 대한 관심이 고조되고 있기 때문은 아닌가 싶다. 이처럼 역사라는 것은 단순히 과거의 사실만을 소개하는 것이 아니라 현재의 시점과 맞물려 미래에 우리가 나가야 할 방향을 제시해주는 중요한 학문이다.

앞서 『세계 속의 한국사』를 펴내면서 잘못된 인식에 기반한 역사는 현재와 미래에 그릇된 행동을 이끌 수 있기 때문에 우리는 역사에 대해 진실된 사실에 대한 구명(究明)과 올바른 사관(史觀)의 정립이 필요하다고 역설한 바 있다.

그렇다면 역사를 어떻게 공부해야 하고 어떻게 이해해야 할 것인가?

우리가 과거에 일어났던 일을 직접 체험할 수는 없다. 그렇기 때문에 역사적 진실에 가까이 다가가는 방법은 우선적으로 여러 가지의 시각과 구도 아래에서 다양한 논의가 이루어져야 할 것으로 생각한다. 즉, 역사를 어떻게 인식하고 해석하느냐에 대한 논의 과정이 역사의 진실을 찾아가는 시작점이라고 할 수 있다.

그러한 의미에서 역사의 토대가 되는 원전(原典)과 고전(古典)을 살펴보는 것은 중요한 작업이라고 할 수 있다. 단순히 다른 사람이 해석해 놓은 내용을 달달 암기하면서 역사를 배울 것이 아니라 본인 스스로 원전 텍스트를 보고 이해하고 해석하는 과정이 무엇보다도 중요하다고 할 수 있다.

이는 역사 해석의 다양성 확보라는 학문의 본질과 관련되어 있기도 하다. 최근 한국사 교과서 국정화에 대한 논란이 거세지고 있는 것도 실상은 역사 해석의 다양성에 대한 담보가 논쟁점이 되고 있기 때문이다.

이처럼 역사라는 것은 단순히 역사와 관련해 여러 가지 사실을 배우는 것에 그치는 것이 아니라 그에 대한 다양한 해석이 있다는 것을 이해하는 과정인 것이다.

따라서 이와 같이 역사 속의 원전과 고전을 깊이 있게 읽고 이해하는 것이야말로 진정 인문학적 사고력을 배양하는 첫걸음이라고 감히 이야기할 수 있을 것이다.

본 『역사의 고전』은 건국대학교 글로컬캠퍼스의 교양과목 개편에 따라 새로이 개정된 교재이기도 하지만, 실질적으로는 우리가 역사를 어떻게 인식하고 해석해야 할 것인가에 중점을 두고 각 시대별로 중요한 원전과 고전 텍스트를 실어 역사를 어떻게 이해할 것인가에 대한 물음에 일정 부분 대답하고자 했다.

아무쪼록 처음 시도되는 것인 만큼 시행착오도 있겠지만 역사와 고전의 만남이 새로운 인문학적 사고의 이정표가 되기를 기대하면서, 출간에 이르기까지 힘써주신 분들께 다시 한 번 감사의 말씀을 드린다.

2017년 2월

집필자를 대표하여 홍성화 씀

▮ 머리말

왜 역사를 배워야 하는가

가끔 학생들로부터 "고등학교 때도 배우지 않았던 역사를 왜 대학에 와서까지 배워야 하나요?"라는 질문을 받을 때가 있다. 다른 말로 하면 "요즈음 같이 취업에 매달리면서 전공 공부를 하는 것만으로도 벅찬데 왜 쓸데없이 교양 과목으로 역사를 공부하는 데 시간을 허비해야 하는가?"라는 질문일 것이다.

이는 교육 과정이 바뀌어 고등학교에서 역사 수업을 받는 시간이 현저히 줄었거나 어떤 경우에는 아예 배우지 않는 상황도 있기 때문에 생긴 현상일 것이다. 만약 역사 과목의 수업을 들었다 하더라도 단순히 역사적 사실을 암기하기에만 급급하여 달달 외워 시험문제를 푸는 형국이었기 때문에 왜 역사를 배워야 하는가에 대한 의미를 제대로 음미하지 못한 탓이리라.

그러나 역사라는 것은 쓸데없이 달달 암기하는 공부가 아니다. 역사는 그 안에 정치, 경제, 사회, 문학, 예술, 사상 등 그동안 우리 인간이 살아왔던 삶이 담겨 있는, 인간에 대해 총체적으로 배우는 학문이라고 할 수 있다. 그렇기 때문에 취업, 전공 공부를 제대로 하기 위해서는 인간의 삶을 이해하는 역사 공부가 우선적으로 필요하다. 작금에 회자되고 있는 소위 '융복합적 학문'의 기본이 바로 역사인 것이다.

그래서 존 로크John Locke는 "역사는 그 어느 공부보다 더 즐겁고 가장 많은 것을 가르쳐 준다"고 하였으며 필립 시드니Philip Sidney도

"역사야말로 도덕, 정치, 군사 등 향후 당신의 판단에 근거가 될 최선의 지침을 제공한다"고 이야기했다.

즉, 과거의 역사를 공부함으로써 현재, 미래에 우리가 나가야 할 방향에 대한 교훈과 지침을 얻을 수 있다는 것이다. 현 시점에서 우리가 어디에 서있는지를 돌아보면서 우리가 귀감龜鑑으로 삼아야 할 것들은 지켜나가고 또 잘못된 역사에 대해서는 앞으로 절대로 그러한 일이 있어서는 안 된다는 반성을 통해야만이 우리는 성숙한 존재로 거듭날 수 있을 것이다.

그렇기 때문에 우리는 올바른 역사를 배워야 한다. 잘못된 인식에 기반한 역사는 현재와 미래에 그릇된 행동을 이끌 수 있기 때문이다. 따라서 역사는 진실된 사실에 대한 구명究明과 올바른 사관의 정립을 필요로 하며 그러한 의미에서 이 책에서는 우리 역사에 나타나는 사실史實들을 세계사적인 관점에서 보편성과 특수성을 찾아 체계적으로 서술하려고 노력하였다.

근래 들어 '임나일본부설', '동북공정', '독도문제' 등 주변 국가들의 우리 역사에 대한 왜곡 문제가 심상치 않다. 글로벌을 지향하는 시대에 있어서 우리 역사에 대한 주변국의 편향된 시각은 하루 빨리 시정되어야 할 것이다. 따라서 이 책에서는 우리 역사를 바라보고 있는 다양한 시각들에 대해 살펴보고 이들의 문제점과 우리의 자세 및 해결 방안을 찾고자 하였다.

또한 건국대 글로컬캠퍼스가 위치하고 있는 충주는 유적의 출토에서부터 시작하여 고대, 중세, 근대에 이르기까지 우리나라 역사의 중심 무대에 있었던 곳이다. 하지만 의외로 충주에 대한 역사와 문화가 잘 알려져 있지 않다. 역사 공부는 책상머리에 앉아 너스레를 떨면서 달달 외우는 것이 아니라 직접 역사의 현장에서 그 흔적을 되새기는 작업이다. 따라서 항상 우리 역사의 중심 무대에서 활약했던 충주의 역사에 대해 돌아봄으로써 우리 학생들의 지역에 대한 관심과 현장을 통하여 역사에 대한 이해를 높일 수 있는 계기가 될 수 있을 것으로 기대한다.

아무쪼록 이 책이 대학의 교양 과목 교재로서 뿐만이 아니라 올바른 역사를 이해할 수 있는 일반인의 교양서로 자리 매김 되기를 바라며, 아직 곳곳에 미흡함이 있을 수 있지만 향후 개정을 통해 보완해 나갈 수 있을 것으로 생각한다.

그동안 이 책이 나오기까지 애써주신 이도남, 권만용, 이창섭, 유동호 건국대학교 글로컬캠퍼스 역사 선생님들께 특별히 감사를 드리며 건국대출판부 관계자 분들께도 심심한 감사의 말씀을 드린다.

2015년 7월

집필자를 대표하여 홍성화 씀

차 례

1장 선사시대와 국가의 형성

2장 고대사회

3장 고려시대

4장 조선전기

5장 조선후기

6장 근대사회

7장 현대사회

1장

선사시대와 국가의 형성

1 선사시대

지구상에 인류가 처음으로 나타난 것은 지금으로부터 200만~300만 년 전으로 알려져 있다. 이때부터 문자로 기록을 남긴 역사歷史시대 이전까지의 시기를 선사先史시대라고 한다. 선사시대는 기록이 없었기 때문에 이 시대 인류의 생활 양태는 고고학적 유물과 유적의 분석을 통해 살펴볼 수밖에 없다. 따라서 선사시대는 인류가 사용한 도구에 따라 시대를 분류하고 있다.

1) 구석기 시대

한반도에 사람들이 살기 시작한 것은 지금으로부터 약 70만 년 전부터였다. 대체적으로 동물의 뼈나 뿔로 만든 도구와 뗀석기를 가지고 수렵과 채집을 하면서 생활하였기 때문에 구석기 시대라 일컫는다. 구석기 시대에는 한반도의 경우 중국과 한반도 및 일본열도가 육지로 연결되어 있었다. 그러다가 이후 약 1만 년 전에 있었던 큰 지각 변동으로 한반도가 생기고 일본열도가 대륙에서 분리되었는데, 이때까지를 구석기 시대라고 한다.

구석기인들은 동굴과 바위 그늘 또는 강가에서 막집을 짓고 살았으며 아직 습지나 늪지에 있던 식물들을 뗀석기로 거두어들이는 재배 이전의 단계였다. 구석기 후기에 이르러서는 석회암이나 동물의 뼈 또는 뿔 등을 이용해 조각품을 만들기도 했다.

우리나라에서는 일제 강점기에 두만강가 종성 동관진에서 처음으

지경동
동관진
굴포리
장덕리
승리산
굴재덕
만달리
대현동
검은모루
해상
장흥리
주월리
전곡리
금파리
강릉심곡리
호평
병산리
점말동굴
상시리
삼리
금릉동,
용탄동
수양개
명오리, 창내
석장리
소로리
두루봉 동굴
미암리
진그늘
고레리
새터
옥과
죽내리
임불리
중동
화순대전
죽산
내촌리
빌레못
한데유적
동굴유적

우리나라의 구석기 유적

로 구석기 유적으로 발견되었으나 식민사관에 의한 그릇된 논리로 인해 그 의미가 부정되기도 하였다. 이후 1963년에 함경북도 웅기 굴포리 유적이 발견되고 1964년 충청남도 공주 석장리 유적이 구석기 유적으로 발견되어 우리 역사의 상한을 구석기 시대로 올려놓았다.

이후 상원 검은모루, 덕천 승리산동굴, 연천 전곡리, 청원 두루봉동굴, 제천 점말동굴, 단양 금굴 유적 등 한반도 곳곳에서 구석기 유적지가 발견되고 있다.

제천 점말동굴

평남 덕천 승리산 만달 동굴에서는 한반도 최초로 인골 화석이 출토되었으며 충북 청원 두루봉 동굴에서는 소위 흥수아이라고 부르는 인골 화석이 발견되었고 단양 상시바위그늘 유적에서도 사람 화석이 출토되었다. 또한 경기 연천 전곡리에서는 그동안 동아시아에서 발견되지 않았던 아슐리안 주먹도끼가 출토되어 동북아시아가 찍개 문화로 대표된다는 모비우스의 학설이 무너지기도 하였다.

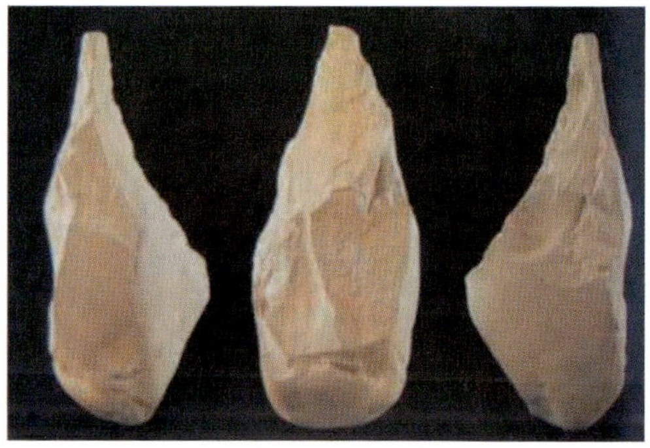

아슐리안 주먹도끼

▮충주 지역의 구석기 유적

충주 지역에서 발굴된 구석기시대 유적으로는 남한강과 달천강이 합류하는 지역인 금릉동, 용탄동 유적이 있으며 최근 호암지를 중심으로 구석기 유적이 추가로 발견되고 있다. 충주댐 수몰지역인 사기리 창내와 명오리 큰길가 등에서도 구석기 유적이 발견되어 중원 지역에서 구석기 문화가 남한강을 중심으로 광범위하게 분포하고 있었음을 알 수 있다.

충주를 중심으로 한 중원 지역에서 사냥돌, 찍개, 긁게 등 뗀석기의 구석기 유물이 출토되고 있다.

2) 신석기 시대

신석기 시대는 기후가 비교적 온난한 시기였고 해수면이 상승하여 현재와 같은 해안선이 형성되었다. 신석기인들은 뗀석기에 이어 돌을 갈아 만든 간석기를 사용하였다. 주로 물가에 움집을 짓고 살면서 고기잡이와 사냥을 했고, 정착생활을 하면서 농경을 시작하였다. 조, 피, 수수 등을 재배하고 숲이나 구릉에 불을 놓아 만든 화전火田에서 땅을 일구었다. 후기로 갈수록 동물을 가축으로 기르기 시작하였다. 주요 농기구로는 돌괭이, 돌삽, 돌보습, 돌칼 등을 사용하였다.

이들 음식을 조리하거나 저장하기 위해 흙을 빚어 만든 토기를 만들어 사용하였는데, 우리나라에서는 초기 신석기 시대에 덧무늬토기가 제작되었고 이후 신석기 시대의 대표적인 토기인 빗살무늬 토기가 사용되었다.

농경 도구나 토기의 제작 외에도 가락바퀴, 뼈바늘의 출토로 옷이나 그물을 만드는 원시적 수공업의 단계에 있었음을 알 수 있다.

이처럼 농경과 목축의 시작은 인류가 자연을 있는 그대로 이용하던 단계에서 벗어나 스스로 개발하는 단계에 이르렀던 인류사의 중대한 사건으로서 '신석기 혁명'이라고 부르기도 한다.

신석기인들은 모계혈연을 기초로 한 씨족 공동체를 이루었으며 점차 다른 씨족과 혼인을 통해 부족을 이루었다. 씨족 구성원은 아직 계급이 없는 평등한 사회로 원시공동체 사회를 이루었다.

농경과 정착생활을 하면서 농사에 큰 영향을 주는 해, 구름, 비, 바람, 물과 같은 자연에 정령이 있다고 믿는 애니미즘이 생겨났으며 사람이 죽어도 혼령은 없어지지 않는다고 생각하는 영혼불멸사상과 조상숭배사상이 나타나게 되었다. 또한 하늘과 인간을 연결시켜주는 영매로서의 무당과 주술의 힘을 믿는 샤머니즘, 자기 씨족의 기원을 특정동물과 관련짓고 동일시하는 토테미즘도 생겨나게 되었다.

예술품으로는 조개껍데기 가면, 동물을 새긴 조각품, 짐승의 뼈나 이빨로 만든 치레걸이 등이 있었다.

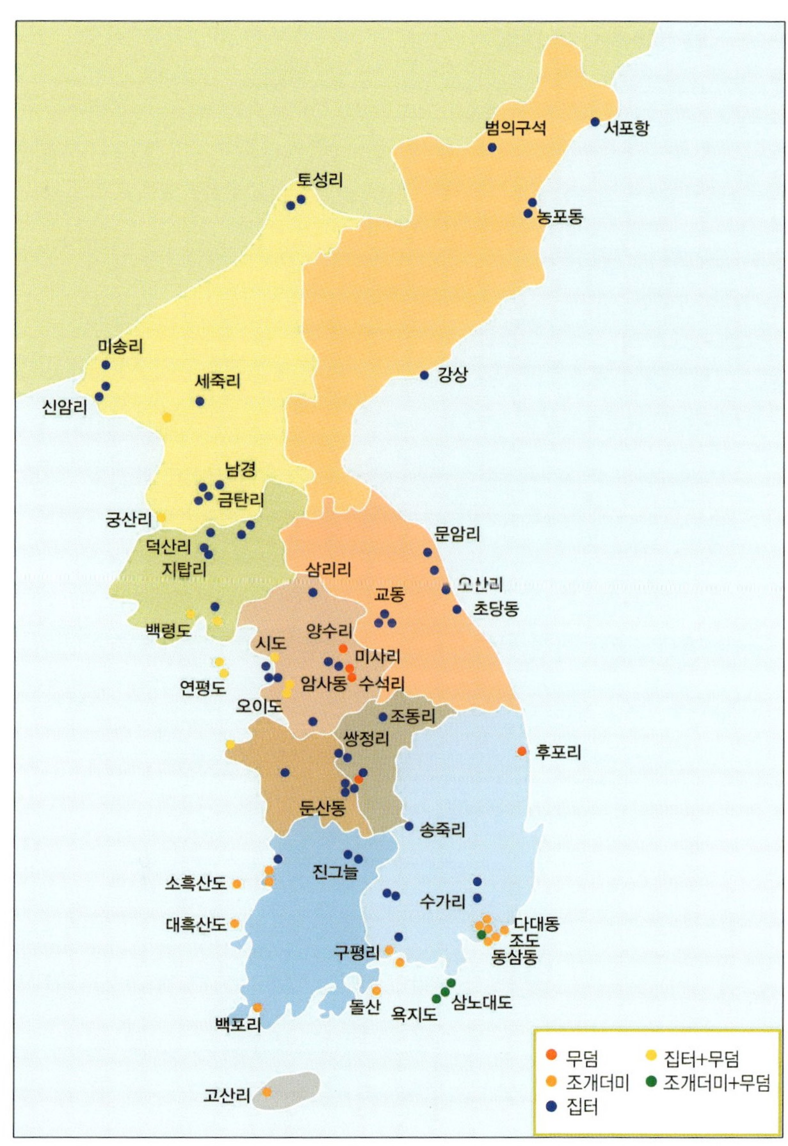
범의구석
서포항
토성리
농포동
미송리
세죽리
신암리
강상
남경
금탄리
궁산리
덕산리
지탑리
문암리
삼리리
오산리
교동
초당동
백령도
시도
양수리
미사리
연평도
암사동
수석리
오이도
조동리
쌍정리
후포리
둔산동
송죽리
진그늘
소흑산도
수가리
대흑산도
다대동
조도
구평리
동삼동
돌산
욕지도
삼노대도
백포리
고산리
무덤
집터+무덤
조개더미
조개더미+무덤
집터

우리나라의 신석기 유적

3) 청동기 시대

청동기 시대는 구리에 주석 등을 섞어 만든 청동이 주요한 도구로 사용되었던 시대로서 우리나라에서는 기원전 1,500년경부터 중국의 요령성과 길림성을 아우르는 만주 일대와 한반도에 걸쳐 널리 분포되었다.

청동기는 동검이나 거울, 팔주령 등 주로 주술적인 의장용으로 만들어졌다. 초기 비파형 동검과 거친무늬 거울 등의 청동제품이 후기로 가면서 한국식 동검이라고 하는 세형동검과 잔무늬거울 등의 형태로 변화, 발전되었다.

청동제품을 제작하던 거푸집이 발견되어 한반도 내에서 직접 청동기 제작이 이루어졌음을 알 수 있다. 청동기 시대의 대표적인 토기는 민무늬 토기이고 출토지에 따라 미송리식, 송국리식으로 분류되고 있다. 주요한 생산 도구는 여전히 간석기였으나 전보다 다양하고 개선되어 발달된 모습을 보였다.

농업의 생산과 청동기 문화가 발달하게 됨에 따라 경제적 우열이 나타나고 무력의 격차도 커져 정복활동에 따른 사회의 분화는 더욱 확대되었다. 전문 장인이 출현하였으며 사유재산과 계급이 나타나게 되었다.

이러한 상황은 청동기 시대에 우리나라 전역에 걸쳐 고인돌이라는 무덤 양식이 만들어졌다는 사실에서 엿볼 수 있다. 고인돌은 거석문화의 한 표본으로 우리나라에만 4만 여기가 있어 세계에서 밀집도가 가장 높다. 이러한 특수성으로 인해 우리나라의 고인돌이 유네스코 세계문화유산으로 지정되었다.

강화 고인돌

▮충주 조동리 선사 유적

조동리 유적은 중원지역에서는 드물게 신석기, 청동기시대 문화층이 잘 발달되어 있던 곳이다. 3차에 걸친 조사결과 신석기층에서 불땐자리(爐址) 1기와 유물포함층이, 청동기층에서는 집터 9기, 불땐자리 49기, 움(竪穴) 18기, 도랑(溝)유구 7기, 돌무지 유구 1기 및 근대의 우물 1기, 불땐자리 1기 등 모두 87기의 유구가 조사되었다.

이러한 다양한 유구와 많은 출토 유물상으로 볼 때 청동기시대에 조동리 일대에 대규모 취락을 형성하고 활발한 생산경제활동이 있었음을 알 수 있다.

조동리 유적의 대표적인 유물은 붉은굽잔토기로서 겉면에 산화철을 바르고 길고 가는 굽다리의 내부에 원통형 구멍이 뚫려 있으며 배가 부른 몸통 모습을 보이고 있다.

한편, 신석기층의 불땐자리가 6,200bp로, 청동기층의 집터가 2,715bp, 불땐자리가 2,995bp로 측정되어, 약 7천 년 전 처음 신석기인이 조동리에 와서 살았고, 약간의 공백 상태로 있다가 약 3천 년 전부터 다시 청동기인이 와서 농경 생활을 하며 살았던 것으로 보인다.

울산 반구대 바위그림에는 고래, 거북, 사슴, 호랑이, 새 등의 동물이 새겨져 있어 당시 사냥과 고기잡이, 가축사육 등을 통해 풍성한 수확을 바라는 마음과 활기찬 생활모습을 보여주고 있다.

또한 고령 양전동 알터 바위그림에는 동심원, 십자형, 삼각형 등의 기하학적인 무늬가 새겨져 있어 태양숭배와 풍요를 바라는 농경 사회의 생활상을 짐작할 수 있다.

2 고조선과 여러 나라의 성립

1) 단군신화와 고조선

청동기 문화가 발전하면서 요동 및 만주지방과 대동강 유역 등 한반도 북부를 아우르는 넓은 지역을 중심으로 우리나라 최초의 국가인 고조선이 건국되었다. 현재 고조선 초기의 중심지를 중국 요령 일대와 평양 일대로 보는 견해가 대립하고 있지만, 탁자식 고인돌과 비파형 동검의 분포 등을 통해 요동 지역에서 건국되어 후기에 한반도 북부에서 성장한 것으로 추정하기도 한다.

『삼국유사』의 기록에 따르면 고조선은 지금으로부터 2000년 전 단군왕검이 아사달에 도읍을 정하고 새로이 나라를 세웠다고 한다.

『삼국유사』에는 「고기古記」에 의거하여 고조선이 성립되는 과정을 단군신화의 형식으로 기술하고 있다. 단군신화의 내용 중 환인의 아들

환웅이 풍백, 우사, 운사를 거느리고 태백산에 내려와 곡식, 수명, 질병, 형벌, 선악 등 인간의 360여 가지의 일을 주관하며 다스렸다는 내용을 통해 당시는 농경사회였으며 이들 부족이 하늘의 자손임을 내세워 자기 부족의 우월성을 과시했다는 것을 알 수 있다.

또한 단군신화에 나오는 곰과 호랑이는 이전부터 그 지역에 살고 있던 선주민 집단을 상징하는 것으로 보이며 이후 환웅의 무리가 곰 집단과 혼인을 맺어 연합하는 모습을 보여주고 있다. 이들이 낳은 단군왕검檀君王儉은 그가 제정일치祭政一致의 지배자였음을 알려주고 있다.

2) 고조선의 발전과 변천

고조선은 기원전 3세기경 부왕, 준왕 등 강력한 권력을 가진 왕이 등장하여 왕위가 세습되고 상, 대부, 장군 등의 관료 조직이 마련되었다. 또한 왕권이 강화되어 중국의 연燕과 대립할 정도로 강해졌다. 중국이 전국 시대 이후 혼란에 휩싸여 유이민들이 대거 고조선으로 넘어오게 되자 고조선은 그들을 서쪽 지역에 살게 하였다.

그 뒤 진秦, 한漢 교체기에 또 한 차례의 유이민 집단이 이주해왔는데 그중 위만은 상투를 틀고 오랑캐 옷을 입고 1,000여 명의 무리와 함께 고조선에 들어왔다. 고조선의 준왕은 위만에게 서쪽 변경지대를 주고 그 지역 주민을 다스리도록 하였으나 기원전 194년경 위만은 준왕을 몰아내고 왕검성으로 들어가 고조선의 왕이 되었다. 패배한 준왕은 한반도 남쪽으로 가서 한왕韓王을 칭하였다.

고조선의 사회상을 알려주는 것으로 8조의 법이 있는데, 그중 현재

3개조만이 알려져 있다. 사람을 죽인 자는 곧 죽이고 남에게 상처를 입힌 자는 곡물로 갚으며 도둑질한 자는 노비로 삼되 그 죄를 면하려면 50만을 내야 한다(한서). 이를 통해 당시 사회에 권력과 경제력 차이가 생겨 사유재산을 중요시했고 노비제도와 형벌제도가 있었음을 알 수 있다.

고조선은 철기문화를 적극적으로 수용하고 한반도 남부의 진辰과 중국의 한이 직접 교역하는 것을 막고 중계무역을 하면서 경제적 이익을 얻었다.

이에 불안을 느낀 한 무제는 대군을 보내 고조선의 수도인 왕검성을 공격하였으며 우거왕이 약 1년 동안 저항하였으나 기원전 108년경 멸망하였다.

고조선이 멸망하자 한은 고조선의 일부 지역에 군현을 설치하고 지배하였지만 토착주민의 강한 반발에 부딪혀 진번, 임둔은 설치된 지 20여 년 만에 폐지되었고 몇 년 안 되어서 현도군도 고구려에 쫓겨 서쪽으로 옮겨갔다. 낙랑군은 고구려가 성장함에 따라 점차 축소되어 313년 고구려의 공격으로 멸망하였다.

3) 여러 나라의 성장

한 군현에 대한 저항은 토착민 집단의 결합과 정치력을 발전시키는 계기가 되었으며 부여, 고구려, 옥저, 동예, 삼한 등의 여러 나라가 성장하였다. 특히 『삼국지』 위지 동이전에는 이들 나라에 대한 기록을 간략하게 전하고 있다.

부여는 송화강 유역을 토대로 성장하였으며 국왕 밑에 마가, 우가, 저가, 구가가 있어 제가는 4출도를 다스렸다. 세습적인 국왕이 존재하

삼국지 동이전의 여러 나라들

였지만 대가들은 여전히 독립적인 세력을 유지하고 있었다. 특산물로는 말, 주옥, 모피 등이 있었고 순장과 형사취수제의 풍습이 있었다. 영고라는 제천행사를 거행하였다.

압록강 중류에는 기원전 4세기경 예맥이라고 불리던 세력이 자리잡고 있었으며 기원전 1세기경 고구려가 현도군을 몰아내고 성장하였다. 5부족 연맹으로 왕 아래 상가, 고추가 등의 대가와 사자, 조의,

선인 등의 관리가 있었다. 데릴사위제(서옥제), 형사취수제의 풍습이 있었고 동맹이라는 제천행사를 거행하였다.

옥저는 통일된 군왕이 없이 마을 지도자로 삼로가 있었으며 비옥한 토지와 해산물이 풍부하여 고구려에 소금, 어물을 공납하였다. 민며느리제와 가족공동무덤(골장제)의 풍습이 있었다.

동예는 대군왕이 없이 읍군, 삼로가 다스렸으며 특산물로 단궁, 과하마, 반어피 등이 있었다. 족외혼과 책화의 풍습이 있었으며 무천이라는 제천행사를 거행하였다.

▮충주 청동유물

2015년 1월, 충주 호암동 일원의 종합스포츠타운 건설 현장에서 기원전 2세기~1세기경 초기 철기시대의 돌무지나무널무덤이 발견되었다. 이 무덤에서 청동세형동검 7점, 청동잔무늬거울 1점, 청동투겁창 3점, 청동 꺽창 1점, 청동 도끼 1점, 청동 새기개 4점, 청동 끌 2점 등 19점의 국보급 청동유물이 무더기로 출토되었다.

이러한 청동 유물은 수량과 종류 면에 있어서 단일 무덤 출토품으로는 국내 최대 수준으로 당시 충주를 중심으로 형성된 강력한 세력이 있었음을 보여주고 있다.

충주 청동유물

삼한은 마한의 목지국이 삼한을 주도하였으며 지배자 중에 세력이 큰 것은 신지, 견지, 작은 것은 읍차, 부례라 칭하였다. 정치적 지배자인 군장과 소도를 관할하는 천군으로 제정분리 단계에 있었다. 철제농기구를 사용하여 벼농사가 발달하였으며 변한의 철은 낙랑과 왜로 수출되었다. 두레조직을 통해 공동작업을 하였으며 5월과 10월에 계절제를 지냈다.

참고문헌

국사편찬위원회, 『국역 중국정사조선선』, 1986

김원룡, 『한국고고학개설』, 일지사, 1986

김철준, 『한국고대사회연구』, 지식산업사, 1975

노태돈, 『단군과 고조선사』, 사계절, 2000

송호정, 『한국고대사 속의 고조선사』, 푸른역사, 2003

윤내현, 『한국고대사신론』, 일지사, 1986

이융조, 「우리의 구석기 연구 반세기」, 『韓國學報』 21-4, 1995

이융조 · 우종윤, 『중원지역의 구석기 유적』, 충북대학교 박물관, 2005

최몽룡, 『한국 청동기 · 철기시대와 고대사회의 복원』, 주류성, 2008

忠北大學校 博物館, 『忠州 早洞里 先史遺蹟 1 · 2次 調査報告』, 2001

역사의 고전

『三國遺事』卷1 紀異 古朝鮮

고조선(古朝鮮) 왕검조선(王儉朝鮮)

위서(魏書)에 이르되 지금으로부터 2,000년 전에 단군왕검(壇君王儉)이 있어, 도읍을 아사달(阿斯達)에 정하고 나라를 개창하여 조선(朝鮮)이라 일컬으니 고(高)와 동시라 하였다.

고기(古記)에 이르되, 옛날에 환인(桓因) — 제석을 이른다 — 의 서자(庶子) 환웅(桓雄)이 있어, 항상 천하에 뜻을 두고 인세(人世)를 탐내었다. 아버지가 아들의 뜻을 알고 삼위태백(三危太白)을 내려다보매 인간을 널리 이롭게 할 만하였다. 이에 천부인(天符印) 세 개를 주어, 가서 (세상 사람을) 다스리게 하였다. 웅이 무리 3,000을 이끌고 태백산 꼭대기 신단수(神壇樹) 밑에 내려와 신시(神市)라 이르니 이에 환웅천왕(桓雄天王)이라 하였다. (그는) 풍백(風伯)·우사(雨師)·운사(雲師)를 거느리고 곡(穀)·명(命)·병(病)·형(刑)·선(善)·악(惡) 등 무릇 인간의 360여 일을 맡아서 세상을 다스리고 교화(敎化)하였다.

그때 곰 한 마리와 호랑이 한 마리가 같은 굴에서 살며 항상 신웅(神雄)에게 빌되 화하여 사람이 되기를 원하였다. 한번은 신웅이 신령스러운 쑥 한 자래와 마늘 20개를 주고 이르기를 너희들이 이것을 먹고 100일 동안 햇빛을 보지 아니하면 곧 사람이 되리라 하였다. 곰과 호랑이가 이것을 받아서 먹고 기(忌)하기 삼칠일(三七日) 만에 곰은 여자의 몸이 되었으나 범은 기(忌)하지 못하여 사람이 되지 못하였다.

웅녀(熊女)는 그와 혼인해 주는 이가 없으므로 항상 단수(壇樹)

아래서 아이를 배기를 기원하였다. 웅이 이에 잠시 변하여 결혼하여 아들을 낳으니 이름을 단군왕검(壇君王儉)이라 하였다. (왕검)이 당고[요](唐高[堯])가 즉위한 지 50년인 경인년(庚寅年)에 평양성(平壤城)에 도읍하고 비로소 조선(朝鮮)이라 일컬었다. 또 도읍을 백악산 아사달(白岳山 阿斯達)에 옮기었는데, 그곳을 궁홀산(弓忽山), 또는 금미달(今旀達)이라고도 하니 치국(治國)하기 1,500년이었다.

주(周)의 호왕(虎王)[무왕]이 즉위한 기묘년(己卯年)에 기자(箕子)를 조선(朝鮮)에 봉하매, 단군은 장당경(藏唐京)으로 옮기었다가 후에 아사달(阿斯達)에 돌아와 숨어서 산신(山神)이 되니, 수(壽)가 1,908세였다고 한다.

『史記』 卷115 朝鮮列傳55

조선왕 만(滿)은 옛날 연(燕)나라 사람이다. 처음 연나라 전성기로부터 일찍이 진번(眞番)과 조선(朝鮮)을 침략하여 복속시키고, 관리를 두어 국경에 성과 요새를 쌓았다. 진(秦)이 연을 멸한 뒤에는 요동 외요에 소속시켰는데, 한이 일어나서는 그곳이 멀어 지키기 어려우므로, 다시 요동의 옛 요새를 수리하고 패수에 이르는 곳을 경계로 하여 연에 복속시켰다.

연왕 노관(盧綰)이 배반하고 흉노로 들어가자 만도 망명하였다. 무리 천여 명을 모아 북상투(魋結)에 오랑캐의 복장을 하고서, 동쪽으로 도망하여 요새를 나와 패수를 건너 진의 옛 공지(空地)인 상하장(上下鄣)에 살았다. 점차 진번과 조선의 만이 및 옛 연·제(燕·齊)의 망명자를 복속시켜 거느리고 왕이 되었으며, 왕험에 도읍을 정하였다.

이때는 마침 효혜(孝惠)·고후(高后)의 시대로서 천하가 처음으로 안정되니, 요동태수는 곧 만을 외신(外臣)으로 삼을 것을 약속하여, 국경 밖의 오랑캐를 지켜 변경을 노략질하지 못하게 하는 한편, 모든 만이의 군장들이 들어와 천자를 뵙고자 하면 막지 않도록 하였다. 천자도 이를 듣고 허락하였다. 이로써 만은 군사의 위세와 재물을 얻게 되어 그 주변의 소읍들을 침략하여 항복시키니, 진번과 임둔도 모두 와서 복속하여 사방 수천 리가 되었다.

아들을 거쳐 손자 우거(右渠) 때에 이르러서는 유인해 낸 한나라 망명자 수가 대단히 많게 되었으며, 천자에게 입현치 않을 뿐만 아니라 진번 주변의 여러 나라들이 글을 올려 천자에게 알현하고자 하는 것도 또한 가로막고 통하지 못하게 하였다.

원봉(元封) 2년(B.C.109)에 한나라는 사신 섭하(涉何)를 보내어 우거를 꾸짖고 회유하였으나, 끝내 천자의 명을 받들려고 하지 않았다. 섭하가 돌아가면서 국경인 패수에 이르러서 마부를 시켜 전송 나온 조선의 비왕(裨王) 장(長)을 찔러 죽이고 바로 [패수를] 건너 요새 안으로 달려 들어간 뒤, 드디어 천자에게 '조선의 장수를 죽였다'고 보고했다. 천자가 그 공을 기려 꾸짖지 않고 섭하에게 요동동부도위(遼東東部都尉)의 벼슬을 내렸다. 이에 조선은 섭하를 원망하여 군사를 일으켜 기습 공격해 그를 죽이니, 천자는 죄인을 모집하여 조선을 치게 하였다.

그 해 가을에, 누선장군(樓船將軍) 양복(楊僕)을 파견하여 제(齊)로부터 배를 타고 발해(渤海)를 건너게 하고 군사 5만으로 좌장군(左將軍) 순체(荀彘)는 요동에서 출격하여 우거를 토벌하게 하였다. 우거는 군사를 일으켜 험준한 곳에서 대항하였다.

좌장군의 졸정(卒正)인 다(多)가 요동군사를 거느리고 먼저 출진하였으나, 싸움에 패하여 군사는 흩어지고 다도 도망하여 돌아왔으므로 법에 따라 참형을 당하였다. 누선장군은 제나라 병사 7천 인을 거느리고 먼저 왕험에 이르렀는데, 우거가 성을 지키고 있으면서, 누선장군의 군사가 적음을 엿보아 알고, 곧 성을 나와 누선군을 치니 누선군은 패해 흩어져 도망갔다. 장군 양복은 그의 군사를 잃고 10여 일을 산중에 숨어 살다가 점차 흩어진 병졸들을 다시 거두어 모아들였다. 좌장군도 조선의 패수 서군을 쳤으나 깨뜨리고 전진할 수가 없었다.

천자는 두 장군의 전세가 유리하지 않다고 여기고, 위산(衛山)으로 하여금 군사의 위엄을 갖추고 가서 우거를 달래게 하였다.

우거는 사자를 보고 머리를 조아리며 사죄하기를, "항복하기를 원하였으나 두 장군이 신을 속여서 죽일까 두려워했는데, 이제 신절(信節)을 보았으니 항복하기를 청합니다."하고, 태자를 보내 들어가 사죄하게 하고, 말 5천 필을 바침과 아울러 군량미를 내주었다. 무리 만여 인이 무기를 지니고 막 패수를 건너려 할 때 사자와 좌장군은 그들이 변을 일으킬까 두려워 태자에게 말하기를, "이미 항복했으니 사람들에게 병기를 버리라고 명하시오."라고 하였다. 태자도 역시 사자와 좌장군이 자기를 속이고 죽일까 의심하여 끝내 패수를 건너지 않고 사람들을 이끌고 돌아가버렸다. 위산이 돌아와 천자께 보고하니 천자는 위산을 주살하였다.

좌장군이 패수 위의 군사를 격파하고 전진하여 왕험성 아래 이르러 서북쪽을 포위했다. 누선군도 또한 가서 합세하여 성의 남쪽에 주둔하였다. 우거가 끝내 성을 굳게 지키므로 몇 달이 되어도 함락시킬 수 없었다.

좌장군은 본시 시중(侍中)으로 천자의 총애를 받고 있는 데다 연(燕)과 대(代) 지방의 군사를 거느렸으므로 굳세었는데, 싸움에 이긴 기세를 타고 군사들이 더욱 교만해졌다. 누선 장군은 제나라 병사들을 이끌고 바다로 출병하였으나, 이미 여러 번 싸움에 패하고 군사를 잃었으며, 앞서 우거와의 싸움에서 곤욕을 치른 패잔한 군사들이라 군사들은 모두 두려워하고 장군은 부끄럽게 여겨 우거를 포위하고도 항상 화평을 유지했다.

좌장군이 맹렬히 성을 공격하니, 조선 대신들은 몰래 사람을 보내 사사로이 누선 장군에게 항복을 약속했으나, 말만 오고 갈 뿐 아직 확실한 결정을 내리지 못하고 있었다. 좌장군은 여러 차례 누선과 싸울 시기를 정하였으나 누선은 [조선과의] 약속을 급히 이루려고 싸움에 나가지 않았다. 좌장군 또한 사람을 보내 조선이 항복해 올 때를 탐문하였으나, 조선은 이를 반기지 않고 누선 장군 쪽에 마음을 두고 있었다. 그로 인해 두 장군은 서로 반목하게 되였다. 좌장군은 마음속으로 '누선은 전에 군사를 잃은 죄가 있는 데다 지금은 조선과 사사로이 잘 지내고 있으며, [조선] 또한 항복하지 않으니 반계(叛計)가 있는 것이 아닐까' 의심하였으나 함부로 발설하지 못하였다.

천자는, "장수들이 [일을] 이룰 수 없으므로 전에 위산으로 하여금 우거를 달래 항복하도록 하여 우거가 태자까지 보냈는데도 위산이 이를 마음대로 결정하지 못하고, 좌장군과 서로 계교가 틀려 마침내 약속이 깨어지고 말았다. 지금도 두 장군이 성을 포위하고도 역시 [의견이] 어긋나고 달라서 오래도록 결판이 나지 못하고 있다." 고 말하고 제남태수(濟南太守) 공손수(公孫遂)를 보내어 이를 바로잡고 상황에 맞게 처하도록 하였다.

공손수가 도착하니 좌장군이 말했다.

"조선이 항복할 형편에 이른 지 오래되었는데도 항복하지 않는 것은 사정이 있어서입니다."

그리고 누선 장군이 여러 차례 싸우러 나오지 않은 것과 평소의 뜻하는 바를 [공손]수에게, 낱낱이 고하였다. 이어 "지금 이와 같으니 [누선 장군을] 체포하지 않으면 크게 해가 될까 두렵습니다. 누선 혼자만이 아니고 조선과 함께 우리 군사를 멸할 것입니다."라고 하니, 공손수도 이를 옳게 여기고 부절(符節)로 일을 의논하자고 누선을 불러 좌장군진영에 오게 하고는, 좌장군 휘하에 명하여 곧 누선장군을 체포하고 군사를 합친 뒤 천자에게 보고하자, 천자는 공손수를 죽였다.

좌장군이 이미 양군을 합하여 맹렬히 조선을 치니, 조선의 상(相) 노인(路人)과 상(相) 한음(韓陰)과 니계상(尼谿相) 삼(參) · 장군(將軍) 왕겹(王唊)이 서로 모의하기를, "처음 누선에게 항복하려 했으나 누선은 지금 잡혀 있고 좌장군 단독으로 장졸을 합하여 전투가 더욱 맹렬하여 맞아서 싸우기 두려운데도 왕은 항복하려 하지 않는다."하고 한음 · 왕겹 · 노인이 모두 도망하여 한나라에 항복하였다. 노인은 도중에서 죽었다.

원봉 3년(B.C.108) 여름, 니계상 삼이 사람을 시켜 조선왕 우거를 죽이고 항복하여 왔으나, 왕험성은 함락되지 않았다. 죽은 우거의 대신(大臣) 성기(成已)가 또 반(反)하여 다시 군리들을 공격하였다. 좌장군은 우거의 아들 장항(長降)과 상(相) 노인의 아들 최(最)로 하여금 그 백성을 달래고 성이를 죽이도록 하였다. 이로써 드디어 조선을 평정하고 사군(四郡)을 설치하였다.

삼을 봉하여 홰청후(澅淸候)로, 한음 적저후(荻苴候), 왕겹은 평주후(平州候), 장항은 기후(幾候)로 삼았으며, 최는 아버지가 죽은데다 자못 공이 있었으므로 온양후(溫陽候)로 삼았다.

좌장군을 불러 들여 [그가] 오자, 공을 다투고 서로 시기하여 계획을 어긋나게 한 죄로 기시(棄市)하였다. 누선 장군도 병사를 거느리고 열구(洌口)에 이르렀다면 마땅히 좌장군을 기다려야 할 것인데도 제멋대로 먼저 군사를 풀어 많은 병사들을 잃어버렸으므로 주살함이 마땅하나 속전(贖錢)을 받고 서인(庶人)으로 삼았다.

2장
고대사회

1 삼국의 성립과 발전

1) 고구려

기원전 4~3세기경 철기문화의 보급과 이에 따른 생산력의 증대로 인해 일정한 범위의 계곡이나 하천 유역의 마을을 규합한 유력한 세력 집단이 생겨나기 시작했다. 이후 혼강渾江을 중심으로 한 세력 집단이 연합하여 고구려를 형성하고 기원전 75년에 현도군을 요동 지역으로 몰아냈다.

5부 연맹체를 이룬 고구려는 초기 소노부消奴部가 맹주권을 장악하다가 부여에서 내려온 주몽朱蒙, 鄒牟이 졸본 지역에 세력을 키우면서 주도권을 장악하였다.

졸본에서 출발하여 주변 소국을 통합했던 고구려는 1세기 초 압록강 중류의 국내성으로 천도하면서 그 기반을 닦아나갔다.

1세기경 태조왕은 옥저, 동예 등 주변 소국을 점령하고 중국의 요동군과 현도군을 공격하는 등 정복활동을 활발히 전개하였다. 이에 따른 군사력과 경제력을 토대로 왕권이 강화되어 왕위가 독점적으로 세습되었고 중앙정부의 통제가 강화되었다.

4세기 들어 고구려는 낙랑군을 병합하고 요동으로 진출하는 등 중국세력을 몰아내는 성과도 있었지만, 고국원왕 때는 전연으로부터 수도가 불타는 수모를 당하기도 했고 급기야 백제 근초고왕 부자의 공격을 받아 평양성에서 전사하는 위기를 맞기도 하였다.

이후 소수림왕은 통치의 기본이 되는 율령을 반포하고 교육기관인 태학을 설립하였으며 전진으로부터 불교를 수용하는 등 적극적으로 국가체제를 정비하였다.

이후 고구려는 광개토왕 때부터 대외팽창을 꾀하였다. 광개토왕은 396년 백제를 공격하여 아신왕의 항복을 받아내었으며 이후 백제와 연합한 왜가 신라에 침입하자 기병 · 보병 5만을 보내 신라를 구원하였다. 또한 북으로 후연을 공격하여 요동지역을 장악하였으며 거란과 동부여를 굴복시킴으로써 고구려의 영역을 크게 팽창시켰다.

▮ 광개토왕비(廣開土王碑)

고구려의 초기 수도인 중국 지린성(吉林省) 지안현(集安縣)에 있는 4면비로서 장수왕에 의해 414년 건립되었다. 이 비는 광개토왕의 훈적을 명기하고 후세인에게 보이기 위한 목적으로 세워졌으며 이 비문에 나타나는 영락(永樂)라는 글자를 통해 광개토왕시대에 연호를 사용하였다는 것을 알 수 있다.

비문은 내용상으로 고구려 시조 추모왕(鄒牟王)의 고사로부터 광개토왕의 왕위계승을 간략하게 다룬 부분과 광개토왕이 수행했던 정복활동의 부분, 그리고 광개토왕릉을 안전하게 수호하기 위해 개편되었던 수묘제(守墓制)의 세 부분으로 나뉜다.

특히 영락 5년(395년)에 비려를 정벌하고 영락 6년(396년)에는 백제를 공격하였으며 영락 10년(400년)에는 5만 군대를 파견해 신라 영토 안에 들어와 있던 가라와 왜(倭)의 세력을 내쫓았던 것을 구체적으로 기록하고 있다. 또한 영락 14년(404년)에는 대방계(황해도) 지역까지 쳐들어온 왜를 궤멸시켰으며 영락 20년(410년)에는 동부여를 공략했던 정복활동이 기재되어 있다.

세월이 지남에 따라 비문에 판독이 불가능한 부분이 있어 비문의 해석에 대해서는 논란이 있다. 특히 '百殘新羅舊是屬民由來朝貢而倭以辛卯年來渡海破百殘□□□羅以爲臣民'의 구절이 대표적인 사례로서 이를 통해 일본에서는 소위 임나일본부설을 합리화하는 견해도 있었다. 하지만, 광개토왕비문은 고구려와 백제의 대립 구도 속에서 고구려의 입장에서 쓰인 것이기 때문에 이를 통해 임나일본부설의 증거로 삼는다는 것은 타당하지 않다.

한때 임나일본부설에 대한 비판으로 초기 탁본을 입수했던 사코(酒匂景信) 등 일본의 육군참모본부가 비문을 조작했다는 설도 제기되었지만 최근 원석탁본이 확인되어 비문조작설은 부정되고 있다.

광개토왕비

장군총

장수왕은 427년 수도를 국내성에서 평양으로 옮겼으며 이를 통해 안으로는 국내성에 기반을 가진 귀족 세력들을 약화시켜 왕권을 강화할 수 있었고 밖으로는 남진 정책을 추진함으로써 백제나 신라에 큰 위협을 주었다. 이에 백제는 신라를 끌어들여 동맹을 하였지만, 475년 장수왕은 백제 수도 한성을 함락하였으며 이로 인하여 백제의 개로왕은 죽임을 당했다.

충주 고구려비

한반도에 있는 유일한 고구려 비석으로 1979년 충북 충주시 입석마을에서 발견되었다. 현재 고구려의 남하정책을 기념하기 위해 장수왕 때 세운 것으로 보고 있다. 4면비로 추정되지만, 판독되는 글자가 200여 자에 불과하다.

비문에서는 고구려왕을 '고려대왕(高麗大王)'이라고 칭하고 있으며, 신라를 동이(東夷), 신라왕을 매금(寐錦)이라 지칭하고 '신라토내당주(新羅土內幢主)'라는 표현으로부터 고구려군이 신라의 영토에 주둔하며 영향력을 행사했다는 사실이 확인된다. 고모루성, 대사자 등 당시의 지명과 관직명도 기록되어 있는 등 5세기 당시 고구려와 신라와의 관계를 알려주는 중요한 사료이다.

충주 중원 고구려비

고구려의 무덤 양식을 살펴보면 초기에는 주로 돌무지무덤積石塚을 만들었으나 점차 굴식돌방무덤橫穴式石室墳으로 바뀌어 갔다.

특히 굴식돌방무덤에는 널방의 벽과 천장에 벽화를 그리기도 하여 당시 고구려 사람들의 생활, 문화, 종교를 파악할 수 있는 귀중한 자료가 되고 있다. 고분 내부 벽면에는 청룡, 백호, 주작, 현무의 그림을 그린 사신도四神圖가 나타나기도 하는데 이는 음양오행설陰陽五行說에서 비롯된 방위신으로 죽은 자의 사후세계를 지켜주기 위한 목적으로 그려졌다. 이러한 사신도는 백제에도 영향을 미쳐 공주의 송산리고분과 부여의 능산리고분의 벽화에서 찾아볼 수 있으며 일본의 다카마쓰총(高松塚)고분과 기토라고분에서도 나타나고 있다.

2) 백제

철기문화가 유입된 이후 한반도 중, 남부 지역에는 마한, 진한, 변한 등이 연맹체를 구성하였으며 그중 마한 목지국의 진왕이 삼한 전체를 대표하여 중국왕조와 교류하였다. 이후 부여 등 북방의 유이민이 남하하여 위례성을 도읍으로 삼아 백제를 건국하였다. 『삼국사기』에 의하면 온조왕溫祚王이 기원전 18년에 하남 위례성에 도읍을 정하고 국가를 건설했다고 한다.

3세기 후반 고이왕 대에 들어서 관등제 정비, 백관의 공복 제정, 율령 반포 등을 실시하여 통치조직을 정비하였다.

4세기 근초고왕은 그의 아들인 근구수왕과 더불어 정복사업을 활발히 펼쳐 낙동강 유역의 소국을 정복하고 한반도 서남부를 정복하여 영토를 남해안까지 확대하였다. 그 여세를 몰아 평양성에 쳐들어가

▌무령왕릉(武寧王陵)

1971년 공주 송산리 제6호 벽돌무덤 내부에 스며드는 유입수를 막기 위하여 후면에 배수를 위한 공사를 하면서 무령왕릉이 발견되었다. 따라서 도굴 등 인위적인 피해가 없었기 때문에 무덤 안에서는 금으로 만든 관장식, 용봉으로 장식된 큰 칼 등 모두 4,600여 점에 이르는 다량의 유물이 발굴될 수 있었다.

또한 무덤 내부에서는 백제 사마왕(斯麻王)이 62세인 계묘년(623년)에 붕(崩)하였다는 지석이 발견됨에 따라 무령왕릉은 무덤의 주인공이 정확하게 밝혀진 몇 안 되는 고대의 무덤이라는 점에서 그 의의가 크다.

벽돌무덤이라는 중국 남조 양나라 계통의 무덤 형식과 중국제 도자기, 일본산 금송(金松)을 사용한 관재 등의 존재를 통하여 당시 중국 및 일본과 활발한 교류를 전개했던 백제의 국제성과 개방성을 엿볼 수 있다.

무령왕릉

고구려의 고국원왕을 사살하였다. 백제는 동진, 왜와도 외교 관계를 맺음으로써 이 시기 한반도 내에서 가장 강성한 나라였다.

그러나 광개토왕의 공격으로 아신왕이 항복하는 등 큰 위기를 맞자 백제는 태자 전지를 왜에 보내 왜와 연합하여 고구려를 공격하기도 하였다.

이후 백제는 신라를 끌어들여 장수왕의 남하정책을 막으려 하였지만, 475년 장수왕의 공격으로 개로왕이 전사하는 등 수도 한성이 함락되어 결국 수도를 웅진(공주)으로 옮기게 된다.

동성왕, 무령왕 대에 이르러 점차 국력을 회복하기 시작한 백제는 성왕 대에 수도를 사비(부여)로 옮기고 국호를 남부여로 고치면서 중흥의 발판을 마련하였다. 이후 성왕은 신라, 가야, 왜 등과 더불어 평양성까지 진격하는 등 일시적으로 백제의 옛 지역을 수복하였지만, 신라에 의해 한강 유역을 다시 잃게 되었다. 이에 반발한 성왕은 관산성을 공격하였으나 크게 패하고 이 전투에서 전사하였다.

3) 신라

진한 12개 소국 가운데 하나인 사로국에서 시작된 신라는 박, 석, 김의 세력집단이 연합하여 나라를 이루었다.

4세기 말 내물마립간 대에는 김 씨에 의한 왕위계승권을 확립하였으며 왕의 칭호도 이사금에서 마립간으로 바꾸는 등 집권체제를 정비하였다. 특히 침입했던 왜의 세력을 물리치는 과정에서 고구려의 영향을 받게 되었으며 고구려를 통하여 간접적으로 중국과 교류를 시작하였다.

6세기 초 지증왕 대에는 국가로서의 면모를 갖추어 나라 이름도 신라로 정하고 왕의 칭호도 왕으로 바꾸었다. 또한 주변 지역을 정복하여 이사부로 하여금 우산국을 복속케 하였다.

법흥왕 대에 국가의 기본 법령인 율령을 반포하고 불교를 공인하여 사상적 통일을 기하였다.

진흥왕은 화랑도를 국가조직으로 개편하고 거칠부로 하여금 국사를 편찬케 하였으며 개국이라는 연호를 사용하였다. 백제와 더불어 고구려를 공략하여 한강 상류를 차지하고 다시 백제로부터 한강 하류 지역까지 빼앗았다. 또한 함경도 지역까지 진출하였으며 대가야를 점령하여 낙동강 유역을 확보하였다. 현재 단양적성비와 4개의 순수비를 통해 당시 진흥왕이 정복했던 영역을 가늠해볼 수 있다.

신라는 한강 유역을 확보함으로써 중국과 직접 교류할 수 있는 발판을 마련하였으며 낙동강 유역의 확보를 통해 왜와의 교류를 강화하는 등 대내외적으로 삼국의 경쟁에 있어서 주도권을 장악하는 계기가 되었다.

단양적성비

▮ 천마총(天馬塚)

천마도

1973년 발굴 조사된 경주 대릉원 지구의 천마총은 당시 신라에서 축조되었던 돌무지덧널무덤(積石木槨墳)의 양식으로 되어 있다. 발굴 결과 유물 중에 하늘로 비상하는 천마(天馬)를 그린 채화장니(彩畵障泥)가 들어 있었기 때문에 천마총이라는 별칭을 얻게 되었다. 천마도는 자작나무 껍데기를 여러 겹으로 겹쳐서 누빈 위에 하늘을 나는 천마를 능숙한 솜씨로 그렸는데, 지금까지 회화 자료가 전혀 발견되지 않았던 고신라의 유일한 미술품이라는 데 의의가 있다.

▮ 호우총(壺杅塚)

호우총 호우

1946년 경주 노서동고분 발굴에서 기년명(紀年銘)이 있는 고구려산 청동호우 1점이 발견되어 호우총이라 부르게 되었다. 청동호우는 뚜껑이 있는 그릇으로 그 바닥에 '을묘년국강상광개토지호태왕호우십(乙卯年國崗上廣開土地好太王壺杅十)'이라는 16자의 명문이 새겨 있어 당시 고구려와 신라의 관계 등에 시사하는 점이 많다. 신라 내물마립간(奈勿麻立干)의 아들 복호(卜好)가 광개토대왕의 치세 시 인질로 고구려에 체재하는 등 고구려의 영향력 아래에 있을 때 신라에 도입되었을 것으로 추정된다.

2 삼국의 대외관계와 통일

1) 고구려와 수, 당의 전쟁

6세기 후반 중국이 수隋에 의해 통일되자 수나라는 중국 중심의 국제질서를 강요하여 고구려와 수의 대립은 불가피해졌다.

우선 고구려가 수의 요서 지방을 공격하자 수 문제가 고구려를 공격하였지만 대패하였다. 이후 양제가 113만의 대군을 동원하여 다시 고구려를 공격하였지만 을지문덕에게 패배하였다. 이 싸움에서 수는 막대한 피해를 입어 이에 따른 국력 소모와 농민의 반란으로 마침내 멸망하였다.

수의 뒤를 이은 당唐은 처음에는 고구려와 화친을 꾀하였으나 당 태종이 즉위하면서 고구려에게 복속을 강요하였다. 이러한 가운데

태종 무열왕릉비

고구려에서 연개소문에 의한 정변이 일어나자 당 태종은 이를 구실 삼아 고구려를 공격하였다. 당은 초기 요동성 등 몇 개의 성을 점령하기도 하였지만, 안시성 전투에서 고구려에 패하고 철수하였다.

2) 백제, 고구려의 멸망과 나당전쟁

백제는 성왕이 관산성에서 전사한 이후 여러 차례에 걸쳐 신라를 공격하였으며 고구려는 한강 유역을 회복하기 위해 신라를 공격하는 등 7세기에 이르러 고구려와 백제의 동맹이 이루어졌다.

백제의 의자왕은 신라를 공격하여 대야성(합천)을 비롯한 40여 성을 탈취하였으며 고구려와 함께 당항성(화성)을 공격하여 신라의 대당 교통로를 끊으려 하였다.

소정방의 기공문이 적혀 있는 정림사지 석탑

신라는 당과 연결을 도모하고자 김춘추를 당에 보내 나당동맹을 맺고 백제와 고구려를 정벌하기로 합의하였다. 이때 신라는 군사 지원에 대한 대가로 평양 이북의 땅을 당에게 양보하고 이후 신라는 당의 연호를 사용하면서 당의 문물과 제도를 적극적으로 수용하였다.

결국 660년 당의 소정방은 13만 대군을 이끌고 바다를 건너 백제로 진격하였고 신라는 김유신이 5만의 군대를 거느리고 백제를 공격하였다. 결국 백제는 계백이 황산벌에서 신라와 맞서 싸웠으나 나당연합군의 공격을 버티지 못하고 항복하고 말았다.

당은 옛 백제 지역에 웅진도독부를 두어 백제 유민을 통치하였다. 이후 복신, 도침 등이 왜에 가 있던 왕자 풍을 맞이하여 왕으로 추대하고 백제는 주류성과 임존성 등지에서 항전을 계속하였다. 그러나 자제 분열이 있었고 663년에는 왜의 지원군마저 백강구(백촌강) 전투에서 크게 패하여 백제는 멸망하게 되었다.

고구려는 연개소문이 죽자 집권층 사이에서 내분이 일어났다. 이를 기회로 당은 고구려를 공격하여 평양성을 포위하였고 신라도 김인문이 대군을 거느리고 평양성으로 진격하였다. 나당연합군의 공격을 받은 고구려는 분전했으나 결국 668년 성이 함락되고 패하고 말았다.

당은 평양에 안동도호부를 설치하여 옛 고구려땅을 통치하였다. 이후 검모잠과 고연무는 안승을 왕으로 추대하고 한성(황해도 재령), 요동의 오골성을 근거지로 항전하였다. 이때 당이 신라마저 영토를 삼으려는 야욕을 드러내자 신라는 고구려 부흥세력을 지원하기도 하였으며 안승은 신라의 도움을 받아 고구려왕이라는 칭호를 받고 금마저(익산)에 보덕국을 세웠다.

신라는 우선 옛 백제지역에서 당군을 몰아내고 매소성 전투의 승리

신라의 통일 전쟁

로 주도권을 장악한 후 676년 기벌포 전투에서 승리하였으며, 당 고종은 토번의 침공으로 안동도호부를 요동 지역으로 옮기면서 한반도에서 군대를 철수하였다. 이로써 신라는 당나라의 도움으로 백제와 고구려를 멸망시켰으나 당군을 한반도 밖으로 축출하여 삼국을 통일하였다. 비록 불완전한 통일이었지만 단일공동체에 의한 민족문화 형성의 기반이 되었으며 당과의 항쟁을 통해 공동체 의식을 자각하게 되었다.

만주지방에는 698년 고구려 유민들이 발해를 건국하여 이른바 남북국 시대로 접어들었다.

3 남북국시대

1) 통일신라

신라는 통일전쟁을 주도한 무열왕과 문무왕에 의해 왕의 권위가 신장되어 통일 이전 불교식의 왕명 대신에 유교식의 왕명을 사용하고 유교정치 이념을 내세웠다. 이후 무열왕 직계 자손들이 왕위를 계승하고 전제왕권을 강화하기 시작하였다.

신문왕 때에는 김흠돌 모역사건을 계기로 진골 귀족 세력을 숙청하였고 지방통치 강화를 위해 9주 5소경 체제를 확립하였다. 또한 문무관료 들에게 등급에 따라 차등을 두어 관료전을 지급하였으며 녹읍을 폐지하고 녹봉으로 바꾸어 관리가 농민에게 직접 조세를 거두어들이는 과정에서 농민에 대한 침탈을 막으려 하였다.

또한 신라는 촌을 단위로 한 민정문서인 '촌락문서'를 작성하였다. 촌락문서에는 촌의 가호 수, 인구, 토지면적, 가축의 수, 과일 나무의 수까지 통계를 내어 기록해 놓았으며 남녀를 구분하고 연령에 따라 6등급으로 나누어 작성하였다. 이를 통해 당시 국가는 백성에게 조세를 거두고 대민지배체제를 확립하였다.

◎ 5소경
발 해
압록강
대동강
신 라
한주
동 해
삭주
명주
북원경(원주)
중원경(충주)
웅주
황 해
상주
서원경(청주)
전주
남원경(남원)
강주
양주
금관경(김해)
무주
탐라

9주 5소경

그러나 귀족들의 반발로 경덕왕 16년(757년) 녹읍이 부활되는 등 신라 하대로 갈수록 점차 왕권이 약화되었다.

▌신라 촌락문서

신라 때 서원경(西原京: 청주) 지방 4개 촌의 촌락문서로, 당시 촌락의 경제 상황과 국가의 세무 행정을 알 수 있는 자료이다. 신라 민정문서 또는 신라장적, 정창원 문서(正倉院文書)라고도 부른다.

1933년 일본 도다이사(東大寺) 쇼소인(正倉院)에 소장된 『화엄경론(華嚴經論)』을 수리하면서 문서가 발견되었다. 이 고문서는 해서(楷書)로 씌었으며, 모두 62행으로 되어 있다.

서원경에 근접한 군에 속했을 것으로 추측되는 현의 관할 아래 있던 사해점촌(沙害漸村), 살하지촌(薩下知村), 모촌(某村)과 서원경(西原京)의 직접 관할 아래 있던 모촌(某村)의 사정이 기재되어 있다.

촌의 둘레, 연호수(煙戶數), 인구, 우마, 토지, 수목 등이 기록되어 있어 촌락의 생태를 잘 알 수 있다. 이 촌락문서는 3년간의 사망, 이동 등 변동 내용에 따른 변동이 기록된 점으로 보아 3년 만에 한 번씩 작성된 듯하다. 특히 사람은 남녀별로 구분하고, 16세에서 60세의 남자의 연령을 기준으로 나이에 따라 6등급으로 구분하여 기록하였다. 가구는 사람의 많고 적음에 따라 상상호(上上戶)에서 하하호(下下戶)까지 9등급으로 나누어 파악하였다.

신라는 삼국을 통일한 뒤 새로 확대된 경제적·사회적 기반 위에서 고구려와 백제의 문화를 통합하여 계승하고 종래 신라문화의 폭을 넓혀 민족문화의 토대를 마련하였다.

통일신라기에는 불교신앙이 널리 확산되면서 많은 절과 불상, 탑이 조성되었다. 통일신라기의 예술은 대부분 종교생활에서 나온 불교미술로서 통일신라 때처럼 종교적인 정열을 미술에 쏟은 때는 일찍이 없었다.

석굴암 원형

불국사의 다보탑과 석가탑, 석굴암의 건축과 장엄한 불상, 성덕대왕신종(에밀레종), 경주 남산의 문화유산, 화엄사의 4사자삼층석탑 등은 이 시대의 불교문화 모습을 잘 나타내주고 있다. 1966년 석가탑을 수리할 때 탑 안의 사리함에서 여러 가지 유물이 나왔는데, 그 중에서 『무구정광대다라니경』은 751년 이전에 만들어진 것으로 보여 현전하는 세계최고의 목판인쇄물로 알려져 있다.

화엄사 4사자삼층석탑

이 시기 예술은 통일과 균형의 미를 통해 불국토의 이상 세계를 실현하려는 의도를 보여주고 있다. 이러한 통일기의 예술은 주로 귀족 중심으로 발달하였는데, 진골 귀족뿐만 아니라 6두품 귀족들의 활동도 부각되었으며, 문화가 중앙에서 지방으로 확산되어 나갔다.

▌통일신라기의 충주

충주 지방은 본시 고구려의 국원성이었는데 신라가 평정하여 진흥왕이 소경을 두었다. 이로써 본격적인 5소경의 설치가 시작되었으며 통일기에는 중원경으로 개칭되었다.

충주의 탑평리 7층 석탑(일명 중앙탑)은 통일신라기의 양식을 보여주는 전형적인 석탑으로 국토의 중앙인 중원경에 호국원탑으로 설립되었던 것으로 보인다.

또한 건국대학교 부지와 연결된 단월동 일대에서는 통일신라시대의 고분이 발굴되어 인골을 비롯하여 다양한 토기와 금속 제품들이 출토되었다. 경주 지역이 아닌 충주 지역에서 전형적인 통일신라시대의 고분이 발견된 사실은 학문적으로 대단한 의의가 있다.

충주 탑평리 7층 석탑

충주 단월동 고분군
(충주 단월동 고분군 발굴조사보고서)

2) 발해

발해는 698년 고왕高王 대조영大祚榮이 고구려 유민을 중심으로 동모산東牟山(현재 중국 길림성 소재)에서 진振, 震이란 국호로 건국하였으며 당시 발해가 교류했던 여러 나라의 사료를 통해 보아도 발해는 고구려를 계승하였던 나라였음을 알 수 있다. 일본에 보낸 외교 문서에서 발해왕은 스스로 고구려왕이라 칭했고 일본도 발해를 고구려라고 불렀다.

발해는 당 및 돌궐, 거란, 남쪽의 신라, 동해 건너 일본과 개방적 대외교류를 지속하여 해동성국海東盛國으로 칭송되었다. 또한 발해는 중국과 대등한 관계에 있음을 과시하면서 인안, 대흥 등 독자적인 연호를 사용하였다. 이처럼 발해는 시호 및 연호를 사용하여 황제국가를 표방하였으며 일본과 교류한 국서를 통해서 부여와 고구려를 계승하였던 독립국가였음을 확인할 수 있다.

남쪽의 신라와는 신라도新羅道를 두어 국가교류를 하며 남북국시대를 이루어 나갔다. 발해의 정치, 종교, 교육 및 문화 제도는 고구려의 것을 바탕으로 당나라 및 주변 국가의 문물을 수용하여 발해국의 국격을 높여 나갔다.

8세기 초 무왕 때 이르러 발해왕의 국력이 신장되자 당은 흑수말갈과 연합하여 발해와 대립하게 하였다. 이에 발해의 장문휴가 당의 산둥 지방을 공격하여 대응하자 당은 신라와 연계하여 발해를 공격하였다. 그러나 추운 날씨와 발해의 완강한 저항에 부딪혀 실패하였다.

무왕의 뒤를 이은 문왕 때는 당에 안사의 난이 일어나 혼란한 틈을 타서 요동반도까지 지배 영역을 확장하였다. 당과 친선관계를 맺고 수도를 상경 용천부로 하였다가 동경 용원부로 옮기는 등 국가의 성장에 부응해 여러 차례 수도를 옮겼다.

문왕이 죽고 나서 왕위 다툼으로 잠시 혼란기에 접어들었다가 9세기 초 선왕이 이를 수습하고 발해의 중흥을 이루었다. 영토를 북쪽으로는 흑룡강, 동쪽으로는 연해주, 서쪽으로는 요하 유역까지 진출하여 최대 영토를 확보하였고 당에서도 해동성국이라 칭하였다.

그러나 9세기 말 내분으로 국력이 약화되었고 결국 926년 거란의 공격을 받아 멸망하였다.

4 주변국가의 고대사 왜곡

1) 임나일본부설

임나일본부설이란 고대 일본의 야마토 정권이 4세기 중반에서 6세기 중반까지 약 200여 년간 가야(임나) 지역을 중심으로 해서 한반도 남부를 통치했다는 일본 학계의 학설이다.

이 학설은 근대 일본이 한국을 지배하기 위한 역사적 근거로서 사용되기도 하였다. 특히 광개토왕비문의 기록과 칠지도를 『일본서기』와 연결시켜 임나일본부설의 증거로 삼기도 하였다.

현재 일본 학계에서 고대 일본의 지배기관으로서 기존의 임나일본부설을 주장하는 연구자는 없다. 하지만 어떠한 형태로든 야마토 정권의 가야 지방에 대한 영향력 행사, 한반도 남부에 대한 세력 확대 등 가야에 대한 연고권을 주장하는 흐름은 계속되고 있다.

1980년대 이후『일본서기』에 대한 사료적 재검토가 이루어졌고 가야 지역에 대한 고고학적 발굴조사가 이루어짐에 따라 임나일본부설 연구에 대한 새로운 계기와 인식이 생기게 되었다.

일단 주요 학설을 보면 가야지역에 파견된 왜국사신설, 가야국의 대왜 외교기관설, 교역기관설, 백제에 의한 지배기관설 등이 제기되어 야마토 정권에 의한 가야 지배설이 부정되고 있다.

특히『일본서기』에 나오는 임나일본부는 독자의 실체로 움직이는 일이 없이 532년 신라에 의해 멸망한 금관국 등을 부흥시킨다는 임나 부흥회의 속에서 나타나고 있다.『일본서기』에 의하면 왜왕이 임나부흥을 갈망하고 있지만, 회의의 주역은 백제로 되어 있으며 그들이 왜왕의 지시에 반하는 행동을 보이고 있어 고대 야마토 정권에 의한 가야 지배설과 배치되고 있다.

▌칠지도(七支刀)

1870년대 일본 나라현 텐리시 이소노카미(石上) 신궁에서 발견된 칠지도는 과거 임나일본부설을 증명하는 자료로 인식되기도 하였다. 칠지도에는 앞, 뒷면에 62자의 글자가 새겨져 있는데, 잘 보이지 않는 글자가 있어 여러 가지 해석을 낳았다. 우선 제일 앞에 나오는 '泰ㅁ'를 중국 동진의 연호로 간주하여 태화(泰和)로 보았던 것이 대표적이다. 그러나 고대 중국의 연호 중 태화(泰和)라는 연호는 없고 태화(太和)라는 연호밖에 없으며, 두 번째 글자 또한 和로 보기 어렵다. 그런데도 일본학자들은 동진의 태화(太和)라는 연호와 동일한 것으로 생각하고 369년을 가리킨다고 주장하고 있는 것이다. 이는 대체적으로 동진 시대의

칠지도

난징(南京)에서 태원(泰元)과 태원(太元)이라는 2개의 기년명이 출토된 사례를 통해 같은 시기에 두 연호가 혼용되었던 것으로 보았기 때문이다. 그러나 실제 칠지도의 글자는 상감으로 이루어져 있어서 많은 부분 약자로 씌어있는데, 이러한 정황을 보면 太를 굳이 번잡한 泰로 바꾸었다는 것은 석연치 않은 해석임에 틀림없다.

어쨌든 이들의 주장대로 명문에 나타나 있는 시기를 동진의 연호인 태화 4년으로 본다면, 그때는 서기 369년에 해당된다. 『일본서기』에 따르면, 진구(神功) 49년에 해당하는 시기로 백제와 왜가 한반도의 남부를 점유했다는 연도와 정확하게 일치한다. 특히, 『일본서기』 진구 52년조에는 백제의 근초고왕이 사신인 구저를 통해 칠지도 1구와 칠자경 1면 및 각 종의 중보(重寶)를 바쳤다고 하는 내용이 있다. 이를 근거로 백제에서 일본에 헌상한 바로 그 칠지도로 해석하고 있는 것이다. 이처럼 칠지도의 명문은 『일본서기』 진구조에 나오는 삼한 정벌의 기사와 광개토왕비문에 나와 있는 유명한 신묘년의 기사를 기초로 고대에 일본이 한반도를 지배했다고 하는 임나일본부설의 기원으로 삼고 있는 데 이용되고 있다.

그러나 칠지도 명문에 대한 내용을 살펴보면 이러한 식으로 해석하는 것은 문제가 많다. 먼저 칠지도 명문에 "후세에 길이 전하여 보일지어다(傳示後世)"라는 부분은 『일본서기』의 기록대로 근초고왕이 왜왕에게 헌상했다고 보기보다는 오히려 지위가 높은 사람이 낮은 사람에게 하사하는 듯한 표현으로 씌어 있기 때문이다. 또한, 앞면의 공공후왕(供供侯王)이라는 글자도 후왕이나 제후에게 하사했다는 뜻이 더욱 강하게 느껴진다. 이와 같은 이유 때문에 백제가 일본 왕에게 하사했던 칼이라는 인상을 더욱 짙게 해주고 있다.

태화라는 연호에 대해서도 태화라는 연호는 중국에 없을 뿐만 아니라, 일본에서 연호를 쓰기 시작한 것도 7세기는 되어서부터이기 때문에 백제의 연호일 수밖에 없다는 주장도 대두되었다. 따라서 백제의 연호가 사료에 남아 있지는 않지만, 고구려도 광개토왕비문에서 보듯이 4세기부터 영락(永樂)이라는 연호를 썼으며, 신라도 6세기에는 고유한 연호를 설정한 것을 참작해 보면 백제의 연호일 가능성이 크다.

특히 그동안 명문에 나타난 칠지도의 제작연월에 대해 글자를 주조하기 좋은 때라고 여겨지던 5월로 보았는데, 일본의 NHK가 촬영한 X-레이

사진 등 최근의 새로운 판독결과 '11월 16일 병오'가 확연하다. 따라서 이에 합당한 '일간지(日干支)'를 4~6세기 사이에서 찾으면 11월 16일이 병오(丙午)인 날 가운데 408년, 즉 백제 전지왕 4년이 주목된다.

이 시기는 백제가 고구려의 침공에 어려움을 겪자 왜를 끌어들여 대응했던 시기였다. 광개토왕비문에 고구려의 침공을 받은(396년) 백제가 "왜와 화통했다(百殘違誓 與倭和通)"는 기록이 있고, 『삼국사기』에는 전지왕이 왜국에 갔다가 온 기록이 있다. 따라서 칠지도는 백제가 군대를 파견해준 왜왕을 후왕(侯王)의 지위로 승인하고, 고구려와의 전쟁이라는 복잡한 국제관계에서 백제의 입지를 확고하게 굳히는 의미에서 왜국에 하사되었던 것이다. 따라서 광개토왕비문의 내용이 고구려와 백제의 대립구도 속에 고구려의 입장에서 쓰인 것으로써 이를 근거로 임나일본부설을 주장하는 것은 타당하지 않다는 것이 확인되었다.

2) 고구려사 왜곡

중국은 2002년부터 시행한 소위 동북공정 연구사업을 통해 고구려가 중국의 고대 소수 지방정권으로 중국사에 포함되어야 한다는 인식하에 고구려사 연구를 진행하였다.

고구려사를 바라보는 중국학계의 인식은 고구려가 중국의 고대 민족이 세운 중국 고대의 지방정권이며 고구려는 한사군의 현도군 고구려현 경내에서 건국했고, 427년 낙랑군 경내인 평양으로 천도했으므로 시종일관 중국 영역 내에 존재했다는 것이다. 또한 고구려는 중국왕조의 책봉을 받고 조공을 했던 중국의 지방정권으로 수·당과의 전쟁도 중국 내부의 통일전쟁으로, 중앙에 항거한 지방정권의 반란을 평정한 것이라고 주장하고 있다.

이러한 인식은 현재 중국의 '통일적 다민족국가론'을 이론적 배경으로 하고 있는 것으로서 현재의 중국 영토 안에 있는 지역들의 과거사는 모두 중국사라고 하는 자의적 역사왜곡에 근거하고 있는 것이다.

실제 고구려는 예맥족이 건국한 나라로서 고구려 스스로나 중국 역사책에서도 중국과는 별개로 인식하고 있었다. 중국정사에서는 고구려 관련 내용을 시종 외국열전外國列傳에 배치했고, 『송사宋史』 이래 고구려와 고려를 계승관계로 서술해왔다. 또한 고구려는 현도군을 몰아내는 과정에서 건국했으며, 나라를 세운 이후 한 번도 중국의 영토 안에 속했던 적이 없다.

조공 · 책봉의 관계에 대해서도 이는 전근대 시기 동아시아의 국제 외교형식이자 무역활동에 불과한 것으로써 조공을 하고 책봉을 받았다는 사실만으로 속국을 판난할 수는 없나. 조공 · 책봉의 관계를 모두 속국과 영토의 개념으로 본다면 당시 고구려뿐만 아니라 백제 등 한반도남부 국가와 왜까지도 중국의 영토라는 모순이 발생한다.

특히 고구려와 수 · 당 간의 전쟁은 국가 간에 일어난 국제전으로서 수 · 당은 중원 통일 후 동아시아 일대에 중화세계를 구현하는 데 걸림돌이 되고 있던 고구려를 정복하려고 침략전쟁을 일으켰다.

고구려 멸망 후 신라는 '일통삼한一統三韓' 의식을 통해 고구려를 계승했다는 인식을 가지고 있었으며 이러한 계승의식이 발해, 후삼국과 고려를 거쳐 오늘에까지 이어져 오고 있다. 고려는 국호에서부터 고구려 계승을 표방했고, 건국 초기부터 고구려의 수도였던 서경을 중시하면서 북진정책을 추진했다. 고려가 『삼국사기』를 펴냈다는 것은 고려 사람들이 고구려를 선대의 역사라고 여기고 있었음을 보여준다.

이에 대해 논란이 이어지자 2006년 한국 정부의 시정요구가 있었고 중국 측의 이행 화답이 있었으며 2007년 2월로 5년 계획으로 추진된

'동북공정' 프로젝트는 외견상 종료되었다.

하지만, 사업이 종료되었다고 해서 동북공정식 고구려 연구가 종료된 것은 아니다. 동북3성의 사회과학원과 대학 산하 연구소 들이 고구려 연구를 기반으로 하여 설립, 개편되고 있어 향후 동북공정식 고구려 연구는 활성화되리라고 예상된다.

3) 발해사 왜곡

현재 발해의 영역은 중국 동북 지방과 러시아 연해주, 그리고 북한에 걸쳐 있고, 발해 관련 사료도 중국을 비롯하여 일본, 한국에 남아 있어 역사 해석에 많은 이견이 도출되고 있다.

동아시아 각국은 발해사를 자국 중심적으로 해석하여 중국에서는 발해를 말갈족이 세운 당나라 지방정권으로 규정하였고, 러시아에서는 극동 소수민족이 중심이 된 독자적인 연해주 최초의 중세국가로, 또 일본은 전통적인 만선사관滿鮮史觀에 입각한 발해인식을 이어오고 있다.

특히 중국에서는 발해의 건국 주체민족이 말갈족이라고 보면서 발해 건국 이후에 당이 대조영을 발해군왕에 봉하였다는 『당서唐書』 기록을 통해 중국의 소수민족에 의한 지방 정권, 당의 지방 정권으로 인식하려는 경향이 있다.

그러나 정혜 · 정효 공주묘에서 출토된 묘비를 통해 발해도 연호와 황상이라는 용어를 사용했음을 알 수 있게 되었으며 길림성 화룡시 용두산 고분에서 효의황후, 순목황후의 묘지가 발굴되어 발해도 황제라는 칭호를 썼음을 알 수 있게 되었다. 또한 당시 발해가 교류했던 여러 나라의 사료를 통해 발해는 고구려를 계승하였던 나라였음을

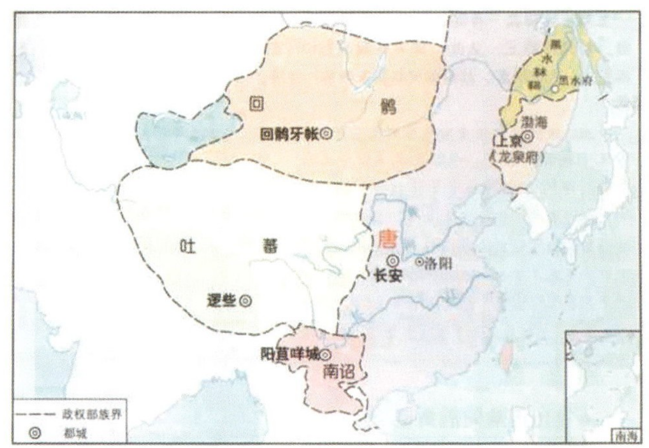

중국의 역사교과서(출처: 『중국역사』, 인민교육출판사 7년급 하책)

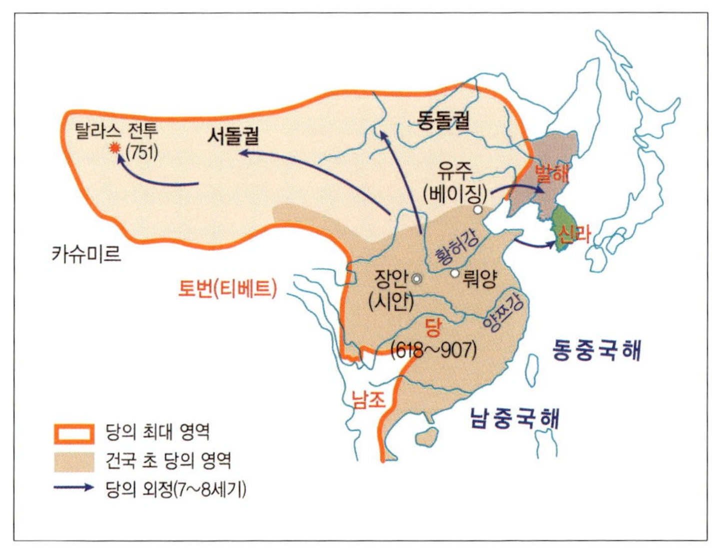

당의 성장

알 수 있다.

중국의 발해사 왜곡 역시 현재 중국의 '통일적 다민족국가론'을 배경으로 하고 있다. 중국의 이러한 인식을 잘 보여주는 것이 중국 교과서의 당나라 영토 표기이다. 중국의 인민교육출판사의 역사 교과서는 발해와 토번(티벳)을 당나라의 영토로 표기하고 있다. 그러나 이는 현재의 중국 영토 안에 있는 지역들의 과거사 또한 모두 중국사로 엮으려 하는 역사왜곡으로서 같은 중화권인 홍콩이나 대만의 인식과도 차이가 있는 것이다.

▮발해와 교류가 많았던 일본 측 자료를 통해 발해는 고구려를 계승한 나라였음을 알 수 있다

- 『유취국사』 "발해국은 고구려의 옛 땅이다(高麗之故地). 텐지(天智) 7년 고구려왕 고 씨는 당에 멸망했다. 그 후 문무(文武) 2년에 대조영이 발해국을 세웠다."
- 『속일본기』 "고려(高麗)의 옛 땅을 회복하고 부여의 습속을 갖고 있다(復高麗之舊居有扶餘之遺俗)."

"삼가 고려국왕(高麗國王)에게 문안한다."

5 신라 말의 혼란과 후삼국의 성립

1) 신라 말의 정치 변동

8세기 말 혜공왕이 어린 나이에 등극하자 진골귀족들의 권력다툼이 시작되었다. 최고 관직인 각간의 자리에 있었던 대공이 반란을 일으켰고 96명의 각간이 왕경과 각지에서 서로 다투어 3년을 끌었을 정도로 정치적 혼란은 계속되었다.

780년에는 상대등 김양상과 이찬 김경신이 연합하여 혜공왕을 죽이고 김양상이 선덕왕이 되었으며, 785년에는 김경신이 왕위계승자로 정해진 김주원을 밀어내고 즉위하여 원성왕이 되었다. 이후 귀족들의 다툼에 의한 왕위 쟁탈전이 치열하게 진행되었다. 혜공왕이 죽은 뒤 155년에 걸쳐 20명의 왕이 바뀌는 등 점차 왕권이 약화되었다.

지방에서도 반란이 일어나 822년에는 김주원의 아들인 웅천주 도독 김헌창이 반란을 일으켰으며, 846년에는 청해진을 설치하여 해적을 소탕하고 국제교역기반을 다졌던 장보고가 진골귀족의 견제를 받게 되자 반란을 일으켰다.

사회가 혼란해지면서 지방에서는 호족이라 부르는 새로운 세력이 등장하여 중앙정부의 통제를 벗어나 반독립적인 세력으로 성장하였다. 호족들은 성을 쌓고 군대를 보유하여 성주, 장군이라 칭하면서 그 지방의 행정권, 군사권, 경제권을 장악하였다.

당에 유학하였다가 돌아온 6두품 출신의 일부 유학생들과 선종 승려 등은 신라 골품제 사회를 비판하면서 지방의 호족 세력과 연계하여 사회 개혁을 추구하기도 하였다.

2) 후삼국의 성립

신라하대에는 농민들도 각지에서 봉기하였는데 사벌주(경북 상주)에서는 원종과 애노가 봉기하였고 죽주(경기 안성)에서는 기훤이, 북원(강원 원주)에서는 양길이 많은 농민과 유랑민을 모아 세력을 확대하였다.

이러한 가운데 상주 지방 호족 출신으로 신라 서남 지역 방위군 장군으로 세력을 키웠던 견훤이 차령산맥 이남의 충청도와 전라도 지역을 확보하고 완산주(전주)에 도읍을 정하고 900년 후백제를 세웠다.

헌안왕의 서자로 전하는 궁예는 권력다툼에 밀려난 왕족 후예로서 신라 왕실에 대한 적개심이 컸다. 초기 죽주 기훤의 무리를 거쳐 북원지방의 양길 아래 들어가 강원, 경기 일대의 중부 지방을 점령하였다. 궁예는 세력이 커지자 송악(개성)에 도읍을 정하고 901년 후고구려를 세웠다. 이후 영토가 확장되자 도읍을 철원으로 옮기면서 국호를 마진(904년)으로 하였다가 다시 태봉(911년)으로 바꾸는 등 후삼국 가운데 가장 강력한 세력으로 부상하였다.

그러나 견훤은 신라에 적대적이었고 농민으로부터 지나치게 조세를 수취하였으며 호족을 포섭하는 데 실패하는 등의 한계를 갖고 있었다.

또한 궁예는 죄 없는 관료와 장군을 살해하였으며 미륵신앙을 이용하여 전제정치를 도모하다가 백성의 신망을 잃게 되어 결국 축출되었다.

참고문헌

국사편찬위원회, 『한국사』 7, 1995

김영심, 「남한학계의 동북공정 대응논리에 대한 비판적 검토」, 『역사문화연구』 39, 2011

김철준, 『한국고대사회연구』, 지식산업사, 1975

나행주, 「6세기 한일관계의 연구사적 검토」, 『임나문제와 한일관계』, 경인문화사, 2005

노중국, 『백제정치사연구』, 일조각, 1988

노태돈, 『고구려사연구』, 사계절, 1999

______, 『삼국통일전쟁사』, 서울대학교출판부, 2009

송기호, 『발해정치사연구』, 일조각, 2006

신형식, 『통일신라사연구』, 삼지원, 1990

이기백, 『신라정치사회사연구』, 일조각, 1975

이종욱, 「신라장적을 통하여 본 통일신라의 촌락지배 체제」, 『역사학보』 86, 1980

정영호, 『'93 중원탑평리유적 발굴조사보고서』, 중원군, 1994

최무장, 『충주 단월동고분군 발굴조사보고서』, 건국대학교 박물관, 1994

한국고대사연구회, 『신라말 고려초의 정치사회변동』, 신서원, 1994

한규철, 『발해의 대외관계사』, 신서원, 1994

홍성화, 「이소노카미신궁 칠지도에 대한 일고찰」, 『한일관계사연구』 34, 2009

『三國史記』卷13 高句麗本紀1 동명성왕(東明聖王) 1年

동명성왕이 고구려를 건국하다(기원전 37년)

시조 동명성왕(東明聖王)은 성이 고씨(高氏)이고 이름은 주몽(朱蒙)이다. [추모(鄒牟) 또는 중해(衆解)라고도 한다.] 이에 앞서 부여왕 해부루(解夫婁)가 늙도록 아들이 없자 산천에 제사를 지내어 대를 이을 자식을 찾았다. 그가 탄 말이 곤연(鯤淵)에 이르러서 큰 돌을 보고 마주 대하여 눈물을 흘렸다. 왕이 이를 괴상히 여겨 사람을 시켜 그 돌을 옮기니 어린 아이가 있었는데 금색 개구리 모양이었다. [와(蛙, 개구리)자를 와(蝸, 달팽이)자로 쓰기도 한다.] 왕이 기뻐서 말하기를 "이는 바로 하늘이 나에게 자식을 준 것이다."하고 거두어 기르고, 이름을 금와(金蛙)라 하였다. 그가 장성함에 책립하여 태자를 삼았다. 후에 그 재상 아란불(阿蘭弗이 말하기를 "일전에 하늘이 나에게 내려와 말하기를 '장차 내 자손으로 하여금 이곳에 나라를 세우게 할 것이다. 너희는 그곳을 피하라. 동해의 물가에 땅이 있는데 이름이 가섭원(迦葉原)이라 하고 토양이 기름지고 오곡(五穀)이 자라기 알맞으니 도읍할 만하다.'고 하였습니다."라 하였다.

아란불이 마침내 왕에게 권하여 그곳으로 도읍을 옮기고 나라 이름을 동부여(東扶餘)라 하였다. 옛 도읍지에는 어떤 사람이 있어 어디서 왔는지 알 수 없으나 스스로 천제(天帝)의 아들 해모수(解慕漱)라고 칭하며 와서 도읍하였다. 해부루가 죽자, 금와가 자리를 계승하였다. 이때에 태백산(太白山) 남쪽 우발수(優渤水)에서 여자를 만났다. 물으니 말하기를 "저는 하백(河伯)의 딸이고 이름은 유화(柳

花)입니다. 여러 동생들과 더불어 나가노는데 그 때에 한 남자가 스스로 말하기를 천제의 아들 해모수라 하고 저를 웅심산(熊心山) 아래로 유인하여 압록강변의 방안에서 사랑을 하고 곧바로 가서는 돌아오지 않았습니다. 부모는 제가 중매도 없이 다른 사람을 따라갔다고 꾸짖어 마침내 벌로 우발수에서 살게 되었습니다."라 답하였다.

금와가 이를 이상하게 여겨서 방 안에 가두었는데, 햇빛이 비치어 몸을 끌어당겨 햇빛을 피하였으나 햇빛이 또 따라와 비쳤다. 이로 인하여 아이를 임신하여 알 하나를 낳았는데 크기가 5 승(升)쯤 되었다. 왕이 알을 버려 개와 돼지에게 주었으나 모두 먹지 않았다. 또 길 가운데에 버렸으나 소나 말이 피하였다. 나중에는 들판에 버렸더니 새가 날개로 덮어 주었다. 왕이 이를 가르려고 하였으나 깨뜨릴 수가 없어 마침내 그 어머니에게 돌려주었다. 그 어머니가 물건으로 알을 싸서 따뜻한 곳에 두었더니, 한 남자아이가 껍질을 부수고 나왔는데 골격과 외모가 영특하고 호걸다웠다. 나이 일곱 살에 영리하고 예사롭지 않아서 스스로 활과 화살을 만들어 쏘았는데 백발백중이었다. 부여의 속어에 활을 잘 쏘는 것을 주몽(朱蒙)이라하는 까닭에 이것으로 이름을 지었다.

금와는 일곱 아들이 있어서 늘 주몽과 함께 놀았으나 그 재주와 능력이 모두 주몽에 미치지 못하였다. 그 맏아들 대소(帶素)가 왕에게 말하기를 "주몽은 사람이 낳은 자가 아니어서 사람됨이 또한 용감합니다. 만약 일찍 도모하지 않으면 후환이 있을까 두려우니 그를 제거할 것을 청하옵니다."라 하였다.

왕이 듣지 않고 그에게 말을 기르도록 하였다. 주몽이 날랜 말을 알아보고 적게 먹여 마르게 하고, 둔한 말은 잘 먹여 살찌게 하였다. 왕이 살찐 말은 자신이 타고, 마른 말을 주몽에게 주었다. 후에 들판에서 사냥을 하는데 주몽이 활을 잘 쏘아 화살을 적게 주었으나, 주몽이 잡은 짐승은 매우 많았다. 왕자와 여러 신하들이 또 그를 죽이려고 모의하였다. 주몽의 어머니가 몰래 이를 알아차리고 알려주며 말하기를 "나라 사람들이 너를 해치려 한다. 너의 재주와 지략으로 어디를 간들 안 되겠느냐? 지체하여 머물다가 욕을 당하는 것 보다, 멀리 가서 뜻을 이루는 것이 낫겠다."고 하였다.

주몽이 이에 오이(烏伊)·마리(摩離)·협보(陜父) 등 세 사람과 친구가 되어 가다가 엄사수(淹淲水) [일명 개사수(蓋斯水)라고도 하는데 지금의 압록강 동북쪽에 있다.]에 이르러 건너려고 하는데 다리가 없었다. 추격해오는 병사들이 닥칠까봐 두려워 물에게 알려 말하기를 "나는 천제(天帝)의 아들이요, 하백의 외손이다. 오늘 도망하여 달아나는데 추격자들이 좇으니 어찌하면 좋은가?"하였다. 이에 물고기와 자라가 떠올라 다리를 만들었으므로 주몽이 건널 수 있었다. 물고기와 자라가 곧 흩어지니 추격해오던 기병은 건널 수 없었다.

주몽이 가다가 모둔곡(毛屯谷)에 이르러 [《위서(魏書)》에서 "음술수(音述水)에 이르렀다."고 하였다] 세 사람을 만났다. 그 중 한 사람은 마의(麻衣)를 입고, 한 사람은 납의(衲衣)를 입고, 한 사람은 수조의(水藻衣)를 입고 있었다. 주몽이 "그대들은 누구인가? 성은 무엇이고 이름은 무엇인가?"하고 물었다. 마의를 입은 사람이 말하기를 "이름이 재사(再思)입니다."하고, 납의를 입은 사람이 말하기를 "이름이 무골(武骨)입니다."하고, 수조의를 입은 사람은 "이름은 묵거(默居)입니다."라 하였으나, 성(姓)은 말하지 않았다. 주몽이 재사에게 극씨(克氏), 무골에게 중실씨(仲室氏), 묵거에게 소실씨(少室氏)의 성씨를 주고, 무리에 일러 말하기를 "내가 바야흐로 하늘의 크나큰 명령을 받아 나라의 기틀을 열려고 하는데 마침 이 3명의 현명한 사람을 만났으니 어찌 하늘이 주신 것이 아니겠는가?" 하였다.

마침내 그 능력을 살펴 각기 일을 맡기고 그들과 함께 졸본천(卒本川)에 이르렀다. [《위서》에서는 "흘승골성(紇升骨城)에 이르렀다"고 하였다.] 그 토양이 기름지고 아름다우며, 산과 물이 험하고 단단한 것을 보고 드디어 도읍하려고 하였으나, 궁실을 지을 겨를이 없어 단지 비류수(沸流水) 가에 오두막을 짓고 살았다. 나라 이름을 고구려(高句麗)라 하였는데 이로 인하여 고(高)로 씨(氏)를 삼았다. [혹 이르기를 "주몽이 졸본부여에 이르렀는데, 왕이 아들이 없어 주몽을 보고는 보통사람이 아님을 알고 그 딸을 아내로 삼게 하였다. 왕이 죽자 주몽이 자리를 계승하였다."고 하였다.] 이때 주몽의 나이가 22

세로, 한(漢) 효원제(孝元帝) 건소(建昭) 2년(서기전 37), 신라 시조 혁거세(赫居世) 21년 갑신년이었다. 사방에서 듣고 와서 복종하는 자가 많았다. 그 땅이 말갈 부락에 잇닿아 있어 침입하여 훔쳐 피해를 입을까 두려워하여 마침내 그들을 물리치니, 말갈이 두려워 복종하고 감히 침범하지 못하였다.

왕이 비류수 가운데로 나뭇잎이 떠내려 오는 것을 보고 다른 사람이 상류에 있는 것을 알고, 사냥하며 찾아가서 비류국(沸流國)에 도착하였다. 그 나라 왕 송양(松讓)이 나와서 보고 말하기를 "과인(寡人)이 바다의 깊숙한 곳에 치우쳐 있어서 일찍이 군자를 보지 못하였는데 오늘 서로 만나니 또한 다행이 아닌가? 그러나 그대가 어디서 왔는지 알지 못하겠다."고 하였다. 답하여 말하기를 "나는 천제의 아들이고 모처에 와서 도읍하였다."고 하였다. 송양이 말하기를 "우리는 여러 대에 걸쳐 왕노릇을 하였다. 땅이 작아 두 주인을 받아들이기에는 부족하다. 그대는 도읍을 세운 지 날이 얼마 되지 않았으니 나의 밑에서 일하는 것이 어떠한가?" 하였다. 왕이 그 말을 분하게 여겨 그와 더불어 말다툼을 하고 또한 서로 활을 쏘아 재주를 겨루었는데, 송양이 대항할 수 없었다.

이규보, 『동명왕 편』

세상에서 동명왕(東明王)의 신통하고 이상한 일을 많이 말한다. 비록 어리석은 남녀들까지도 흔히 그 일을 말한다. 내가 일찍이 그 얘기를 듣고 웃으며 말하기를, "선사(先師) 중니(仲尼)께서는 괴력난신(怪力亂神)을 말씀하지 않았다. 동명왕의 일은 실로 황당하고 기괴하여 우리들이 얘기할 것이 못 된다."하였다.

뒤에 《위서(魏書)》와 《통전(通典)》을 읽어 보니 역시 그 일을 실었으나 간략하고 자세하지 못하였으니, 국내의 것은 자세히 하고 외국의 것은 소략히 하려는 뜻인지도 모른다. 지난 계축년(1193, 명종 23)

4월에 《구삼국사(舊三國史)》를 얻어 동명왕본기(東明王本紀)를 보니 그 신이(神異)한 사적이 세상에서 얘기하는 것보다 더했다. 그러나 처음에는 믿지 못하고 귀(鬼)나 환(幻)으로만 생각하였는데, 세 번 반복하여 읽어서 점점 그 근원에 들어가니, 환(幻)이 아니고 성(聖)이며, 귀(鬼)가 아니고 신(神)이었다. 하물며 국사(國史)는 사실 그대로 쓴 글이니 어찌 허탄한 것을 전하였으랴. 김부식(金公富軾) 공이 국사를 중찬(重撰)할 때에 자못 그 일을 생략하였으니, 공은 국사는 세상을 바로잡는 글이니 크게 이상한 일은 후세에 보일 것이 아니라고 생각하여 생략한 것이 아닌가?

당현종본기(唐玄宗本紀)와 양귀비전(楊貴妃傳)에는 방사(方士)가 하늘에 오르고 땅에 들어갔다는 일이 없는데, 오직 시인(詩人) 백낙천(白樂天)이 그 일이 인멸될 것을 두려워하여 노래를 지어 기록하였다. 저것은 실로 황당하고 음란하고 기괴하고 허탄한 일인데도 오히려 읊어서 후세에 보였거든, 더구나 동명왕의 일은 변화의 신이(神異)한 것으로 여러 사람의 눈을 현혹한 것이 아니고 실로 나라를 창시(創始)한 신기한 사적이니 이것을 기술하지 않으면 후인들이 장차 어떻게 볼 것인가? 그러므로 시를 지어 기록하여 우리나라가 본래 성인(聖人)의 나라라는 것을 천하에 알리고자 하는 것이다.

처음 공중에서 내려오는데 / 初從空中下
자신은 다섯 용의 수레를 타고 / 身乘五龍軌
따르는 사람 백여 인은 / 從者百餘人
고니를 타고 털깃 옷을 화려하게 입었다 / 騎鵠紛襂襹
맑은 풍악 소리 쟁쟁하게 울리고 / 淸樂動鏘洋
채색 구름은 뭉게뭉게 떴다 / 彩雲浮旖旎

주석 한나라 신작 3년인 임술년에 천제(天帝)가 태자를 보내어 부여왕의 옛 도읍에 내려와 놀았는데 이름이 해모수(解慕漱)였다. 하늘에서 내려오는데 오룡거(五龍車) 타고 따르는 사람 1백여 인은 모두 흰 고니를 탔다. 채색 구름은 위에 뜨고 음악 소리는 구름 속에서 울렸다. 웅심산(熊心山)에 머물렀다가 10여 일이 지나서 내려오는데 머리에는 오우관(烏羽冠)을 쓰고 허리에는 용광검(龍光劍)을 찼다.

맏딸이 유화인데 / 長女曰柳花
이 여자가 왕에게 붙잡혔다 / 是爲王所止
하백이 크게 노하여 / 河伯大怒嗔
사자를 시켜 급히 달려가서 / 遣使急且駛
고하기를 너는 어떤 사람이기에 / 告云渠何人
감히 경솔하고 방자한 짓을 하는가 / 乃敢放輕肆
회보하기를 나는 천제의 아들입니다 / 報云天帝子
높은 문족과 서로 혼인하기 청합니다 / 高族請相累
하늘을 가리키자 용수레가 내려오니 / 指天降龍馭
그대로 깊은 해궁에 이르렀다 / 徑到海宮邃

주석 하백(河伯)이 크게 노하여 사자를 보내어 고하기를, "너는 어떠한 사람이기에 내 딸을 잡아 두는가?"하였다. 왕이 회보하기를, "나는 천제(天帝)의 아들인데 지금 하백에게 구혼하고자 합니다."하였다. 하백이 또 사자를 보내어 고하기를, "네가 만일 천제의 아들이고 내게 구혼할 생각이 있으면 마땅히 중매를 시켜 말할 것이지 지금 문득 내 딸을 잡아 두니 어찌 그리 실례가 심한가?"하였다. 왕이 부끄러워하며 하백을 뵈려 하였으나 궁실에 들어갈 수 없었다. 그래서 그 여자를 놓아 보내고자 하니 그 여자가 이미 왕과 정이 들어서 떠나려 하지 않으며 왕에게 권하기를, "만일 용거(龍車)가 있으면 하백의 나라에 이를 수 있다."하였다. 왕이 하늘을 가리켜 고하니, 조금 뒤에 오룡거(五龍車)가 공중에서 내려왔다. 왕이 여자와 함께 수레를 타니 풍운이 홀연히 일어나며 하백의 궁에 이르렀다.

그대가 상제의 아들이라면 / 君是上帝胤
신통한 변화를 시험하여 보자 / 神變請可試
넘실거리는 푸른 물결 속에 / 漣漪碧波中
하백이 변화하여 잉어가 되니 / 河伯化作鯉

왕이 변화하여 수달이 되어 / 王尋變爲獺
몇 걸음 못 가서 곧 잡았다 / 立捕不待跬
또다시 두 날개가 나서 / 又復生兩翼
꿩이 되어 훌쩍 날아가니 / 翩然化爲雉
왕이 또 신령한 매가 되어 / 王又化神鷹
쫓아가 치는 것이 어찌 그리 날쌘가 / 博擊何大鷙
저편이 사슴이 되어 달아나면 / 彼爲鹿而走
이편은 승냥이가 되어 쫓았다 / 我爲豺而趡
하백은 신통한 재주 있음 알고 / 河伯知有神
술자리 벌이고 서로 기뻐하였다 / 置酒相燕喜
만취한 틈을 타서 가죽 수레에 싣고 / 伺醉載革輿
딸도 수레에 함께 태웠다 / 并置女於輢
그 뜻은 딸과 함께 / 意令與其女
천상에 오르게 하려 함이었다 / 天上同騰轡
그 수레가 물 밖에 나오기 전에 / 其車未出水
술이 깨어 홀연히 놀라 일어나 / 酒醒忽驚起
여자의 황금비녀로 / 取女黃金釵
가죽 뚫고 구멍으로 나와서 / 刺革從竅出
홀로 적소를 타고 올라서 / 獨乘赤霄上
소식 없이 다시 돌아오지 않았다 / 寂寞不廻騎

주석 하백이, "왕이 천제(天帝)의 아들이라면 무슨 신통하고 이상한 재주가 있는가?"하니, 왕이, "무엇이든지 시험하여 보소서."하였다. 이에 하백이 뜰 앞의 물에서 잉어로 화하여 물결을 따라 노니니 왕이 수달로 화하여 잡았고, 하백이 또 사슴으로 화하여 달아나니 왕이 승냥이로 화하여 쫓았고, 하백이 꿩으로 화하니 왕이 매로 화하였다. 하백은 참으로 천제의 아들이라고 생각하여 예로 혼인을 이루고 왕이 딸을 데려갈 마음이 없을까 두려워하여 풍악을 베풀고 술을 내어 왕을 권하여 크게 취하자 딸과 함께 작은 가죽 수레에 넣어 용거(龍車)에 실으니 이는 하늘에 오르게 하려 함이었다. 그 수레가 미처 물에서 나오기 전에 왕이 술이 깨어 여자의 황금비녀로 가죽 수레를 뚫고 구멍으로 홀로 나와서 하늘로 올라갔다.

왕이 해모수의 왕비인 것을 알고 / 王知慕漱妃
이내 별궁에 두었다 / 仍以別宮置
해를 품고 주몽을 낳았으니 / 懷日生朱蒙
이해가 계해년이었다 / 是歲歲在癸
골상이 참으로 기이하고 / 骨表諒最奇
우는 소리가 또한 심히 컸다 / 啼聲亦甚偉
처음에 되만한 알을 낳으니 / 初生卵如升
보는 사람들이 깜짝 놀랐다 / 觀者皆驚悸
왕이 상서롭지 못하다 / 王以爲不祥
이것이 어찌 사람의 종류인가 하고 / 此豈人之類
마구간 속에 두었더니 / 置之馬牧中
여러 말들이 모두 밟지 않고 / 群馬皆不履
깊은 산 속에 버렸더니 / 棄之深山中
온갖 짐승이 모두 옹위하였다 / 百獸皆擁衛

주석 왕이 천제 아들의 비(妃)인 것을 알고 별궁(別宮)에 두었더니 그 여자의 품안에 해가 비치자 이어 임신하여 신작(神雀) 4년 계해년 여름 4월에 주몽(朱蒙)을 낳았는데 우는 소리가 매우 크고 골상이 영특하고 기이하였다. 처음 낳을 때에 좌편 겨드랑이로 알 하나를 낳았는데 크기가 닷되[五升]들이 만하였다. 왕이 괴이하게 여겨 말하기를, "사람이 새알을 낳았으니 상서롭지 못하다."하고, 사람을 시켜 마구간에 두었더니 여러 말들이 밟지 않고, 깊은 산에 버렸더니 모든 짐승이 호위하고 구름 끼고 음침한 날에도 알 위에 항상 햇빛이 있었다. 왕이 알을 도로 가져다가 어미에게 보내어 기르게 하였더니, 알이 마침내 갈라져서 한 사내아이를 얻었는데 낳은 지 한 달이 지나지 않아서 언어가 모두 정확하였다.

어미가 우선 받아서 기르니 / 母姑擧而養
한 달이 되면서 말하기 시작하였다 / 經月言語始

스스로 말하되 파리가 눈을 빨아서 / 自言蠅噆目
누워도 편안히 잘 수 없다 하였다 / 臥不能安睡
어머니가 활과 화살을 만들어 주니 / 母爲作弓矢
그 활이 빗나가는 법이 없었다 / 其弓不虛掎

주석 어머니에게, "파리들이 눈을 빨아서 잘 수가 없으니 어머니는 나를 위하여 활과 화살을 만들어 주오"하였다. 그 어머니가 댓가지로 활과 화살을 만들어 주니 스스로 물레 위의 파리를 쏘는데 화살을 쏘는 족족 맞혔다. 부여(扶餘)에서 활 잘 쏘는 것을 주몽(朱蒙)이라고들 한다.

광개토왕비문

옛적 始祖 鄒牟王이 나라를 세웠는데 (王은) 北夫餘에서 태어났으며, 天帝의 아들이었고 어머니는 河伯(水神)의 따님이었다. 알을 깨고 세상에 나왔는데, 태어나면서부터 聖스러운 …… 이 있었다(5字不明).

길을 떠나 남쪽으로 내려가는데, 부여의 奄利大水를 거쳐가게 되었다. 王이 나룻가에서 "나는 天帝의 아들이며 河伯의 따님을 어머니로 한 鄒牟王이다. 나를 위하여 갈대를 연결하고 거북이 무리를 짓게 하여라"라고 하였다. 말이 끝나자마자 곧 갈대가 연결되고 거북떼가 물위로 떠올랐다. 그리하여 강물을 건너가서, 沸流谷 忽本 서쪽 山上에 城을 쌓고 都邑을 세웠다. 왕이 王位에 싫증을 내니, (하늘님이) 黃龍을 보내어 내려와서 왕을 맞이하였다. (이에) 王은 忽本 동쪽 언덕에서 龍의 머리를 디디고 서서 하늘로 올라갔다.

遺命을 이어받은 世子 儒留王은 道로서 나라를 잘 다스렸고, 大朱留王은 王業을 계승하여 발전시키었다.

17世孫에 이르러 國岡上廣開土境平安好太王이 18세에 왕위에 올라 칭호를 永樂大王이라 하였다. (王의) 恩澤이 하늘까지 미쳤고 威武는 四海에 떨쳤다. (나쁜 무리를) 쓸어없애니, 백성이 각기 그 생

업에 힘쓰고 편안히 살게 되었다. 나라는 부강하고 백성은 유족해졌으며, 오곡이 풍성하게 익었다. (그런데) 하늘이 (이 백성을) 어여삐 여기지 아니하여 39세에 세상을 버리고 떠나시니, 甲寅年 9月 29日 乙酉에 山陵으로 모시었다. 이에 비를 세워 그 공훈을 기록하여 후세에 전한다. 그 말씀(詞)은 아래와 같다.

稗麗가 고구려인에 대한 (노략질을 그치지 않으므로), 永樂 5年 乙未에 王이 친히 군사를 이끌고 가서 토벌하였다. 富山 負山을 지나 鹽水에 이르러 그 3개 部洛 600~700營을 격파하니, 노획한 소·말·양의 수가 이루 다 헤아릴 수 없었다.

이에 王이 행차를 돌려 襄平道를 지나 東으로 □城, 力城, 北豊, 五備□로 오면서 영토를 시찰하고, 수렵을 한 후에 돌아왔다.

百殘과 新羅는 옛적부터 (高句麗의) 屬民으로서 朝貢을 해왔다. 그런데 왜가 辛卯年(391)에 건너와 百殘을 破하고 (2字缺) 新羅 …… 하여 臣民으로 삼았다.

永樂 6년(396) 丙申에 왕이 친히 군을 이끌고 百殘國을 토벌하였다. 고구려군이 남으로 내려와 壹八城, 臼模盧城, 各模盧城, 幹氐利城, □□城, 閣彌城, 牟盧城, 彌沙城, □□舍蔦城, 阿旦城, 古利城, □利城, 雜[珍]城, 奧利城, 勾牟城, 古須耶羅城, 莫□□, □□城, □而耶羅[城], 琭城, 於利城, □□[城], 豆奴城, 沸[城], 比利城, 彌鄒城, 也利城, 大山韓城, 掃加城, 敦拔城, □□□城, 婁賣城, 散□城, 那旦城, 細城, 牟婁城, 于婁城, 蘇灰城, 燕婁城, 析支利城, 巖門□城, [林]城, □□□□□□□利城, 就鄒城, □拔城, 古牟婁城, 閏奴城, 貫奴城, 彡穰城, □□城, □□盧城, 仇天城,…… 등을 攻取하고, 그 首都를 …… 하였다. 百殘이 義에 복종치 않고 감히 나와 싸우니 왕이 크게 노하여 아리수를 건너 精兵을 보내어 그 首都에 육박하였다. (百殘軍이 퇴각하니) 곧 그 성을 포위하였다. 이에 (百)殘主가 困逼해져, 男女生口 1천 명과 細布 천 필을 바치면서 왕에게 항복하고, 이제부터 영구히 고구려왕의 奴客이 되겠다고 맹세하였다. 태왕은 (百殘主가 저지른) 앞의 잘못을 은혜로서 용서하고 뒤에 순종해온 그 정성을 기특히 여겼다. 이에 58성 700촌을 획득하고 百殘主의 아우와 대신

10인을 데리고 수도로 개선하였다.

영락 8년(398) 戊戌에 한 부대의 군사를 파견하여 帛愼土谷을 觀察, 巡視하였으며 그 때에 莫□羅城 加太羅谷의 남녀 삼백여 인을 잡아왔다. 이 이후로 (고구려 조정에) 朝貢을 하고 (그 내부의 일을) 보고하며 (고구려의) 命을 받았다.

9年(399) 己亥에 百殘이 맹서를 어기고 倭와 화통하였다. (이에) 왕이 평양으로 행차하여 내려갔다. 그때 신라왕이 사신을 보내어 아뢰기를, "倭人이 그 國境에 가득차 城池를 부수고 奴客으로 하여금 倭의 民으로 삼으려 하니 이에 왕께 歸依하여 구원을 요청합니다" 라고 하였다. 太王이 은혜롭고 자애로워 신라왕의 충성을 갸륵히 여겨, 신라 사신을 보내면서 (고구려측의) 계책을 (알려주어) 돌아가서 고하게 하였다.

10년(400년) 庚子에 왕이 보병과 기병 도합 5만 명을 보내어 신라를 구원하게 하였다. (고구려군이) 男居城을 거쳐 新羅城에 이르니, 그곳에 왜군이 가득하였다. 官軍이 막 도착하니 왜적이 퇴각하였다. (고구려군이) 그 뒤를 급히 추격하여 任那加羅의 從拔城에 이르니 城이 곧 항복하였다. 安羅人戍兵 □新羅城□城 …… 하였고, 왜구가 크게 무너졌다. (이하 77字 중 거의 대부분이 不明). 옛적에는 신라 寐錦이 몸소 고구려에 와서 보고를 하며 聽命을 한 일이 없었는데, 國岡上廣開土境好太王代에 이르러 (이번의 원정으로 신라를 도와 왜구를 격퇴하니) 신라 매금이 …… 하여 …… 朝貢하였다.

14년(404) 甲辰에 倭가 不軌하여 帶方 지역에 침입하였다. [和]通殘[兵]이 石城(을 공격하고) …… 連船(水軍을 동원하였다는 뜻인 듯) …… 이에 왕이 군대를 끌고 평양을 거쳐 (…… 로 나아가) 서로 맞부딪치게 되었다. 왕의 군대가 적의 길을 끊고 막아 좌우로 공격하니, 왜구가 궤멸하였다. (왜구를) 참살한 것이 무수히 많았다.

17년(407) 丁未에 왕의 명령으로 보군과 마군 도합 5만 명을 파견하여 …… 合戰하여 모조리 살상하여 분쇄하였다. 노획한 (적병의) 갑옷이 만여 벌이며, 그 밖에 군수물자는 그 수를 헤아릴 수 없이 많았다. 또 沙溝城 婁城 □□城 □城 □□□□□□城을 破하였다.

20년(410) 庚戌 동부여는 옛적에 추모왕의 屬民이었는데, 중간에 배반하여 (고구려에) 조공을 하지 않게 되었다. 왕이 친히 군대를 끌고가 토벌하였다. 고구려군이 餘城에 도달하자, 동부여가 놀라 두려워하여 (투항하였다). 왕의 은덕이 동부여의 모든 곳에 두루 미치게 되었다. 이에 개선을 하였다. 이때에 왕의 교화를 사모하여 凱旋軍을 따라 함께 온 자는 味仇婁鴨盧, 卑斯麻鴨盧, 椯社婁鴨盧, 肅斯舍鴨盧, □□□鴨盧였다. 무릇 攻破한 城이 64개, 村이 1,400이었다.

『三國史記』 卷23 百濟本紀1 온조왕(溫祚王) 1年

백제가 건국되고 온조왕이 즉위하다(기원전 18년)

백제의 시조 온조왕(溫祚王)은 그 아버지는 추모(鄒牟)인데 혹은 주몽(朱蒙)이라고도 하였다. 북부여(北扶餘)에서 난을 피하여 졸본부여(卒本扶餘)에 이르렀다. 부여왕은 아들이 없고 딸만 셋이 있었는데 주몽을 보고는 보통 사람이 아니라는 것을 알고 둘째 딸을 아내로 삼게 하였다. 얼마 지나지 않아 부여왕이 죽자 주몽이 왕위를 이었다.

(주몽은) 두 아들을 낳았는데 맏아들은 비류(沸流)라 하였고, 둘째 아들은 온조(溫祚)라 하였다. [혹은 주몽이 졸본에 도착하여 건너편 고을의 여자를 아내로 맞아들여 두 아들을 낳았다고도 한다.]

주몽이 북부여에 있을 때 낳은 아들이 와서 태자가 되자, 비류와 온조는 태자에게 용납되지 못할까 두려워 마침내 오간(烏干)·마려(馬黎) 등 열 명의 신하와 더불어 남쪽으로 갔는데 백성들이 따르는 자가 많았다. (그들은) 드디어 한산(漢山)에 이르러 부아악(負兒嶽)에 올라가 살 만한 곳을 바라보았다. 비류가 바닷가에 살고자 하니 열 명의 신하가 간하였다.

"이 강 남쪽의 땅은 북쪽으로는 한수(漢水)를 띠처럼 띠고 있고, 동쪽으로는 높은 산을 의지하였으며, 남쪽으로는 비옥한 벌판을 바라보고, 서쪽으로는 큰 바다에 막혔으니 이렇게 하늘이 내려 준 험준함과 지세의 이점은 얻기 어려운 형세입니다. 여기에 도읍을 세우는 것이 또한 좋지 않겠습니까?"

비류는 듣지 않고 그 백성을 나누어 미추홀(彌鄒忽)로 돌아가 살았다. 온조는 강 남쪽 위례성(慰禮城)에 도읍을 정하고 열 명의 신하를 보좌로 삼아 국호를 십제(十濟)라 하였다. 이때가 전한(前漢) 성제(成帝) 홍가(鴻嘉) 3년(서기전 18)이었다.

비류는 미추홀의 땅이 습하고 물이 짜서 편안히 살 수 없어서 위례(慰禮)에 돌아와 보니 도읍은 안정되고 백성들도 평안하므로 마침내 부끄러워하고 후회하다가 죽으니, 그의 신하와 백성들은 모두 위례에 귀부(歸附)하였다.

후에 내려 올 때에 백성(百姓)들이 즐겨 따랐다고 하여 국호를 백제(百濟)로 고쳤다. 그 계통은 고구려와 더불어 부여(扶餘)에서 같이 나왔기 때문에 부여(扶餘)를 성씨(姓氏)로 삼았다.

[또는 다음과 같이 말하였다. 시조 비류왕(沸流王)은 그 아버지는 우태(優台)로 북부여왕(北夫餘王) 해부루(解夫婁)의 서손(庶孫)이었고, 어머니는 소서노(召西奴)로 졸본(卒本) 사람 연타발(延陀勃)의 딸이었다. 처음에 우태에게 시집가서 아들 둘을 낳았는데 큰 아들은 비류라 하였고, 둘째는 온조라 하였다. 우태가 죽자 졸본에서 과부로 지냈다. 뒤에 주몽이 부여(扶餘)에서 용납되지 못하자 전한(前漢) 건소(建昭) 2년 봄 2월에 남쪽으로 도망하여 졸본에 이르러 도읍을 세우고 국호를 고구려(高句麗)라고 하였으며, 소서노를 맞아들여 왕비로 삼았다. 주몽은 그녀가 나라를 창업하는데 잘 도와주었기 때문에 총애하고 대접하는 것이 특히 후하였고, 비류 등을 자기 자식처럼 대하였다. 주몽이 부여에 있을 때 예씨(禮氏)에게서 낳은 아들 유류(孺留)가 오자 그를 태자로 삼았고, 왕위를 잇기에 이르렀다. 이에 비류가 동생 온조에게 말하였다. "처음 대왕께서 부여의 난을 피하여 이곳으로 도망하여 왔을 때, 우리 어머니가 가산을 내주어 나라의 기초를 세우는 위업을 도와주었으니, 어머니의 조력과 공로가 많았다. 그러나 대왕께서 돌아가시자, 나라가 유류에게 돌아갔다. 우리가 공연히 여기에 있으면서 쓸모없는 사람같이 답답하고 우울하게

지내는 것 보다는, 차라리 어머님을 모시고 남쪽으로 가서 살 곳을 선택하여 별도로 도읍을 세우는 것이 좋겠다."라 하고, 마침내 그의 아우와 함께 무리를 이끌고 패수(浿水)와 대수(帶水)를 건너 미추홀에 와서 살았다고 한다. 《북사(北史)》와 《수서(隋書)》에는 모두 "동명의 후손 중에 구이(仇台)라는 사람이 있었는데, 사람이 어질고 신의가 있었다. 그가 처음으로 대방(帶方) 옛 땅에 나라를 세웠는데, 한(漢)의 요동태수 공손도(公孫度)가 자기의 딸을 구이(仇台)에게 시집보냈고, 그들은 마침내 동이의 강국이 되었다"라고 기록되어 있으니, 어느 주장이 옳은지 알 수 없다.]

칠지도 명문

(앞면) 泰□ 4년 11월16일 병오일 한낮에 백번이나 단련한 철로 된 七支刀를 만들었다. 이 칼을 차면 百兵을 물리칠 수 있어 마땅히 侯王에 제공한다. □□□□가 만든 것이다.

(泰□四年十一月十六日丙午正陽造百練[銕]七支刀[帶]辟百兵宜供供侯王□□□□作)

(뒷면) 先世 이래 아직까지 이런 칼이 없었는데 百濟王世子가 진기하게 聖音으로 태어난 까닭에 倭王을 위하여 만들 것을 지시하니 후세에 전하여 보이도록 할 것이다.

(先世以來未有此刀百濟王世[子]奇生聖音故爲倭王旨造傳示後世)

무령왕릉 지석

寧東大將軍인 백제 斯麻王은 나이가 62세가 되는 계묘년 5월 (병술일이 초하루인데) 임진일인 7일에 돌아가셨다. 을사년 8월 (계유일이 초하루인데) 갑신일인 12일에 안장하여 大墓에 올려모시며, 기록하기를 이와 같이 한다.

『三國遺事』 卷2 紀異2 무왕(武王)

제30대 무왕(武王)의 이름은 장(璋)이다. 그 어머니가 과부가 되어 서울 남쪽 못가에 집을 짓고 살고 있었는데 못의 용(龍)과 관계하여 [장을] 낳고 어릴 때 이름을 서동(薯童)이라고 하였다. 재기와 도량이 커서 헤아리기 어려웠다. 항상 마를 캐어 팔아서 생업(生業)을 삼았으므로 나라 사람들이 그 때문에 서동이라고 이름하였다.

신라 진평왕(眞平王)의 셋째공주 선화(善花)가 아름답기 짝이 없다는 말을 듣고 머리를 깎고 [신라의] 서울로 갔다. 마를 동네 아이들에게 먹이니 아이들이 친해져 그를 따르게 되었다. 이에 노래를 지어 여러 아이들을 꾀어서 부르게 하니 그것은 이러하다.

선화공주님은
남몰래 사귀어 두고
서동 방을 밤에 몰래 안고 간다.

동요가 서울에 가득 퍼져서 대궐 안에까지 들리자 백관(百官)들이 임금에게 극력 간하여 공주를 먼 곳으로 귀양 보내게 했다. 장차 떠나려 하는데 왕후(王后)는 순금 한 말을 주어 노자로 쓰게 했다. 공주가 장차 귀양지에 도착하려는데 서동이 도중에 나와 절하면서 장차 모시고 가겠다고 했다. 공주는 비록 그가 어디서 왔는지는 알지 못했지만 우연히 믿고 좋아했다. 이로 말미암아 서동을 따라가면서 몰래 정을 통하였다. 그런 뒤에야 서동의 이름을 알았고, 동요의 영험을 믿었다.

함께 백제에 이르러 모후(母后)가 준 금을 내어 장차 살아 나갈 계획을 의논하니 서동이 크게 웃고 말했다. "이것이 도대체 무엇이오?" 공주가 말하기를, "이것은 황금이니 백년의 부를 누릴 것입니다.”라고 하였다. 서동이 말하기를, “나는 어릴 때부터 마를 캐던 곳에 황금을 흙처럼 많이 쌓아 두었소.”라고 하였다. 공주는 이 말을 듣고 크게 놀라면서 말했다. “이것은 천하의 지극한 보물입니다. 그대가 지금 그 금이 있는 곳을 아시면 부모님이 계신 궁전으로 보내는 것이 어떻겠습니까?” 서동은 좋다고 말하였다.

이에 금을 모아 언덕과 같이 쌓아 놓고, 용화산(龍華山) 사자사(師子寺)의 지명법사(知命法師)에게 가서 금을 실어 보낼 방법을 물으니 법사가 말하기를 “내가 신통한 힘으로 보낼 터이니 금을 이리로 가져 오시오.”라고 하였다. 공주는 편지를 써서 금과 함께 사자사 앞에 가져다 놓았다. 법사는 신통한 힘으로 하룻밤 사이에 신라 궁중으로 보내어 두었다. 진평왕은 그 신비스러운 변화를 이상히 여겨 더욱 서동을 존경해서 항상 편지를 보내어 안부를 물었다. 서동은 이로부터 인심을 얻어서 왕위에 올랐다.

어느 날 무왕이 부인과 함께 사자사에 가려고 용화산 밑의 큰 못가에 이르니 미륵삼존(彌勒三尊)이 못 가운데서 나타나므로 수레를 멈추고 절을 올렸다. 부인이 왕에게 말하기를 “모름지기 이곳에 큰 절을 지어 주십시오. 그것이 제 소원입니다.”라고 하였다. 왕은 그것을 허락했다. 지명법사에게 가서 못을 메울 일을 물으니 신비스러운 힘으로 하룻밤 사이에 산을 무너뜨려 못을 메우고 평지를 만들었다. 이에 미륵(彌勒) 삼회(三會)를 법상(法像)으로 하여 전(殿)과 탑(塔)과 낭무(廊廡)를 각각 세 곳에 세우고, 절 이름을 미륵사(彌勒寺)(《국사(國史)》에서는 왕흥사(王興寺)라고 했다)라고 하였다. 진평왕이 여러 공인(工人)들을 보내서 이를 도왔는데 그 절은 지금도 남아 있다.

『三國史記』 卷1 新羅本紀1 혁거세거서간 1年 夏4月15日

혁거세가 거서간에 오르다(기원전 57년 04월 15일)

시조의 성은 박씨(朴氏)이고 이름은 혁거세(赫居世)이다. 전한(前漢) 효선제(孝宣帝) 오봉(五鳳) 원년 갑자(甲子) 4월 병진(丙辰)[혹은 정월 15일이라고도 한다.]에 왕위에 오르니 이를 거서간(居西干)이라 했다. 그때 나이는 13세였으며, 나라 이름을 서나벌(徐那伐)이라 했다. 이보다 앞서 조선(朝鮮) 유민들이 산곡 사이에 나뉘어 살아 육촌을 이루었다. 첫째는 알천(閼川) 양산촌(楊山村), 둘째는 돌산(突山) 고허촌(高墟村), 셋째는 취산(觜山) 진지촌(珍支村), 간진촌(干珍村)이라 한다. 넷째는 무산(茂山) 대수촌(大樹村), 다섯째는 금산(金山) 가리촌(加利村), 여섯째는 명활산(明活山) 고야촌(高耶村)이라 하였으니, 이것이 진한(辰韓) 육부(六部)가 되었다. 고허촌장(高墟村長) 소벌공(蘇伐公)이 양산 기슭을 바라보니, 나정(蘿井) 옆 수풀 사이에서 말이 무릎을 꿇고 울고 있었다. 이에 가보니 문득 말은 보이지 않고 큰 알이 있어, 이를 갈라보니 갓난아이가 나왔다. (아이를) 거두어 길렀는데, 나이 10여 세가 되자 재주가 특출하고 숙성하였다. 6부인들은 그 출생이 신이하므로 이를 받들고 존경하였는데, 이때에 이르러 받들어 임금으로 삼은 것이다. 진인(辰人)은 박[호(瓠)]을 박(朴)이라 했고 처음에 (혁거세가 태어났던) 큰 알이 박과 같았기 때문에 박(朴)으로 성을 삼았다. 거서간은 진(辰)[한(韓)] 사람들의 말로 왕을 가리킨다.[혹은 귀인을 부르는 칭호라고 한다.]

北漢山 眞興王巡狩碑文

眞興太王 및 衆臣들이 □□을 巡狩할 때의 기록이다.

……□言□令甲兵之□□□□□□□霸主設□賞□□……

……之所用 高祀西□□□□□ 서로 싸울 때 新羅의 太王이 □……

……□德不□兵故□□□□□□□建文 크게 人民을 얻어 □□□……

……이리하여 管境을 巡狩하면서 민심을 □□하고 勞苦를 위로하고자 한다. 만일 충성과 신의와 정성이 있고 □……

……賞을 더하고…… 漢城을 지나는 길에 올라 □ ……

……道人이 石窟에 살고 있는 것을 보고……돌에 새겨 辭를 기록한다.

……尺干, 內夫智 一尺干, 沙喙 武力智 迊干이다. 南川軍主는 沙喙

……夫智 及干, 未智 大奈□ □□□ 沙喙 屈丁次 奈이다.

……谷□指□ 비고 그윽한 즉 水□□□□劫 처음에 세워 만든 바는 非□ ……

……巡狩하여 見□□□□□□□□□歲記井□□□

『三國史記』 卷1 新羅本紀4 진흥왕 37년

화랑의 기원

37년 봄에 처음으로 원화(源花)를 받들었다. 일찍이 임금과 신하들이 인물을 알아볼 방법이 없어서 걱정하다가 무리들이 함께 모여서 놀게 하고 그 행동을 살펴본 후에 발탁해서 쓰려고 하였다. 마침내 미녀 두 사람 즉 남모(南毛)와 준정(俊貞)을 뽑고 무리 3백여 명을 모았다. 두 여인이 아름다움을 다투어 서로 질투하였는데, 준정이 남모를 자기 집으로 유인하여 억지로 술을 권하여 취하게 되자 끌고 가 강물에 던져서 죽였다. 준정이 사형에 처해지자 무리들은 화목을 잃고 흩어졌다.

그 후에 다시 미모의 남자를 택하여 곱게 꾸며 화랑(花郎)이라 이름하고 [그를] 받들었는데, 무리들이 구름처럼 몰려들었다. 혹은 도의(道義)로써 서로 연마하고 혹은 노래와 음악으로 서로 즐겼는데, 산과 물을 찾아 노닐고 즐기니 멀리 이르지 않은 곳이 없었다. 이로 인하여 사람의 사악함과 정직함을 알게 되어 착한 사람을 택하여 조정에 천거하였다. 그러므로 김대문(金大問)은 《화랑세기(花郎世記)》에서 말하기를 "어진 보필자와 충신은 이로부터 나왔고, 훌륭한 장수와 용감한 병졸은 이로부터 생겼다."라고 하였다.

최치원(崔致遠)은 난랑비(鸞郎碑)의 서문에서 말하기를 "나라에 현묘(玄妙)한 도(道)가 있는데, [이것을] 풍류(風流)라고 한다. 가르침의 근원에 대해서는 선사(仙史)에 자세하게 갖추어져 있는데, 실로 이는 삼교(三敎)를 포함하고 뭇 백성들과 접(接)하여 교화한다. 이를테면 들어와서는 집안에서 효를 행하고 나가서는 나라에 충성함은 노(魯)나라 사구(司寇)의 가르침이다. 하였다고 자랑함이 없는 일을 하고, 말없는 가르침을 행하는 것은 주(周)나라 주사(柱史)의 뜻이다. 모든 악을 짓지 말고 모든 선을 받들어 행하라는 것은 축건태자(竺乾太子)의 교화이다."라고 하였다.

당(唐)나라의 영호징(令狐澄)은 《신라국기(新羅國記)》에서 말하기를 "귀족의 자제 중에서 아름다운 이를 택하여 분을 바르고 곱게 꾸며서 이름을 화랑이라고 하였는데, 나라 사람들이 모두 그를 높이 받들어 섬겼다."라고 하였다.

『三國史記』 권50 열전 궁예(弓裔)

궁예(弓裔)는 신라 사람으로 성은 김씨이다. 아버지는 제47대 헌안왕 의정(誼靖)이며 어머니는 헌안왕의 후궁이었는데 그 성과 이름은 전하지 않는다. 또는 48대 경문왕 응렴(膺廉)의 아들이라고도 한다. 5월 5일에 외가에서 태어났다. 그때 지붕 위에 흰 빛이 있어 마치 긴 무지개가 위로 하늘에 이어진 것 같았다. 일관(日官)이 아뢰기를 "이 아이는 중오일(重午日)에 태어났고, 나면서부터 이가 있었으며, 또 광염이 이상하였습니다. 아마도 장차 국가에 이롭지 못할 것이오니 마땅히 그를 키우지 마십시오."라고 하였다. 왕이 중사(中使)에게 명하여 그 집에 가서 그를 죽이도록 하였다. 사자가 포대기에서 빼앗아 그를 다락 아래로 던졌다. 유모인 여자 종이 몰래 그를 받았는데 실수하여 손가락으로 눈을 찔러 한 쪽 눈을 멀게 하였다. 안고 도망가서 힘들고 고생스럽게 길렀다.

…… 나이가 들자 승려의 계율에 구애받지 않았으며, 헌칠하고 담력이 있었다. 일찍이 재(齋)에 참석하려고 가는데 까마귀가 입에 물었던 물건을 들고 있는 바리때(鉢) 안에 떨어뜨렸다. 그것을 보니 상아로 만든 점대에 '왕(王)'자가 쓰여 있었다. 비밀로 하고 말을 하지 않았으나 자못 자부하였다.

…… 신라가 쇠약하여진 말기에 정치가 잘못되고 백성이 흩어져 왕기(王畿) 밖의 주현들로 배반하여 적에게 붙은 것과 [그렇지 않은 것이] 서로 반반이고, 먼 곳과 가까운 곳에서 떼를 이룬 도적들이 벌떼처럼 일어나고 개미처럼 모여드는 것을 보고, 선종[궁예의 법명]은 혼란을 틈타 무리를 모으면 뜻을 이룰 수 있겠다고 생각하였다.

…… 사졸과 더불어 즐거움과 괴로움, 어려움과 편안함을 함께 하였고, 상벌에 있어서 공정히 하고 사사로움이 없었다. 이로써 뭇 사람들이 마음으로 두려워하고 사랑하여 추대하여 장군으로 삼았다.

…… 사람들에게 말하기를 "지난날 신라가 당나라에 군사를 청하여 고구려를 깨뜨렸다. 그런 까닭에 평양 옛 도읍은 무성한 잡초로 꽉 차 있다. 내 반드시 그 원수를 갚겠다."고 하였다.

아마도 태어나자마자 버림받은 것을 원망하였으므로 이런 말을 한 듯하다. 일찍이 남쪽으로 순행하여 흥주(興州) 부석사(浮石寺)에 이르러 벽에 그려진 신라 왕의 초상을 보고 칼을 뽑아 그것을 쳤다. 그 칼자국이 지금도 남아 있다. 천우(天祐) 원년 갑자(904)에 나라를 세워 이름을 마진(摩震)이라고 하고, 연호를 무태(武泰)라고 하였다. …… 주량(朱梁) 건화(乾化) 원년 신미(911)에 성책(聖冊)을 고쳐 수덕만세(水德萬歲) 원년으로 하고, 국호를 고쳐 태봉이라고 하였다.

…… 선종이 미륵불을 자칭하였다. 머리에는 금색 두건을 쓰고 몸에는 가사를 걸쳤다. 큰아들을 청광보살(靑光菩薩), 막내아들을 신광보살(神光菩薩)이라고 하였다. 외출하면 항상 흰 말을 탔는데 비단으로 말갈기와 꼬리를 장식하였다. 어린 남자아이와 어린 여자아이들로 하여금 깃발, 일산, 향(香), 꽃을 들고 앞에서 인도하게 하였고, 비구 2백여 명을 시켜 범패를 부르며 뒤를 따르게 하였다. 또 스스로 경전 20여 권을 지었는데, 그 말이 요망하여 모두 도리에서 벗어

나는 일이었다. 어떤 때에는 반듯하게 앉아 강설하였다. 승려 석총(釋聰)이 "모두 사악한 설과 괴이한 말로써 교훈이 될 수 없다."고 하였다. 선종이 이를 듣고 노하여 철퇴로 그를 때려 죽였다.…… 이후 의심이 많아지고, 화를 급하게 내어 모든 관료, 장수, 아전들과 아래로 평민에 이르기까지 죄 없이 죽음을 당하는 경우가 매우 자주 있었다. 부양(斧壤), 철원 사람들은 그 해독을 견디지 못하였다.

…… 여러 장수들이 태조[왕건]를 호위하고 문을 나섰다. 앞에 있는 자들로 하여금 "왕공께서 이미 의로운 깃발을 들었다!"고 외치게 하였다. 이에 앞뒤에서 분주하게 달려와 따르는 자가 몇 사람인지 알지 못했다. 또 먼저 궁성의 문에 이르러 북을 치며 떠들면서 기다리는 자들이 또한 1만여 명이었다. 왕이 이를 듣고 어찌할 바를 몰라 이에 미천한 차림으로 산림에 달아나 들어갔다가 곧 부양 백성들에게 살해당하였다.

『三國史記』 권50 열전 견훤(甄萱)

견훤(甄萱)은 상주(尙州) 가은현(加恩縣) 사람이다. 본래의 성은 이(李)씨였으나 후에 견(甄)으로 씨(氏)를 삼았다. 아버지 아자개(阿慈介)는 농사를 지으며 자기 힘으로 살다가 후에 가문을 일으켜 장군이 되었다. 처음 견훤이 태어나 아기 포대기에 싸여 있을 때 아버지가 들에서 일하면 어머니가 그에게 식사를 날라다 주었는데, 아이를 숲 밑에 놓아두면 호랑이가 와서 젖을 먹였다. 마을에서 들은 사람들이 기이하게 여겼다. 장성하자 생김이 뛰어났으며, 뜻이 크고 기개가 있어 평범하지 않았다. 군대를 따라 왕경에 들어갔다. [후에] 서남 해안에 가서 국경을 지켰는데, 창을 베고 자면서 적을 기다렸고, 그의 용기는 항상 군사들 중 첫째였다. [그런] 노고로 비장(裨將)이 되었다.

당나라 소종(昭宗) 경복(景福) 원년, 즉 신라 진성왕(眞聖王) 재위

6년(892)에 왕의 총애를 받던 아이들이 (왕의) 옆에 있으면서 정권을 마음대로 휘둘러 기강이 문란하고 해이해졌고, 그 위에 기근까지 겹쳐 백성들이 떠돌아다니고 도적들이 벌떼처럼 일어났다. 이에 견훤은 은근히 왕위를 엿보는 마음을 가져 무리를 불러 모아 왕경(王京)의 서남쪽 주(州)와 현(縣)을 치자 이르는 곳마다 메아리처럼 호응하였다. 한 달 사이에 무리가 5,000명에 이르자 드디어 무진주(武珍州)를 습격하여 스스로 왕이 되었으나 아직 감히 공공연히 왕을 칭하지 못하고, 신라서면도통지휘병마제치(新羅西面都統指揮兵馬制置) 지절(持節) 도독전·무·공등주군사(都督全武公等州軍事) 행전주자사(行全州刺史) 겸어사중승(兼御史中丞) 상주국(上柱國) 한남군개국공(漢南郡開國公) 식읍이천호(食邑二千戶)라고 스스로 칭하였다.

…… 견훤이 서쪽으로 순행하여 완산주에 이르니 주(州)의 백성들이 환영하고 고마움을 표하였다. 견훤이 인심을 얻은 것을 기뻐하여 좌우에게 다음과 같이 말하였다. "내가 삼국의 시초를 찾아보니, 마한이 먼저 일어나고 후에 혁거세가 일어났다. 그러므로 진한과 변한은 그를 뒤따라 일어났던 것이다. 이에 백제는 금마산(金馬山)에서 개국하여 6백여 년이 되었는데, 총장(摠章) 연간에 당나라 고종이 신라의 요청으로 장군 소정방(蘇定方)을 보내 배에 군사 13만을 싣고 바다를 건너게 하였고, 신라의 김유신(金庾信)이 흙먼지를 날리며 황산(黃山)을 거쳐 사비(泗沘)에 이르러 당나라 군사와 합세하여 백제를 공격하여 멸망시켰다. 지금 내가 감히 완산에 도읍하여 의자왕의 오래된 울분을 씻지 않겠는가?" 드디어 후백제왕을 자칭하고 관부를 설치하고 관직을 나누니 이때는 당나라 광화(光化) 3년(900)이며 신라 효공왕 4년이었다.

…… 견훤은 아내를 많이 취하여 아들이 10여 명이었다. 넷째 아들 금강(金剛)은 몸이 크고 지략이 많았다. 견훤이 특별히 그를 총애하여 그 왕위를 전해주려고 하였다. 그의 형 신검(神劍), 양검(良劍), 용검(龍劍) 등이 이를 알고서 걱정하고 번민하였다. 당시 양검은 강주(康州)도독이었고, 용검은 무주(武州)도독이었으며, 신검만이 왕의 옆에 있었다. 이찬 능환(能奐)이 사람을 강주, 무주에 보내 양검 등

과 더불어 몰래 모의하였다. 청태(淸泰) 2년(935) 봄 3월에 이르러 파진찬 신덕(新德)·영순(英順) 등이 신검에게 권하여 견훤을 금산불사에 가두고, 사람을 보내 금강을 살해하도록 하였다. 신검이 대왕을 자칭하였다.

…… 견훤이 금산사에 있은 지 3개월만인 6월에 막내아들 능예(能乂), 딸 애복(哀福), 총애하는 첩 고비(姑比) 등과 더불어 금성으로 도주하여 사람을 보내 태조에게 만나기를 청하였다. 태조가 기뻐하여 장군 유금필(庾黔弼), 만세(萬歲) 등을 보내 수로(水路)를 경유하여 가서 그를 위로하여 따라오도록 하였다. [견훤이] 도착하자 두터운 예로써 대접하였다. 견훤이 10년 연장자라고 하여 높여서 상보(尙父)로 삼았다. 남쪽 궁궐을 머물 곳으로 주었으며, 지위는 백관의 위에 두었다. 양주를 하사하여 식읍으로 삼도록 하고 겸하여 금과 비단, 병풍과 금침, 노(奴)와 비(婢) 각각 40구, 내구마(內廏馬) 10필을 주었다.

…… 논하여 말한다. 신라는 운수가 다하고 도가 사라져 하늘이 돕는 바가 없고 백성이 돌아갈 바가 없었다. 이에 떼도적들이 틈을 타서 일어났는데, 마치 고슴도치 털 같았다. 그중에 심한 자는 궁예와 견훤 두 사람뿐이었다. 궁예는 본래 신라의 왕자였으나 도리어 종국(宗國)을 원수로 삼아 그를 멸망시키려고 하여 선조의 화상을 칼로 베기까지 하였으니 그 어질지 못함이 심하였다. 견훤은 신라의 백성에서 일어나 신라의 관록을 먹었으면서도 반역의 마음을 품고 나라의 위태로움을 다행으로 여겨 수도를 침범하여 임금과 신하를 도륙하기를 마치 새를 잡듯이, 풀을 베듯이 하였으니 실로 천하에서 가장 흉악한 자였다. 그러므로 궁예는 그 신하들로부터 버림받았고, 견훤은 자기 자식에게서 재앙을 입었던 것은 모두 스스로 취한 것이니 또 누구를 탓하겠는가? 비록 항우와 이밀(李密)의 뛰어난 재주를 가지고도 한(漢)나라와 당(唐)나라의 일어남을 대적할 수 없었는데 하물며 궁예와 견훤과 같은 흉악한 사람들이 어찌 우리 태조와 서로 겨룰 수 있겠는가? 단지 그를 위해 백성을 몰아다 준 자들이었다.

유득공 『발해고』 서

고려가 발해의 역사를 편찬하지 않았으니 그것만으로 고려의 국력이 떨치지 못했음을 알 수 있다. 옛날 고씨가 북쪽에 자리 잡아 고구려라 하였고, 부여씨가 서남쪽을 차지하여 백제라 하였으며, 박·석·김씨가 동남쪽을 다스려 신라라 하였으니 이를 일러 3국이라 하였다. 마땅히 3국의 역사가 있어야 했는데, 고려가 그것을 했으니 잘한 일이다. 부여씨와 고씨가 망한 뒤 김씨가 그 남쪽을 차지하였고, 대씨가 북쪽을 다스려 발해라 하였다. 이를 남북국이라 하니 의당 남북국의 역사가 있어야 하는데, 이를 편찬하지 않은 것은 잘못된 일이다. 무릇 대씨는 누구인가. 바로 고구려 사람이다. 그가 차지한 땅은 누구의 땅인가. 고구려 땅이다. 동서북쪽을 개척하여 크게 넓혔던 것이다. 김씨와 대씨가 망하고 왕씨가 나라를 통일하여 고려라고 했다. 남쪽의 땅은 다 차지했지만 북쪽 대씨의 땅은 거두지 못했으니 일부는 여진에 들어가고 거란의 차지가 되었다. 당시 고려를 위해 계책을 세운 자라면 의당 서둘러 발해사를 편찬하여 이를 가지고 여진을 꾸짖어 "어찌 우리 발해 땅을 돌려주지 않는가? 발해의 땅은 옛 고구려의 땅이거늘."라 하고, 장군 하나를 보내 거두게 했다면 토문강 북쪽의 땅을 손에 넣었을 것이다. 또 이를 가지고 거란을 꾸짖어, "어찌 우리 발해 땅을 돌려주지 않는가? 발해의 땅은 옛 고구려의 땅이거늘."라 하고, 장군 하나를 보내 거두게 했다면 압록강 서쪽의 땅을 가졌을 것이다. 그러나 끝내 발해사를 짓지 않았으니 토문강 북쪽과 압록강 서쪽의 땅이 누구의 땅인지 알지 못하게 되었다. 여진을 꾸짖으려 해도 할 말이 없고, 거란에게 따지고 싶어도 할 말이 없게 되었다. 고려가 끝내 약한 나라가 되고 만 것은 발해의 땅을 얻지 못한 까닭이니, 크게 한탄할 일이다. 누군가는 "발해는 요나라에게 망했는데 고려가 무슨 수로 역사를 짓는단 말인가?"라고 말할지 모르나, 그렇지 않다. 발해는 중국의 제도를 모방하였으니 사관을 두었을 것이 틀림없다. 홀한성(忽汗城)이 함락되었을 때, 세자 이하 고려로 달아난 이가 10만이 넘었다. 사관이 없다면 역사서라도 있었을 것이요, 사관과 문헌이 없었다고 하더라도 세자에게 물으면 그 세계(世系)를 알 수 있었을 것이고, 대부 은계종(隱繼宗)에게 물었다면 예법을 알 수 있었을 것이다. 10만이 넘는 사람에게 물었다면 무엇을 알아내지 못했을까? 장건장(張建章)은 당나라 사람인데도 『발해국기』를 지었는데, 고려 사람으로 발해사를 지을 수 없었단 말인가! 슬프다, 문헌이 흩어져 없어진 지 수백 년이 지난 뒤, 짓고자 한들 자료를 얻을 방법이 없다. 내가 내각에 있으면서 그 안의 비서를 제법 읽어 발해의 일을 편찬하였다. 군신(君臣)과 지리(地理), 직관(職官)과 의장(儀章), 물산(物産)과 국어(國語), 그리고 국서(國書) 등 9고(考)를 만들었다. 세가(世家)나 전(傳), 지(志)라 아니 하고 고(考)라 이름붙인 것은 아직 온전한 역사가 못 되기 때문이며, 내가 감히 사가(史家)를 자처하기 어려운 이유도 작용했다.

갑진년(1784) 윤 3월 25일

3장
고려시대

1 고려의 건국과 통치제도

1) 왕건의 고려 건국

왕건은 본래 송악 지방의 호족 출신으로 중국과의 해상 무역을 통해 성장한 호족들과 연합하여 세력을 강화하였다. 왕건은 궁예에 귀부한 뒤 경기도, 충청도의 여러 지역으로 나가 영토를 넓히고 서해 바닷길을 통해 후백제의 서남단인 나주까지 진출하여 후백제의 배후를 위협하였다. 많은 전공을 세우며 궁예의 신임을 얻은 왕건은 태봉의 최고 벼슬인 시중에 올랐다.

궁예의 실정을 계기로 홍유, 신숭겸, 배현경, 복지겸 등이 궁예를 축출한 뒤 신하들의 추대 형식을 빌려 왕건이 왕위에 올랐다. 왕건은 고구려 계승을 내세워 국호를 고려라 하고(918년) 수도를 자신의 세력 근거지였던 송악으로 옮겨 개경이라고 하였다.

고려를 세운 왕건은 안으로는 각 지방에 할거한 호족 등의 지방 세력을 흡수 통합하는 데 힘을 썼다. 밖으로는 중국의 5대 여러 나라와 외교관계를 맺어 대외관계의 안정을 꾀하는 한편, 신라에 대해서는 적극적인 우호정책을 내세우고, 후백제와는 대립하는 정책을 취하였다.

2) 후삼국의 통일

후백제는 막강한 군사력을 앞세워 먼저 신라를 무너뜨리고 고려를 공략하고자 하였다. 반면, 고려는 쇠약해진 신라를 도와주고 우호관계를 맺으면서 후백제와 전쟁을 벌일 준비를 하였다.

이에 불만을 품은 후백제는 신라를 공격하여 포석정에서 잔치를 벌이고 있던 경애왕을 죽이고 경순왕을 왕으로 세웠다. 왕건은 신라를 구하기 위해 군사를 출동시켰지만 공산(대구) 전투에서 신숭겸 등이 전사하는 등 크게 패배하였다.

이후 다시 힘을 기른 고려는 고창(안동) 전투에서 승리를 거두고(930년) 후백제는 신라의 외곽으로 후퇴하게 되었다.

후백제는 정권다툼으로 견훤이 맏아들 신검에 의해 김제 금산사에 유폐되는 내분이 일어났다. 이후 견훤은 금산사를 빠져나와 고려로 투항하였으며 왕건은 견훤을 개경으로 맞아들여 양주를 식읍으로 주는 등 극진히 대우하였다.

이러한 소식은 신라에도 전해졌고 경애왕의 피살 후에 즉위한 경순왕은 국가 유지의 힘을 잃어 마의태자麻衣太子 등의 반대에도 불구하고 고려에 투항하였다(935년). 태조 왕건은 경순왕도 융숭하게 대접하여 벼슬은 태자와 같게 하고 경주를 식읍으로 삼아 그대로 다스리게 하였다.

고려와 후백제의 마지막 전투는 선산의 일리천에서 벌어졌는데, 치열한 다툼 끝에 후백제의 항복을 받아 936년 고려는 후삼국을 통일하였다.

발해가 거란에 멸망당하였을 때 유민을 비롯한 많은 이들을 받아들여 고려는 후삼국뿐만 아니라 민족의 재통일을 이룩하였다.

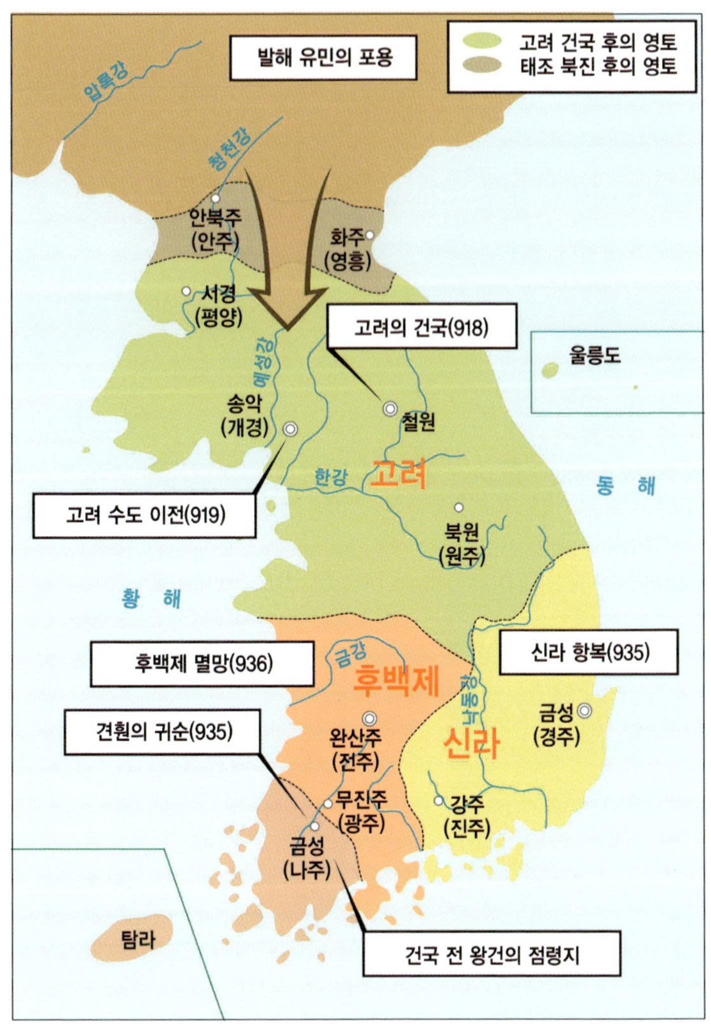

발해 유민의 포용
고려 건국 후의 영토
태조 북진 후의 영토
압록강
청천강
안북주
(안주)
화주
(영흥)
서경
(평양)
고려의 건국(918)
예성강
울릉도
송악
(개경)
철원
한강
고려
동 해
고려 수도 이전(919)
북원
(원주)
황 해
신라 항복(935)
후백제 멸망(936)
금강
후백제
낙동강
견훤의 귀순(935)
완산주
(전주)
신라
금성
(경주)
무진주
(광주)
강주
(진주)
금성
(나주)
탐라
건국 전 왕건의 점령지

후삼국의 통일

3) 고려 초기의 정책

태조는 후삼국의 분열이 신라 사회의 모순과 지방 세력의 대두로 인한 것으로 판단하고 한편으로는 호족을 우대하면서 한편으로는 억누르는 정책을 실시하였다. 호족의 기반을 가진 공신들을 개경에 머무르게 하고 그들의 세력 근거지에는 관리를 임명하여 통치하게 하는 한편, 그들의 자식은 수도에 볼모로 잡아두어 견제하였다. 유력한 호족과는 혼인을 통하여 관계를 깊게 다져갔고 반독립적 호족 세력과 연합하여 왕권 안정을 도모하였다.

개성 만월대

태조는 국가의 자주성을 강조하기 위해 천수天授라는 연호를 사용하였으며 건국 직후부터 강력한 북진 정책을 추진하여 평양을 서경으로 삼고 말년에는 청천강에서 영흥에 이르는 국경선을 확보할 수 있었다.

태조 왕건릉

태조 사후 혜종과 정종 대에는 왕위 계승 다툼이 일어나 왕권이 불안정하였다. 이후 광종이 들어서면서 호족 세력을 꺾고 왕권의 안정과 중앙집권체제를 확립하기 위한 정책을 추진하였다.

광종은 노비안검법을 실시하여 양인이었다가 호족의 노비가 된 경우는 다시 양인이 될 수 있도록 하였다. 이로써 많은 노비들이 호족의 지배에서 풀려나 호족 세력은 약화되었으며 국가 재정기반과 왕권이 안정되기에 이르렀다.

또한 광종은 과거제를 실시하여 유학 지식과 문장 실력을 평가하여 관료로 뽑았으며 이를 통해 신구 세력의 교체를 도모하였다.

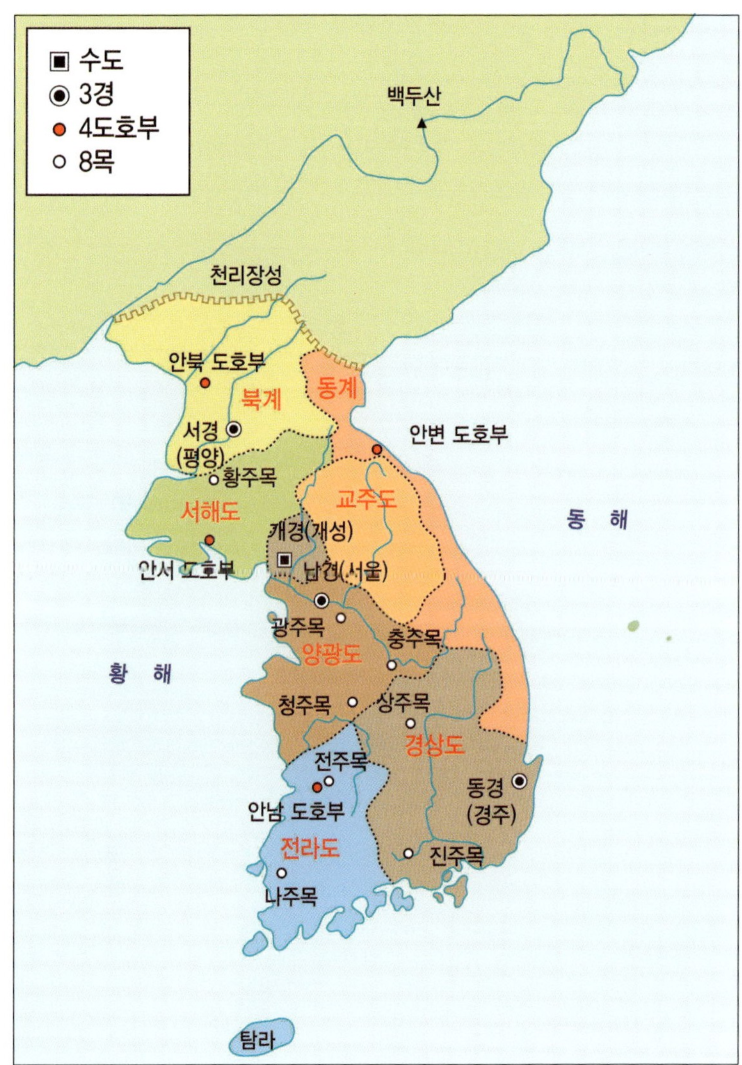
수도
3경
4도호부
8목
백두산
천리장성
안북 도호부
북계
동계
서경
(평양)
황주목
안변 도호부
교주도
서해도
동 해
개경(개성)
안서 도호부
남경(서울)
광주목
충주목
양광도
황 해
청주목
상주목
경상도
전주목
동경
(경주)
안남 도호부
전라도
진주목
나주목
탐라

고려의 행정구역

국왕의 권위를 높이기 위해 황제라 칭하고 독자적 연호를 사용하였으며 개경을 황도로 하였다.

성종 대에는 최승로의 시무28조를 받아들여 유교 이념에 의한 통치를 강화하였으며, 현종 대에는 전국을 5도와 양계로 나누어 지방 행정 조직을 정비하기 시작하였다.

▮충주 미륵리사지

충주 미륵리사지

충청북도 충주시 상모면 미륵리에 있는 고려 초기의 절터로서 거대한 돌을 이용해 석굴을 쌓은 후 불상을 모셨으며, 위에 목조건물이 있었던 자취가 있다. 발굴조사를 통하여 수습된 유물 가운데는 '彌勒堂(미륵당)', '院主(원주)', '大院寺住持(대원사주지)' 등의 글자가 새겨진 기와조각이 있고, 지금도 이곳의 지명이 미륵리로 되어 있어 원래 석굴사원의 이름이 미륵대원(彌勒大院)인 것으로 추정되고 있다.

석굴 축조에 관하여는 고려 태조 왕건의 경영설, 고려 초기 충주유씨(忠州劉氏)의 지원설 등이 있다.

전설에 의하면 신라 마지막 임금인 경순왕의 아들 마의태자가 나라의 망함에 한을 품고 금강산으로 입산(入山)하러 가던 길에, 누이인 덕주공주(德周公主)는 월악산 덕주사를 창건하여 남향한 암벽에 마애불을 조성하였고, 태자는 이곳에 석굴을 창건하고 불상을 북쪽으로 두어 덕주사를 바라보게 하였다는 이야기가 있다.

우리나라에서 유일하게 북쪽을 바라보는 특이한 구조를 가진 절터이며, 방식은 다르지만 석굴암을 모방한 것으로 해석되고 있다.

이와 같은 석주형(石柱形)의 거대한 석불입상(보물 제96호)은 관촉사 석조미륵보살입상(보물 제218호) 등의 예가 있으며 경내에는 5층석탑(보물 제95호), 석등, 당간지주 등 중요한 문화재들이 남아있다.

4) 고려의 토지제도

고려시대의 토지제도는 사유제의 바탕 위에 관념적인 왕도사상을 더하여 전시과 체제로 확립되었다. 즉, 토지에 대한 소유권을 부여한 것은 아니고 단지 그 토지에 대한 수취권(수조권)을 인정해준 것이다. 전시과 규정에 따라 관료에게 지급한 토지는 과전이다. 전시과에서 모든 토지는 지급받은 관료가 퇴직하거나 사망을 하면 국가에 반납하는 것을 원칙으로 하였다.

전시과가 처음 실시된 것은 경종 때(976년)로 관직의 높고 낮음은 물론 인품까지 고려하여 토지를 차등 있게 지급하였다. 목종 때(998년)의 개정전시과는 문무백관을 18등급으로 나누어 차등 있게 토지를 지급하였다. 이때 인품이 제외되었고 문관이 무관보다, 현직이 전직보다 우대되었으며 군인층이 토지지급 대상에 포함되었다. 문종 때(1076년)의 경정전시과는 지급 토지가 종전보다 감소되었으며 무관에 대한 대우가 보다 상승되고 현직관리에게만 지급되었다는 점이 특색이다.

토지는 수조권의 귀속에 따라 공전과 사전으로 나눌 수 있는데, 공전은 수조권이 국가나 관청에 소속된 토지이며 사전은 수조권이 개인이나 사원에 귀속된 토지를 말한다. 공전은 수확량의 1/4을, 사전은 수확량의 1/2을 조로 납부하였다.

5) 고려의 불교 예술

석탑의 경우 신라 양식을 일부 계승하면서 독자적인 조형 감각을 가미한 다양한 형태가 제작되었다. 고려의 석탑은 대체로 안정감이 없어 조형 감각 면에서는 신라보다 뒤떨어지지만, 오히려 형식에 구애받지 않고 자연스러운 면이 있다. 대표적인 석탑으로는 오대산 월정사 8각 9층 석탑이 유명하며 고려 후기 경천사 10층 석탑은 원元의 석탑을 본뜬 것으로 조선시대로 이어져 원각사지 10층 석탑에 영향을 주기도 하였다.

고려시대의 불상은 시기와 지역에 따라 독특한 모습을 보여주면서 제작 기법에 있어서는 신라에 비해 다소 뒤떨어지는 경향이 있다. 인체 구성이 불균형을 이루고 있어 조형미가 퇴화된 감이 있으나 형식에 구애 받지 않는 자유분방한 면과 함께 지방 토속적 특색을 보여주고 있다. 논산의 관촉사 석조 미륵보살 입상과 같이 사람들이 많이 지나가는 길목에 지역 특색이 잘 드러난 거대한 불상들이 건립되기도 하였다.

또한 초기에는 하남 하사창동 철조 석가여래 좌상과 같은 대형 철불이 많이 조성되어 시대적 특징을 이루고 있다.

■ 충주의 철불좌상

충주 지역은 예로부터 양질의 철이 생산되는 철산지에 해당하며 이 때문에 철불이 많이 조성되었던 것으로 보인다. 철불은 쉽게 산화하여 파손되는 경우가 많은데도 불구하고, 충주에는 현재 단호사, 대원사, 백운암에 철불이 현존하고 있다.

특히 대원사와 단호사의 철불좌상은 다른 지역에서 찾아볼 수 없는 독특한 양식의 불상으로, 아마도 같은 시기에 같은 공방에서 조성된 불상들로 추정된다. 이들은 매우 닮아서 지방적 유파성의 특징을 알려주는 대표적인 예로 추정된다.

통견 법의의 단순한 옷주름선, 나발의 머리에 중앙계주가 주조된 점 등은 고려시대 철불상의 특징을 단적으로 말해주고 있다.

단호사 철불좌상

2 고려의 대외 관계

1) 거란의 침략과 격퇴

10세기 들어 당이 멸망한 후 5대10국(907~960년)의 혼란기를 거쳤던 중국은 북방에 거란족이 큰 세력을 이루어 발해를 멸망시키고 국호를 요遼라고 하였다(947년).

중국은 960년 송이 다시 통일 국가를 이루게 되자 북방의 요를 견제하기 위해 고려와 친선관계를 맺고 있었다. 이러한 상황에서 요는 송을 공격하기에 앞서 배후에 있는 고려를 먼저 침략하였다. 성종 12년(993년) 요는 고구려의 옛 땅을 반환하고 송과 단교하라는 명분을 앞세워 소손녕이 80만 대군을 이끌고 쳐들어왔다.

이때 담판에 나섰던 서희는 고려가 고구려의 계승자임을 내세웠고 앞으로 송과의 관계를 끊고 요를 적대시하지 않겠다는 조건을 걸었다. 이로써 거란군은 물러났고 고려는 압록강과 청천강 사이의 강동 6주를 확보하였다.

그러나 고려가 계속 송과 교류를 하고 요와 적극적인 외교관계를 수립하지 않자 요는 강동 6주를 넘겨 줄 것을 요구하였으며 목종을 폐위하고 현종을 옹립한 강조의 정변을 구실로 하여 재침략하였다. 이때 개경이 함락되어 현종은 나주로 피난하는 등 위기에 빠지기도 하였다. 하지만, 서경 이북은 곳곳에서 고려군이 버티고 있었기 때문에 거란군은 식량 보급이 끊어지는 상황에 처하게 되자 현종의 입조를 조건으로 하여 화친을 맺고 돌아갈 수밖에 없었다.

그러나 고려왕이 직접 입조하고 강동 6주를 돌려달라는 요구에 응답하지 않자 소배압이 10만 군사를 이끌고 다시 쳐들어왔다. 거란군은 개경까지 이르렀으나 고려군의 협공을 받아 후퇴하다가 귀주에서 강감찬이 지휘하는 고려군에게 섬멸되었다.

이로써 고려, 송, 거란 사이에는 세력 균형이 유지될 수 있었으며 고려는 강감찬의 주장으로 개경에 나성을 쌓아 도성 수비를 강화하고 압록강 어귀에서 도련포에 이르는 천리장성을 쌓았다.

강동 6주와 천리장성

2) 여진의 침략과 9성 개척

12세기 초 거란의 세력이 약해진 틈을 타서 만주 하얼빈 지방에서 일어난 완예부의 추장이 여진족을 통합하면서 고려와 충돌을 빚게 되었다.

고려는 임간과 윤관을 대장으로 삼아 두 번의 군대를 보냈지만 기병 위주의 여진족에게 모두 패하였다, 이에 윤관의 건의에 따라 기병을 보강한 특수부대인 별무반을 편성하여 여진 정벌을 준비하였다.

1107년 윤관은 별무반을 이끌고 천리장성을 넘어 여진족을 동북변경지대에서 몰아내고 그곳에 9성을 쌓았다. 하지만 여진족의 계속된 침입으로 인해 1년 만에 9성을 돌려주게 된다.

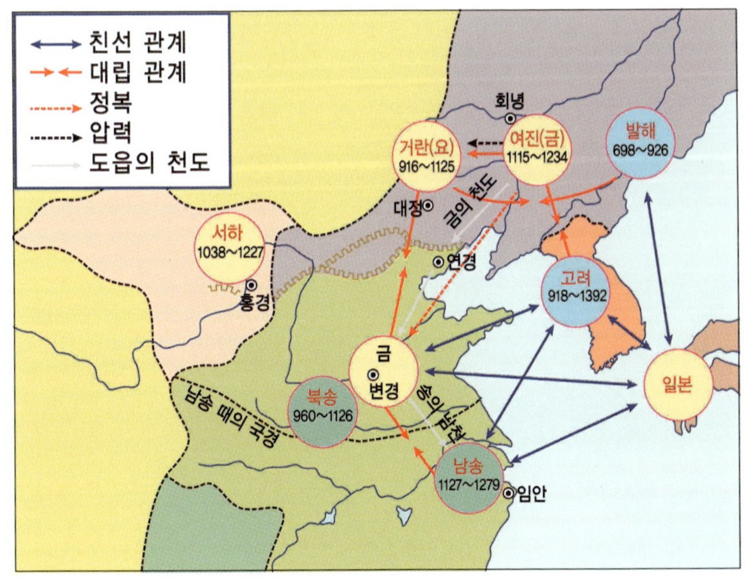

10~12세기의 동아시아

이후 아골타가 나서서 통일을 이루고 세력을 키운 여진은 금나라를 세우고(1115년) 요를 멸망시킨 뒤(1125년) 고려에 군신관계를 요구해왔다.

당시 집권자인 이자겸은 정권 유지를 위하여 금과 평화관계를 유지하는 것이 유리하다고 판단하여 금과 사대관계를 맺고 평화관계를 유지하였다. 금이 고려를 침략하지는 않았지만, 북진정책은 좌절되었고 이는 귀족사회의 모순을 격화시켜 후에 이자겸의 난과 묘청의 난이 일어나는 계기가 되었다.

3 귀족사회의 동요

1) 이자겸의 난

고려 초기 문벌 귀족들은 과거와 교육, 관직을 독점하면서 특권을 누렸다. 관계에 진출한 후 공음전 등을 지급받고 이를 세습하여 부를 축적하였으며 면세, 면역의 특권으로 대토지를 겸병하여 막대한 부를 독점하기도 하였다. 이들 귀족들은 혈연을 기반으로 가문과 문벌을 형성하였으며 왕실과의 혼인을 통해 외척으로서 특권을 강화하였다.

11세기 이래 문벌귀족인 인주(경원) 이 씨는 왕실의 외척으로 80년간 정권을 잡았다. 이자연은 세 딸을 문종의 왕비가 되게 하였고 손자인 이자겸 또한 자신의 딸을 예종의 왕비가 되게 하였으며 외손자인 인종에게도 셋째와 넷째 딸을 왕비로 맞게 했다.

세력이 막강해진 이자겸은 왕위까지 넘보아 이씨 성을 가진 자가 왕이 된다는 도참설을 퍼뜨려 인종을 독살하려고까지 하였다. 이때 심복인 척준경이 이자겸에게 등을 돌려 척결함으로써 이자겸의 세력은 몰락하게 되었다.

2) 묘청의 난

이자겸의 난 이후 문벌 귀족의 세력 다툼은 계속되어 김부식을 비롯한 보수적 관리들과 금에 사대를 반대하는 서경 출신의 묘청, 정지상 등이 서로 대립하였다.

묘청은 풍수지리설을 내세워 개경이 왕도로서 기운이 쇠퇴하였기 때문에 서경을 도읍으로 삼아야 하며 황제를 칭하고 금을 정벌하자고 주장하였다.

인종은 서경에 대화궁을 짓기도 하였지만, 김부식 등 개경 귀족들의 반대로 인해 서경 천도는 실행에 옮겨지지 못했다. 묘청 등은 서경 천도가 어렵게 되자 국호를 대위국, 연호를 천개라 정하고 난을 일으켰다(1135년). 그러나 김부식이 이끄는 관군의 공격으로 1년 만에 진압되었다.

3) 무신의 난

고려는 문신이 중심이 된 문벌 귀족 사회로 이들이 군대의 최고 지휘권까지 쥐었다. 무신은 문신보다 지위도 낮고, 문신들의 호위병 노릇이나 문신을 보조하는 전투기술자로 취급받는 등 차별대우를 받았다.

이에 정중부, 이의방 등의 무신들이 정변을 일으켜(1170년) 문신을 죽이고 의종을 폐하여 동생을 명종으로 옹립하고 실권을 잡았다.

그러자 동북면병마사 김보당과 서경 유수 조위총 등이 무신 세력에 항거하여 군사를 일으켰지만 곧 진압되었다.

정중부는 이의방을 제거하고 중방을 중심으로 정권을 독점하였으나 이후 무신 경대승에게 제거당하였다. 정중부를 제거한 경대승은 사병 집단인 도방을 설치하고 권력을 유지하려 하였지만 병사하였다. 이후 김보당의 난 때 의종을 제거한 공으로 정계에 진출한 천민출신의 이의민이 정권을 잡았지만, 최충헌에 의해 피살되었다.

이의민을 제거하고 무단 정치의 기반을 확립한 최충헌은 그동안 무신들이 설치한 기관을 줄이고 1인 독재체제를 강화하였다. 최충헌은 최고 집정부의 구실을 하는 교정도감을 설치하여 권력을 행사하였으며 명종, 희종을 폐하고 신종, 희종, 강종, 고종을 세우는 등 왕권을 무력화하였다.

최충헌의 아들인 최우는 자기 집에 독자적인 인사행정기구인 정방을 두어 인사와 행정을 마음대로 운영하였다. 또한 서방이라는 기구를 집안에 두어 유능한 학자를 모아 자문하게 하였다.

그러나 1230년 몽골군이 침략해오자 이듬해 강화도로 도읍을 옮겨 권력을 유지하였고 강화도로 천도한 이후에도 백성들로부터 조세를 거두어들이는 등 안락한 생활을 유지하였다.

몽골과 전쟁이 계속되는 동안 최항과 최의에게 권력이 넘어갔지만, 최의는 김준, 임연 등에게 쫓겨났고 왕과 문신들이 몽골과 화의를 맺고 무신 임유무를 몰아냄으로써 무인집권기는 막을 내리게 된다.

4 대몽 항쟁

1) 몽골의 침입

금과 남송이 대립하던 시기에 몽골 초원에서는 테무친이 유목부족을 통합하고 칭기즈칸으로 추대되었다(1206년). 그는 서하와 금을 원정하는 등 사방으로 정복사업에 나서 영토를 확대하였다.

거란족 일부가 몽골에 쫓겨 고려에 침입해오자 1219년 강동성에 웅거한 거란군을 고려와 몽골군이 함께 공략한 사건이 있었다. 그 이후로 몽골은 자신들을 거란족을 몰아내 준 은인으로 내세우면서 막대한 공물을 요구하였다. 중국과 서아시아를 정복하면서 대제국을 건설한 몽골은 사신 저고여가 압록강가에서 피살당한 사건으로 계기로 하여 고려와 국교를 단절하였고, 1231년 살리타撒禮塔를 선봉으로 하여 고려를 침략하였다.

이때 몽골군은 귀주를 공격하였으나 박서의 저항으로 실패하였고 우회하여 개경을 포위하고 청주, 충주를 향해 계속 진격하였다. 충주에서는 노군奴軍의 지휘관인 지광수와 승려 우본 등이 노군 및 잡류를 이끌고 관리들까지 달아나 버린 충주를 지켜냈다. 하지만, 고려는 사태가 급박해지자 몽골의 요청대로 강화를 맺었다.

강화를 맺은 후에도 몽골은 막대한 양의 공물과 인질을 요구하였고 다루가치의 국정간섭도 심해지자 고려 조정은 최우를 중심으로 1232년 강화도로 천도하고 항전을 결의하였다.

이에 몽골은 재침하였지만, 처인부곡(용인) 전투에서 김윤후가 적장

살리타를 사살하는 전과를 올리자 몽골은 퇴각하였다.

몽골은 금을 멸망시키고 이어서 남송을 공격하는 한편, 1235년부터 다시 고려를 침략하였다. 1253년 예쿠(야굴)의 군대가 내침하자 충주산성에서는 김윤후의 지휘하에 70여 일간 싸움으로 방어해내었다. 양식은 바닥이 났지만 노비들까지 합세하여 성을 끝까지 지켜내었다.

계속되는 몽골의 침략이 이어졌지만, 백성과 지방 야별초군은 몽골의 침략을 막아내었고 철기를 제작하는 충주의 다인철소는 주민들이 용감하게 싸운 공으로 익안현으로 승격되기도 하였다.

고려는 몽골에 항쟁을 계속하여 몽골의 침입을 약 40년간이나 막아내었다. 이때 강화도의 고려 정부는 부처의 힘으로 외적을 방어하겠다고 하여 팔만대장경을 소판하였나. 그러나 장기간 전쟁으로 국토는 황폐화되고 백성들은 도탄에 빠졌으며 황룡사 9층 목탑 등 많은 문화재가 소실되었다.

2) 삼별초의 항전

원종은 1270년 환도령을 내렸고 이로써 39년간의 강화도 시대는 막을 내렸다.

그러나 삼별초를 중심으로 한 일부 군대는 이에 불만을 품고 배중손의 지휘하에 반란을 일으켰다. 삼별초는 최우 집권기 이래 무신정권의 군사기반이었으나 그동안 몽골군과 싸워 많은 전과를 올리기도 하였다. 이후 삼별초는 거점을 강화도에서 진도로 옮겨 저항하였고 여몽연합군의 공격으로 인해 진도가 함락되자 일부는 제주도로 가서 김통정의 지휘하에 저항을 계속하다가 4년 만에 평정되었다.

▌충주의 대몽항쟁

충주에서의 대몽항쟁은 1차 침입 때 충주성에서의 노비, 잡류군의 승리에서부터 5차 침입인 고종 40년(1253년)에 충주산성의 방어전, 이듬해인 다인철소민의 승리에 이르기까지 매우 뜻 깊은 항전의 연속이었다. 전쟁의 말기에도 이러한 항전사례는 꾸준히 등장한다.

1254년 9월 14일자 기록에 "자랄타이(차라대) 군이 충주산성을 공격하는데 갑자기 비바람이 크게 휘몰아쳤다. 성안 사람들이 정예를 뽑아 맹렬히 반격하자 자랄타이가 포위를 풀고 드디어 남쪽으로 내려갔다"라고 하여 자랄타이 군이 직접 충주를 공격하였다는 사실을 전하고 있다.

그 이듬해 고종 42년(1255년) 10월 2일조에는 "몽골이 대원령을 넘으므로 충주에서 정예병을 파견, 기습 공격하여 몽골 1천여 명을 사살하였다"고 기록하고 있다. 대원령은 지금의 충주시 상모면 미륵리와 문경군 관음리를 연결하는 하늘재로 추정된다.

고종 43년(1256년) 4월에 몽골군은 또 다시 충주에 들어와 주성(州城)을 도륙하였다. 이때 충주의 관민들은 대부분 산성으로 피난하여 있었던 것으로 보이며 이것이 대몽 항쟁사에 있어 충주민이 몽골에게 당한

대림산성

유일한 기록이다. 주성을 도륙한 몽골은 바로 충주 등에서 피난 온 이들을 공격하기 위해 월악신사로 올라갔는데 이때 홀연 운무가 끼고 비바람과 우뢰가 몰아치자 몽골군이 두려워 공격을 못하고 돌아갔다고 한다.

고종 45년(1258년) 충주의 별초가 박달현에 숨어 있다가 몽골병을 저격하고 포로된 사람들과 우마 및 무기를 빼앗기도 하였다.

이처럼 번번이 충주성만이 유일하게 엄청난 몽고의 침략을 능히 막아내어 극복하였다는 사실은 이민족의 침략으로부터 내 고장을 지키겠다는 중원지방 사람들의 강인한 투지와 향토애호의 의지가 뚜렷하게 살아있다는 사실을 뒷받침 해주는 것이라 하겠다.

하지만 아직 대몽 항쟁의 주 무대가 되었던 충주산성의 위치 비정 문제가 학계에서 통일되지 않고 있다. 즉, 제5차 몽골 침략 시에 항전하였던 충주성의 위치가 현 충주시 남산에 있는 남산성을 가리키는 것인지, 충주 대림산에 위치한 대림산성인지, 월악산에 있는 덕주산성을 지칭하는 것인지, 아니면 김윤후가 처인부곡에서 평지전투를 승리로 이끌었다

대몽항쟁전승기념탑

는 점에 착안하여 현재의 충주읍성보다 더 큰 규모의 충주읍성이 있었는지 등은 논란이 되고 있다.

이러한 것들에 대한 규명은 새로운 사실들이 발견되기 전까지는 해결하기 어려운 문제이지만, 현재까지의 자료로는 충주 대림산성이 가장 타당한 장소로 여겨진다. 어쨌든 현재까지의 대몽항쟁사에 있어 충주의 전부가 전장이었다고 하여도 과언이 아니다.

▮『고려사』 김윤후

"몽골이 주성을 포위하기를 무릇 70여 일에 성내의 식량이 거의 다하게 되었다. 김윤후는 사졸들을 독려하여 이르기를 '만일 능히 힘을 다한다면 귀천을 가리지 않고 모두 관작을 내리겠으니 그대들은 이를 믿으라' 하고 드디어 관노의 부적을 가져다가 불태워버리고 또 노획한 우마를 나누어 주니 사람들이 모두 죽음을 무릅쓰고 대적하였다."

3) 몽골의 간섭

1271년 국호를 원으로 바꾼 몽골은 우선 1274년과 1281년 두 차례에 걸친 일본 원정을 단행하면서 고려로부터 전쟁 물자와 인적 자원을 징발하였다.

또한 고려의 왕은 원의 공주를 왕비로 맞아들여 부마국이 되었다. 왕실 용어도 격하되어 '조, 종'으로 붙였던 묘호를 '왕'으로 칭하였고 왕명의 처음에 '충'자를 넣어 몽골에 충성을 표시하게 하였다.

몽골은 일본원정을 준비하기 위해 설치했던 정동행성을 연락기구로 삼고 다루가치라는 감찰관을 파견하여 고려의 내정을 간섭하였다.

원은 쌍성총관부, 동녕부, 탐라총관부 등 고려의 영토 일부를 강점하여 직접 다스리기도 하였다.

원의 압력과 친원파의 책동으로 고려의 정치는 비정상적으로 운영되었다. 몽골어를 잘하여 통역관으로 출세한 자, 매를 사육하여 바치는 응방 출신으로 출세한 자, 왕비가 된 원 공주와 결탁하여 출세한 자, 원에서 자신의 딸이나 일족이 크게 출세하자 덩달아 출세한 자 등 원과 결탁한 권문세족들이 높은 관직과 권력을 차지하고 대토지를 소유하면서 세력을 떨쳤다.

5 고려후기의 변동

1) 공민왕의 반원 개혁운동

원의 간섭기에 고려사회는 원과의 관계를 통하여 성장한 권문세족이 권력을 잡으면서 농장을 확대하고 양민을 수탈하는 등 사회의 모순이 심화되었다. 이러한 문제를 시정하고 원의 간섭에서 벗어나기 위한 노력이 충선왕 때부터 있었으나 성공하지는 못했다

1350년대에 들어서서 원 나라 내부에서 내분이 일어나고 한족漢族들의 항쟁이 시작되자 고려의 공민왕은 고려의 자주성을 회복하기 위한 개혁에 나섰다. 당시 기철로 대표되던 친원 세력의 숙청을 시작으로 하여 고려의 내정을 간섭하던 정동행성 이문소를 폐지하였으며

원의 간섭으로 바꾸었던 관제를 복구하고 쌍성총관부를 공격하여 철령 이북의 땅을 수복하였다.

또한 공민왕은 권문세족의 영향력을 줄이고 왕권을 강화하기 위하여 전민변정도감을 설치하고 신돈을 등용하여 권문세족들이 부당하게 빼앗은 토지를 농민에게 돌려주고 권문세족의 농장으로 들어갔던 백성들도 원래의 양인 신분을 회복시켰다. 아울러 성균관을 통하여 유학교육을 강화하고 과거제도를 정비하여 신진사대부들이 진출할 수 있는 계기를 만들었다. 이로 인하여 이색, 정몽주, 정도전, 권근 등 새로운 인물들이 대거 관직에 진출하게 되었다.

그러나 원을 배경으로 한 권문세족들이 왕권을 견제하여 개혁은 뜻대로 이루어지지 못하였다. 신돈이 반역 혐의로 처형되었으며 급기야 공민왕까지 시해됨으로써 개혁정치는 중단되었다.

포은 정몽주

▮역사서의 편찬

몽골의 침략과 원의 간섭을 받던 시기에 삼국유사, 제왕운기 등 역사서들이 편찬되었다. 승려 일연이 편찬한 삼국유사는 민간의 전승과 불교 관계 서적이 많이 실려 있어 유교적 합리주의 사관으로 서술된 삼국사기에 빠져 있는 사실들을 많이 보충해주었다.

이승휴가 지은 제왕운기는 중국과 우리의 역사를 서사시로 읊은 것인데 유교정치이념을 바탕으로 고려의 국가질서 회복을 기원하는 내용을 담고 있다.

이 책들은 서두에 단군신화를 기록하여 몽골의 침략과 지배를 받고 있던 상황에서 우리 민족이 오랜 역사와 고유한 문화전통을 지니고 있음을 강조하였다.

이규보가 지은 동명왕편은 고구려 시조 동명왕의 신비로운 탄생과 건국과정을 그린 서사시로서 고려가 고구려를 계승하였다는 자부심을 나타나고 있다.

▮상정고금예문과 직지심체요절

상정고금예문은 고려 인종 때 최윤의 등이 왕명으로 고금의 예의를 수집, 고증하여 50권으로 엮은 책으로 현존하지 않으나 고려 고종 때 이규보가 엮은 동국이상국집에 이 책을 1234년(고종 21년)에 금속 활자로 찍어냈다는 기록이 남아 있어 세계 최초의 금속 활자본으로 추정하고 있다.

직지심체요절은 현존하는 세계 최고(最古)의 금속활자본으로, 이 책을 엮은이는 조계대 선사인 백운 경한(1287~1374년)이며 1372년(고려 공민왕 21년)에 저술되었고 1377년(고려 우왕 3년)에 청주 흥덕사에서 금속 활자로 인쇄되었다. 독일의 구텐베르그 금속활자 인쇄보다 약 70여 년이 앞선 때였다.

직지심체요절은 1887년 프랑스의 대리공사로 서울에서 근무하던 꼴랭 드 쁠랑시(Collin de Plancy)가 다른 장서와 함께 한국에서 수집한 이 책을 본국으로 가지고 간 뒤 파리의 골동품수집가에게 넘겨졌다. 현재 프랑스 파리에 있는 국립도서관 동양문헌실에 보관되어 있다.

2) 신진사대부와 성리학의 수용

새로운 유학인 성리학이 원을 통하여 고려에 들어왔다. 성리학은 정치 도덕으로서 군신의 의리를 강조하고 대외명분을 중시하였으며 이단을 엄격하게 배척하였다.

특히 고려 말 새로이 중앙에 진출한 신진사대부들은 권문세족을 비판하고 견제하였으며 새로운 사회세력을 이끌어 가기 위한 이념적 기반으로 성리학을 받아들였다. 신진사대부들은 고려사회에 만연한 불교의 폐단을 비판하고 성리학의 명분 의식에 기초하여 제도를 개혁할 것을 주장하였다.

신진사대부는 공민왕 때 교육, 과거제도가 정비된 후 중앙에 진출하여 세력을 확대해나갔다. 또한 신진사대부들은 고려 말 이성계를 중심으로 한 신흥 무인 세력과 손을 잡으면서 사회의 불안과 국가적 시련을 해결하고자 하였다.

3) 홍건적과 왜구의 침입

원말 한족의 비밀결사인 백련교도를 이끌고 반란을 일으켰던 홍건적이 원에 쫓기자 고려에 침입하였다. 1차 침입(1359년) 때 압록강을 건너 서경을 점령하였으나 고려의 이승경, 이방실 등이 격퇴하였으며, 2차 침입(1361년) 때는 개경이 함락되어 공민왕이 복주(안동)까지 피난을 가는 등의 시련도 있었지만 정세운, 안우, 이성계 등이 격퇴하였다.

고려 말에는 왜구의 침입으로 인해 전국이 황폐해졌다. 이에 최영 등이 홍산(부여)에서, 나세, 최무선 등이 화포를 이용하여 진포에서, 이성계 등이 황산(운봉)에서 전멸시켰다. 창왕 1년에는 박위가 전함 100척을 이끌고 왜구의 소굴인 대마도를 정벌하기도 하였다.

고려 말 홍건적과 왜구

참고문헌

국사편찬위원회, 『한국사』 12, 1993

김기섭, 「고려전기 농민의 토지소유와 전시과의 성격」, 『한국사론』 17, 1987

김상기, 『고려시대사』, 동화문화사, 1961

민현구, 『한국중세사산책』, 일지사, 2005

박용운, 『고려시대사』, 일지사, 2008

박종기, 『5백년 고려사』, 푸른역사, 1999

변태섭, 『고려정치제도사연구』, 일조각, 1968

윤용혁, 『고려 대몽항쟁사 연구』, 일지사, 1991

최근영, 「충주 대림산성 고」, 『중원문화연구』 4, 2000

한국사교재연구회, 『교양 한국사의 이해』, 삼경사, 2001

허흥식, 『고려사회사연구』, 아세아문화사, 1981

역사의 고전

『高麗史』 권2, 세가2

왕이 훈요10조를 내리다

계묘 26년(943) 여름 4월 왕이 내전(內殿)에 나아가 대광(大匡) 박술희(朴述希)를 불러 친히 「훈요(訓要)」를 내렸는데 여기서 이르기를, "내가 들으니 순 임금(大舜)은 역산(歷山)에서 농사짓다가 마침내 요(堯)로부터 왕위를 받았고, 고제(高帝)는 패택(沛澤)에서 몸을 일으켜 드디어 한(漢)의 왕업을 일으켰다고 한다. 나도 한미(寒微)한 가문에서 몸을 일으켜 외람되게 여러 사람의 추대를 받았다. 여름엔 더위를 두려워하지 않고 겨울엔 추위를 피하지 않으면서 몸을 태우고 생각을 수고롭게 한 지 19년 만에 삼한(三韓)을 통일하고 감히 왕위에 오른 지 25년이나 되었고 몸은 이미 늙었다. 다만 두려운 것은 후사(後嗣)가 정욕을 따라 하고 싶은 것을 마음대로 하여 국가의 기강을 어지럽힐까 하는 것이니, 이것이 크게 근심할 만하다. 이에 「훈요(訓要)」를 지어 후세에 전하노니, 바라건대 밤낮으로 펼쳐보아 길이 귀감(龜鑑)으로 삼으라.

첫째, 우리나라의 대업(大業)은 반드시 모든 부처가 보호하고 지켜주는 힘에 의지하고 있으므로, 선종(禪宗)과 교종(教宗)의 사원(寺院)을 창건하고 주지(住持)를 파견하여 분향(焚香)하고 수도(修道)하게 함으로써 각각 자신의 직책을 다하도록 하는 것이다. 후세에 간신이 정권을 잡고 승려의 청탁[請謁]을 받아 각자의 사사(寺社)를 경영하며 서로 싸우며 바꾸고 빼앗는 일을 결단코 마땅히 금지해야 한다.

둘째, 여러 사원은 모두 도선(道詵)이 산수(山水)의 순역(順逆)을 미루어 점쳐서 개창한 것으로, 도선이 이르기를, '내가 점을 쳐 정한 곳 외에 함부로 덧붙여 창건하면 지덕(地德)이 줄어들고 엷어져 조업(祚業)이 길지 못하리라.'고 하였다. 내가 생각하건대 후세의 국왕이나 공후(公侯)·후비(后妃)·조신(朝臣)이 각각 원당(願堂)이라 일컬으며 혹시 더 만들까봐 크게 근심스럽다. 신라(新羅) 말에 다투어 사원[浮屠]을 짓다가 지덕이 쇠하고 손상되어 결국 망하는 데 이르렀으니 경계하지 않을 수 있겠는가?

셋째, 적자(嫡子)에게 나라를 전하는 것이 비록 상례(常禮)이기는 하나 단주(丹朱)가 불초(不肖)하므로 요가 순에게 선양한 것은 참으로 공정한 마음이었다. 만약 맏아들이 불초하거든 그 다음 아들에게 주고, 또 그마저 불초하면 그 형제 가운데 뭇사람들이 추대하는 왕자에게 물려주어 대통(大統)을 잇도록 하라.

넷째, 우리 동방(東方)은 옛날부터 중국의 풍속[唐風]을 흠모하여 문물(文物)과 예악(禮樂)이 다 그 제도를 따랐으나, 지역이 다르고 인성(人性)도 각기 다르므로 꼭 같게 할 필요는 없다. 거란(契丹)은 짐승과 같은 나라로 풍속이 같지 않고 말도 다르니 의관제도(衣冠制度)를 삼가 본받지 말라.

다섯째, 내가 삼한(三韓) 산천의 음우(陰佑)에 힘입어 대업을 이루었다. 서경(西京)은 수덕(水德)이 순조로워서 우리나라 지맥(地脈)의 뿌리가 되고 대업을 만대(萬代)에 전할 땅이다. 마땅히 춘하추동 네 계절의 중간 달[四仲月]에 왕은 그 곳에 가서 100일이 넘도록 체류함으로써 나라의 안녕(安寧)에 이르도록 하라.

여섯째, 내가 지극하게 바라는 것은 연등회(燃燈會)와 팔관회(八關會)에 있으니, 연등회는 부처를 섬기는 까닭이고 팔관회는 하늘의 신령 및 오악(五嶽)·명산(名山)·대천(大川)·용신(龍神)을 섬기는 까닭이다. 후세에 간신들이 이 행사를 더하거나 줄일 것을 건의하는 것을 결단코 마땅히 금지하라. 나도 처음 마음으로 맹세하기를, 연등회·팔관회를 하는 날짜가 국가의 기일[國忌]을 범하지 않게 하고 임금과 신하가 함께 즐기겠다고 하였으니 마땅히 조심스럽게 이대로 시행하라.

일곱째, 임금이 신민(臣民)의 마음을 얻는 것은 매우 어려우니, 그들의 마음을 얻으려면 중요한 것은 간언(諫言)을 따르고 참소(讒訴)를 멀리하는 것에 있을 뿐이다. 간언을 따르면 성스러워질 것이고, 참소는 꿀과 같으나 믿지 않으면 곧 참소는 스스로 그친다. 또 백성들이 때를 따라 일을 하고 요역(徭役)과 부세(賦稅)를 가볍게 하며 농사일의 어려움을 알아주면, 저절로 백성의 마음을 얻게 되어 나라는 부강하고 백성은 편안해질 것이다. 옛사람이 이르기를, '좋은 미끼를 드리우면 반드시 걸려드는 고기가 있고, 상을 많이 내려주면 반드시 좋은 장수가 있게 된다. 또 활을 당기면 반드시 피하는 새가 있고, 어진 정치를 베풀면 반드시 좋은 백성이 모여든다.'고 하였으니 상벌(賞罰)이 공정하면 음양(陰陽)도 순조로워질 것이다.

여덟째, 차현(車峴) 이남과 공주(公州)의 금강(錦江) 바깥쪽은 산의 모양과 땅의 기세가 모두 배역(背逆)으로 뻗어 있는데 사람들의 마음도 그러하다. 그 아래 주군(州郡)의 사람들이 조정에 참여하고 왕후(王侯)나 외척(外戚)과 혼인하여 나라의 정사를 잡게 되면, 국가의 변란을 일으킬 수도 있고 통합당한 원한을 품고 왕실을 침범하며 난을 일으킬 수도 있다. 또 일찍이 관청[官寺]에 예속된 노비(奴婢)와 진(津)·역(驛)의 잡척(雜尺)이 권세가에게 투탁(投託)하여 신분을 옮기거나 역을 면제받기도 할 것이며, 왕후나 궁원(宮院)에 빌붙어 간교한 말로 권력을 희롱하고 정사를 어지럽게 하여 재앙에 이르게 하는 자가 반드시 있을 것이다. 비록 양민(良民)이라 하더라도 마땅히 그를 관직에 올려 일을 맡겨서는 안 된다.

아홉째, 모든 관료(官僚)의 녹봉(祿俸)은 나라의 규모를 보아 정한 제도이기 때문에 늘리거나 줄여서는 안 된다. 또 고전(古典)에 이르기를, '공적에 따라 녹봉을 정하며 관직을 사사로이 하지 말라.'고 하였다. 만일 아무 공적이 없는 자나 사적(私的)으로 친근한 사람들에게 헛되이 천록(天祿)을 받게 한다면, 백성들의 원망과 비방이 그치지 않을 것이며 그 사람도 복록(福祿)을 길이 누릴 수 없을 것이니 결단코 마땅히 경계하여야 한다. 또한 강하고 악한 나라와 이웃

하고 있으니 편안할 때에도 위태로움을 잊어서는 안 된다. 병졸은 마땅히 지켜주고 보살펴주며 요역을 헤아려 면제해주고 매년 가을에 무용(武勇)이 남들보다 뛰어난 자를 사열(査閱)하여 편의(便宜)에 따라 벼슬을 더하여라.

열째, 나라를 가진 자나 집을 가진 자는 근심이 없더라도 경계를 늦추지 말고, 경사(經史)를 널리 읽어 옛일을 거울삼아 지금을 경계해야 한다. 주공(周公)은 큰 성인이지만 「무일(無逸)」 1편을 성왕(成王)에게 바쳐 경계로 삼았으니, 마땅히 이를 그림으로 그려 걸어놓고 드나들 때마다 보고 반성하여라."

라고 하였다. 십훈(十訓)의 끝은 모두 '마음속에 이를 간직하라'는 네 글자로 맺었는데, 후대의 왕은 이를 서로 전하여 보배로 삼았다.

『高麗史』 권94, 열전7, 제신, 서희

…… 성종(成宗) 12년(993)에 거란(契丹)이 침략하자, 서희(徐熙)는 중군사(中軍使)가 되어 시중(侍中) 박양유(朴良柔) · 문하시랑(門下侍郎) 최량(崔亮)과 함께 북계(北界)에 군사를 주둔하고 이에 대비하였다. 성종도 친히 방어하고자 서경(西京)으로 행차하여 안북부(安北府)까지 가서 머물렀다. (그때) 거란의 동경유수(東京留守) 소손녕(蕭遜寧)이 봉산군(蓬山郡)을 격파하고, 아군의 선봉에 섰던 군사(軍使)와 급사중(給事中) 윤서안(尹庶顔) 등을 포로로 삼자, 성종이 이 말을 듣고 나서 더 이상 진군하지 못하고 되돌아왔다. 서희가 군사를 이끌고 봉산군을 구원하려고 하자 소손녕이 소리 질러 말하기를, "우리 요[大朝]가 이미 고구려(高句麗)의 옛 땅을 모두 차지하였는데, 이제 너희 나라가 국경지대를 침탈했으므로 내가 와서 토벌한다."라고 하였다. 또 편지를 보내 이르기를, "우리 요가 천하를 통일하였는데 귀부하지 아니한다면, 기어이 소탕할 것이다. 속히 이르러 항복하고 지체하지 말라."라고 하였다. 서희가 글을 보고 돌아와서

강화할 수 있는 여지가 있다고 아뢰자, 성종은 감찰사헌 차예빈소경(監察司憲 借禮賓少卿) 이몽전(李蒙戩)을 거란 진영으로 보내어 강화를 요청하도록 하였다. 소손녕이 다시 편지를 보내 이르기를, "800,000명의 군사가 당도했으니 만약 강으로 나와 항복하지 않는다면 모조리 섬멸할 것이므로, 임금과 신하들이 속히 아군 앞에 와서 항복해야 한다."라고 하였다. 이몽전이 적의 진영으로 가서 침략해 온 이유를 묻자, 소손녕이 말하기를, "너희 나라가 백성을 구휼하지 않으니, 하늘을 대신해 벌을 내리는 것이다. 만약 강화를 구하려거든 빨리 와서 항복해야만 한다."라고 하였다.

이몽전이 돌아오자, 성종이 여러 신하들을 모아 이에 대해 의논하였다. 어떤 사람이 말하기를 왕[車駕]은 개경으로 환궁하고, 중신으로 하여금 군사를 이끌고 항복을 간청하자고 하였다. 또 어떤 사람은 말하기를 서경 이북의 땅을 분할하여 그들에게 주고, 황주(黃州)에서 절령(岊嶺)까지를 국경[封疆]으로 구획하자고 하였다. 성종은 땅을 분할해 주자는 의견을 따르고자 하여 서경 창고의 쌀을 개방하여 백성들이 마음대로 가져가게 하였는데 여전히 남은 곡식이 많으니, 성종은 적의 군량미로 사용될까 우려하여 대동강(大同江)에 던져버리라고 명령하였다. 서희가 아뢰어 이르기를, "식량이 넉넉하면 성을 지킬 수 있으며, 전투에도 이길 수 있습니다. 전쟁에서의 승패는 강하고 약한 데 있는 것이 아니라, 적의 틈을 잘 살펴 움직여야 합니다. 어찌 갑자기 식량을 버리라고 하십니까? 하물며 식량은 백성의 생명이니, 차라리 적의 군량이 될지라도 헛되이 강에다 버리겠습니까? 그것은 하늘의 뜻에도 맞지 않을 것입니다."라고 하였다. 성종이 옳은 말이라 여기고 중지하였다.

…… 서희가 국서(國書)를 받들고 소손녕의 군영에 가서 통역자로 하여금 상견례의 절차를 묻게 하였다. 소손녕이 말하기를, "내가 큰 조정의 귀인(貴人)이니, 네가 마땅히 뜰에서 절해야 한다."라고 하였다. 서희가 말하기를, "신하가 군주에게 아래에서 절을 올리는 것은 예의지만, 두 나라의 대신이 서로 만나는데 어찌 이와 같이 할 수 있겠소?"라고 하였다. 두세 번 절충하려 왔다 갔다 했지만, 소손녕은

허락하지 않았다. 서희가 노하여 돌아와 관사에 드러누운 채 일어나지 않으니, 소손녕은 마음속으로 그를 기이하게 여기고 마침내 허락하여 마루로 올라와 대등하게 예를 행하도록 하였다.

이에 서희는 군영의 문에 이르자, 말에서 내려 안으로 들어갔다. 소손녕과 뜰에서 서로 절하고 마루로 올라가 예법에 맞게 행하고 동서로 마주 앉았다. 소손녕이 서희에게 말하기를, "너희 나라는 신라(新羅) 땅에서 일어났고, 고구려 땅은 우리 소유인데, 너희들이 침범해 왔다. 그리고 우리와 국경을 접하고 있는데도 바다를 넘어 송(宋)을 섬기기 때문에, 오늘의 출병이 있게 된 것이다. 만약 땅을 분할해 바치고 조빙(朝聘)에 힘쓴다면, 무사할 수 있을 것이다."라고 하였다.

이에 서희가 말하기를, "그렇지 않다. 우리나라가 바로 고구려의 옛 땅이기 때문에, 국호를 고려(高麗)라 하고 평양(平壤)에 도읍하였다. 만일 국경 문제를 논한다면, 요(遼)의 동경(東京)도 모조리 우리 땅에 있는데, 어찌 우리가 침범해 왔다고 말하는가? 게다가 압록강(鴨綠江) 안팎 또한 우리 땅인데, 지금 여진(女眞)이 그 땅을 훔쳐 살면서 완악하고 교활하게 거짓말을 하면서 길을 막고 있으니, 요로 가는 것은 바다를 건너는 것보다 더 어렵다. 조빙이 통하지 않는 것은 여진 때문이니, 만약 여진을 쫓아내고 우리의 옛 영토를 돌려주어 성과 보루를 쌓고 도로를 통하게 해준다면, 어찌 감히 조빙을 잘 하지 않겠는가? 장군께서 만일 나의 말을 천자께 전달해 준다면, 어찌 천자께서 애절하게 여겨 받아들이지 않겠는가?"라고 하였다.

그 말투가 강개하여 소손녕도 강제할 수 없음을 알고, 마침내 그대로 보고하였다. 거란의 황제가 이르기를, "고려가 이미 강화를 요청해왔으니, 마땅히 군사 행동을 중지하라."라고 하였다.

진삼국사표(進三國史表)

신 김부식(金富軾)이 아뢰옵니다.

옛 열국도 또한 각각 사관(史官)을 두어 일을 기록하였습니다. 그러므로 맹자(孟子)는 "진(晉)나라의 『승(乘)』과 초(楚)나라의 『도올(檮杌)』과 노(魯)나라의 『춘추(春秋)』1)는 같은 것이다."라고 말하였습니다. 우리들 해동(海東) 삼국도 역사가 오래되었으니, 사실이 역사책에 기록되어야 합니다. 그래서 노신에게 그것을 편집하도록 명하신 것인데, 스스로 돌아보니 지식이 부족하여 어찌할 바를 모르겠습니다. 엎드려 생각해보옵니다.

성상폐하(聖上陛下)께서는 요(堯)임금과 같은 문사(文思)를 타고나시고, 우(禹)임금2)과 같은 근검(勤儉)을 체득하시어, 정무에 골몰하던 여가에 전고(前古)를 두루 살펴보시고, "요즈음의 학사(學士)와 대부(大夫) 중에 『오경(五經)』, 『제자(諸子)』와 같은 책이나 진(秦)·한(漢) 역대의 역사에 대해서는 두루 통달하고 상세히 설명하는 자가 간혹 있으나, 우리나라의 일에 대해서는 도리어 아득하여 그 처음과 끝을 알지 못하니 참으로 한탄스럽다."고 말씀하셨습니다.

하물며 생각컨대, 신라·고구려·백제가 나라를 세우고 솥발처럼 대립하면서 예를 갖추어 중국과 교통하였으므로, 범엽(范曄)의 『한서(漢書)』나 송기(宋祁)의 『당서(唐書)』에는 모두 열전(列傳)을 두었는데, 중국의 일만을 자세히 기록하고 외국의 일은 간략히 하여 갖추어 싣지 않았습니다. 또한 그 고기(古記)라는 것은 글이 거칠고 졸렬하며 사적(事跡)이 누락되어 있어서, 임금된 이의 선함과 악함, 신하된 이의 충성과 사특함, 나라의 평안과 위기, 백성들의 다스려짐과 혼란스러움 등을 모두 드러내어 경계로 삼도록 하지 못하였습니다.

그러므로 재주와 학문과 식견을 갖춘 인재를 얻어 일가(一家)의 역사를 이루어서 만세(萬世)에 이르도록 해와 별처럼 빛나게 해야 마땅할 것입니다. 그러나 저라는 사람은 본래 재주가 뛰어나지도 않고, 또한 학식이 깊은 것도 아니었는데, 늙어서는 날이 갈수록 정신이 흐릿해져서 부지런히 글을 읽어도 책을 덮으면 곧바로 잊어버리고, 붓을 잡으면 힘이 없어서 종이에 대고 써 내려가기가 어렵습니다. 저의 학술의 둔하고 얕음이 이와 같으며, 예전의 말과 일에 대해 어두움이 이와 같사옵니다. 이런 까닭으로 혼신의 힘을 다하여 겨우 책을 완성하였지만 볼만한 것이 되지 못하였으니, 그저 저 자신이 부끄러울 따름입니다.

엎드려 바라옵나니, 성상 폐하께서는 소홀하고 거친 솜씨를 이해해주시고 멋대로 지은 죄를 용서하시며, 비록 명산(名山)에 보관하기엔 부족하더라도 간장 단지를 덮는데 쓰이지는 않았으면 하옵니다. 저의 구구하고 망령된 뜻을 하늘과 해님께서 굽어 살펴주소서.

삼가 본기(本紀) 28권, 연표(年表) 3권, 지(志) 9권, 열전(列傳) 10권을 찬술하고, 표(表)와 함께 아뢰어 임금님의 눈을 더럽힙니다.

徐兢, 『宣和奉使高麗圖經』 권23, 풍속2, 목욕과 세탁, 도축

목욕과 세탁

옛 사서에 따르면 고려의 풍속은 사람들이 모두 깨끗하다고 기록되어 있는데, 지금도 여전히 그러하다. 그들은 항상 중국인이 때가 많은 것을 비웃는다. 그래서 아침에 일어나면 먼저 목욕을 한 후 집을 나서며, 여름에는 하루에 두 번씩 목욕을 한다. 흐르는 시냇물에 많이 모여 남녀 구별 없이 모두 의관을 언덕에 놓고 물굽이 따라 속옷을 드러내는 것을 괴상하게 여기지 않는다.

의복을 빨고 명주나 삼을 표백하는 것은 다 부녀자의 일인데, 밤낮으로 일해도 힘들다고 하지 않는다. 우물을 파고 물을 긷는 것은 대개 내 가까운 데서 한다. 위에 도르래를 걸고 물통으로 물을 옮기는데, 그 물통은 배 모양과 비슷하다.

도축

고려의 정치는 매우 어질어 부처를 좋아하고 살생을 경계한다. 따라서 국왕이나 재상이 아니면 양과 돼지고기를 먹지 못한다. 또한 도살을 좋아하지도 않는다. 다만 사신이 방문하게 되면 미리 양과 돼지를 기른다. 도축할 때는 네 발을 묶어 타는 불 속에 던져 그 숨이 끊어지고 털이 없어지면 물로 씻는다. 만약 다시 살아나면 몽둥이로 쳐서 죽인 뒤에 배를 가르는데 장위가 다 끊어져서 똥과 오물이 흘러넘친다. 따라서 국이나 구이를 만들더라도 고약한 냄새가 없어지지 않으니 그 서툼이 이와 같다.

『高麗史』 권127 열전40 반역, 묘청(묘청의 난)

묘청(妙淸)은 서경(西京)의 승려로 뒤에 정심(淨心)이라 개명하였다. 인종(仁宗) 6년(1128)에 일자(日者) 백수한(白壽翰)이 검교소감(檢校少監)으로서 서경의 분사(分司)에 있으면서 묘청을 스승이라 불렀다. 두 사람은 음양가의 비술(秘術)에 의탁하여 뭇 사람을 현혹시켰다.

…… 처음에 묘청이 여러 차례 요청하여 왕이 서경으로 순행(巡行)하였는데 재앙과 이변이 거듭하여 일어났으나 묘청 일당들은 해가 없다고 속였다. 이에 이르러 진실로 서경 행차를 간청하면서 역모를 실행에 옮기려 하였지만 왕은 대신과 간관(諫官)들의 건의를 듣고 허락하지 않았다. 우정언(右正言) 황주첨(黃周瞻)이 묘청과 정지상의 뜻에 아첨하여 또한 왕을 황제라 존칭할 것과 연호를 제정할 것을 건의하였지만 회답을 주지 않았다.

…… 13년(1135)에 묘청이 분사시랑(分司侍郎) 조광(趙匡), 병부상서 유참(柳旵), 사재소경(司宰少卿) 조창언(趙昌言)·안중영(安仲榮) 등과 함께 서경을 근거지로 삼고 반란을 일으켰다. 그리고 왕명을 사칭하여 부유수(副留守) 최재(崔梓), 감군사(監軍事) 이총림(李寵林), 어사(御史) 안지종(安至宗) 등을 잡아 가두었다. 또 가짜 승선(承宣) 김신(金信)을 보내어 서북면병마사(西北面兵馬使) 이중(李仲)과 그 휘하의 모든 막료 및 각 성을 지키던 무장들을 체포해 모두 서경의 소금 창고에 가두었으며, 대개 개경 사람으로 서경에 머무르고 있던

자들을 귀천(貴賤)과 승속(僧俗)을 물론하고 모두 구금하였다. 군사를 파견하여 절령(岊嶺)의 길을 끊고 또한 사람을 파견하여 각 성으로 보내 군사를 겁박하여 징발하게 하였으며 인접한 도(道)의 기르던 말을 약탈하여 모두 평양성으로 몰아넣었다. 국호(國號)를 대위(大爲), 연호를 천개(天開), 그 군대를 천견충의군(天遣忠義軍)이라 불렀다. 관속을 두는데, 양부(兩府)로부터 주·군(州郡) 수령에 이르기까지 모두 서경 사람으로 임명하였다.

…… 김부식의 대군이 이르자 각 성들이 모두 벌벌 떨며 두려워하였다. 김부식이 막료를 서경으로 보내 설득하기를 일곱에서 여덟 차례 하니 조광(趙匡) 등은 대항할 수 없음을 알고 나와서 항복하려 하였으나 아직 결단을 내리지 못하였다. 마침 김순부(金淳夫)가 조서(詔書)를 가지고 성에 들어가자 서경 사람들이 마침내 묘청(妙淸)·유참(柳昰) 및 유참의 아들 유호(柳浩)의 머리를 벤 뒤, 윤첨(尹瞻) 등을 파견하여 김순부의 뒤를 따라 나가 그 머리를 바치게 하고 또 스스로 죄를 청하였다. 이에 세 사람의 머리를 저자거리에 효시하고, 윤첨을 하옥시키니 조광은 형벌을 면할 수 없을 것이라 판단하고 다시 항거하였다. 김부식은 성이 험준하므로 조급히 공격에 나서지 않고 군영을 벌여놓고 지구전을 전개하였다. 성 안의 양식이 떨어져 노약자를 쫓아내었다. 김부식은 성을 함락시킬 수 있음을 알고 흙산을 쌓고 포기(砲機)를 설치하여 공격 도구로 삼았다.

인조 14년(1136)에 정예군 1만여 명을 선발하여 세 갈래로 나누어 진공하니 적병이 완전히 궤멸되었다. 조광이 어찌 할 바를 몰라 온 집안 식구와 함께 분신하여 죽으니 서경이 평정되었다. 묘청·백수한·정지상·유참·조광(趙匡) 등의 처자식을 모두 적몰(籍沒)하여 노비로 삼았다.

신채호, 『조선사연구초』

조선 역사상 일천년래 제일 대사건

(일) 서론

민족의 성쇠는 항상 사상이 어떤 방향으로 흘러가는가에 달린 것이며 그 방향성은 매번 어떤 사건의 영향을 받는다. 그러면 조선 근세에 종교·학술·정치·풍속이 사대주의의 노예가 된 것은 어떤 사건이 원인일까? ……(중략)…… 어떤 사건이 앞서 서술한 종교·학술·정치·풍속 등의 방면에 노예성을 낳게 하였는가? 나는 한마디로 고려 인종 13년(1135) 서경 전역(西京戰役), 즉 묘청의 난이 김부식(金富軾, 1075~1151)에게 패한 데서 그 원인을 찾으려 한다.

서경 전역 때 양쪽 병력이 각기 수만에 불과하고 전란의 시작과 끝이 불과 2년에 그쳤지만, 그 전란의 결과가 조선 사회에 끼친 영향은 서경 전역 이전 고구려의 후예로서 북방의 대국으로 자리 잡았던 발해 멸망보다도, 서경 전역 이후 고려와 몽고 간의 60년 전쟁보다도 몇 배나 중요하였다. 대개 고려에서 조선까지 1000여 년 동안 서경 전역보다 중요한 사건이 없을 것이다.

서경 전역 전역을 역대 역사가들은 다만 국왕의 군대가 반란군을 친 전쟁으로만 알고 있었지만 이는 근시안적인 관찰에 불과하다. 그 실상은 이 전역이 낭불 양가(郎佛兩家) 대 유가의 싸움이며, 국풍파(國風派) 대 한학파의 싸움이며, 독립당 대 사대당의 싸움이며, 진취사상 대 보수 사상의 싸움이었다. 묘청(妙清, ?~1135)은 곧 전자의 대표요, 김부식은 후자의 대표였던 것이다. 이 싸움에서 묘청 등이 패하고 김부식이 승리함으로써 조선의 역사는 사대적·보수적·속박적 사상, 즉 유교 사상에 굴복되고 말았다. 만일 이와 반대로 김부식이 패하고 묘청 등이 이겼다면 조선사는 독립적·진취적 방향으로 나아갔을 것이니 이 전역을 어찌 1000년 동안의 제일 대사건이라 하지 않겠는가?

……(중략)……

(십) 결 론

이상 서술한 바를 다시 간략히 총괄하면 다음과 같다. 조선의 역사는 원래 낭가의 독립사상과 유가의 사대주의로 나뉘져 있었다. 그런데 갑자기 불교도인 묘청이 낭가의 이상을 실현하려다 그 거동이 지나치게 이치에 맞지 않음으로써 패망하고 드디어 사대주의파의 천하가 되고 말았다. 낭가의 윤언이(尹彦頤, ?~1149) 등은 유가의 압박 아래에서 겨우 남은 목숨을 유지하게 되었다. 그 뒤 몽고의 난을 지나면서 더욱 유가의 사대주의가 득세하게 되었고, 조선의 창업이 유가의 사대주의로 이루어지자 낭가는 완전히 없어지고 말았다.

『高麗史』 권129, 열전42, 叛逆3, 崔忠獻

최충헌과 최충수가 봉사를 올리다

최충헌(崔忠獻)이 많은 신료들을 죽이자 인심이 흉흉해졌으므로, 사신을 여러 도(道)에 파견하여 사람들을 위로하도록 하였다. 최충헌은 최충수(崔忠粹)와 함께 봉사(封事)를 올려 다음과 같이 말하였다.

“엎드려 살펴보건대, 적신 이의민(李義旼)은 성품이 맹수처럼 잔인하여 임금님을 업신여기고 아랫사람들을 능멸하였으며, 임금의 자리[神器]마저 흔들려고 했기 때문에 화가 불꽃처럼 일어나고 민들은 살길이 아득해졌습니다. 신들은 폐하의 신령스러운 위엄을 빌어 단번에 그들을 소탕하였습니다. 원하건대 폐하께서는 낡은 제도를 혁파하고 새로운 정치를 도모하심에 오로지 태조(太祖)의 올바른 법을 따르시어 중흥의 길을 환히 여시길 바랍니다. 삼가 10가지 사항을 아뢰옵니다.

옛날에 태조가 삼한(三韓)을 통일하시고 송악군(松嶽郡)을 수도로 정하시고 명당에 궁궐을 지어서 후대 임금들이 만세토록 다스리도록 하였습니다. 얼마 전 궁궐에 화재가 나자, 옛 터에다 궁궐을 지었으니 그 얼마나 화려하고 웅장하였습니까? 그런데도 그곳이 좋지 않다는 말을 믿어 오랫동안 거처하지 않았으니, 이것이 도리어 음양

(陰陽)에 배치된다는 것을 어찌 알았겠습니까? 바라건대 폐하께서는 좋은 날을 택해 새 궁궐에 들어가신다면 길이 천명을 받으실 수 있을 것입니다.

우리나라 관료의 수는 녹봉을 받은 인원과 비교해보면 차이가 있습니다. 양부(兩府)와 여러 관직은 때로는 정원보다 많이 임명하기에 녹봉으로 주는 미곡이 부족하여 그 폐단이 매우 큽니다. 바라건대 폐하께서는 옛 것을 참작하시어 관료의 수를 줄이고 사정을 헤아려 관직에 제수하십시오.

선왕께서 토지제도를 제정하시면서 공전(公田)을 제외하고는 신민(臣民)에게 각기 차등 있게 하사하였습니다. 그러나 지위가 있는 사람들이 탐욕스럽고 비루하여 공전과 사전을 빼앗아 겸병해서, 한 집안의 비옥한 토지가 몇 고을에 걸쳐 있으니, 나라의 부세는 줄어들고 군사들은 결핍을 겪고 있습니다. 바라건대 폐하께서는 유사(有司)에게 명령을 내려, 공문서를 검토해서 약탈당한 토지는 모두 주인에게 돌려주게 하십시오.

공사(公私)의 조부(租賦)는 모두 백성들에게서 나오니, 백성들이 곤궁해진다면 어찌 수취하는 것이 충분하겠습니까? 관리들이 불량하여 오직 이익만을 좇아서 걸핏하면 백성들을 침탈하고, 권세가의 노조(奴皂)들이 앞 다투어 전조(田租)를 징수하니, 백성들은 모두 근심과 고통을 호소하고 있습니다. 바라건대 폐하께서는 어질고 유능한 관리를 선발하여 지방관으로 임명하시어 권세가들이 백성들의 살림을 무너뜨리지 못하게 하십시오.

나라에서 사신을 나누어 파견하여 양계(兩界)를 통솔하고 5도(道)를 안찰하는 것은 관리의 간악한 행위를 억제하고 민폐를 방지하기 위한 것입니다. 지금 여러 도에 파견된 안찰사들이 안찰을 해야 함에도 안찰하지 않고 단지 가렴주구(苛斂誅求)만을 일삼으면서 임금께 바치는 공물[供進]이라는 명목으로 역참을 이용해 물품을 운반하거나 혹은 사비로 충당하고 있습니다. 바라건대 폐하께서는 여러 도의 안찰사들이 공물을 바치는 것을 금지하시고, 오직 지방 관리를 감독하고 백성들의 실정을 조사하는 것을 그들의 직분으로 하십시오.

지금 산중에 있어야 할 승려 한두 명이 항상 왕궁을 돌아다니면서 침실까지 드나들고 있는데, 폐하는 불교를 혹신하여 매번 이런 행위를 너그럽게 용인하고 계십니다. 그러나 승려들은 폐하의 은총을 빙자하여 자주 정사에도 관여하여 폐하의 성덕을 더럽히고 있습니다. 그런데도 폐하께서는 내신들에게 명령하여 삼보(三寶, 불교)의 일을 맡아보게 하시고, 백성들에게 곡식을 대여해 이자를 받게 하니, 그 폐단이 적지 않습니다. 바라건대 폐하께서는 승려의 무리를 물리치시고, 그들을 궁궐에는 발도 들여놓지 못하게 하시며, 곡식을 대여해 이자를 받는 행위를 하지 못하도록 하십시오.

최근에 들으니, 지방 관리들 중에는 매우 탐욕스러워 염치가 없는 사람이 많은데 여러 도의 안찰사가 이를 방치하고 불문에 붙이고 있다고 합니다. 간혹 어질고 청렴한 사람이 있어도 몰라주기 때문에 제멋대로 악행을 저지르고, 청렴해도 이익이 없으니 무엇으로 경계하고 권장하겠습니까? 바라건대 폐하께서는 양계(兩界) 도통사(都統使)와 5도 안찰사들에게 칙(勅)을 내리시어 지방 관리들이 유능한지 못한지를 살펴서 모두 장계(狀啓)로 보고하도록 하며, 유능한 사람들은 등용하고, 그렇지 못한 사람은 징계하십시오.

지금 조정 신료들은 모두 절제하고 검약하지 않아서, 집을 짓거나 의복을 만드는 데도 진기한 보석으로 장식하고는 그것을 뽐내고 있으니, 풍속이 무너지고 사라질 날이 멀지 않았습니다. 바라건대 폐하께서는 모든 신료들에게 훈시를 내려, 사치를 금지하고 검약을 숭상하게 하십시오.

옛 선조[祖聖]들은 반드시 산천(山川)의 순역(順逆)을 살피어 사원을 세웠으니, 이것은 지세(地勢)에 순응하여 안치시킨 것입니다. 후대의 장수와 재상, 여러 신하, 무뢰배 승려들이 산천의 길흉을 따지지도 않고 사원을 세워 원당(願堂)이라 부르고, 지세를 손상시켜 재해와 변란이 자주 일어나고 있습니다. 바라건대 폐하께서는 음양관(陰陽官)으로 하여금 그것을 검토하게 하신 뒤에 비보사찰(裨補寺刹)을 제외하고는 남김없이 철거하여 후대 사람들이 관망하는 일이 없도록 하십시오.

성대(省臺)의 신하들은 간쟁을 담당하기 때문에 임금이 혹시 잘못이 있으면 과감하게 간언을 하며, 비록 도끼로 허리를 베이거나 가마솥에 삶기더라도 달갑게 받아들여야 합니다. 지금은 모두 주저하고 머뭇거리며 상황에 따라 왔다 갔다 하면서 구차하게 임금의 뜻에 영합하고 있습니다. 바라건대 폐하께서는 적합한 사람을 선발하시어 조정에서 직언을 하게 하시며 일에 임해서는 끝까지 자기의 주장을 펴게 하십시오."

최충헌이 글을 올리자, 왕이 기꺼이 그 건의를 받아들였다.

『高麗史』 권129, 열전42, 반역, 최충헌(만적의 난)

신종(神宗) 원년(1198), 사동(私僮) 만적(萬積) 등 6명이 북산(北山)에서 땔나무를 하다가, 공사(公私)의 노예(奴隷)들을 불러 모아서는 모의하며 말하기를, "국가에서 경인년(1170)과 계사년(1174) 이래로 높은 관직도 천예(賤隸)에서 많이 나왔으니, 장상(將相)에 어찌 타고난 씨가 있겠는가? 때가 되면 누구나 차지할 수 있는 것이다. 우리들이라고 어찌 뼈 빠지게 일만 하면서 채찍 아래에서 고통만 당하겠는가?"라고 하였다. 여러 노(奴)들이 모두 그렇다고 하였다. 누런 종이 수천 장을 잘라서 모두 정자(丁字)를 새겨서 표지로 삼고, 약속하여 말하기를, "우리가 흥국사(興國寺) 회랑에서 구정(毬庭)까지 한꺼번에 집결하여 북을 치고 고함을 치면, 궁궐 안의 환관들이 모두 호응할 것이며, 관노(官奴)는 궁궐 안에서 나쁜 놈들을 죽일 것이다. 우리가 성 안에서 벌떼처럼 일어나, 먼저 최충헌을 죽인 뒤 각기 자신의 주인을 죽이고 천적(賤籍)을 불태워 그리하여 삼한(三韓)에서 천인을 없애면, 공경장상(公卿將相)이라도 우리가 모두 할 수 있을 것이다."라고 하였다.

약속한 날이 되어 모두 모였으나 그 수가 수백 명에 불과하자 일이 성공하지 못할 것을 염려하여 보제사(普濟寺)에서 다시 모이자고 약속하면서 경계하며 말하기를, "비밀이 보장되지 못하면 성사되지도 못한 것이다. 누설하지 않도록 조심하라."라고 하였다. 율학박사(律學博士) 한충유(韓忠愈)의 가노(家奴) 순정(順貞)이 한충유에게 변란을 고하자 한충유가 최충헌에게 알렸다. 마침내 만적 등 100여 명을 체포하여 강에 던져버렸다. 한충유에게 합문지후(閤門祗候)를 제수하였고, 순정에게는 백금(白金) 80냥을 하사하고 면천하여 양인으로 삼았다. 잔당들을 모두 죽일 수가 없어서 조서를 내려 불문에 붙이기로 하였다.

『高麗史』 권103, 열전16, 제신, 김윤후

김윤후(金允侯)는 고종(高宗) 때 사람이다. 일찍이 승려가 되어 백현원(白峴院)에서 살았는데, 몽고군이 오자 김윤후는 처인성(處仁城)으로 피난하였다가 몽고 원수(元帥) 살례탑(撒禮塔, 살리타이)이 와서 성을 공격하니 김윤후가 그를 사살하였다. 왕이 그 공을 가상히 여겨 상장군(上將軍)을 제수하였으나 김윤후는 다른 사람에게 공을 양보하면서 말하기를, "전시(戰時)를 맞았지만 나에게는 궁전(弓箭)이 없었으니 어찌 헛되이 무거운 상을 받을 수 있겠는가?"라고 하며 고사하여 받지 않자 이에 섭랑장(攝郎將)으로 고쳤다. 후에 충주산성방호별감(忠州山城防護別監)이 되었는데 몽고군이 쳐들어 와 충주성을 포위하기를 70여 일간 하니 군량을 저축한 것이 거의 바닥났다. 김윤후가 괴로워하는 군사들을 북돋으며 말하기를, "만약 힘을 내어 싸울 수 있다면, 귀천을 가리지 않고 모두 관작을 제수하려 하니 너희는 불신함이 없도록 하라."라고 하고는 드디어 관노(官奴) 문서를 취해 불사르고 또 노획한 우마를 그들에게 나누어 주었다. 사람들이 모두 죽음을 무릅쓰고 적에게 다가가니 몽고군은 조금씩 기세가 꺾였고 결국 남쪽을 도모할 수 없었다. 이 공으로 감문위상장군(監門衛上將軍)이 되었고, 그 나머지 군공이 있는 자들은 관노와 백정(白丁)에 이르기까지 모두 관작을 차등 있게 하사하였다. 외관으로 동북면병마사(東北面兵馬使)가 되었지만 당시 동북면은 이미 몽고에 함락되었으므로 부임하지 못하였다. 관직이 수사공 우복야(守司空右僕射)에 이르러, 치사하였다.

『高麗史』 권132, 열전45, 반역, 신돈

신돈(辛旽)은 영산인(靈山人)이며, 어머니는 계성현(桂城縣) 옥천사(玉川寺)의 노비였다. 어려서 승려가 되어 이름을 편조(遍照)라고 하였고 자(字)는 요공(耀空)이라 하였는데, 어머니가 천하므로 그 무리에서 동등하게 대접받지 못하고 항상 산방(山房)에 거처하였다.

공민왕(恭愍王)의 꿈에 어떤 사람이 칼을 뽑아 자기를 찔러 죽이려고 하는데, 어떤 승려가 구해주어서 모면한 적이 있었다. 다음 날 태후에게 고하고 있을 때, 마침 김원명(金元命)이 신돈(辛旽)을 알현시키는데 그 모습이 매우 닮았다. 왕이 크게 기이하게 여겨 함께 말을 나누었는데, 총명하고 사리분변이 좋고 스스로 도를 깨달았다고 하며 큰소리를 치는 것이 모두 왕의 뜻에 부합하였다. 왕이 평소 부처를 믿는 데다 또 꿈에 미혹되어, 이때부터 여러 차례 은밀하게 궁궐로 불러들여 함께 불교의 이치[空]에 대하여 이야기하였다.

…… 처음에 왕이 오랫동안 왕위에 있으면서도 재상들이 뜻에 맞지 않은 경우가 많았는데, 일찍이 생각하기를, "세신대족(世臣大族)이 가까운 무리끼리 뿌리깊이 얽혀 있어 서로 덮어주고, 초야의 신진은 교만하게 행실을 꾸며서 명예를 낚으려다가 현달하게 되면 집안이 한미한 것을 부끄럽게 여겨 대족들과 혼인하여 연결하려고 하니, 그 처음의 뜻을 다 버리게 된다. 유생은 강직하지 못하고 유약하며 또 문생(門生)이니, 좌주(座主)니, 동년(同年)이니 칭하면서 서로 당파가 되어 사정에 끌리니, 세 부류 모두 등용할 만하지 못하다."라고 하였다. 세속에서 떨어져 홀로 선 사람을 얻어 그를 크게 사용하면 구습을 혁파할 수 있으리라고 생각하였다. 신돈(辛旽)을 보

게 되자 〈그가〉 득도하여 욕심이 적으며 또 미천하여 친하게 지내는 무리가 없어서, 큰일을 맡기면 반드시 마음 내키는 대로 하여 주변을 돌아보지 않으리라 생각하고 드디어 승려에서 발탁하여 국정을 맡기고 의심하지 않으려 하였다. 신돈에게 몸을 굽혀 세상을 구제해달라고 청하니 신돈이 겉으로 좋아하지 않는 척하면서 왕의 뜻을 굳건히 하고자 하였다. 왕이 억지로 권하자 신돈이 말하기를, "일찍이 들으니 왕과 대신은 참소하는 말을 많이 믿는다고 하던데, 이와 같이 하지 않으셔야 세상을 복되고 이롭게 할 수 있습니다."라고 하였다. 왕이 이에 직접 맹세하는 말을 써주기를, "대사는 나를 구하고 나는 대사를 구하여, 죽고 사는 것을 이로써 할 것이며 사람들의 말에 의혹되지 않을 것임을 부처와 하늘이 증명할 것이다."라고 하였다. 이에 함께 국정을 의논하였다.

…… 신돈(辛旽)이 전민변정도감(田民辨整都監)을 설치할 것을 청하고 스스로 판사(判事)가 되어 전국에 방을 붙여 알리기를, "근래에 기강이 크게 무너져서 탐욕을 부리는 것이 풍습이 되었으며, 종묘(宗廟)·학교·창고·사사(寺社)·녹전(祿轉)·군수전(軍須田) 및 사람들이 대대로 업으로 이어온 전민(田民)을 호강한 집에서 거의 다 빼앗아 점유하였다. 일부는 이미 판결이 났는데도 그대로 가지고 있고 일부는 백성을 노예로 만들기도 하였으며, 주현(州縣)의 역리(驛吏)·관노(官奴)·백성 중에 역을 피하여 도망한 자들을 모두 숨겨 크게 농장(農莊)을 두니, 백성과 나라를 병들게 하여 홍수와 가뭄을 불러 일으키고 전염병이 그치지 않는다. 이제 도감을 설치하여 바로잡고자 하여 개경[京中]은 15일을 기한으로 하여, 여러 도(道)는 40일을 기한으로 하여 스스로 잘못을 알고 고치는 자는 〈죄를〉 묻지 않을 것이나, 기한을 넘겨 일이 발각되는 자는 죄를 조사하여 다스릴 것이며 망녕되게 소송하는 자는 도리어 처벌하겠다."라고 하였다. 명령이 나가자 권세가 중에 전민을 빼앗은 자들이 그 주인에게 많이 돌려주었으며, 전국에서 기뻐하였다. 신돈은 격일로 도감에 나갔으며, 이인임(李仁任)과 이춘부(李春富)가 소송을 듣고 판결하였다.

신돈이 겉으로는 공의(公義)를 내세웠으나, 다른 사람들에게 은혜를 베풀려고 천예(賤隸) 중에 양민이라고 호소하는 자는 모두 양민으로 만들어 주었다. 이에 노예들이 주인을 배반하고 벌떼처럼 일어나, "성인이 나오셨다!"라고 하였다. 소송하는 부인들 중에 용모가 아름다우면 신돈이 겉으로 불쌍히 여기는 척하면서 자기 집으로 유인하여 간음하곤 하고, 송사는 반드시 그 뜻을 들어주었다. 이로부터 여자들의 청탁이 성행하자 사인(士人)들이 이를 갈았다.

…… 왕의 성품이 시기심이 많고 잔인하여 비록 심복의 대신이라도 그 권세가 성하게 되면 반드시 꺼려서 죽이곤 하였다. 신돈(辛旽)이 스스로 권세가 지나치게 심해졌음을 알고, 왕이 그것을 꺼릴 것을 두려워하여 비밀리에 역모를 꾀하였다.

…… 당시 관직을 구한 자들이 모두 신돈(辛旽)에게 아부하니, 선부의랑(選部議郎) 이인(李靭)도 신돈의 문객이었는데 흉악한 모의를 모두 알게 되어 몰래 이를 기록하였다. 거사일이 다가오자, 이름을 감추어 한림거사(寒林居士)라 칭하고는 글을 써서 밤에 재상(宰相) 김속명(金續命)의 집에 던져 넣고 바로 미복(微服)으로 도망갔다.

…… 김속명(金續命)이 그 글을 가지고 아뢰니, 왕이 순위부(巡衛府)에 명하여 신돈(辛旽)의 무리에서 우두머리 기현(奇顯) · 최사원(崔思遠) · 고인기(高仁器), 전 소윤(少尹) 정구한(鄭龜漢), 장군 진윤검(陳允儉), 기현의 아들 전 정랑(正郎) 기중유(奇仲脩)와 한을송(韓乙松) 등을 잡아들이고 국문하였다. 왕이 처음에는 이인(李靭)의 무고로 여겨 믿지 않았다가 그 무리를 신문하여 모두 자복하니, 이에 기현 · 최사원 · 정구한 · 진윤검 · 기중유 · 고인기 · 한을송 등을 모두 사형시키고, 이운목(李云牧) · 신귀(辛貴) · 신수(辛修)를 유배보냈다.

…… 신돈이 처형당하면서 손을 모아 임박에게 애청하면서, "공이 아지[우왕]를 봐서 나를 살려주시오."라고 하였다. 바로 그를 목 베어 죽이고 사지를 찢어 각 도에 조리돌렸으며, 서울의 동문(東門)에 효수하였다.

4장

조선전기

1 조선의 건국과 정치 동향

1) 조선의 건국

홍건적과 왜구의 침입을 물리치는 데에 공을 세운 신흥무장 중에 대표적인 인물인 이성계는 독자적인 무력기반을 형성하고 있었다. 그는 쌍성총관부가 있던 철령위 이북 지역을 요구하는 명에 반발했던 최영 등이 요동정벌을 계획하자 군사를 이끌고 출동하였다가 압록강 위화도에서 회군하여 정치적 실권을 장악하였다.

이로써 구세력은 도태되고 친명파가 승리하였으며 이성계 세력은 정도전, 조준 등 신진사대부 세력과 연합하여 사회개혁을 실현할 방안과 힘을 갖춘 정치세력으로 결집되었다. 이후 전제 개혁을 단행하여 과전법을 마련함으로써 자신들의 지지기반을 확대하였으며 권문세족

선죽교

뿐만 아니라 왕조교체를 반대하는 정몽주를 선죽교에서 살해하는 등 온건개혁세력까지 제거하였다. 그러고는 고려를 멸망시키고 조선을 건국하였다(1392년).

태조 이성계

▮경복궁(景福宮)

서울특별시 종로구 세종로에 있는 조선시대의 정궁(正宮)으로 사적 제117호이다. 도성의 북쪽에 있다고 하여 북궐(北闕)이라고도 불렀다. 조선왕조의 건립에 따라 창건되어 초기에 정궁으로 사용되었으나 임진왜란 때 전소된 후 오랫동안 폐허로 남아 있다가 조선 말기 고종 때 중건되어 잠시 궁궐로 이용되었다. 이성계가 왕이 되어 곧 도읍을 옮기기로 하고, 즉위 3년째인 1394년에 신도궁궐조성도감(新都宮闕造成都監)을 열어 궁의 창건을 시작하였으며 이듬해에 완성하였다. 궁의 명칭은 『시경』 주아(周雅)에 나오는 "이미 술에 취하고 이미 덕에 배부르니 군자만년 그대의 큰 복을 도우리라(旣醉以酒 旣飽以德 君子萬年 介爾景福)."에서 두 자를 따서 경복궁이라고 지었다.

정종이 즉위하면서 도읍을 다시 개성으로 옮기어 궁을 비우게 되었으나, 제3대 태종 때 또 다시 환도하여 정궁으로 이용되었다. 태종은 궁내에 경회루(慶會樓)를 다시 지었는데, 연못을 넓게 파고 장대한 누각을 지어 임금과 신하가 모여 잔치를 하거나 사신을 접대하도록 하였으며, 파낸 흙으로는 침전 뒤편에 아미산(蛾眉山)이라는 동산을 만들었다.

세종은 이곳에 집현전을 두어 학문하는 신하들을 가까이에 두었으며, 경회루 남쪽에 시각을 알리는 보루각(報漏閣)을 세우고 궁 서북 모퉁이에 천문관측시설인 간의대(簡儀臺)를 마련하였으며, 강녕전 서쪽에는 흠경각(欽敬閣)을 짓고 그 안에 시각과 사계절을 나타내는 옥루기(玉漏器)를 설치하였다.

1553년에는 궁내에 불이 났는데 강녕전에서 불이 나 근정전 북쪽의 전각 대부분이 소실되었다. 이듬해에 강녕전 외에 교태전(交泰殿) · 연생전 · 흠경각 · 사정전(思政殿)을 복구했다. 그러나 1592년 임진왜란으로 궁은 전소되고 말았다. 이때 창덕궁 · 창경궁 등도 모두 불에 타버려 난이 끝나고 왕이 환도하였을 때 정릉동의 구(舊) 월산대군가(月山大君家)를 임시 어소(御所)로 정하였다.

경복궁

궁이 중건된 것은 소실된 지 약 270년이 흐른 1867년의 일이다. 흥선대원군 이하응(李昰應)의 강력한 의지로 여느 궁궐의 규모나 격식을 훨씬 능가하는 대규모로 다시 세워지게 되었다. 그 규모는 7,225칸 반이며 후원에 지어진 전각은 융문당(隆文堂)을 포함하여 256칸이고 궁성 담장의 길이는 1,765칸이었다. 궁이 완성되고 나서 1868년에 왕은 경복궁으로 옮겼다. 그러나 이때 조선왕조는 외국 열강들의 세력다툼으로 혼란에 빠져 있었다. 1895년에는 궁 안에서 명성황후(明成皇后)가

시해되는 사건이 벌어지고, 왕은 이어(移御)한 지 27년째인 1896년에 러시아공관으로 거처를 옮겨, 경복궁은 주인을 잃은 빈 궁궐이 되었다. 1910년 국권을 잃게 되자 일본인들은 궁안의 전(殿)·당(堂)·누각 등 4,000여 칸의 건물을 헐어서 민간에 방매(放賣)하고, 1917년 창덕궁의 내전에 화재가 발생하자 경복궁의 교태전·강녕전·동행각·서행각·연길당(延吉堂)·경성전·연생전·인지당(麟趾堂)·흠경각·함원전(含元殿)·만경전(萬慶殿)·흥복전(興福殿) 등을 철거하여 그 재목으로 창덕궁의 대조전·희정당 등을 지었다. 궁전 안에는 겨우 근정전·사정전·수정전(修政殿)·천추전(千秋殿)·집옥재·경회루 등과 근정문·홍례문·신무문(神武門)·동십자각 등이 남게 되었으며 정문인 광화문도 건춘문 북쪽으로 이건하였다.

또한, 궁의 중심건물인 근정전 정면 앞에 매우 큰 석조건물인 총독부청사를 지어 근정전을 완전히 가려 버렸다. 이 밖에 자선당 자리에도 석조건물을 짓고 건청궁(乾淸宮) 자리에는 미술관을 지어 궁의 옛 모습을 거의 인멸시켰다.

태조는 고조선을 계승하는 의미에서 국호를 조선이라 정하고 교통과 국방의 중심지로 떠오른 한양으로 천도를 단행하였다. 한양으로의 천도 작업은 고려의 구 귀족세력을 약화시키는 계기를 마련하였으며, 풍부한 농업생산력을 바탕으로 한 교통의 요지라는 이점을 안고 있는 한양으로 천도하면서 왕실의 권위를 상징하는 경복궁을 창건하였다.

조선의 건국을 도왔던 정도전은 한양을 설계하는 데 중요한 역할을 하였는데, 유교의 정신을 담아 경복궁, 종묘, 사직단의 위치와 이름을 정하였다. 이어 도성 둘레에 성곽을 쌓고 성벽의 동서남북에 사대문을 만들었다. 경복궁의 정문인 광화문 앞쪽 육조거리에는 관청이 들어섰고 그 아래 운종가에는 상점들이 들어섰다.

▮ 종묘(宗廟)

사적 제125호로 종묘는 원래 정전(正殿)을 말하며, 태묘(太廟)라고도 한다. 태묘는 태조의 묘(廟)가 있기 때문이다. 역대 왕과 왕후는 사후에 그 신주를 일단 종묘에 봉안하였다.

공덕이 높아 세실(世室 : 종묘의 神室)로 모시기로 정한 제왕 이외의 신주는 일정한 때가 지나면 조묘(祧廟)인 영녕전(永寧殿)으로 옮겨 모셨다. 이것을 조천(祧遷)이라고 한다. 종묘 즉 정전에는 현재 19실(室)에 19위의 왕과 30위의 왕후의 신주를 모셔놓고 있다. 정전 서쪽에 있는 영녕전에는 정전에서 조천된 15위의 왕과 17위의 왕후, 그리고 의민황태자(懿愍皇太子)의 신주를 16실에 모셔 놓고 있다.

정전의 신실은 서쪽을 상(上)으로 해 제1실에 태조의 신주가 봉안되어 있다. 영녕전은 주나라의 제도를 본받아 정중(正中)에 추존조사왕(追尊祖四王)을 모시고 서쪽과 동쪽으로 구분, 서쪽을 상으로 차례대로 모시고 있다. 이것을 소목 제도(昭穆制度 : 신주를 모시는 차례로, 왼편을 소(昭), 오른편을 목(穆)이라 하며, 천자(天子)는 1세를 가운데 모시고 2·4·6세를 소에, 3·5·7세를 목에 모시는 제도)라 한다.

유교 사회에서는 왕이 나라를 세우고 궁실(宮室)을 영위하기 위해 반드시 종묘와 사직(社稷)을 세워 조상의 은덕에 보답하며 경천애지사상(敬天愛地思想)을 만백성에게 널리 알리고, 천지 신명에게 백성들의 생업인 농사가 잘되게 해 달라고 제사를 올렸던 것이다.

따라서, 왕이 도읍을 정하면 궁전 왼편에 종묘를 세우고 오른편에 사직을 세우게 하였다. 조선을 창건한 태조는 송경(松京: 松都)에서 한양으로 천도한 뒤 현재의 종묘와 사직을 세웠다.

조선을 창건한 태조는 1394년(태조 3년) 8월 종묘 터를 보았고, 9월 감산(坎山)을 주산(主山)으로 하는 임좌병향(壬坐丙向)한 그 곳에 종묘 터를 결정하였다. 12월부터 영건(營建)을 시작해 다음해 9월에 일차 영건이 끝났으며, 그 뒤 1546년(명종 1년)까지 계속되었다.

임진왜란으로 불에 타자, 1604년(선조 37년)부터 중건이 논의되어, 선조 41년 터를 닦고 기둥을 세우는 등 공사를 개시한 후 광해군이 즉위하던 해인 1608년 5월 중건되었다. 그 뒤 몇 차례의 개수와 증건을 거쳐 오늘에 이르렀다. 정전은 국보 제227호, 영녕전은 보물 제821호로 지정되었다.

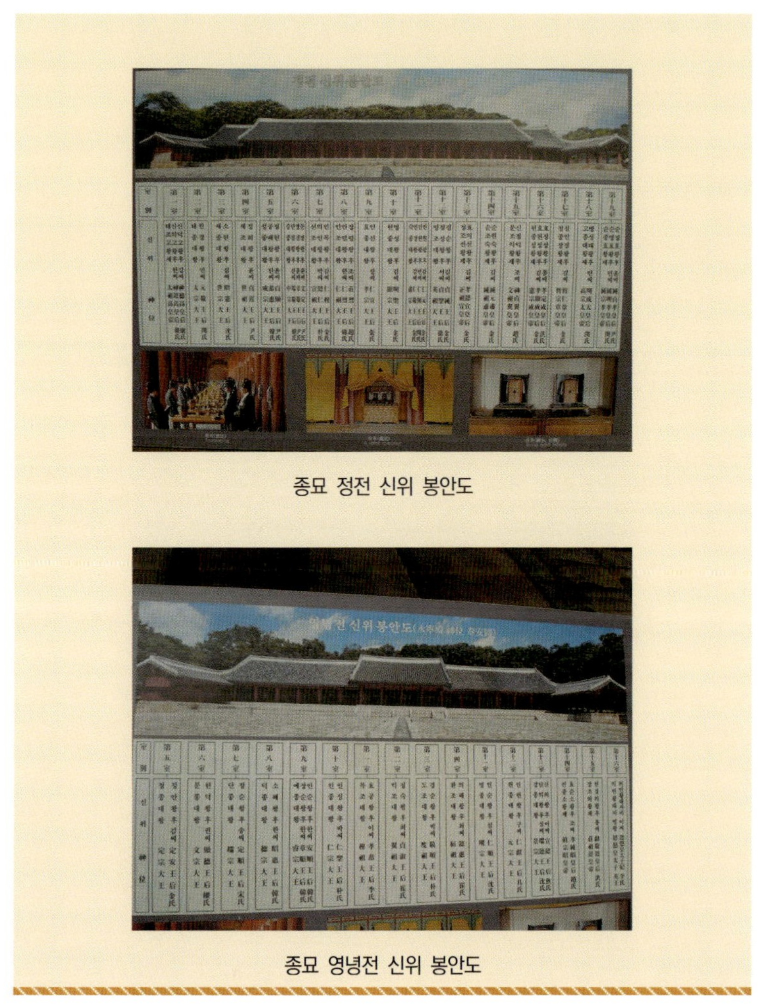

종묘 정전 신위 봉안도

종묘 영녕전 신위 봉안도

2) 통치체제의 정비

조선을 건국한 태조는 정도전, 조준 등 개국공신을 주축으로 하여 고려후기 국가의 중대사와 현안문제를 결정하기 위해 설치되었던 도

평의사사를 중심으로 통치하였다. 이에 불만을 품은 이방원은 두 차례에 걸친 왕자의 난을 통해 개국공신 세력을 몰아내고 왕위에 올라 도평의사사를 혁파하고 의정부를 두면서 왕권을 강화하였다.

태종은 국왕중심의 통치 체제를 정비하기 위하여 6조 직계제를 실시하고 사간원을 독립하여 대신들을 견제하였다. 아울러 국가 기반을 안정시키고 군사력을 강화하기 위하여 양전사업과 호패법을 실시하고 억울한 노비를 해방하는 한편 사병제도를 폐지하였다.

또한 태종의 뒤를 이은 세종은 안정된 왕권과 경제력을 바탕으로 유교정치를 실현하였다. 집현전을 통해 젊고 능력 있는 학자들을 모아 국가의 중요한 제도를 마련하였고 의정부의 권한을 강화하여 왕권과 신권의 조화를 이루었다. 특히 황희와 같은 유능한 재상을 등용하여 유교적 민본사상의 실현을 위해 노력하였다.

그러나 세종 이후 문종이 일찍 죽고 나이 어린 단종이 즉위하면서 왕권이 크게 약화되자 단종의 숙부였던 수양대군이 정변을 일으켜 왕위에 올라 강력한 왕권을 꾀했다. 그는 태종의 왕권강화책을 그대로 사용하여 6조 직계제를 부활하고 집현전과 경연을 폐지하는 한편 정치 참여가 제한되었던 종친들을 대거 등용함으로써 막강한 왕권을 행사하였다.

성종 때에는 500년 기본법전인 경국대전이 완성되어 조선의 통치기구를 관리, 운영하는 제도 및 규정이 완비가 되었으며, 세종 때의 집현전을 계승한 홍문관을 설치하여 왕권과 신권의 조화에 애씀으로써 조선사회의 기본 통치 방향과 이념이 제시되었다.

가) 중앙정치 체제와 지방행정 조직

중앙정치체제는 경국대전으로 법제화되었다. 문무양반체제의 18등급으로 당상관(정3품 상계 이상 통칭)과 당하관(실무담당)으로 구성되었다. 의정부는 최고 관부로 재상합의로 국정을 총괄하였다. 6조는 행정을 분담하여 집행하는 기관으로 행정의 전문성과 효율성을 높였다.

3사는 사헌부, 사간원, 홍문관을 말하는 것으로 언론 기관의 역할을 하면서 정사를 비판하고, 관리의 비리를 감찰하여 권력의 독점과 부패를 방지하였다. 이외 왕권 강화 기구로 승정원(왕명 출납), 의금부(반역죄 등 국가의 큰 죄인 처벌), 한성부(수도 행정과 치안) 등이 있었으며, 역사서를 편찬하는 춘추관도 존재하였다.

한편 지방행정 조직은 군현을 정비하여 모든 군현에 지방관을 파견하였다. 전국을 8도로 나누어 하부에 부 · 목 · 군 · 현을 설치하였으며, 전국 8도에 관찰사를 임명하여 수령의 비행을 견제하였고, 아울러 병마절도사와 수군절도사를 겸직하게 하였다. 각 지방의 수령은 왕의 대리인으로 지방의 행정, 사법, 군사권을 장악하였으며, 특이하게 개성, 강화, 수원, 광주에는 특별 행정구역으로 유수관을 파견하여, 국왕 직속으로 관찰사의 지시를 받지 않고 왕실과 한양을 호위하도록 하였다.

나) 군역제도와 군사 조직

원칙적으로 16~60세의 모든 양인 남자는 군역의 의무를 졌다. 정군(현역 군인으로 복무)과 보인(봉족이라고도 하며 정군의 비용 부담), 고급 특수군(종친, 외척, 공신이나 고급 관료의 자제)에 편성되어 국방의 의무를 다하였지만 현직 관료와 학생은 군역이 면제되었다.

군사 조직의 경우 중앙군은 5위로 편성되어 궁궐과 서울 수비를 맡았으며, 정군, 갑사 특수병으로 구성되었다. 지방군은 영진 체제에서 진관 체제로 바뀌어 편성되었으며, 서리, 잡학인, 노비 등으로 구성된 일종의 예비군인 잡색군이라 불리었다.

이외 군사적 위급 사태와 연락을 담당하는 봉수와 물자수송과 통신을 담당하는 역참을 설치하여 국방과 중앙 집권적인 행정을 운영하였다.

다) 관리 등용 제도

관리 등용 제도로는 과거시험이 일반화 되었다. 응시 자격은 양인 이상이면 모두 응시가 가능하였으나, 실제로는 양반이 주로 응시하였다. 시험의 종류로는 문과(문반 선발), 무과(무반 선발), 잡과(기술관 선발), 승과(중종 때 폐지) 등이 있었다. 기타 관리 등용 방법으로는 취재(특별 채용 시험), 천거(추천 제도), 음서(고려에 비해 축소) 등이 있었다.

라) 경제 정책

조선전기 경체 정책은 농본주의로서 국가의 재정을 확충하고 민생 안정을 추구하여 왕도정치의 이상을 실현하고자 하였다. 이에 부합하기 위해 농경지를 확대하고자 토지개간을 장려하였으며 양전사업을 실시하여 15세기 중엽에는 농경지가 160여 만 결로 증가하였다.

상대적으로 상공업은 규제하였다. 유교적 경제관에 따른 소비 억제 정책으로 사치, 낭비, 빈부의 격차를 방지하고자 하였다. 사 · 농 · 공 · 상에 대한 직업적 차별을 두어 농업을 중시하는 풍토를 조성하였다. 도로와 교통수단의 미비로 상업 활동이 발전할 수 있는 사회적 기반시설이 부족하였으며, 자급자족적 경제구조로 농업 중심의 사회구조를 만들어 나갔다. 그러나 16세기 이후에는 통제력이 약화되면서 상공업과 무역이 발달해 나갔다.

① 과전법

국가 재정 기반을 확충하고 관리의 경제 기반을 확보하면서 고려 후기 이후 누적된 토지제도의 모순점을 해결하기 위해 실시한 정책이 과전법이다. 과전법은 경기지방의 토지로 전직 · 현직 18관등에 따라 수조권을 부여하였다. 사망, 반역 시에는 반드시 반납(수신전, 휼양전, 공신전은 세습 가능함)하도록 하였다. 그러나 시간이 지나면서 토지가 부족해지자 직전법(세조), 관수관급제(성종)로 변하다가 명종 때(16세기 중엽 이후)에 접어들어 수조권 지급제도가 소멸되고 지주전호제가 일반화되면서 녹봉제도가 정착되었다.

② 수취 체제의 확립

조세는 토지 소유자에게 부과하는 세금이었지만 지주가 소작농민에

토지제도의 정비

주요 개념	과전법	직전법	관수관급제	녹봉
시 기	1391(공양왕)	세조	성종	명종(16세기)
지급 대상	현직 · 퇴직 관리	현직관리	직전법 계속	현직관리
배 경	권문세족의 대농장재정 궁핍	경기도의 과전 부족	과전 경작농민에 대한 과도한 수취	과전법 체제 붕괴
목 적	사대부의 경제기반	토지부족의 보완(국가재정 안정)	국가의 토지 지배권 강화	관리들의 생활 수단 마련
원 칙	경기도에만 지급, 병작반수제 금지	현직자에게만 지급	국가에서 수조권 행사	현물 녹봉만 지급
영 향	농민의 경작권 인정	훈구파의 농장 확대	농장 확대 가속화	농장의 보편화

게 전가하였다. 생산된 곡식(쌀, 콩)으로 징수하였으며, 수확량의 10분의 1을 납부하도록 했으나 풍흉에 따라 납부액을 조정하였다. 조운을 이용하여 군현에서 조창으로 그리고 다시 그곳에서 경창으로 운송하였다.

- 세종 때 전분6등법, 연분9등법을 실시하여 1결당 4두에서 20두까지 거둠. 1결은 절대면적이 아니고 쌀 300두라는 생산량을 단위로 한 것
- 전분6등법: 토지의 등급을 비옥도에 따라 1~6등전으로 나눈 것
- 연분9등법: 그 해의 풍흉에 따라 세액을 결정하는 것. 아주 큰 풍년일 때는 1결당 20두, 혹독한 흉년일 때는 1결당 4두만 걷는 것

공납은 중앙 관청에서 군현에 물품과 액수를 할당하였다. 각 지방 토산물(수공업 제품, 광물, 수산물, 모피, 과실, 약재)을 가호별로 징수하였다. 그러나 공물의 생산량 감소, 생산 여건의 변화로 공물 확보에 어려움이 컸다. 전세보다 더 큰 부담으로 농민 부담이 가중되는 결과를 낳았다.

역은 군역과 요역으로 구분되었다. 우선 군역은 16세 양인 남자가 대상이었으며, 정군(일정기간 군복무)과 보인(정군의 비용 보조)으로 구성되었으나 양반, 서리, 향리, 성균관 유생은 면제되었다. 요역은 가호당 정남의 수를 고려하여 성, 왕릉, 저수지 공사에 동원하였다. 토지 8결당 1명을 동원하였고, 1년에 6일 이내로 동원을 제한하는 규정이 있으나 임의로 징발하는 경우가 많았다.

마) 신분제도

조선은 양반 관료중심의 신분제 사회였다. 15세기에는 양천제도가 실시되어 양인과 천민으로 구분하는 제도를 법제화하였다. 양인은 양반, 중인, 상민으로 구성되었으며, 과거에 응시할 수 있었고 조세와 국역의 의무를 졌다. 천민은 비자유민으로 개인이나 관청에 소속되어 천역을 담당하였다.

16세기 접어들면서 사림세력이 중앙 정계에 진출하게 되자 반상제도라는 실질적 신분 구분 제도가 정착되었다. 지배층인 양반과 피지배층인 상민의 반상 제도가 일반화되면서 4신분제(양반, 중인, 상민, 천민)가 엄격하게 구분되었다.

그러나 조선 시대는 엄격한 신분제 사회였으나 신분 이동은 가능하였다. 법적으로 양인이면 과거에 응시하여 관직에 진출할 수 있었고, 양반도 죄를 지으면 노비가 되거나 경제적으로 몰락하여 중인이나 상민이 되기도 하였다.

바) 사회정책과 제도

조선전기 사회정책은 농민생활 안정과 양반 중심의 봉건적 지배체제 강화를 목적으로 진행되었다. 우선 빈민 구호책으로는 환곡제도(국가에서 운영한 농민생활 안정책), 의창(춘궁기에 곡식을 빌려주고 가을에 받음), 상평창(물가안정, 빌려준 곡식의 1/10을 더 거둬들임) 등이 있었다.

의료시설로는 서민 환자의 구제와 약재를 판매하는 혜민국과 동서대비원이 있었으며, 유랑자를 수용하고 구휼을 담당하는 동서활인서가 있었다. 최소한의 보장책으로 농민들의 이탈을 방지하고자 하였으며, 오가작통법과 호패법 등의 농민 통제책을 적극적으로 실시하였다.

사) 법률제도

법률체제의 경우 형법은 대명률이 적용되었으며, 반역죄 · 강상죄에는 연좌제를 실시하여 가족이 처벌되고 고을 명칭이 강등되었으며 수령이 파면되기도 하였다.

형벌은 태형 · 장형 · 도형 · 유형 · 사형 등 5종이 기본으로 시행되었고, 민법에 관한 사항은 지방관이 관습법에 따라 처리하였다. 상속은 종법에 따라 이루어졌으며 제사와 노비상속도 중시하였다.

대표적인 사법기관으로는 중앙에 사헌부 · 의금부 · 형조가 있어 관리의 잘못이나 중대한 사건의 재판을 담당하였다.

특히 의금부는 왕족과 양반에 대한 중대범죄, 반역죄, 강상죄 등을 처벌하였다. 포도청은 서민재판과 경찰업무를 담당하였으며, 한성부는 수도의 치안 및 토지 가옥소송을 맡아서 처리하였다.

장예원은 노비문서 및 노비 범죄를 관장하였고, 각 지방에서는 관찰사와 수령이 각각 관할 구역 내의 사법권을 행사하였다. 재판에 불만이 있을 경우에는 사건에 따라 다른 관청이나 상부 관청에 소송을 제기할 수 있었다. 신문고 등 임금에게 직접 호소하는 방법도 있으나 일반적으로 시행되지는 못하였다.

2 사림의 대두와 붕당정치

1) 훈구와 사림

16세기를 전후하여 조선에는 사림이라는 새로운 정치세력이 성장하여 기존 훈구세력과 대립하게 되었다.

훈구파는 건국 초기부터 성종 초기까지 중앙권력을 장악하던 공신으로서 정치적 실권을 장악한 세력이었다.

사림파는 조선 건국 과정에 직접 참여하지 않았던 길재 등 재지사족들의 후예들로서 조선 건국 이후에 차츰 중앙정계로 진출하기 시작하였다. 이들은 중소 지주적인 배경을 가지고 성리학에 투철한 지방사족들로서 성장한 새로운 관인 계층이었다.

그동안 훈구세력이 지배하고 있던 현실사회의 모순이 드러나고 훈구세력이 권세를 이용하여 자신들의 농장을 확대하여 정치적 · 경제적 · 사회적으로 사림의 세력 기반을 침해하게 되자 훈구와 사림 두 세력 사이에는 학문적 · 정치적인 입장 차이가 생겨나게 되었다.

사림은 성종 대부터 중앙정계에 본격적으로 진출하기 시작하여 강력한 중앙집권체제보다는 향촌자치를 내세웠으며 언론과 문필직을 담당하면서 정치적 영향력을 발휘하였다.

이처럼 사림파가 성리학에 바탕을 둔 새로운 가치질서를 수립하고 성리학적 도덕정치를 실현하고자 했던 노력은 훈구파의 반발을 일으켜 4차례의 사화로 이어졌다.

우선 무오사화는 김종직이 세조를 비방하면서 쓴 '조의제문弔義帝

文'이 사초에 기록된 것을 트집 잡아 훈구파가 연산군을 충동하여 사림파를 제거한 사건이었다.

갑자사화는 연산군의 생모 윤비 폐출 사사 사건을 들추어서 연산군을 충동하여 이 사건에 관련된 훈구파와 사림파의 잔존세력까지 제거했던 사건이었다.

반정을 통해 연산군을 내쫓고 중종이 왕위에 올라 당시 명망이 높았던 조광조가 중용되면서 급진개혁이 추진되었다. 이에 위협을 느낀 훈구세력은 '주초위왕走肖爲王'을 빌미로 기묘사화를 일으켜 조광조를 비롯한 사림세력을 제거하였다.

그 뒤 중종이 훈구세력을 견제하기 위해 사림을 등용하기도 하였지만, 명종이 즉위하면서 윤임과 윤원형 등 외척끼리의 권력 다툼에 휩쓸린 사림세력은 또다시 정계에서 밀려났다.

훈구파와 사림파의 비교

관학파(훈구파)	사학파(사림파)
정도전, 권근 학통 계승	정몽주, 길재 학통 계승
역성혁명 찬성	역성혁명반대
성리학이외의 타 학문, 타 종교 관용	성리학 이외의 타 학문, 타 종교 배척
중앙집권 추구	향촌자치 추구
군사학, 기술학 중시	의리와 도덕 중시
자주적 민족사상(단군 중시)	사대적 중화사상(기자 중시)
사장 중시	경학 중시
왕도정치 추구, 패도정치 인정	왕도정치 주장
15세기 민족문화 정리에 공헌	16세기 성리철학 발달에 공헌

2) 붕당의 출현

여러 차례 사화에도 불구하고 서원과 향약을 바탕으로 향촌에 깊은 뿌리를 내렸던 사림들은 16세기 후반 선조가 즉위하면서 대거 중앙 정계에 진출하여 주도권을 장악하게 되었다. 이러한 가운데에 정치에 참여하려는 양반의 수가 증가하면서 붕당이 출현하게 되었다.

우선 사림 세력은 척신정치의 잔재를 어떻게 청산할 것인가를 둘러싸고 갈등을 겪게 되었다. 즉, 명종 이후 정권에 참여해온 기성사림은 척신정치의 과감한 개혁에 소극적이었던 반면, 새롭게 정계에 등장한 신진 사림들은 원칙에 철저하여 사림정치의 강력한 실현을 내세웠다.

두 세력 간 갈등이 심화되면서 왕실의 외척이면서 기성사림의 신망을 받던 심의겸과 당시 명망이 높고 신진사림의 지지를 받던 김효원 사이에 이조전랑직을 놓고 대립하면서 붕당이 이루어졌다. 김효원을 지지하는 세력을 동인, 심의겸을 지지하는 세력을 서인이라 불렀다.

이황과 조식, 서경덕의 학문을 계승한 사림들을 중심으로 동인을 이루었고 이이와 성혼의 문인들이 서인에 가담함으로써 붕당의 모습을 갖추었다.

붕당 정치는 처음에는 학문과 이념의 차이에서 출발하여 서로의 공론을 형성하고 정치운영 활성화와 정치참여의 폭을 넓히는 데 공헌하기도 하였다. 하지만, 시간이 지남에 따라 백성들의 의견을 반영하기보다는 자기 당파의 이익을 앞세우고 학벌, 문벌, 지연과 연결되는 등의 폐단도 있었다.

주리론(主理論)과 주기론(主氣論)의 비교

구 분	주리론	주기론
집대성	이황	이이
학 파	영남학파 (김성일, 유성룡)	기호학파 (조헌, 김장생)
붕 당	동인	서인
성 향	-도덕적 원리, 인간의 심성 -근본적이고 이상주의적	-통치 체제의 정비와 수취 체제 개혁 -현실적이며 개혁적, 도덕 세계 중요, 경세가 -이와 기가 일물이지만 이는 형체가 없고 기는 형체가 있다.
이기론	1) 이기 이원론 -이와 기는 상호 의존적인 관계에 있으며 다르다. 2) 이는 기를 움직이는 근본적 법칙, 기는 형질을 갖춘 형이하학적 존재로 이의 법칙에 기의 형질이 구체화한다. 3) 이기호발설 -이가 작용하여 기가 이에 따르기도 하고(이발이기수지), 기가 작용하여 이가 그 귀에 타기도 한다. (기발이이승지) 4) 이귀기비	1) 일원론적인 이기 이원론: 우주 만물의 존재 근원은 기에 있으며, 기의 움직임에 따라 다르게 나타나게 되는데, 이는 이러한 기의 작용에 내재하는 보편적인 원리에 지나지 않는다. 2) 기발이승일도설: 이가 스스로 활동 하지 않고, 기가 활동 작용하는 원인, 기가 발하는 데 이가 타고 있다. 3) 사회경장론: 유교적 도덕 가치인 이는 현실의 기에 속하여 구현, 경제가 안정되어야 도덕이 핀다.
이·기의 관점	* 이귀기천, 이존기비 1) 이(본연의 성): 사물의 원리, 이치 - 절대적으로 선하고 존귀한 것 (순선무악) = 사단 2) 기(기질의 성): 사물의 현실적 측면(물질적 측면) - 선악이 뒤섞여 있으며 비천한 것(가선가악) = 칠정	* 이통기국론 1) 이는 통하고(보편성), 기는 국한(특수성) 2) 이통 - 본체로서 이가 내재해 있다는 점에서 인간이나 사물은 모두 동일 3) 기국 - 인간을 포함한 모든 사물의 특성이 다른 것은 기의 국한성 때문이다. 4) 이기지묘 - 이와 기는 상호 의존, 보완, 조화의 관계
향 약	예안향약	해주향약, 서원향약
서 원	도산서원	소현서원

구 분	주리론	주기론
별 칭	동방의 주자	동방의 공자
저 서	-주자서절요: 일본 성리학의 발달에 영향 -성학십도: 군주가 스스로 성학을 따를 것 제시 -이학통록 -전습록변: 치양지를 주장하는 양명학을 비판	-동호문답: 왕도 정치의 구현과 현실 문제인 수미법 주장 -성학집요: 현명한 신하가 성학을 군주에게 가르쳐 그 기질을 변화시켜야 한다고 주장 -만언봉사: 10만 양병설 -격몽요결: 소학
영 향	일본 성리학과 위정척사 운동에 영향	북학파 실학, 개화사상에 영향

3) 붕당 정치의 전개

선조 때 권력을 먼저 잡은 쪽은 동인이었다. 그러나 동인은 정여립 모반 사건을 계기로 남인(온건파, 임진왜란 이전 정국 주도)과 북인(급진파, 임진왜란 이후 광해군 때까지 정국 주도)으로 분열되었다. 임진왜란 이후 왕위에 오른 광해군은 정권을 독점한 북인의 도움을 받으면서 명과 후금 사이에서 중립 외교 정책을 전개하였다. 그러나 무리한 토목 공사로 인해 민심이 이탈되었고, 인목대비의 폐출과 관련된 도덕성 논란에 휩싸이면서 서인 주도의 인조반정에 의해 북인은 영원히 축출되는 결과를 낳았다.

인조반정 이후 서인은 남인과 연합하여 정국을 운영하면서 상호 비판적인 공존 체제를 형성하였다. 그러나 효종의 왕위 계승에 대한 정통성 문제가 불거지면서 예송논쟁이 벌어져 숙종 때 치열한 정권 쟁탈전인 환국정치를 맞게 된다.

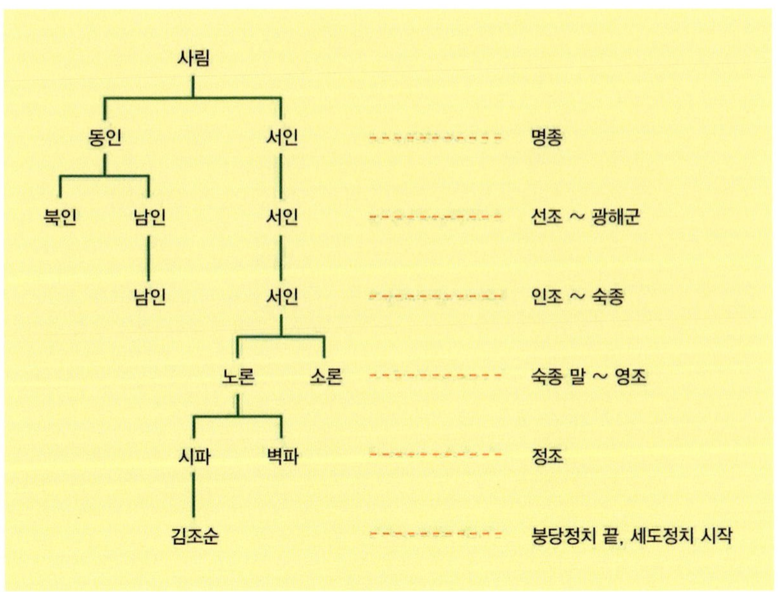

붕당정치

붕당 정치는 붕당 간의 상호 견제와 협력을 통해 정치를 운영하는 것으로 공론을 중시하여 항상 비변사를 통해 의견 수렴하였으며, 3사의 언관과 이조 전랑의 정치적 비중이 증가하였다. 그러나 붕당 정치는 백성의 의견보다 지배층의 의견 수렴에 그치는 한계점을 보임으로써 정치적 이념과 학문적 경향에 따라 붕당이 결집되었다는 특징에서 벗어날 수 없었다.

3 조선전기의 대외관계와 임진왜란

1) 조선전기의 대외관계

조선의 기본적인 대외관계 방침은 사대교린事大交隣이었다. 이에 따라 건국 초부터 명과는 사대정책을 실시하였고, 명(중국) 이외의 민족과는 교린정책을 추진하였다.

명과의 사대외교는 왕권의 안정과 국제적 지위를 확보하기 위한 실리외교였다. 하지만 개국 초에는 태조와 정도전이 요동정벌을 추진하여 명과 분쟁이 발생하기도 하였다. 그러나 태종이 집권하면서 요동정벌은 백지화되었고, 명과의 관계도 호전되었다. 그 이후 명과의 사대외교는 지속되었으며, 양국의 관계도 비교적 안정적으로 유지되었다.

조선은 왕위 계승이 이루어질 때 명으로부터 책봉册封을 받아야 했으나, 실질적인 내정 간섭은 없었다. 또 명의 주요한 명절에는 사신을 파견하여 조공朝貢하였다. 그러나 꼭 회사품廻賜品을 받았으며, 명도 조선에 사신을 파견할 때는 주로 조선 출신의 환관을 보냈다.

양국의 사신 왕래는 경제 교류의 창구 역할을 하였다. 당시는 사무역私貿易이 통제된 시대였다. 이런 상황에서 사신단이 조공품과 회사품을 교환하여 명의 물품을 국내로 들여오는 것이 유일한 무역 방식이었다.

한편 조선은 회유와 토벌을 병행하는 양면정책을 실시하였다. 영토의 확보와 국경 지방의 안정을 위해서였다. 조선에 귀화하는 여진인들에게는 관직을 주었으나, 무력도발을 일삼는 여진인들은 무력으로 토벌하였다.

여진과 공식적인 무역은 없었다. 단지 여진이 바친 조공품에 대해 회사품을 내리거나, 불법적인 밀무역이 이루어졌다. 주로 여진은 조선에서 철이나 노비 등을 구매했고, 조선은 여진에게 야생동물 가죽을 구매하였다.

조선은 왜와도 토벌과 회유를 병행하였다. 건국 초부터 왜구의 침략을 막기 위해 해안방어를 강화하는 한편, 왜구에게 경제적 혜택을 주어 평화관계를 유지하려고 하였다. 실제로 왜구의 약탈이 계속되자 이종무가 대마도를 토벌하였으나, 부산포 · 제포 · 염포 등 3포를 개방하여 제한된 범위에서 교역을 허락하였다.

3포 개항 이후 조선에 들어오는 왜인이 늘어나면서 조선의 재정부담이 증가하였다. 이에 조선은 도래하는 왜인의 수를 제한하였다. 이에 양국의 갈등이 심화되었고, 결국 중종 때 삼포왜란이 발발하였다. 삼포왜란 이후 왜의 요구로 양국의 통교가 다시 시작되었으나, 종전에 비해 조선이 통교를 허락한 왜인 및 선박의 수는 훨씬 적었다. 이에 불만을 품은 왜인은 일부 지역에서 왜구가 되어 노략질을 하기도 하였다. 삼포왜란 이후 조선과 왜의 관계는 긴장과 평화가 공존하였다.

2) 임진왜란

16세기부터 명의 만주 경략經略은 점차 약화되었다. 이 기회를 틈타 여진족은 누르하치를 중심으로 힘을 키워나갔다. 그러나 명은 이러한 여진족의 움직임을 눈치 채지 못하였다.

비슷한 시기 일본에서는 1590년 도요토미 히데요시에 의해 100여 년간 지속되었던 전국전쟁이 막을 내렸다. 이러한 정세 변화에 큰 역할을 한 것이 신무기였던 조총鳥銃이었다. 1543년부터 일본의 영주들은 포르투갈 상인들과 교역을 시작하였다. 당시 일본 영주들은 치열한 전쟁 중이었기 때문에 교역을 통한 경제적 이득보다, 신무기인 조총을 얻어 무력을 강화하려는 욕구가 더 컸다. 그들은 이러한 욕구 때문에 포르투갈의 상선을 서로 다투어 환영했고, 천주교 선교사들의 입국까지도 환영했다. 이때부터 일본에는 조총과 더불어 천주교가 전파되었다. 결국 조총은 일본 국내에서 개조되어 조총부대까지 출현하게 되었고, 조총의 보유 여부가 전투의 승리 관건이 되었다. 도요토미 히데요시는 조총부대를 앞세워 전국을 통일하였던 것이다.

도요토미 히데요시는 통일 후에 무인정부를 세우지 않고, 왕실을 받들어 고대 관직이었던 관백關白을 부활시켰다. 자신이 그 자리에 앉아 통치자로서 경제적 · 군사적 권력을 장악하였다. 그는 먼저 엄격한 신분제도 아래 병농분리兵農分離를 강화하고, 자신의 무사들을 조총으로 무장시켜 군사력을 강화하였다. 다음으로 서부의 상업도시를 장악해 무역권을 독점하고, 천주교금령天主教禁令을 발표해 교회령을 몰수하여 포르투갈 무역의 본거지를 장악하였다. 이러한 방법으로 국내를 장악한 도요토미 히데요시는 국외로 눈을 돌렸다. 즉 조선을 비롯한 중국 대륙에 욕심을 내었던 것이다. 여기에는 국내 무사세력을 밖으로 내보내 이들의 불만을 해소하려는 의도가 숨어 있었다. 이러한 도요토미 히데요시의 야욕에 의해 발생하였던 전쟁이 두 차례의 왜란(임진왜란 · 정유재란)이었다.

왜군은 선조 25년(1592) 4월 13일에 약 15만 명의 대규모 병력과 조총을 앞세워 조선을 침략하였다. 고니시 유키나가(小西行長)의 제1군이 4월 14일 부산 앞바다에 상륙한 뒤, 후속부대가 계속 상륙하였다.

왜군이 부산 앞바다에 상륙하자 동래부사東萊府使 송상현宋象賢과 군민軍民들이 동래성을 수호하려 했으나, 주로 칼과 활을 주로 사용하는 상황에서 조총을 가진 왜군을 막기에는 역부족이었다. 부산진과 동래성을 점령한 왜군은 세 갈래로 나누어 북상하였다. 고니시 유키나가의 제1군은 중로中路(부산-대구-조령-충주-용인-한양), 가토 기요마사〔加藤淸正〕의 제2군은 동로東路(울산-경주-죽령-원주-여주-한성), 구로다 나가마사〔黑田長政〕의 제3군은 서로西路(김해-성주-김천-추풍령-청주-한성)를 통해 북상하였던 것이다.

이에 조선 정부에서는 이일李鎰과 신립申砬을 보내 왜군을 저지하려고 하였다. 그러나 이일이 상주에서, 신립이 충주에서 패배하면서 도성都城은 풍전등화風前燈火 속에 놓이게 되었다. 결국 조정은 도성을 버리고 평양으로 피난했다가 나중에는 의주로까지 옮겨갔다. 그 후 왜군은 한양을 점령하고 북상을 계속하여 평양과 함경도 지방에까지 이르렀다. 왜군이 파죽지세로 북상하는 동안 이를 저지해야 할 관군은 연전연패를 거듭하였다.

그러나 전국에서 일어난 의병과 이순신이 지휘하는 수군의 활약은 전세 역전의 기회를 만들었다. 이순신과 수군은 옥포 · 당포 · 한산도 등에서 잇따라 승리하여 제해권을 장악하였다. 이는 왜군의 군량 및 무기 보급로를 끊는 역할을 하였다. 또한 내륙에서는 의병이 일어나 적의 연락망과 식량 보급을 끊는 싸움을 벌였다. 전직 관료 · 사족 · 승려 등이 주도하여 의병부대를 조직하였으며, 농민들도 적극적으로 참여하였다. 대표적인 의병으로는 경기도의 우성전 · 홍계남, 경상도의 곽재우 · 정인홍 · 김면, 함경도의 정문부, 충청도의 조헌, 전라도의 고경명 · 김천일 등이 있었다. 수군과 의병의 승전으로 조선은 전쟁 초기의 수세에서 벗어나 반격을 시작할 수 있었다.

한편 명은 조선의 파병 요청을 수락하여 1592년 7월에 만주에 있던 군대를 보내 평양성을 수복하였다. 그 이후 전국에 흩어져 있던 왜군은 한양에 집결하여 항전抗戰하였으나, 제해권의 상실로 보급에 어려움을 겪으면서 수세에 몰렸다. 결국 전쟁은 소강상태에 빠지고, 그 사이 명나라와 일본 사이에 화의和議가 진행되었다.

그러나 화의가 결렬되고 선조 30년(1597)에 정유재란이 일어났다. 초반에 원균이 이끄는 수군이 칠천량漆川梁에서 대패하여 위기를 맞이하였으나, 이순신에 의해 재정비된 수군이 명량해전鳴梁海戰에서 대승을 거두어 전세를 역전시켰다. 그 이후 아군과 왜군의 전투는 교착상태에 빠져 양자 간 일진일퇴하는 상황만 반복되었다. 그 가운데 도요토미 히데요시가 병사하였고, 결국 왜군은 철수하기에 이르렀다. 이 과정에서 왜군을 섬멸하려고 추적하던 이순신은 노량해전露梁海戰에서 왜군의 유탄에 맞아 전사하였다. 이로써 도요토미 히데요시의 정치적 목적과 탐욕에서 비롯된 7년간의 왜란이 끝났다. 이 전쟁은 조선에게 막대한 피해를 끼쳐 사회 전반에 커다란 영향을 주었을 뿐만 아니라, 명과 일본에도 큰 영향을 미쳐 동아시아 국제질서를 변화시켰다. 조선은 경작지가와 인구가 크게 감소하였고, 불국사 · 경복궁 등 많은 문화재가 소실되었다. 이에 반해 일본은 조선의 활자 · 서적 · 도자기 · 그림 등의 문화재를 약탈하고 학자·도공 등을 포로로 잡아가 문화 발전에 이용하였다. 특히 이 당시 일본에 전해진 조선의 성리학은 일본의 사상 및 문화의 발전에 큰 영향을 주었다.

명은 전쟁을 치르면서 국력이 쇠약해졌는데, 이는 만주의 여진족이 성장하는 계기가 되었다. 일본도 도쿠가와 정권이 들어서면서 에도시대로 들어가는 변화가 있었다.

임진왜란의 항전

▮신립과 충주성 전투

선조 25년 4월13일 부산에 상륙한 왜군은 조선 땅을 파죽지세로 내달아 십여 일이 지나서 새재를 넘보게 되었다. 조정에서는 그동안 북방의 육진 방비에 공이 커 용맹한 장수로 이름을 떨치던 신립을 삼도순변사로 임명하여 충주로 내려 보냈다.

새재와 충주 일대의 형세를 살핀 신립은 아군의 병세가 약하고 왜군은 수가 많으니 지형이 험한 새재에서 매복하였다가 적을 깨뜨리자는 부장 김여물과 막료들의 건의를 제치고 탄금대를 싸움터로 정했다. 왜적들을 충주 들판으로 끌어들여 기병으로 물리치려 했던 것이다.

4월 28일 새벽, 고니시 유키나가 등이 이끄는 왜군의 본진이 충주성으로 쳐들어왔다. 신립은 충주성으로 내달았으나 전날 내린 비로 들판과 논이 곤죽이 되어 기병은 맥을 못 추었고 아군이 채 전열을 가다듬기도 전에 성안의 왜군이 일제히 출격함으로써 조선의 관군은 크게 지고 말았다. 신립은 탄금대로 돌아와 부장 김여물과 함께 적병 수십 명을 죽인 뒤 마지막 힘이 다하자 강물에 몸을 던졌다.

탄금대

신립이 졌다는 소식이 전해지자 서울에 있던 선조는 피난 짐을 싸기 시작했고 충주를 뚫은 왜적은 곧장 쳐 올라가 5월 2일 서울을 함락시켰다.

탄금정 뒤편의 강 쪽으로 향한 벼랑은 열두대라 불린다. 신립은 최후의 싸움을 펼치며 군사를 독려하고 뜨거워진 활줄을 식히기 위해 이 벼랑을 열 두 번이나 오르내렸지만 끝내 이곳에서 몸을 던졌다고 한다.

『高麗史』 진고려사전(進高麗史箋)

정헌대부, 공조판서, 집현전대제학, 지경연 춘추관사 겸 성균대사성인 신하 정인지(鄭麟趾) 등은 삼가 말씀드립니다.

듣건대 새 도끼 자루를 다듬을 때에는 헌 도끼 자루를 표준으로 삼으며 뒷 수레는 앞 수레의 넘어지는 것을 보고 자기의 교훈으로 삼는다고 합니다. 대개 지난 시기의 흥망이 장래의 교훈으로 되기 때문에 이 역사서를 편찬하여 올리는 바입니다.

고려 왕씨(王氏)는 태봉국(泰封國)에서 일어나 신라(新羅)의 항복을 받고 후백제(後百濟)를 멸망시켜 삼한(三韓)을 통일한 후 요(遼)를 반대하고 당(唐)을 섬김으로써 중국을 존중함으로써 동방을 보전하였습니다. 그리하여 이전에 번거롭고 가혹했던 정치를 개혁하고 원대한 규모를 수립하였습니다. 광종(光宗) 때 과거 제도를 시작함으로써 유교의 학풍이 점차 일어났으며 성종(成宗) 때에 조(祧)와 사(社)를 세움으로써 정치의 기구가 완전히 정비되었습니다. 목종(穆宗) 때에 나라를 잘 다스리지 못하여 국운이 거의 위태롭게 되었다가 현종(顯宗) 때에 중흥의 공을 이루어 국가가 다시 바로잡혔습니다. 문종(文宗)은 태평을 누리도록 정치를 잘 하여 문물제도가 더 빛나게 되었습니다. 그러나 후대 왕들이 혼미하여 권력 있는 신하가 전횡을 하고 병권을 잡아 왕위를 엿보게까지 되었습니다. 이러한 일은 인종(仁宗) 때부터 시작되었는데 결국 의종(毅宗) 때에는 왕을 죽이기까지 했습니다.

이때부터 흉악한 간신들이 번갈아 일어나서 왕을 폐립하기를 바둑판 바꿔놓듯이 마음대로 했으며 강한 외적들이 번번이 침입하여 백성을 죽이기를 초개와 같이 하였습니다.

그 후 원종(元宗)이 큰 난을 평정하여 겨우 왕조의 운명을 위기로부터 보존했는데 충렬왕(忠烈王)은 자기의 총애하는 신하들을 가까이하고 연회와 놀이를 일삼다가 결국 부자간에 불화를 일으키게까지 되었습니다. 또 충숙왕(忠肅王) 이후 공민왕(恭愍王) 때에 이르기까지 변고가 여러 번 일어나서 나라가 점점 더 쇠약해졌으며 국가의 근본은 다시 신우(辛禑), 신창(辛昌) 때에 더욱 위태로워졌습니다. 운명은 진정한 임금에게 돌아왔나니 우리 태조 강헌 대왕(太祖康獻大王)의 용맹과 지혜는 하늘이 주었으며 그의 공적과 사업은 나날이 새로워 신성한 무력으로 전란을 평정해 백성들을 편안하게 만들었으며 하늘의 명령을 받고 왕위에 올라 국가를 창건했습니다. 태조 대왕께서는 고려의 왕조는 이미 폐허로 되었으나 그 역사를 인멸시킬 수 없다고 생각하여 사관(史官)들에게 고려 역사를 편찬케 하였는데 그 체제는 통감(通鑑)의 편년체를 모방하도록 했습니다.

그 후 태종대왕(太宗大王)이 이를 계승하여 대신들에게 수정 사업을 맡겼으나 필자들이 여러 차례 바뀌고 책은 결국 완성되지 못하였습니다.

세종장헌대왕(世宗莊憲大王)이 조상의 뜻을 계승하여 문화 사업을 발전시켰고 역사를 편찬하는데 반드시 모든 서술이 구비되어야 한다고 생각하셔서 다시 역사 편집국을 설치하여 이를 편찬하게 했습니다. 그 전에 된 서술들은 연대와 순서가 정확하지 못하며 또 누락된 것이 많을 뿐 아니라 더욱이 편년체(編年體)로 되어 있기 때문에 기(紀), 전(傳), 표(表), 지(志)의 서술법과 달라 사실의 서술이 그 시종 본말을 알 수 없게 되어 있었습니다. 이리하여 왕은 다시 어리석은 저에게 편찬의 임무를 맡기셨습니다.

이 역사를 편찬함에 있어서 범례는 다 사마천(司馬遷)의 《사기(史記)》에 준하고 기본 방향들은 다 직접 왕에게 물어서 결정했습니다. '본기(本紀)'라는 이름을 피하고 '세가(世家)'라고 한 것은 대의명분의 중요함을 표시하기 위한 것이요 신우(辛禑), 신창(辛昌)을 세가에 넣지 않고 열전(列傳)으로 내려놓은 것은 그의 참람한 왕위 도절의 사실을 엄격히 논죄하려는 것입니다. 충신과 간신, 부정한 자와 공정한 사람들은 다 열전을 달리하여 서술했으며 제도 문물은 각각 그 종류에 따라 분류해 놓았습니다. 왕들의 계통은 문란하지 않게 하였으며 사건들의 연대를 참고할 수 있게 했습니다. 사적들은 될 수 있는 대로 상세하고 명확하게 했으며 누락된 것과 잘못된 것은 기필코 보충하고 시정토록 했습니다.

그러나 유감스럽게도 책을 완성하여 활자로 출판하기 전에 왕은 갑자기 돌아가셨습니다.

신하 정인지 등은 삼가 생각컨대 주상 전하께서는 나라의 중대한 사업을 계승하여 선대 임금들의 업적을 더욱 빛나게 만들고 있습니다. 성품은 순수하고 정밀한 학문은 고명의 극치에 도달했으며 지극한 효성은 조왕의 유업을 크게 계승·발전시키고 있습니다. 이제 고려조 역사 편찬이 끝나지 못한 것을 걱정하셔서 저에게 그것을 완성시킬 것을 명하셨습니다. 신하 정인지 등이 다 변변치 않은 재간으로 감히 중대한 위촉을 받아 야사(野史)들의 각종 기록을 참고하고 관부의 옛 장서들을 들추어서 삼가 3년간 노력을 다하여 힘껏 고려 일대의 역사를 완성했습니다. 남아 있는 전대의 사적들을 참고하고 모쪼록 필법의 공정을 기했습니다. 이것으로 역사의 밝은 거울을 후대 사람들에게 보이며 선악의 사실들을 영원히 전하도록 하였습니다.

편찬한 《고려사(高麗史)》는 세가 46권, 지(志) 39권, 표(表) 2권, 열전 50권, 목록 2권으로 모두 1백 39권입니다. 삼가 초고 한 질을 완성하여 전문과 함께 올리는바 황송하옵기 그지없습니다.

경태(景泰) 2년(1451, 문종'文宗' 원년) 8월 25일 정헌대부, 공조판서, 집현전대제학, 지경연 춘추관사 겸 성균대사성인 신하 정인지 등 올림.

『고려사절요(高麗史節要)』 진고려사절요전(進高麗史節要箋)

대광보국숭록대부 의정부우의정 영집현전 경연사 감춘추관사 세자부신(大匡輔國崇祿大夫議政府右議政 領集賢殿經筵事監春秋館事世子傅臣) 김종서(金宗瑞) 등은 삼가 새로 《고려사절요》를 정서해 올립니다. 신 종서 등은 진실로 황공하여 머리를 조아리며 말씀을 올립니다. 생각건대 편년체(編年體)는 좌씨(左氏)의 《춘추전(春秋傳)》에서 시작되고 기전체(紀傳體)는 사마천(司馬遷)의 《사기(史記)》에서 시작되었는데, 반고(班固)의 《후한서(後漢書)》 이후로 역사를 찬술한 사람이 모두 사마천의 사기를 조술(祖述)하여 어기지 않은 것은 그 규모(規模)가 크고 넓어서 저술할 내용이 잘 갖추어져 있기 때문입니다. 그러나 글이 번잡하고 읽기 어려운 결점을 면할 수 없으니, 이것이 서로 장점(長點)·단점(短點)이 있어서 사가(史家)가 한쪽만을 버릴 수 없는 것입니다. 고려는 당(唐) 나라의 말기(末期)에 일어나 뛰어난 용맹으로 악한 무리를 다스리고, 너그러움으로 사람들의 마음을 얻어, 마침내 왕업(王業)을 창건하여 후손(後孫)에게 전하였습니다. 교사(郊社)를 세우고, 장정(章程)을 정하며, 학교를 일으키고, 과거(科擧)를 설치했으며, 중서성(中書省)을 두어 기무(機務)를 총괄하자 체통(體統)이 매인 데가 있고, 안렴사(安廉使)를 보내어 주(州)·현(縣)을 살피자 탐관오리가 감히 함부로 하지 못했으며, 부위(府衛)의 제도는 군사를 농토(農土)에 의지하는 법을 썼고, 전시과(田柴科)는 옛법과 같이 벼슬한 사람에게 대대로 녹봉(祿俸)을 주는 의미를 가지고 있었습니다. 형벌과 정치가 거행되고 품식(品式)이 갖추어져서 조정과 민간이 평안하고 백성이 번성하였으니, 태평의 정치가 성대하였다고 할 수 있습니다. 그러나 중기(中期) 이후로 임금노릇을 잘하지 못하여 안으로는 폐신(嬖臣)에게 혹(惑)하고 밖으로는 권간(權姦)에게 제어(制御)되었으며, 강한 적들이 번갈아 침노하여 전쟁이 빈번하였고 나라가 쇠퇴(衰退)하여 가성(假姓 우왕(禑王)을 신돈(辛旽)의 아들이라 한 것)이 왕위를 빼앗아 왕씨(王氏)의 제사가 끊어지기에 이르러서 공양왕(恭讓王)이 반정(反正)하였으나, 마침내 어둡고 나약해서 스스로 멸망에 이르고 말았으니, 대개 하늘이 진주(眞主)를 낳아서 우리 백성들을 편안하게 하신 것은 진실로 사람의 힘으로 된 것이 아닙니다. 태조 강헌대왕(太祖康獻大王)께서는 먼저 보필(輔弼)하는 신하에게 명하여 《고려사(高麗史)》를 찬수(纂修)하게 하였으며, 태종 공정대왕(太宗恭定大王)께서 또 명하여 그릇된 것을 교정(校正)하게 하였으나, 마침내 완성하지 못하였습니다. 세종 장헌대왕(世宗莊憲大王)께서는 신성(神聖)하신 자질로써 문명(文明)의 교화(敎化)를 밝히시어 신등에게 명하여 요속(遼屬)을 선임(選任)하여 사국(史局)을 열어 편찬하게 하시면서, "전사(全史)를 먼저 편수(編修)하고, 그 다음에 편년(編年)을 편수하라." 하셨습니다. 신등은 공경하고 두려워하면서 명을 받들어 감히 조금도 게을리하지 못하였습니다. 그런데 불행하게도 글을 올리기도 전에 세종대왕께서 문득 승하하시고, 주상전하(主上殿下)께서 삼가 선왕(先王)의 뜻을 받들어 신들에게 일을 완성하게 하셨습니다. 돌이켜 보건대, 일찍이 선왕께 명을 받고는 감히 저희가 거칠고 못난 탓을 하면서 굳이 사피하지 못하여 신미년 가을에야 글을 이루었습니다. 이에 또 세교(世敎)에 관계되는 사적(事跡)과 모범이 될 만한 제도를 모아서 번거로운 것은 깎아 간략하게 하고 연월을 표시하여 사건을 서술해서 고열(考閱)에 편리하게 하였습니다. 그런 후에야 4백 75년간에 걸친 32왕(王)의 사적이 포괄되어 빠짐없이 자세하고 간략하게 모두 기록되어 사가(史家)의 체재(體裁)가 비로소 대강 갖추어진 듯합니다. 비록 문사(文辭)가 비루하고 속되어서 편차(編次)가 정세(精細)하지 못하지마는, 착함을 권장하고 악함을 징계함에 있어서 정치하는 도리에 조금이라도 도움이 있을 것이오니, 조용하신 여가에 때때로 살펴보셔서 옛 일을 고찰하시는 성덕(盛德)을 힘쓰시고, 세상을 다스리시는 큰 계획을 넓히셔서 이 백성들이 모두 그 덕택을 입도록 하시면 매우 다행이겠습니다. 찬술한 《고려사절요》 35권을 삼가 이 글[箋]과 함께 올리오며, 간절하고 두려운 마음을 견디지 못하겠습니다. 신 종서 등은 진실로 황공하여 머리를 조아리면서 삼가 말씀을 올립니다.

경태(景泰) 3년 2월 일에 대광보국숭록대부 의정부우의정 영집현전

경연사 감춘추관사 세자부 신 김종서 등은 삼가 글[箋]을 올립니다.

『고려사절요(高麗史節要)』임신 4년(1392), 대명 홍무 25년(壬申四年 大明 洪武二十五年)

가을 7월 갑신일에 왕이 우리 태종과 사예 조용(趙庸)을 불러서 이르기를, “내가 장차 이 시중(李侍中)과 함께 같이 맹서(盟誓)를 하려고 하니, 경 등은 시중의 말을 듣고 맹서하는 글을 초하여 오라.” 하고, 또 이르기를, “반드시 고사(故事)가 있을 것이다.” 하였다. 조용이 대답하기를, “맹서는 중한 것이 아니니, 성인이 싫어하는 바입니다. 열국이 동맹하는 것은 옛날에 있었지마는, 임금이 신하와 함께 동맹하는 것은 경적(經籍)과 고사에 의거할 데가 없습니다.” 하였다. 왕이 이르기를, “다만 초를 잡으라.” 하였다. 조용이 태종과 함께 태조에게 나아가서 왕의 명령대로 전하니, 태조가 말하기를, “내가 무슨 말을 하겠느냐. 네가 마땅히 왕의 명령대로 초를 잡으라.” 하였다. 조용이 물러나서 초를 잡았는데, 그 초고에, “경(卿)이 있지 않았더라면 내가 어찌 이런 자리에 이르겠는가. 경의 공과 덕을 내가 감히 잊겠는가. 하늘이 위에 있고 땅이 곁에 있으니, 대대로 자손들이 서로 해치지 말 것이다. 내가 경을 저버림이 있다면 이와 같은 맹서가 있다.” 하였다. 조용이 태종과 함께 왕에게 초고를 바치니, 왕이, “되었다.” 하였다.

다시 정도전을 봉화군 충의군(奉化郡忠義君)으로, 조반(趙胖)을 지밀직사사로 삼았다.

신묘일에 왕이 왕위를 사양하고 원주(原州)로 물러났다. 얼마 후에 간성군(杆城郡 강원도 고성군 간성면)으로 옮기고, 공양군(恭讓君)으로 봉하였다. 왕은 그 후 3년 갑술년에 삼척부(三陟府)에서 훙(薨)하였다. 후에 공양왕(恭讓王)으로 추봉(追封)되었다.

찬(贊)에 “우(禑)가 왕위를 차지하고 있을 그때에 이미 왕씨가 없어졌다. 16년의 오랜 세월을 지나도록 우가 음흉하여 주색에 빠져 포학을 부렸고, 창(昌)이 또 혼암하고 유약하였다. 하늘이 광망한 동자로 하여금 명기[名器, 왕위(王位)]를 더럽히게 하지 않고 덕이 있는 사람을 기다려 이를 주려고 하였는데, 그 뜻이 분명하니, 충신과 의사들이 반드시 왕 씨의 후손을 구하여 왕으로 세우고자 하였다. 이에 공양왕(恭讓王)이 자기 집에서 그대로 일어나 보위(寶位)에 올랐으니, 왕 씨의 종사가 이미 끊어졌다가 다시 이어지고, 왕 씨의 나라가 이미 망하였다가 다시 흥하게 되었다. 이에 마땅히 공훈이 있는 어진 사람에게 성심으로 대하고 충언을 받아들이고 직간을 용납하여, 서로 함께 새로운 다스림을 도모하여야 될 것인데, 어찌하여 다만 인척들의 사사로운 감정을 담은 호소와 부녀자와 내시들의 사욕을 따르는 청만을 들어주고 믿으며, 원훈(元勳)을 꺼리고 멀리하며 충량(忠良)을 무함하여 해치니, 정사가 문란해져서 인심이 저절로 떠나가고 천명이 저절로 가버리게 되어, 왕씨 5백 년의 종사가 홀연히 망하게 되었으니 슬픈 일이다." 하였다.

백관(百官)이 국새(國璽)를 받들어 왕대비(王大妃) 안 씨(安氏)의 전(殿)에 두고 정사를 청단(聽斷)하였다.

『삼봉집(三峯集)』 제13권 조선경국전 상(朝鮮經國典 上)

국호(國號)

해동(海東)은 그 국호가 일정하지 않았다. 조선(朝鮮)이라고 일컬은 이가 셋이 있었으니, 단군(檀君) · 기자(箕子) · 위만(衛滿)이 바로 그들이다.

박 씨(朴氏) · 석 씨(昔氏) · 김 씨(金氏)가 서로 이어 신라(新羅)라고 일컬었으며, 온조(溫祚)는 앞서 백제(百濟)라고 일컫고, 진훤(甄萱)은 뒤에 후백제(後百濟)라고 일컬었다. 또 고주몽(高朱蒙)은 고구려(高句麗)라고 일컫고, 궁예(弓裔)는 후고구려(後高句麗)라고 일컬었으며,

왕씨(王氏)는 궁예를 대신하여 고려(高麗)라는 국호를 그대로 사용하였다.

이들은 모두 한 지역을 몰래 차지하여 중국의 명령을 받지 않고서 스스로 명호를 세우고 서로를 침탈하였으니 비록 호칭한 것이 있다손 치더라도 무슨 취할 게 있겠는가? 단 기자만은 주무왕(周武王)의 명령을 받아 조선후(朝鮮侯)에 봉해졌다.

지금 천자[天子, 명태조(明太祖)를 가리킴]가, "오직 조선이란 칭호가 아름다울 뿐 아니라, 그 유래가 구원하다. 이 이름을 그대로 사용하고 하늘을 체받아 백성을 다스리면, 후손이 길이 창성하리라."고 명하였는데, 아마 주무왕이 기자에게 명하던 것으로 전하에게 명한 것이리니, 이름이 이미 바르고 말이 이미 순조롭게 된 것이다.

기자는 무왕에게 홍범(洪範)을 설명하고 홍범의 뜻을 부연하여 8조(條)의 교(敎)를 지어서 국중에 실시하니, 정치와 교화가 성하게 행해지고 풍속이 지극히 아름다웠다. 그러므로 조선이란 이름이 천하 후세에 이처럼 알려지게 된 것이다.

이제 조선이라는 아름다운 국호를 그대로 사용하게 되었으니, 기자의 선정(善政) 또한 당연히 강구해야 할 것이다. 아! 명천자의 덕도 주무왕에게 부끄러울 게 없거니와, 전하의 덕 또한 어찌 기자에게 부끄러울 게 있겠는가? 장차 홍범의 학과 8조의 교가 금일에 다시 시행되는 것을 보게 되리라. 공자가, "나는 동주(東周)인정(仁政)를 만들겠다."라고 하였으니, 공자가 어찌 나를 속이겠는가?

『세종실록』 29권, 세종 7년 9월 25일 신유

단군 사당을 별도로 세우고 신위를 남향하여 제사하게 하다

사온서 주부(司醞署注簿) 정척(鄭陟)이 글을 올리기를, "지난 신축년 10월에 중국 조정이 북경으로 옮겼으니 의주에 있는 말을 점고(點考)하라는 명을 받들었습니다. 의주에 가서 말 점고하는 일을 마치고 다음해 2월에 돌아오다가 평양에 들러서 기자 사당(箕子祠堂)

을 배알하였습니다. 그런데 기자 신위는 북쪽에서 남쪽을 향해 있고, 단군(檀君) 신위는 동쪽에서 서쪽을 향해 있었습니다. 신이 평양부의 교수관(敎授官) 이간(李簡)에게 물으니, 그가 말하기를, '예전에 중국 사신이 평양에 와서 기자의 사당과 후손의 있고 없음을 묻고 기자의 묘소(墓所)에 가서 배알하였는데, 그 뒤에 나라에서 기자 사당을 문묘(文廟) 동편에 세우라고 명하였고, 또 단군으로 배향하라는 영이 있었으므로, 지금까지 이와 같이 하여 제향한다.'는 것이었습니다. 신의 어리석은 소견으로 단군은 요(堯) 임금과 같은 시대에 나라를 세워 스스로 국호를 조선이라고 하신 분이고, 기자는 주(周) 나라 무왕(武王)의 명을 받아 조선에 봉(封)하게 된 분이니, 역사의 햇수를 따지면 요임금에서 무왕까지가 무려 1천 2백 30여 년입니다. 그러니 기자의 신위를 북쪽에 모시고, 단군의 신위를 동쪽에 배향하게 한 것도, 실로 나라를 세워 후세에 전한 일의 선후에 어긋남이 있다고 생각합니다. 신이 감히 어리석은 생각을 가지고 위에 아뢰고자 하였으나, 마침 아비의 상을 만나 미처 말씀을 올리지 못하였삽더니, 이제 신을 사온서 주부로 제수하시고 이어 의례 상정 별감(儀禮詳定別監)으로 임명하시었기에, 신이 이에 공경히 삼가 본조의 여러 제사 의식을 상고하오니, 향단군 진설도(享檀君陳說圖)에 '신위는 방의 중앙에서 남쪽을 향한다.'고 하였습니다. 신이 전일에 뵈온 서향 좌차(坐次)는 이 도식(圖式)과 합치되지 않사오니, 만약 단군과 기자가 같은 남향으로서, 단군이 위가 되고, 기자가 다음이 되게 한다면, 나라를 세운 선후가 어긋나지 않을 듯하오나, 기자는 무왕을 위해서 홍범(洪範)을 진술하고 조선에 와서 여덟 조목을 만들어서 정치와 교화가 성행하고 풍속이 아름다워져서 조선이라는 명칭이 천하 후세에 드러나게 되었고, 그러기 때문에 우리 태조 강헌 대왕(康獻大王)께서 명나라 태조 고황제에게 국호를 정하는 일을 청했을 때, 태조 고황제는 조선이라는 명칭을 이어받기를 명하였던 것이고, 그 뒤로 중국 사신으로서 평양을 지나는 자가 혹 사당에 가서 배알하게도 된 것이니, 그런즉 명칭은 기자 사당으로 되어 있는데, 단군 신위를 모시는 것은 진실로 미편한 일입니다. 신이 또 들으니, 기자

사당에는 제전(祭田)이 있고 단군을 위해서는 없기 때문에, 기자에게는 매달 초하루와 보름마다 제물을 올리되, 단군에게는 봄가을에만 제사한다 하옵니다. 현재 단군 신위를 기자 사당에 배향하게 되어서 한 방에 함께 계신데 홀로 단군에게는 초하루·보름 제물을 올리지 아니한다는 것은 또한 미안하지 않을까 합니다. 신의 생각에는 단군의 사당을 별도로 세우고, 신위를 남향하도록 하여 제사를 받들면 거의 제사 의식에 합당할까 합니다."하니, 이 글을 예조에 내리어 그대로 이행하도록 명하였다.

『세종실록』 50권, 세종 12년 10월 19일 병술

관노가 출산 1개월 전부터 복무를 면제케 해주라고 명하다

임금이 대언(代言) 등에게 이르기를, "옛적에 관가의 노비에 대하여 아이를 낳을 때에는 반드시 출산하고 나서 7일 이후에 복무하게 하였다. 이것은 아이를 버려두고 복무하면 어린 아이가 해롭게 될까봐 염려한 것이다. 일찍 1백 일 간의 휴가를 더 주게 하였다. 그러나 산기에 임박하여 복무하였다가 몸이 지치면 곧 미처 집에까지 가기 전에 아이를 낳는 경우가 있다. 만일 산기에 임하여 1개월간의 복무를 면제하여 주면 어떻겠는가. 가령 그가 속인다 할지라도 1개월까지야 넘을 수 있겠는가. 그러니 상정소(詳定所)에 명하여 이에 대한 법을 제정하게 하라."하고, 또 김종서(金宗瑞)에게 이르기를, "옛 제도를 고치는 것이 비록 옳지 못하였다고 할 수 있으나, 역대로 대를 이어 받는 임금이 그 시대의 적의성을 참작하여 없애기도 하고 새로 설치하기도 하는 것이다. 지난번 곽존중(郭存中)이 필요하지 않은 관리를 도태한 것을 담당하여, 그 봉급액이 3천여 석에 달하였고, 그 뒤에 다만 집현전(集賢殿)과 종학(宗學)의 두 관청만을 증설하였다. 지금 들으니, 형조에서는 사무가 복잡하여 소송 사건을 제대로 다 처리하지 못하기 때문에 매우 곤란하였다 하니, 옛 제도를 보면 6부의 직원이 많기도 하고 적기도 하였다. 지금 형조의 낭관(郎官) 두 명을 증원하여 모두 8명으로 만들고자 하는데, 비록 다른 조와 일치하지 않더라도 관계가 없을 것이다. 이렇게 하면 소송 문제를 처결하는 사무를 도맡게 되어 편리하며 이익이 있을 것이니, 두 의정과 상의하여 보고하라."하였다.

『세종실록』 41권, 세종 10년 9월 27일 병자

김화의 사건을 계기로 윗사람을 범하는 죄를 엄히 다스리도록 명하다

형조(刑曹)에서 계하기를, "진주(晉州) 사람 김화(金禾)는 제 아비를 죽였사오니, 율에 의하여 능지처참(凌遲處斬)하소서."하니, 그대로 따랐다. 이윽고 탄식하기를, "계집이 남편을 죽이고, 종이 주인을 죽이는 것은 혹 있는 일이지만, 이제 아비를 죽이는 자가 있으니, 이는 반드시 내가 덕(德)이 없는 까닭이로다."하니, 판부사(判府事) 허조(許稠)가 아뢰기를, "신(臣)의 나이 이미 6순(旬)이 넘어 50년 동안의 일을 대강 아옵니다마는 이런 일이 없었사오니, 신은 바라건대 아랫사람으로서 윗사람을 범하는 자는 반드시 그 죄를 엄히 다스리소서."하였다. 임금이 말하기를, "경은 매양 상하의 분별을 엄히 하라고 말하니, 내가 들을 때마다 아름답게 여겼거니와, 이제 이런 일이 있고 보니 경의 말이 과연 맞도다. 그러나 율문(律文)을 가감(加減)하는 것은 옳지 않다고 생각하노라."하니, 허조가 대답하기를, "이러한 일은 마땅히 때를 따라 폐단을 구해야 합니다."하였다. 일을 아뢰던 사람이 나가니, 임금이 대언(代言) 등에게 이르기를, "허조(許稠)의 말이 매우 많더니, 오늘 김화(金禾)가 저지른 변고로 족히 증험하겠노라."하니, 대언들이 아뢰기를, "이처럼 윗사람을 범하는 죄는 징계하지 않을 수 없습니다. 그러나 율문(律文)으로 죄의 등수(等數)를 더하는 것은 어려울 것입니다."하였다.

『세종실록』 103권, 세종 26년 2월 20일 경자

집현전 부제학 최만리 등이 언문 제작의 부당함을 아뢰다

집현전 부제학(集賢殿副提學) 최만리(崔萬理) 등이 상소하기를, "신 등이 엎디어 보옵건대, 언문(諺文)을 제작하신 것이 지극히 신묘하와 만물을 창조하시고 지혜를 운전하심이 천고에 뛰어나시오나, 신 등의 구구한 좁은 소견으로는 오히려 의심되는 것이 있사와 감히 간곡한 정성을 펴서 삼가 뒤에 열거하오니 엎디어 성재(聖裁)하시옵기를 바랍니다.

1. 우리 조선은 조종 때부터 내려오면서 지성스럽게 대국(大國)을 섬기어 한결같이 중화(中華)의 제도를 준행(遵行)하였는데, 이제 글을 같이하고 법도를 같이하는 때를 당하여 언문을 창작하신 것은 보고 듣기에 놀라움이 있습니다. 설혹 말하기를, '언문은 모두 옛 글자를 본뜬 것이고 새로 된 글자가 아니라.' 하지만, 글자의 형상은 비록 옛날의 전문(篆文)을 모방하였을지라도 음을 쓰고 글자를 합하는 것은 모두 옛 것에 반대되니 실로 의거할 데가 없사옵니다. 만일 중국에라도 흘러 들어가서 혹시라도 비난하여 말하는 자가 있사오면, 어찌 대국을 섬기고 중화를 사모하는 데에 부끄러움이 없사오리까.

1. 예부터 구주(九州)의 안에 풍토는 비록 다르오나 지방의 말에 따라 따로 문자를 만든 것이 없사옵고, 오직 몽고(蒙古) · 서하(西夏) · 여진(女眞) · 일본(日本)과 서번(西蕃)의 종류가 각기 그 글자가 있으되, 이는 모두 이적(夷狄)의 일이므로 족히 말할 것이 없사옵니다. 옛글에 말하기를, '화하(華夏)를 써서 이적(夷狄)을 변화시킨다.' 하였고, 화하가 이적으로 변한다는 것은 듣지 못하였습니다. 역대로 중국에서 모두 우리나라는 기자(箕子)의 남긴 풍속이 있다 하고, 문물과 예악을 중화에 견주어 말하기도 하는데, 이제 따로 언문을 만드는 것은 중국을 버리고 스스로 이적과 같아지려는 것으로서, 이른바 소합향(蘇合香)을 버리고 당랑환(螗螂丸)을 취함이오니, 어찌 문명의 큰 흠절이 아니오리까.

1. 신라 설총(薛聰)의 이두(吏讀)는 비록 야비한 이언(俚言)이오나,

모두 중국에서 통행하는 글자를 빌어서 어조(語助)에 사용하였기에, 문자가 원래 서로 분리된 것이 아니므로, 비록 서리(胥吏)나 복예(僕隷)의 무리에 이르기까지라도 반드시 익히려 하면, 먼저 몇 가지 글을 읽어서 대강 문자를 알게 된 연후라야 이두를 쓰게 되옵는데, 이두를 쓰는 자는 모름지기 문자에 의거하여야 능히 의사를 통하게 되는 때문에, 이두로 인하여 문자를 알게 되는 자가 자못 많사오니, 또한 학문을 흥기시키는 데에 한 도움이 되었습니다. 만약 우리나라가 원래부터 문자를 알지 못하여 결승(結繩)하는 세대라면 우선 언문을 빌어서 한때의 사용에 이바지하는 것은 오히려 가할 것입니다. 그래도 바른 의논을 고집하는 자는 반드시 말하기를, '언문을 시행하여 임시방편을 하는 것보다는 차라리 더디고 느릴지라도 중국에서 통용하는 문자를 습득하여 길고 오랜 계책을 삼는 것만 같지 못하다.'고 할 것입니다. 하물며 이두는 시행한 지 수천 년이나 되어 부서(簿書)나 기회(期會) 등의 일에 방애(防礙)됨이 없사온데, 어찌 예로부터 시행하던 폐단 없는 글을 고쳐서 따로 야비하고 상스러운 무익한 글자를 창조하시나이까. 만약에 언문을 시행하오면 관리된 자가 오로지 언문만을 습득하고 학문하는 문자를 돌보지 않아서 이원(吏員)이 둘로 나뉘어질 것이옵니다. 진실로 관리 된 자가 언문을 배워 통달한다면, 후진(後進)이 모두 이러한 것을 보고 생각하기를, 27자의 언문으로도 족히 세상에 입신(立身)할 수 있다고 할 것이오니, 무엇 때문에 고심 노사(苦心勞思)하여 성리(性理)의 학문을 궁리하려 하겠습니까.

이렇게 되오면 수십 년 후에는 문자를 아는 자가 반드시 적어져서, 비록 언문으로써 능히 이사(吏事)를 집행한다 할지라도, 성현의 문자를 알지 못하고 배우지 않아서 담을 대하는 것처럼 사리의 옳고 그름에 어두울 것이오니, 언문에만 능숙한들 장차 무엇에 쓸 것이옵니까. 우리나라에서 오래 쌓아 내려온 우문(右文)의 교화가 점차로 땅을 쓸어버린 듯이 없어질까 두렵습니다. 전에는 이두가 비록 문자 밖의 것이 아닐지라도 유식한 사람은 오히려 야비하게 여겨 이문(吏文)으로써 바꾸려고 생각하였는데, 하물며 언문은 문자와 조금도 관련됨이 없고 오로지 시골의 상말을 쓴 것이겠습니까. 가령 언문이 전조(前朝) 때부터 있었다 하여도 오늘의 문명한 정치에 변로지도(變魯至道)하려는 뜻으로서 오히려 그대로 물려받을 수 있겠습니까. 반드시 고쳐 새롭게 하자고 의논하는 자가 있을 것으로서 이는 환하게 알 수 있는 이치이옵니다. 옛 것을 싫어하고 새 것을 좋아하는 것은 고금에 통한 우환이온데, 이번의 언문은 새롭고 기이한 한 가지 기예(技藝)에 지나지 못한 것으로서, 학문에 방해됨이 있고 정치에 유익함이 없으므로, 아무리 되풀이하여 생각하여도 그 옳은 것을 볼 수 없사옵니다.

1. 만일에 말하기를, '형살(瀅殺)에 대한 옥사(獄辭)같은 것을 이두문자로 쓴다면, 문리(文理)를 알지 못하는 어리석은 백성이 한 글자의 착오로 혹 원통함을 당할 수도 있겠으나, 이제 언문으로 그 말을 직접 써서 읽어 듣게 하면, 비록 지극히 어리석은 사람일지라도 모두 다 쉽게 알아들어서 억울함을 품을 자가 없을 것이라.' 하오나, 예로부터 중국은 말과 글이 같아도 옥송(獄訟) 사이에 원왕(冤枉)한 것이 심히 많습니다. 가령 우리나라로 말하더라도 옥에 갇혀 있는 죄수로서 이두를 해득하는 자가 친히 초사(招辭)를 읽고서 허위인 줄을 알면서도 매를 견디지 못하여 그릇 항복하는 자가 많사오니, 이는 초사의 글 뜻을 알지 못하여 원통함을 당하는 것이 아님이 명백합니다. 만일 그러하오면 비록 언문을 쓴다 할지라도 무엇이 이보다 다르오리까. 이것은 형옥(刑獄)의 공평하고 공평하지 못함이 옥리(獄吏)의 어떠하냐에 있고, 말과 문자의 같고 같지 않음에 있지 않은 것을 알 수 있으니, 언문으로써 옥사를 공평하게 한다는 것은 신 등은 그 옳은 줄을 알 수 없사옵니다.

1. 무릇 사공(事功)을 세움에는 가깝고 빠른 것을 귀하게 여기지 않사온데, 국가가 근래에 조치하는 것이 모두 빨리 이루는 것을 힘쓰니, 두렵건대, 정치하는 체제가 아닌가 하옵니다. 만일에 언문은 할 수 없어서 만드는 것이라 한다면, 이것은 풍속을 변하여 바꾸는 큰일이므로, 마땅히 재상으로부터 아래로는 백료(百僚)에 이르기까지 함께 의논하되, 나라 사람이 모두 옳다 하여도 오히려 선갑(先甲) 후

경(後庚)하여 다시 세 번을 더 생각하고, 제왕(帝王)에 질정하여 어그러지지 않고 중국에 상고하여 부끄러움이 없으며, 백세(百世)라도 성인(聖人)을 기다려 의혹됨이 없은 연후라야 이에 시행할 수 있는 것이옵니다. 이제 넓게 여러 사람의 의논을 채택하지도 않고 갑자기 이배(吏輩) 10여 인으로 하여금 가르쳐 익히게 하며, 또 가볍게 옛사람이 이미 이룩한 운서(韻書)를 고치고 근거 없는 언문을 부회(附會)하여 공장(工匠) 수십 인을 모아 각본(刻本)하여서 급하게 널리 반포하려 하시니, 천하 후세의 공의(公議)에 어떠하겠습니까. 또한 이번 청주 초수리(椒水里)에 거동하시는 데도 특히 연사가 흉년인 것을 염려하시어 호종하는 모든 일을 힘써 간략하게 하셨으므로, 전일에 비교하오면 10에 8, 9는 줄어들었고, 계달하는 공무(公務)에 이르러도 또한 의정부(議政府)에 맡기시어, 언문 같은 것은 국가의 급하고 부득이하게 기한에 미쳐야 할 일도 아니온데, 어찌 이것만은 행재(行在)에서 급급하게 하시어 성궁(聖躬)을 조섭하시는 때에 번거롭게 하시나이까. 신 등은 더욱 그 옳음을 알지 못하겠나이다.

1. 선유(先儒)가 이르기를, '여러 가지 완호(玩好)는 대개 지기(志氣)를 빼앗는다.' 하였고, '서찰(書札)에 이르러서는 선비의 하는 일에 가장 가까운 것이나, 외곬으로 그것만 좋아하면 또한 자연히 지기가 상실된다.' 하였습니다. 이제 동궁(東宮)이 비록 덕성이 성취되셨다 할지라도 아직은 성학(聖學)에 잠심(潛心)하시어 더욱 그 이르지 못한 것을 궁구해야 할 것입니다. 언문이 비록 유익하다 이를지라도 특히 문사(文士)의 육예(六藝)의 한 가지일 뿐이옵니다. 하물며 만에 하나도 정치하는 도리에 유익됨이 없사온데, 정신을 연마하고 사려를 허비하며 날을 마치고 때를 옮기시오니, 실로 시민(時敏)의 학업에 손실되옵니다. 신 등이 모두 문묵(文墨)의 보잘것없는 재주로 시종(侍從)에 대죄(待罪)하고 있으므로, 마음에 품은 바가 있으면 감히 함묵(含默)할 수 없어서 삼가 폐부(肺腑)를 다하와 우러러 성총을 번독하나이다."하니, 임금이 소(疏)를 보고, 만리(萬理) 등에게 이르기를, "너희들이 이르기를, '음(音)을 사용하고 글자를 합한 것이 모두 옛 글에 위반된다.' 하였는데, 설총(薛聰)의 이두(吏讀)도 역시 음

이 다르지 않으냐. 또 이두를 제작한 본뜻이 백성을 편리하게 하려 함이 아니하겠느냐. 만일 그것이 백성을 편리하게 한 것이라면 이제의 언문은 백성을 편리하게 하려 한 것이다. 너희들이 설총은 옳다 하면서 군상(君上)의 하는 일은 그르다 하는 것은 무엇이냐. 또 네가 운서(韻書)를 아느냐. 사성 칠음(四聲七音)에 자모(字母)가 몇이나 있느냐. 만일 내가 그 운서를 바로잡지 아니하면 누가 이를 바로잡을 것이냐. 또 소(疏)에 이르기를, '새롭고 기이한 하나의 기예(技藝)라.' 하였으니, 내 늘그막에 날[日]을 보내기 어려워서 서적으로 벗을 삼을 뿐인데, 어찌 옛 것을 싫어하고 새 것을 좋아하여 하는 것이겠느냐. 또는 전렵(田獵)으로 매사냥을 하는 예도 아닌데 너희들의 말은 너무 지나침이 있다. 그리고 내가 나이 늙어서 국가의 서무(庶務)를 세자에게 오로지 맡겼으니, 비록 세미(細微)한 일일지라도 참예하여 결정함이 마땅하거든, 하물며 언문이겠느냐. 만약 세자로 하여금 항상 동궁(東宮)에만 있게 한다면 환관(宦官)에게 일을 맡길 것이냐. 너희들이 시종(侍從)하는 신하로서 내 뜻을 밝게 알면서도 이러한 말을 하는 것은 옳지 않다."하니, 만리(萬理) 등이 대답하기를, "설총의 이두는 비록 음이 다르다 하나, 음에 따르고 해석에 따라 어조(語助)와 문자가 원래 서로 떨어지지 않사온데, 이제 언문은 여러 글자를 합하여 함께 써서 그 음과 해석을 변한 것이고 글자의 형상이 아닙니다. 또 새롭고 기이한 한 가지의 기예(技藝)라 하온 것은 특히 문세(文勢)에 인하여 이 말을 한 것이옵고 의미가 있어서 그러한 것은 아니옵니다. 동궁은 공사(公事)라면 비록 세미한 일일지라도 참결(參決)하시지 않을 수 없사오나, 급하지 않은 일을 무엇 때문에 시간을 허비하며 심려하시옵니까."하였다.

임금이 말하기를, "전번에 김문(金汶)이 아뢰기를, '언문을 제작함에 불가할 것은 없습니다.' 하였는데, 지금은 도리어 불가하다 하고, 또 정창손(鄭昌孫)은 말하기를, '삼강행실(三綱行實)을 반포한 후에 충신·효자·열녀의 무리가 나옴을 볼 수 없는 것은, 사람이 행하고 행하지 않는 것이 사람의 자질(資質) 여하(如何)에 있기 때문입니다. 어찌 꼭 언문으로 번역한 후에야 사람이 모두 본받을 것입니까.' 하였으니, 이따위 말이 어찌 선비의 이치를 아는 말이겠느냐. 아무짝에도 쓸데없는 용속(庸俗)한 선비이다."하였다.

먼젓번에 임금이 정창손에게 하교하기를, "내가 만일 언문으로 삼강행실(三綱行實)을 번역하여 민간에 반포하면 어리석은 남녀가 모두 쉽게 깨달아서 충신·효자·열녀가 반드시 무리로 나올 것이다." 하였는데, 창손이 이 말로 계달한 때문에 이제 이러한 하교가 있은 것이었다. 임금이 또 하교하기를, "내가 너희들을 부른 것은 처음부터 죄주려 한 것이 아니고, 다만 소(疏) 안에 한두 가지 말을 물으려 하였던 것인데, 너희들이 사리를 돌아보지 않고 말을 변하여 대답하니, 너희들의 죄는 벗기 어렵다."하고, 드디어 부제학(副提學) 최만리(崔萬理)·직제학(直提學) 신석조(辛碩祖)·직전(直殿) 김문(金汶), 응교(應敎) 정창손(鄭昌孫)·부교리(副校理) 하위지(河緯之)·부수찬(副修撰) 송처검(宋處儉), 저작랑(著作郎) 조근(趙瑾)을 의금부에 내렸다가 이튿날 석방하라 명하였는데, 오직 정창손만은 파직(罷職)시키고, 인하여 의금부에 전지하기를, "김문이 앞뒤에 말을 변하여 계달한 사유를 국문(鞫問)하여 아뢰라."하였다.

『세종실록』 112권 세종 28년 4월 30일 정묘

조용조법과 큰 성·소보 쌓는 것을 의논하다

의정부(議政府)에 글을 내리기를, "예전에 '백성의 힘을 쓰는 것이 1년에 3일을 지나지 않는다.' 하고 또 말하기를, '졸경(卒更)과 천경(踐更)은 문득 값을 똑같이 한다.' 하고 또 말하기를, '임금은 경(卿)의 녹(祿)의 10배라.' 하고 또 말하기를, '밭이 있으면 조(租)가 있고, 몸(身)이 있으면 용(庸)이 있으니, 호조(戶調)도 또한 그렇다.' 하였으니, 이것으로 본다면 임금이 쓰는 것이 한도가 있어서 마음대로 할 수 없는 것인데, 지금은 그렇지 아니하여 받고 거두는 것이 표준이 없고, 용도(用度)가 제한이 없기 때문에, 혹 일로 인하여 더 거두고,

혹 두어 해[數歲]의 공(貢)을 끌어당기기도 한다. 박은(朴訔)이 청하기를, '당(唐)나라 조용조(租庸調)의 법에 의하여 대강 제도를 정하소서.' 하였는데, 그 때에 곧 시행하지 못하였다. 뒤에 내가 경연(經筵)에서 윤회(尹淮) 등에게 묻기를, '박은의 말한 것이 생각하면 혹 유익(有益)하기는 하다. 이렇게 하면 백성들이 모두 힘을 쓰는 한정을 알고, 국가의 용도도 자연히 제한이 있을 것이다.' 하였더니, 윤회 등이 말하기를, '이 법이 비록 뜻은 좋으나, 행하기는 실상 어렵습니다.' 하였다. 근일(近日)에 내가 또 말하였더니, 승지(承旨)들의 말이 윤회의 말과 똑 같다.

내가 생각하건대, 백성에게 거두는 것이 제한이 없으면, 임금의 쓰는 것이 한정이 없으니, 진(秦)나라의 기렴(箕斂)052)과 당(唐)나라의 진봉(進奉)이 자연(自然)한 이치이다. 마땅히 당나라 제도에 의하여 조용조법(租庸調法)을 세우고, 그 수량은 시의(時宜)에 따라 가감(加減)하며, 정한 법 이외에는 털끝만큼이라도 더 거두지 못하고, 만일 부득이한 용도가 있으면 마땅히 정한 법 안에서 남은 물건은 감(減)하고, 부족한 물건을 더할 것이다. 이렇게 하면 백성의 뜻이 정한 것이 있고, 용도가 제한이 있고, 관리의 탐오한 자가 또한 그 악한 짓을 방자히 하지 못할 것이다. 군려(軍旅)의 급한 일과 타국(他國)의 사신(使臣)을 접대하는 것 같은 것은 차한(此限)에 부재(不在)한다. 그러나 이 법이 지극히 중하여 한때 소견(所見)으로 세우면, 이것으로 인하여 폐단이 생기는 것을 반드시 없다고 말할 수 없다. 그러므로 감히 거행하지 못하는 것이다. 외방(外方) 군사(軍士)의 번상(番上)하는 것은 일을 말하는 자들이 많이 놓아보내고자 하므로, 근일에 해에 따르는 법[隨年之法]을 세웠으니, 이 법은 곧 예전의 '백성의 힘을 쓰는 것이 한도가 있다.'는 것의 유의(遺意)이다. 성(城)을 쌓는 영(令)은 오로지 후세(後世)를 위한 것이니, 일없는 때에 하고자 하는 것이다. 지금 말하는 자가 많으니, 내가 들으면 마음에 미안하다. 지난 가을에 충청도의 성 쌓는 것을 파(罷)하고자 하는 자가 있었는데, 내가 좇지는 않았으나, 마음에도 또한 미안한 것이 있다.

지금 전날에 세운 외군(外軍) 번상(番上)의 법에 의하여, 성 쌓는 데에 백성의 힘을 쓰는 것을 해[年]의 구분에 따라, 상년(上年)에는 며칠을 역사하고, 중년(中年)에는 며칠을 역사하고, 하년(下年)에는 며칠을 역사하고, 모등(某等) 이하는 전혀 힘을 사용하지 않고, 도로(道路)에 왕반(往返)하는 것은 매(每) 3일이 정역(正役) 하루에 당하고, 군사를 내[出軍]는 것은 경작하는 수(數)를 쓰고자 한다. 이렇게 하면 도적을 막는 일을 반드시 급히 하지 않아도 자연히 이루어지는 것이 있을 것이요, 백성의 뜻이 정하여짐이 있어서 오활한 선비[迂儒]의 말이 또한 쉬게 될 것이다. 만일 사변(事變)으로 인하여 그 때에 하여야 할 일은 차한(此限)에 부재(不在)한다. 기해년 동정(東征)한 뒤에 도통사(都統使)가 바닷가에 소보(小堡)를 많이 쌓기를 청하였고, 이명덕(李明德)이 또한 간청(懇請)하였는데, 태종(太宗)께서 옳게 여기시어 곧 명령을 내려 시행하였다. 수십 년 동안에 관리들이 게을러서 전혀 거행하지 않았으니, 지금은 다만 예전 법을 수거(修擧)하는 것뿐이니, 새 법이라고 말할 수 없다. 요동(遼東) 이북에 많이 소보(小堡)를 쌓아서 오랑캐 도적을 피하였는데, 《요양지(遼陽誌)》에 그 이익을 극진히 말하였다. "어제 대신들이 소보(小堡)의 영(令)을 완화하기를 청하기에, 내가 생각하기를 소보를 쌓는 것을 끝내 폐지할 수는 없다. 그러나 크고 작은 역사를 아울러 일으킬 수는 없으니, 우선 소보의 영을 정지하고, 먼저 큰 성을 쌓는 것이 어떨까 한다. 위 항목의 두어 조건을 상고하고 의논하여 아뢰라."하였다.

영의정 황희(黃喜)·우의정 하연(河演)·우찬성(右贊成) 김종서(金宗瑞)·우참찬(右參贊) 정갑손(鄭甲孫)이 의논하기를, "조용조(租庸調) 세 법은 본조(本朝)에서 시행한 것이 비록 다 당나라 제도와는 같지 않으나, 그 대략은 이미 갖추어졌사오니 만일 지금 전분육등(田分六等)과 연분구등(年分九等)의 제도가 완성되면 조법(租法)이 바르게 될 것이요, 각호(各戶)의 공물(貢物)을 나누어 정하는 제도는 지금 전제상정소(田制詳定所)에 내렸사오니, 이 제도가 만일 의논하여 정하여져서 시행하게 된다면 조법(調法)이 바르게 될 것이며, 10월에 역사를 시작하여 20일로 한(限)하고, 풍년에는 10일을 가(加)하고, 하년(下年)에는 10일을 감(減)하는 법이 이미 성립되었사오니, 용법(庸法)이 또한 바르게 된 것입니다.

대개 예전에 백성을 역사시키는 것이, 역사를 하지 않으면 날마다 견(絹) 3척을 바치게 할 뿐이요, 매년 무리[衆]를 움직이고 공사를 일으키는 것이 아닙니다. 방금 양계(兩界)의 행성(行城)과 각도(各道)의 성자(城子)는 모두 도적을 막고 백성을 보전하는 방도이니, 반드시 무사(無事)할 때에 미쳐서 할 것이요, 늦출 수 없는 것입니다. 그러하오나, 매년 무리[衆]를 움직여서 힘을 다하고 재물이 탕진하면, 사공(事功)이 중도에서 폐지하게 되니 또한 염려할 일입니다. 함길·평안도의 백성은 번(番)을 나누어 갈마들어 쉬는 것을 정한 제도에 의하여, 상등 3년에는 정역(正役) 30일을, 중등 3년에는 정역 20일을, 하상년(下上年)에는 정역 10일을 하고, 하중(下中)·하하(下下) 2년에는 역사하지 말게 하며, 황해도 백성은 혹은 1년을 격(隔)하고 혹은 2년을 격하여 역사에 나오되, 하등 3년을 역사시키지 말고, 강원도는 본래 땅이 척박하고 백성이 가난하여, 유리(流離)하여 도망하는 것이 서로 잇닿았는데, 근년에 더욱 심하고, 또 역사에 나오는 도정(途程)이 거의 2천 리나 되게 먼데, 지금 본토에 돌아온 백성도 또한 안업(安業)하지 못하오니, 부성(阜盛)하여질 때까지 한(限)하여 아울러 역사시키지 말고, 하삼도(下三道)의 성(城)은 연변(沿邊)에는 거의 다 쌓았으니, 내지(內地)의 여러 성(城)도 또한 인부(人夫)·척수(尺數)의 법[式]에 의하여 도내(道內)의 각 고을에 나누어 정하여 역군(役軍)을 내어, 1년에 한 성(城)을 쌓는 데에 지나지 않게 하여 갈마들어 쉬게 하고, 그해 역사 기한에 만일 완성되지 못하면 다음해에 다 쌓도록 하고, 하등(下等) 3년에는 역사를 시키지 마소서.

소보(小堡)에 대하여서는, 중국(中國)은 평원광야(平原廣野)이어서 숲과 산골짜기의 피할 만한 곳이 없고, 오랑캐 기병(騎兵)의 성질이 또한 쳐서 함락시키는 것은 좋아하지 않고, 다만 오고가는 것이 바람과 같아서 노략(虜掠)하는 것으로 일을 삼기 때문에 소보(小堡)의 이익이 심히 많지마는, 왜구(倭寇)에 이르러서는 짧은 무기[短兵]를 잘 쓰고, 또 능히 성(城)을 치는데, 우리나라의 땅은 높은 산과 깊은 숲이 없는 곳이 없어서, 창졸간에 몰아서 〈소보로〉 들어가게 하면, 백성들이 반드시 산림(山林)에 도망하여 숨고 소보(小堡)로 모여 들어가려고 하지 않사오니, 근년(近年)의 입보(入堡)한 한 가지 일로도 알 수 있는 것입니다. 지금 엎드려 하서(下書)를 보옵건대, 소보(小堡)의 영(令)을 우선 정지하라는 말씀이 있사온데, 반복하여 생각하여 보니 성상(聖上)의 생각이 옳으십니다."하고, 좌찬성(左贊成) 황보인(皇甫仁)은 의논하기를, "국초(國初)에 먼저 전제(田制)를 바로잡아 결부수조법(結負收租法)을 정하여 〈정한〉 수량 외에는 더 거두지 못하게 하였으니, 이것은 당(唐)나라의 조법(租法)입니다. 지금 또 전분육등(田分六等)과 연분구등(年分九等)의 법이 섰으니 조법(租法)이 바르게 되었다고 하겠습니다. 용(庸)·조(調)의 법에 이르러서는, 국가에서 이미 백성을 역사시키는 시기를 정하고, 역사하는 날짜의 수를 적당히 제한하며, 역군(役軍)을 낼 때에는 경작하는 것의 많고 적은 것을 상고하여 그 액수를 정하고, 대호(大戶)·중호(中戶)·소호(小戶)·잔호(殘戶)·잔잔호(殘殘戶)를 분변(分辨)하여 공물(貢物)의 수를 정하였으니, 그 사이의 절목(節目)은 비록 다 당나라 법의 자세한 것과는 같지 않으나, 그 대략은 이미 갖추었으니, 지금 다시 각호(各戶)의 앞서 공물(貢物)의 수를 마감(磨勘)하여 바꾸지 않는 제도[不易之制]를 참작하여 정하고, 경작하는 것에 따라 역군을 내는 수를 고핵(考劾)하여 밝게 일정한 법[一定之法]을 세우면, 용(庸)·조(調)의 법이 거의 행할 수 있을 것입니다.

성곽(城郭)과 구지(溝池)로 나라를 견고하게 하는 것은 고금(古今)의 통의(通義)이요, 사는 방법[生道]으로 백성을 역사시키면 비록 수고로와도 원망하지 않는다는 것은 예전 현인(賢人)이 말한 것입니다. 예전에는 적(敵)에 임(臨)하여 군사를 낼[出師] 때에 당하여서도 오히려 성(城)을 쌓아서 후사(後事)를 도모하는 자가 있었는데, 하물며 일이 없는 때이겠습니까. 우리나라가 북(北)으로는 야인(野人)을 연하고, 남(南)으로는 해구(海寇)를 이웃하여, 침략을 당할 근심이 지난 역사에 상고하여도 소소(昭昭)하게 알 수 있는 것입니다. 모름지기 일없는 때에 미리 성곽을 쌓아서 불우(不虞)의 변(變)에 대비하여,

영구히 국경을 튼튼하게 하는 것이 만세(萬世)의 장책(長策)입니다. 지금 양계(兩界)에 성(城)을 쌓는 것이 비록 매년 있다고는 하나, 역군(役軍)을 낼 때를 당하여 도내(道內) 각 고을의 농사를 살펴보아서 농사를 실패한 각 고을은 견제(蠲除)하고, 다만 농사가 조금 나은 각 고을의 역군(役軍)을 내게 하여, 30일을 한도로 하여 역사하게 하면, 이것은 진실로 서로서로 휴식하는 것이요, 한 도(道)의 백성을 다 동원하여 휘몰아 역사시키는 것은 아닙니다. 또 강원·황해도는 연사(年事)의 풍흉(豐凶)을 보아서 역군의 수효를 알맞게 정하고, 넉넉히 식량을 주고 2, 3년을 걸려서 역사시키니, 또한 매년 한 도(道)의 백성을 다 역사시키는 것이 아닙니다. 하삼도(下三道) 연변(沿邊)의 성(城)도 또한 연사의 풍흉을 보아서 1년에 불과 한두 성을 쌓게 하소서. 대저 비록 풍년을 만나도 실농(失農)한 곳이 간혹 있으며, 비록 흉년을 당하여도 풍년든 곳이 또한 더러 있사오니, 만일 작은 흉년을 논의하여 매양 성 쌓는 역사를 정지하면, 이것으로 인연하여 점점 폐지해서 마침내는 대사(大事)를 이루지 못할 것이 뻔한 일입니다. 또 20일, 10일로 한(限)하여 역사하면 그 해에는 반드시 완성되지 못할 것이니, 만일 명년(明年)에 흉년이 든다면 비록 수년(數年)이 되어도 반드시 한 성을 쌓지 못할 것은 단연코 알 수 있는 것입니다. 지금 국가가 승평(昇平)한 지 오래 되어 백성을 역사시킬 다른 일이 없으니, 강역(疆域)을 굳게 하여 후세에 넘겨 줄 것을 이때에 하지 않고 장차 어느 때에 하겠습니까. 하삼도(下三道)의 연변(沿邊)에 소보(小堡)를 설치하는 것에 대하여 시비(是非)의 의논이 분운(紛紜)하여 일치되지 않으나, 신의 마음에는 유리하다고 생각됩니다.

연사의 풍흉 을 보아서 매(每) 1년에 30일 한(限)하여 역사시키는 것이 진실로 마땅한 것이니, 양계(兩界)에는 이미 이루어진 격례(格例)에 의하여 시행하고, 하삼도(下三道)에도 또한 이 예(例)에 의하여 역군의 많고 적은 것을 헤아려 혹은 큰 성을 쌓고, 혹은 소보(小堡)를 쌓으면, 나라를 이롭게 하고 백성을 편안히 하는 계책이 이루어져서, 영구히 후회가 없을 것입니다."하였다.

『경국대전(經國大典)』

경국대전 서문

예로부터 제왕(帝王)들이 천하 국가를 다스린 것을 보자면, 창업을 한 군주는 경륜(經綸)이 초매(草昧)하여 전고(典故)를 살필 겨를이 없었고, 수성(守成)을 한 군주는 선왕이 이루어 놓은 법도만 지키며 예악(禮樂)을 만드는 일이 없었다.

비록 한(漢)나라 고조(高祖)가 계책이 주밀하여 실수가 없었다고는 하지만 삼장(三章)의 법은 규모만 대략 둔 것일 뿐이고, 역사가들이 당(唐)나라는 빈틈없이 모든 제도가 갖추어졌었다고 일컫지만 《육전(六典)》이 만들어진 것은 오히려 중엽에 가서야 가능했다. 하물며 한나라나 당나라만 못한 나라들이야 말할 것이 있겠는가.

삼가 생각건대, 세조께서는 천명을 받아 군주의 자리에 올라 나라를 중흥하였으니 창업과 수성의 공적을 겸하셨다. 문덕(文德)이 빛나고 무위(武威)가 확고하며 예법이 갖추어지고 음악이 흥기하였다. 그런데도 부지런히 훌륭한 정치를 도모하시고 널리 예악의 제도를 정비하셨다.

일찍이 좌우 신하들에게 말씀하기를, "우리 조종(祖宗)의 깊고 두터운 인택과 크고 아름다운 규범이 실려 있는 법령으로는 《원육전(元六典)》, 《속육전(續六典)》, 《육전등록(六典謄錄)》이 있고, 또 누차 내린 교지(敎旨)도 있으니, 법이 아름답지 않은 것이 아니다. 그런데도 관리들이 용렬하고 어리석어 봉행하는 데에 어두우니, 참으로 과조(科條)가 번잡하고 앞뒤로 법 조문이 모순되어 하나로 크게 정해지지 않아서일 뿐이다. 이제 조정하여 증감하고 산정(刪定)하고 회통(會通)하여 만세토록 사용할 수 있는 법을 만들고자 한다." 하셨다. 이어 영성부원군(寧城府院君) 최항(崔恒), 우의정 김국광(金國光), 서평군(西平君) 한계희(韓繼禧), 우찬성 노사신(盧思愼), 형조 판서 강희맹(姜希孟), 좌참찬 임원준(任元濬), 우참찬 홍응(洪應), 중추부 동지사 성임(成任) 및 서거정에게 명하여, 여러 조목들을 모아 상세히 살펴 취사선택하여 편차를 정해 책을 만들되 번잡하고 쓸데없는 것은 산삭하고 정간(精簡)하기를 힘쓰도록 하고, 그 과정의 모든 조치를 주상의 재결을 받게 하셨다. 또 영순군(永順君) 이부(李溥)와 하성군(河城君) 정현조(鄭顯祖)에게 명하여, 출납을 담당하게 하셨다. 책이 이루어지자 여섯 권으로 만들어서 올리니, 《경국대전》이라는 이름을 내리셨다.

형전(刑典)과 호전(戶典)은 이미 반포하여 시행하였고, 나머지 네 개의 법전은 미처 교정을 보지 못했는데, 주상께서 갑자기 승하하셨다. 지금의 성상께서 선왕의 뜻을 이어 드디어 일을 마치고, 중외에 반포하셨다.

신이 삼가 생각건대, 천지의 광대함은 모든 만물을 덮어 주고 실어 주며 사시의 운행함은 모든 만물을 생육하며, 성인이 예악을 제작함은 모든 만물이 기쁘게 그것을 보게 된다. 그러니 참으로 성인이 예악을 제작함이 천지와 같고 사시와 같은 것이다.

예로부터 예악의 제작이 성대하기로는 주나라만 한 나라가 없었는데, 〈주관(周官)〉에 육경(六卿)을 천지와 사시에 배치하였으니, 육경의 직책은 하나라도 빠뜨려서는 안 된다.

우리 태조 강헌대왕께서 하늘의 뜻에 부응하고 인심에 순응하여 나라를 세우고 기강을 확립하시니 규모가 원대하였다. 세 분 군주가 서로 이으며 안정된 계책을 사왕(嗣王)에게 전하시어, 제도가 밝게 갖추어졌다. 세조께서는 신령한 생각과 깊은 지혜가 천고에 탁월하셨다. 총명하신 전하께서는 이 법을 잘 따르고 잘 봉행하여 금과옥조로 여기고 옥돌에 새겨 영원히 광채를 드리우시니, 아름답고 성대한 일이다.

그 육전(六典)이라 한 것은 곧 주나라의 육경(六卿)이다. 그 훌륭한 법과 아름다운 뜻은 곧 주나라의 〈관저(關雎)〉와 〈인지(麟趾)〉의 뜻이다. 문(文)과 질(質)이 적절히 조화되어 환히 빛나니, 누가 《경국대전》을 만든 것이 〈주관〉과 《주례》와 서로 표리가 되지 않는다고 하겠는가. 천지와 사시에 견주어도 어그러짐이 없고 이전의 성인에 상고해도 오류가 없으니, 백세토록 성인을 기다려도 의혹하지 아니할 것임을 예측할 수 있다. 지금부터 자자손손 이어서 훌륭한 군주가 나와 모두들 이 《경국대전》을 준수하며 어기지도 않고 잊지도 않는다면, 우리 국가의 문명(文明)의 정치가 어찌 오직 주나라보다 융성할 뿐이겠는가. 억년 만년 무궁한 왕업이 응당 더욱 장구하게 이어질 것이다.

기축년(1469, 예종1) 8월

『연산군일기』 30권, 연산 4년 7월 17일 신해

김일손의 사초에 실린 김종직의 조의제문에 대한 왕의 전교와 신하들의 논의

전지하기를, "김종직은 초야의 미천한 선비로 세조조에 과거에 합격했고, 성종조에 이르러서는 발탁하여 경연(經筵)에 두어 오래도록 시종(侍從)의 자리에 있었고, 종경에는 형조 판서(刑曹判書)까지 이르러 은총이 온 조정을 경도하였다. 병들어 물러가게 되자 성종께서 소재지의 수령으로 하여금 특별히 미곡(米穀)을 내려주어 그 명을 마치게 하였다. 지금 그 제자 김일손(金馹孫)이 찬수한 사초(史草) 내에 부도(不道)한 말로 선왕조의 일을 터무니없이 기록하고 또 그 스승 종직의 조의제문을 실었다. 그 말에 이르기를, '정축 10월 어느 날에 나는 밀성(密城)으로부터 경산(京山)으로 향하여 답계역(踏溪驛)에서 자는데, 꿈에 신(神)이 칠장(七章)의 의복을 입고 헌칠한 모양으로 와서 스스로 말하기를 '나는 초(楚)나라 회왕(懷王)의 손자 심(心)인데, 서초 패왕(西楚霸王)에게 살해 되어 빈강(郴江)에 잠겼다.' 하고 문득 보이지 아니하였다. 나는 꿈을 깨어 놀라며 생각하기를 '회왕(懷王)은 남초(南楚) 사람이요, 나는 동이(東夷) 사람으로 지역의 거리가 만여 리가 될 뿐이 아니며, 세대의 선후도 역시 천 년이 훨씬 넘는데, 꿈속에 와서 감응하니, 이것이 무슨 상서일까? 또 역사를 상고해 보아도 강에 잠겼다는 말은 없으니, 정녕 항우(項羽)가 사람을 시켜서 비밀리에 쳐 죽이고 그 시체를 물에 던진 것일까? 이는 알 수 없는 일이다 하고, 드디어 문(文)을 지어 조문한다.

하늘이 법칙을 마련하여 사람에게 주었으니, 어느 누가 사대(四

大) 오상(五常) 높일 줄 모르리오. 중화라서 풍부하고 이적이라서 인색한 바 아니거늘, 어찌 옛적에만 있고 지금은 없을손가. 그러기에 나는 이인(夷人) 이요 또 천 년을 뒤졌건만, 삼가 초 회왕을 조문하노라. 옛날 조룡(祖龍) 이 아각(牙角)을 농(弄)하니, 사해(四海)의 물결이 붉어 피가 되었네. 비록 전유(鱣鮪), 추애(鰌鯢)라도 어찌 보전할손가. 그물을 벗어나기에 급급했느니, 당시 육국(六國)의 후손들은 숨고 도망가서 겨우 편맹(編氓)가 짝이 되었다오. 항양(項梁)은 남쪽 나라의 장종(將種)으로, 어호(魚狐)를 종달아서 일을 일으켰네. 왕위를 얻되 백성의 소망에 따름이여! 끊어졌던 웅역(熊繹) 의 제사를 보존하였네. 건부(乾符)를 쥐고 남면(南面)을 함이여! 천하엔 진실로 미씨(芈氏)보다 큰 것이 없도다. 장자(長者)를 보내어 관중(關中)에 들어가게 함이여! 또는 족히 그 인의(仁義)를 보겠도다. 양흔 낭탐(羊狠狼貪) 이 관군(冠軍)을 마음대로 죽임이여! 어찌 잡아다가 제부(齊斧)에 기름칠 아니했는고. 아아, 형세가 너무도 그렇지 아니함에 있어, 나는 왕을 위해 더욱 두렵게 여겼네. 반서(反噬)를 당하여 해석(醢腊)이 됨이여, 과연 하늘의 운수가 정상이 아니었구려. 빈의 산은 우뚝하여 하늘을 솟음이야! 그림자가 해를 가리어 저녁에 가깝고. 빈의 물은 밤낮으로 흐름이여! 물결이 넘실거려 돌아올 줄 모르도다. 천지도 장구(長久)한들 한이 어찌 다하리 넋은 지금도 표탕(飄蕩)하도다. 내 마음이 금석(金石)을 꿰뚫음이여! 왕이 문득 꿈속에 임하였네. 자양(紫陽)의 노필(老筆)을 따라가자니, 생각이 진돈(螴蜳)하여 흠흠(欽欽)하도다. 술잔을 들어 땅에 부음이어! 바라건대 영령은 와서 흠항하소서.' 하였다. 그 '조룡(祖龍)이 아각(牙角)을 농(弄)했다.'는 조룡은 진시황(秦始皇)인데, 종직이 진 시황을 세조에게 비한 것이요, 그 '왕위를 얻되 백성의 소망을 따랐다.'고 한 왕은 초 회왕(楚懷王) 손심(孫心)인데, 처음에 항량(項梁)이 진(秦)을 치고 손심을 찾아서 의제(義帝)를 삼았으니, 종직은 의제를 노산(魯山)에게 비한 것이다. 그 '양흔 낭탐(羊狠狼貪)하여 관군(冠軍)을 함부로 무찔렀다.'고 한 것은, 종직이 양흔 낭탐으로 세조를 가리키고, 관군을 함부로 무찌른 것으로 세조가 김종서(金宗瑞)를 베인 데 비한 것이요. 그 '어찌 잡아다가 제부(齊斧)에 기름칠 아니 했느냐.'고 한 것은, 종직이 노산이 왜 세조를 잡아버리지 못했는가 하는 것이다. 그 '반서(反噬)를 입어 해석(醢腊)이 되었다.'는 것은, 종직이 노산이 세조를 잡아버리지 못하고, 도리어 세조에게 죽었느냐 하는 것이요. 그 '자양(紫陽)은 노필(老筆)을 따름이여, 생각이 진돈하여 흠흠하다.'고 한 것은, 종직이 주자(朱子)를 자처하여 그 마음에 부(賦)를 짓는 것을, 《강목(綱目)》의 필(筆)에 비의한 것이다. 그런데 일손이 그 문(文)에 찬(贊)을 붙이기를 '이로써 충분(忠憤)을 부쳤다.' 하였다. 생각건대, 우리 세조 대왕께서 국가가 위의(危疑)한 즈음을 당하여, 간신이 난(亂)을 꾀해 화(禍)의 기틀이 발작하려는 찰나에 역적 무리들을 베어 없앰으로써 종묘사직이 위태했다가 다시 편안하여 자손이 서로 계승하여 오늘에 이르렀으니, 그 공과 업이 높고 커서 덕이 백왕(百王)의 으뜸이신데, 뜻밖에 종직이 그 무도들과 성덕(聖德)을 기롱하고 논평하여 일손으로 하여금 역사에 무서(誣書)하는 지경에까지 이르렀으니, 이 어찌 일조일석의 연고이겠느냐. 속으로 불신(不臣)의 마음을 가지고 세 조정을 내리 섬겼으니, 나는 이제 생각할 때 두렵고 떨림을 금치 못한다. 동·서반(東西班) 3품 이상과 대간·홍문관들로 하여금 형을 의논하여 아뢰도록 하라." 하였다. 정문형(鄭文炯)·한치례(韓致禮)·이극균(李克均)·이세좌(李世佐)·노공필(盧公弼)·윤민(尹慜)·안호(安瑚)·홍자아(洪自阿)·신부(申溥)·이덕영(李德榮)·김우신(金友臣)·홍석보(洪碩輔)·노공유(盧公裕)·정숙지(鄭叔墀)가 의논드리기를, "지금 종직의 조의제문(弔義帝文)을 보오니, 입으로만 읽지 못할 뿐 아니라 눈으로 차마 볼 수 없사옵니다. 종직이 세조조에 벼슬을 오래하자, 스스로 재주가 한 세상에 뛰어났는데 세조에게 받아들임을 보지 못한다 하여, 마침내 울분과 원망의 뜻을 품고 말을 글에다 의탁하여 성덕(聖德)을 기롱했는데, 그 말이 극히 부도(不道)합니다. 그 심리를 미루어 보면 병자년에 난역(亂逆)을 꾀한 신하들과 무엇이 다르리까. 마땅히 대역(大逆)의 죄로 논단하고 부관참시(剖棺斬屍)해서 그 죄를 명정(明正)하여 신민의 분을 씻는 것이 실로 사체에 합당하옵니다." 하고, 유지(柳輊)는 의논드리기를, "종직의 불신(不臣)한 그 심리는, 죄가 용납될 수 없사오니 마땅히 극형에 처하옵소서." 하고, 박안성(朴安性)·성현(成俔)·신준(申浚)·정숭조(鄭崇祖)·이계동(李季仝)·권건(權健)·김제신(金悌臣)·이계남(李季男)·윤탄(尹坦)·김극검(金克儉)·윤은로(尹殷老)·이집(李諿)·김무(金珷)·김경조(金敬祖)·이숙함(李叔瑊)·이감(李堪)은 의논드리기를, "종직이 요사한 꿈에 가탁하여 선왕을 훼방(毁謗)하였으니, 대역 부도(大逆不道)입니다. 마땅히 극형에 처해야 하옵니다." 하고, 변종인(卞宗仁)·박숭질(朴崇質)·권경우(權景祐)·채수(蔡壽)·오순(吳純)·안처량(安處良)·홍흥(洪興)은 의논드리기를, "종직이 두 마음을 품었으니 불신(不臣)한 죄가 이미 심하온즉, 율(律)에 의하여 처단하는 것이 편하옵니다." 하고, 이인형(李仁亨)·표연말(表沿沫)이 의논드리기를, "종직의 조의제문과 지칭한 뜻을 살펴보니 죄가 베어 마땅하옵니다." 하고, 이극규(李克圭)·이창신(李昌臣)·최진(崔璡)·민사건(閔師蹇)·홍한(洪瀚)·이균(李均)·김계행(金係行)이 의논드리기를, "종직의 범죄는 차마 말로 못하겠으니, 율문에 의하여 논단해서 인신(人臣)으로 두 마음 가진 자의 경계가 되도록 하옵소서." 하고, 정성근(鄭誠謹)이 의논드리기를, "종직이 음으로 이런 마음을 품고 세조를 섬겼으니, 그 흉악함을 헤아리지 못하온즉 마땅히 중전(重典)에 처해야 하옵니다." 하고, 이복선(李復善)이 의논드리기를, "종직이 조의제문을 지은 것이 정축년(丁丑年) 10월이었으니, 그 불신(不臣)의 마음을 품은 것이 오래이었습니다. 그 조문(弔文)을 해석한 말을 살펴보니, 비단 귀로 차마 들을 수 없을 뿐 아니라 역시 눈으로도 차마 보지 못하겠습니다. 그 몸이 비록 죽었을지라도 그 악을 추죄(追罪)할 수 있사오니, 마땅히 반신(叛臣)의 율에 따라 논단하소서. 종직의 귀신이 지하에서 반드시 머리를 조아리며 달갑게 복죄(伏罪)할 것입니다." 하고, 이세영(李世英)·권주(權柱)·남궁찬(南宮璨)·한형윤(韓亨允)·성세순(成世純)·정광필(鄭光弼)·김감(金勘)·이관(李寬)·이유녕(李幼寧)이 의논드리기를, "지금 종직의 글을 보오니, 말이 너무도 부도(不道)하옵니다. 난역(亂逆)으로 논단하는 것이 어떠하옵니까?" 하고, 이유청(李惟清)·민수복(閔壽福)·유정수(柳廷秀)·조형(趙

珩) · 손원로(孫元老) · 신복의(辛服義) · 안팽수(安彭壽) · 이창윤(李昌胤)· 박권(朴權)이 의논드리기를, "종직의 조의제문은 말이 많이 부도(不道)하오니, 죄가 베어도 부족하옵니다. 그러나 그 사람이 이미 죽었으니 작호(爵號)를 추탈하고 자손을 폐고(廢錮)하는 것이 어떠하옵니까?" 하였는데, 문형 등의 의논에 따랐다. 어필(御筆)로 집의(執義) 이유청(李惟淸) 등과 사간(司諫) 민수복(閔壽福)의 논의에 표를 하고, 필상 등에게 보이며 이르기를, "종직의 대역이 이미 나타났는데도 이 무리들이 논을 이렇게 하였으니, 이는 비호하려는 것이다. 어찌 이와 같이 통탄스러운 일이 있느냐. 그들이 앉아 있는 곳으로 가서 잡아다가 형장 심문을 하라." 하였다. 이때 여러 재상과 대간과 홍문 관원이 모두 자리에 있었는데, 갑자기 나장(羅將) 십여 인이 철쇄(鐵鎖)를 가지고 일시에 달려드니, 재상 이하가 놀라 일어서지 않는 자가 없었다. 유청 등은 형장 30대를 받았는데, 모두 다른 정(情)이 없음을 공초하였다.

『선조실록』 2권, 선조 1년 9월 21일 정묘

《중종실록》에 누락된 남곤 등이 조광조를 모해한 전말

당초에 남곤이 조광조 등에게 교류를 청하였으나 조광조 등이 허락하지 않자 남곤은 유감을 품고서 조광조 등을 죽이려고 하였다. 이리하여 나뭇잎의 감즙(甘汁)을 갉아 먹는 벌레를 잡아 모으고 꿀로 나뭇잎에다 '주초위왕(走肖爲王)' 네 글자를 많이 쓰고서 벌레를 놓아 갉아먹게 하기를 마치 한(漢)나라 공손(公孫)인 병이(病已)의 일 처럼 자연적으로 생긴 것같이 하였다. 남곤의 집이 백악산(白岳山) 아래 경복궁 뒤에 있었는데 자기 집에서 벌레가 갉아먹은 나뭇잎을 물에 띄워 대궐안의 어구(御溝)에 흘려보내어 중종이 보고 매우 놀라게 하고서 고변(告變)하여 화를 조성하였다, 이 일은《중종실록》에 누락된 것이 있기 때문에 여기에 대략 기록하였다.

『연려실기술』 제7권 중종조 고사본말(中宗朝故事本末)

기묘사화(己卯士禍)

기묘년에 공론을 주장하는 선비들은 착한 것을 칭찬하고 악한 것을 미워하기를 원수같이 해서, 그 행실이 효제(孝悌)를 어기거나 인의(仁義)에 맞지 않는 자와는 함께 조정에 서려고 하지 않았다. 좋아하고 미워하는 것이 명백하고 옳고 그른 것이 뚜렷해서, 착한 사람들이 높이 등용되고 사람들이 깨끗한 이름을 사모해서 어진이들이 조정에 오르는 일이 성대하게 되었다. 나이 젊은 신진(新進)들이 개혁하는 데 용감하여 공자(孔子)가 말한 "반드시 한 세대가 지난 뒤에야 인정(仁政)이 행해질 것이다."는 뜻을 헤아리지 않았으니, 이 때문에 벼슬을 얻으려고 애쓰고 잃을까 걱정하는 무리들이 중요한 자리에 서지 못하여 겉으로는 칭찬하나 속으로는 욕하였다. 이에 임금이 모든 어진 이들을 사랑하고 대접함에, 그들은 매양 경연에서 임금을 모시고 한 장(章)을 진강(進講)하고는 의리를 인용하여 비유하고 경서를 두루 끌어내어 미묘한 이치를 캐었는데, 아침에 강론을 시작하면 해가 기울어서야 파하므로 임금이 몸이 피로하고 괴로워서 하품을 하고, 기지개를 펴고 고쳐 앉기도 하고 때로는 용상(龍床)에서 퉁 하는 소리를 내기도 하니, 남곤과 심정 두 사람이 임금의 뜻에 선비들을 싫어하는 기색이 있는 것을 짐작하고 드디어 꾀를 내어 일을 꾸미기 시작했다.

남곤과 심정이, 홍경주(洪景舟)가 일찍이 찬성이 되었다가 논박을 받아 파면되어 항상 분함을 품고 있는 것을 알고 드디어 서로 통하여, 홍경주로 하여금 그의 딸 희빈(熙嬪)을 시켜서, "온 나라 인심이 모두 조씨(趙氏)에게로 돌아갔다." 하고, 밤낮으로 임금께 말하여 임금의 뜻을 흔들었다. 또 산 벌레가 나무 열매의 감즙(甘汁)을 먹기 좋아하니 일부러 그 즙으로 '주초위왕(走肖爲王)' 4자를 금원(禁苑)의 나뭇잎에 써서 산 벌레가 갉아먹게 하여 자국이 생겼는데, 글자가 마치 부참서(符讖書)와 같았다. 이것을 따서 임금께 아뢰니 임금이 듣고 의혹하였다. 심정이 또 경빈(敬嬪) 박씨(朴氏)의 문안비(問安婢)를 꾀어서 말하기를, "조 씨가 나라를 마음대로 하매 사람들이 모두 칭찬한다." 하여 마치 여염 사이의 보통 말처럼 만들어서 궁중에 퍼트려 임금의 마음으로 하여금 두렵고 위태롭게 여기게 하였다. 그렇게 한 뒤에 홍경주가 언문 편지를 가지고 밀지(密旨)라 일컬으면서 불평을 가진 정승들에게 말하여 시일을 정해 모이게 하니, 지중추 안윤덕(安潤德)은 대답하기를, "신은 능히 하지 못할 일입니다." 하고, 권균(權鈞)은 지위가 낮다고 사양하였으며, 여성부원군(礪城府院君) 송일(宋軼)은 병이 있어 일어나지 못한다고 사양하였다.

《기묘당적보(己卯黨籍補)》

이황, 『성학십도(星學十圖)』

성학십도(聖學十圖)를 올리는 차자. 도(圖)를 아울러 올리다

판중추부사(判中樞府事) 신 이황은 삼가 재배(再拜)하고 아룁니다. 도(道)는 형상(形象)이 없고 하늘은 말이 없습니다. 하도(河圖)와 낙서(洛書)가 나오면서 성인이 이것을 근거로 하여 괘효(卦爻)를 만들었으니, 이때부터 비로소 도가 천하에 나타났습니다. 그러나 도는 넓고 크니 어디서부터 착수하여 들어가며, 옛 교훈이 천만 가지인데 어디서부터 따라 들어가겠습니까. 성학(聖學)에는 강령(綱領)이 있고 심법(心法)에는 지극히 요긴한 것이 있습니다. 이것을 드러내어 도(圖)를 만들고, 이것을 지목하여 해설을 만들어서 사람들에게 도에 들어가는 문과 덕을 쌓는 기초를 보여 주니, 이것 역시 후현(後賢)이 부득이하여 만들게 된 것입니다. 하물며 임금의 마음은 만 가지 징조가 연유하는 곳이요 백 가지 책임이 모이는 곳이며, 온갖 욕심이 공격하고 온갖 간사함이 서로 침해하는 곳입니다. 만약에 조금이라도 태만하고 소홀하여 방종이 따르게 되면 마치 산이 무너지고 바다가 들끓는 것과 같을 것이니, 이것을 누가 막겠습니까. 옛날의 성군(聖君)과 현명한 왕은 이런 점을 근심하였습니다. 그리하여 항상 조심하고 공경하며 두려워하기를 날마다 하면서도 오히려 미흡하다고 여겨 스승을 정하여 놓고 굳게 간(諫)하는 직책을 만들어서, 앞에는 의(疑)가 있고 뒤에는 승(丞)이 있으며, 왼쪽에는 보(輔)가 있고 오른쪽에는 필(弼)이 있으며, 수레를 탈 때는 여분(旅賁)의 경계함이 있고, 조회를 받을 때는 관사(官師)의 법이 있으며, 책상에 기대고 있을 때는 훈송(訓誦)의 간(諫)이 있고, 침소에는 설어(暬御)의 잠(箴)이 있으며, 일에 당면할 때는 고사(瞽史)의 인도(引導)가 있고, 사사로이 거처할 때는 공사(工師)의 송(誦)이 있으며, 소반과 밥그릇·책상·지팡이·칼·들창문에 이르기까지 무릇 눈이 가는 곳과 몸이 처하는 곳은 어디든지 훈계를 새겨 놓지 않은 곳이 없었습니다. 마음을 유지하고 몸을 방범(防範)하는 것이 이와 같이 지극하였으므로 덕이 날로 새롭고 공업(功業)이 날로 넓어져서 작은 허물도 없고 큰 이름이 나게 된 것입니다. 그런데 후세의 군주는 천명을 받고 왕위에 올랐으니 그 책임이 지극히 중하고 지극히 큼에도 스스로 몸과 마음을 다스리기 위해 구비한 것이 이같이 엄격한 것이 하나도 없었습니다. 왕공(王公)과 수많은 백성들의 추대에 들떠서 버젓이 성인처럼 굴며 오만 방자하게 구니, 결국 난이 일어나고 멸망하는 것이 어찌 괴이한 일이라 하겠습니까. 그러므로 이러한 때에 남의 신하가 되어서 임금을 인도하여 도에 합당하도록 하려는 이는 온갖 정성을 다 바쳤습니다. 장구령(張九齡)이 《금감록(金鑑錄)》을 올린 것과 송경(宋璟)이 〈무일도(無逸圖)〉를 바친 것과 이덕유(李德裕)가 〈단의육잠(丹扆六箴)〉을 바친 것과 진덕수(眞德秀)가 〈빈풍 칠월도(豳風七月圖)〉를 올린 것 같은 따위는 다 임금을 아끼고 나라를 근심하는 깊은 충의와 선을 베풀고 가르침을 드리는 간절한 뜻이니, 임금으로서 깊이 유념하고 공경히 마음에 담아 두지 않아서야 되겠습니까. 신은 지극히 어리석고 지극히 비루한 몸으로 그간 여러 조(朝)에 입은 은혜를 저버리고 병으로 시골에 들어앉아 초목과 함께 썩어가고자 했는데, 뜻밖에 허명(虛名)이 잘못 알려져서 불려 와 강연(講筵)의 중한 자리에 앉게 되니, 떨리고 황송하며 사양하여 피할 길이 없습니다. 이미 면하지 못하고 이 자리를 더럽힌 이상, 이에 성학(聖學)을 권도(勸導)하고 군덕(君德)을 보양하여 요순(堯舜)처럼 융성한 데 이르도록 할 직책을 비록 감당할 수 없다고 사양한들 되겠습니까. 다만 신은 학술이 거칠고 말주변이 어눌한데 여기에다 잇따른 병고로 시강(侍講)도 드물게 하다가 겨울철 이후로는 전폐하게 되었으니, 신의 죄는 만번 죽어도 마땅한지라 근심되고 두려운 마음 둘 곳이 없습니다. 신이 삼가 생각해 보건대, 당초에 글을 올려 학문을 논한 말들이 이미 성상의 뜻을 감동시켜 분발하게 해 드리지 못하고, 그 뒤로도 성상을 대하여 여러 번 아뢴 말씀이 또 성상의 예지에 조금도 도움이 되지 못하였으니, 미력한 신의 정성으로는 무엇을 말씀드려야 할지 모르겠습니다. 다만 옛 현인과 군자들이 성학(聖學)을 밝히고 심법(心法)을 얻어서 도(圖)를 만들고 설(說)을 만들어 사람들에게 도에 들어가는 문과 덕을 쌓는 기초를 가르친 것이 오늘날 세상에 행해져 해아 별같이 환합니다. 이에 감히 이것을 가지고 나아가 전하께 진술하여, 옛 제왕(帝王)들의 공송(工誦)과 기명(器銘)의 끼친 뜻을 대신하고자 합니다. 이것은 기왕의 성현들에 힘입어 장래에 유익하도록 하려는 바람에서입니다. 이에 삼가 그중에서 더욱 뚜렷한 것만 골라 일곱 개를 얻었습니다. 그중 〈심통성정도(心統性情圖)〉는 정임은(程林隱)의 그림에다가 신이 만든 두 개의 작은 그림을 덧붙인 것이요, 이 밖에 또 세 개는 그림은 비록 신이 만들었으나 그 글과 뜻이 조목(條目)과 규획(規畫)에 있어서 한결같이 옛 현인이 만든 것을 풀이한 것이지 신의 창작이 아닙니다. 이것을 합하여 〈성학십도〉를 만들고 각 그림 아래에 또 외람되게 신의 의견을 덧붙여서 삼가 정사(精寫)하여 올립니다. 신은 추위에 떨리고 병으로 꼼짝 못하기 때문에 스스로 힘써서 이것을 하자니 눈이 어둡고 손이 떨려 글씨가 단정하지 못한 데다 줄과 글자도 바르고 고르지 못하여 규격에 맞지 않습니다. 혹여 물리치지 않으신다면, 이것을 경연관(經筵官)에게 내리시어 상세하게 논의해서 바로잡고 사리에 어긋난 것을 수정하여, 다시 글씨 잘 쓰는 사람에게 정본(正本)을 정사해서 해당 관서에 보내어 병풍 한 벌을 만들어서 평소 조용히 거처하시는 곳에 펼쳐 놓으시고, 또 별도로 조그마하게 수첩을 만들어서 항상 책상 위에 놓아두고, 기거동작(起居動作)하실 때에 언제나 보고 살피셔서 경계로 삼으신다면, 신의 간절한 충정(忠情)에 이보다 다행히 없겠습니다. 그 뜻에 있어서 미진한 것은 신이 지금 거듭 설명하겠습니다. 일찍이 듣건대, 맹자(孟子)의 말에, "마음의 직책은 생각하는 것이니, 생각하면 얻고 생각하지 못하면 잃어버리고 만다." 하였고, 기자(箕子)가 무왕(武王)을 위하여 홍범(洪範)을 진술할 적에 또, "생각함은 지혜롭다. 지혜로움은 성스러움을 만든다." 하였습니다. 대개 마음은 방촌(方寸)에 갖추어 있으면서 지극히 허령하고, 이치는 도(圖)와 설(說)에 나타나 있으면서 지극히 현저하고 지극히 진실합니다. 지극히 허령한 마음을 가지고 지극히 현저하고 진실한 이치를 구하면 마땅히 얻지 못할 것이 없을 것입니다. 생각하여 얻고 지혜로워 성인이 되는 것이 어찌 오늘날에 징험 되지 못 하겠습니까. 그러나 마음이 허령하다 하더라도 주재(主宰)하는 바가 없으면 일을 당하여도 생각하지 못하고, 이치가 현저하고 진실하다 하더라도 조관(照管)하지 않으면 항상 눈앞에 있을지라도 보지 못하게 됩니다. 또한 이 도식(圖式) 때문에 깊이 생각하는 것을 소홀히 하여서는 아니 됩니다. 또 듣건대 공자(孔子)께서는, "배우고도 생각하지 아니하면 어두워지고, 생각만 하고 배우지 아니하면 위태로워진다." 하였습니다. 학(學)이란 그 일을 습득하여 참되게 실천하는 것을 이르는 것입니다. 무릇 성문(聖門)의 학이란 마음에서 구하지 않으면 어두워져서 얻지 못하는 까닭에 반드시 생각하여 그 미묘한 이치를 통해야 하고, 그 일을 습득하지 못하면 위태로워져서 불안한 까닭에 반드시 배워서 그 실상대로 실행하여야 합니다. 이리하여 생각하는 것과 배우는 것이 서로 분명히 해 주고 도움을 주어야 합니다. 원하건대 성명께서는 깊이 이 이치를 밝히시고 모름지기 먼저 뜻을 세우시어, "순(舜)은 어떤 사람이고 나는 어떤 사람이냐, 노력하면 이와 같이 된다."라고 생각하시어 분연(奮然)히 힘을 내셔서 생각하고 배우는 이 두 가지 공부에 힘쓰십시오. 그리고 또한 경(敬)을 지킨다는 것은 생각과 배움을 겸하고 동(動)과 정(靜)을 일관하며, 안과 밖을 합일하고 드러난 곳과 은미(隱微)한 곳을 한결같이 하는 도(道)입니다. 이것을 하는 방법은 반드시 삼가고 엄숙하고 고요한 가운데 이 마음을 두고, 배우고 묻고 생각하고 분별하는 사이에 이 이치를 궁리하여, 보이지 않고 들리지 않는 곳에서 경계하고 두려워하기를 더욱 엄숙하고 더욱 공경히 하며, 은미한 곳과 혼자 있는 곳에서 성찰하기를 더욱더 정밀히 하는 것입니다. 어느 한 그림을 두고 생각할 적에는 마땅히 이 그림에만 마음을 오로지해서 다른 그림이 있다는 것을 알지 못하는 것처럼 하고, 어떤 한 가지 일을 습득할 적에는 마땅히 이 일에 오로지하여서 다른 일이 있다는 것을 알지 못하는 것처럼 합니다. 아침저녁으로 변함이 없이 매일매일 계속하고, 혹 새벽에 정신이 맑을 때에 그것을 되풀이하여 그 뜻을 이해하고 혹 평상시에 사람을 응대할 때에 몸소 경험하고 북돋우면, 처음에는 혹 부자연스럽고 모순되는 불편을 면하지 못하고 또 때로 극히 고통스럽고 쾌활하지 못한 병통이 있기는 하지만, 이것이 곧 옛사람들이 이른바 장차 크게 향상하려는 징조요 좋은 소식의 징조라고 하겠으니, 절대로 이런 문제로 인해서 스스로 저상되어서는 안 됩니다. 더욱 자신을 가지고 힘써서 참된 것을 많이 쌓고 오래 힘써 나가면 자연히 마음과 이치가 서로 물 배듯하여 어느새 이해하고 통달하게 되며, 익히는 것과 일이 서로 익숙해져 점점 순탄하고 편하게 행해지는 것을 보게 됩니다. 처음엔 각각 그 하나에만 오로지하던 것이 나중에는 하나의 근원에서 만나게 될 것입니다. 이것이 실로 맹자가 논한 바, "깊이 나아가기를 도로써 하여 자득하게 된 경지"이며 "생겨나면 어찌 그만둘 수 있겠는가"라는 말의 증험입니다. 또 따라서 부지런히 힘써서 자신의 재주를 다하면, 안자(顔子)가 인(仁)에서 떠나지 않은 것과 나라 다스리는 일을 물은 것이 바로 그 가운데 있고, 증자(曾子)가 충서 일관(忠恕一貫)하여 도(道)를 전함을 맡은 것도 바로 자신에게 있게 될 것입니다. 두려워하고 공경함이 일상생활에서 떠나지 않아 중화(中和)를 극치(極致)로 하여 천지 만물의 위육(位育)에 참여하는 공(功)을 이룰 수 있으며, 덕행이 떳떳한 인륜에서 벗어나지 않아 천(天)과 인(人)이 합일하는 묘리를 얻을 수 있을 것입니다. 이제 여기에 그 도(圖)와 설(說)을 겨우 열 폭밖에 안 되는 종이에 베풀어 놓았습니다. 이것을 보고 생각하고 익히는 것은 평소 조용히 혼자 계실 때에 하는 것이지만, 도를 깨달아 성인이 되는 요령과 근본을 반듯하게 하여 나라를 다스리는 근원이 다 여기에서 나옵니다. 오직 전하께서는 정신을 가다듬어 뜻을 더하여서 처음부터 끝까지 여러 번 반복하되, 하찮은 것이라고 소홀히 하지 마시고 싫증이 나고 번거롭다고 그만두지 않으신다면, 국가로서도 매우 다행한 일이며 신하와 백성들에게도 매우 다행한 일이라 하겠습니다. 신(臣)은 야인(野人)이 근폭(芹曝)을 올리는 정성을 이기지 못하여, 전하의 위엄을 모독하는 줄 알면서도 이렇게 바치나이다. 황송하고 송구스럽습니다. 처분을 기다립니다.

이이, 『성학집요(星學輯要)』

진차(進箚)

홍문관 부제학(弘文館副提學) 신(臣) 이이(李珥)는 삼가 아뢰니다. 소신이 땅강아지나 개미 같은 미미한 생명으로 천지 같은 넓은 은혜를 입었사오니, 은혜는 바다보다 깊고 의리는 산보다 중합니다. 지혜와 정성을 다하여 만분의 일이라도 우러러 보답하고자 하오나, 오직 타고난 기질이 순수하지 못하고 공부도 얕사옵니다. 재주로 보더라도 엉성하여 실제로 쓰이기에 적당하지 않고, 학문을 보더라도 거칠어 실효(實效)를 보지 못하였사옵니다. 안으로는 시종관(侍從官)이 되었으나 임금의 계책을 돕지 못하였고, 밖으로는 감사(監司)가 되었으나 덕화(德化)를 펴지 못하였사오니, 백번 생각하여도 돌아가서 농사를 짓는 수밖에는 다른 계책이 없사옵니다. 그렇지만 임금을 사랑하는 일념(一念)만은 천성[秉彝]에 근거한 것이어서 잊으려고 하여도 잊지 못하여, 여러 번 망설이고 생각하여 발길이 떨어지지 않고 간절히 그리워서 물러갔다가 다시 나왔습니다. 나무하고 꼴 베는 사람 수준의 별 볼 일 없는 지혜로라도 반드시 성상[冕旒]께 모두 아뢰어, 아주 적은 도움이나마 드린 뒤에야 마음 편히 지낼 수 있겠사옵니다.

가만히 생각건대, 제왕(帝王)의 도(道)는 심술(心術)의 은미[微]한 데 근거를 두고 문자(文字)로 드러내고 있습니다. 성현(聖賢)이 잇달아 일어나서 때에 맞게 가르침을 세우고 반복해서 이치를 따져 밝혔기 때문에, 책이 점점 많이 엮어져 경전(經典)과 훈고(訓詁), 제자서(諸子書)와 역사서가 이루 다 셀 수 없이 많아졌습니다. 어느 것인들 도(道)를 기록한 문자(文字)가 아니겠사옵니까. 지금부터는 성현이 다시 나오더라도 더 이상 미진(未盡)한 말이 없을 것입니다. 그러니 다만 성인의 말로써 이치를 살피고, 이치를 밝혀서 행동으로 옮겨, 자신을 완성하고 사물을 이루는 노력을 다하면 될 뿐이옵니다. 후세에 도학(道學)이 밝지 않고 행해지지 않는다면 폭넓게 독서하지 못한 것을 근심할 것이 아니라, 정밀하게 이치를 살피지 못한 것을 근심해야 하며, 지식과 견문이 넓지 못한 것을 근심할 것이 아니라, 실천함이 독실하지 못한 것을 근심해야 할 것입니다. 살피는 데 정밀하지 못한 것은 그 요령을 얻지 못해서요, 실천하는 데 독실하지 못한 것은 성의를 다하지 못해서입니다. 그 요령을 얻은 뒤에 그 맛을 알게 되고, 그 맛을 안 뒤에 그 성의를 다하게 된다는 말을 신이 해 온 지 오래이옵니다. 전부터 자료를 모아 책으로 엮어서 요령을 얻는 방법으로 삼아, 위로는 우리 임금에게 바치고 아래로는 후생(後生)에게 가르치고 싶었사오나, 저 자신을 돌아볼 때 부끄러운 점이 많아 뜻이 있어도 이루지 못하였습니다. 계유년(1573, 선조6)에 특별한 조서[特召]를 받고 감히 끝까지 사양하지 못하고 명을 받들어 직무를 맡아 신하의 대열에서 수행(隨行)하였사오나, 나라에는 공을 세우지 못하고 학문에는 해(害)가 되었사오니 스스로 탄식할 뿐입니다. 많은 은혜를 입고도 책임을 다하지 못하였기에 비로소 책을 엮어 보려는 계획을 정하여 경전(經傳)을 탐색하고 사적(史籍)을 추리다가 절반도 채 이루지 못하고 병이 들어 조정을 떠나게 되었습니다. 시골에 살면서도 작은 정성이나마 그치지 않고, 한가하게 혼자 있을 때 하던 일을 계속하였사옵니다. 그런데 탈고(脫藁)도 하기 전에 또 황해도 관찰사에 임명되었습니다. 공문서를 처리하느라 시

달려 이 일만 잡고 있지 못하였고, 게다가 병까지 나 여러 달을 덮어 두었다가 올해 초가을에 비로소 편(編)을 만들어 그 이름을 《성학집요(聖學輯要)》라고 하였습니다. 제왕(帝王)의 학문하는 본말(本末)과, 정치의 선후(先後)와, 덕을 밝히는 실효(實效)와, 백성을 새롭게 하는 실적(實跡)에 대해 모두 대충이나마 큰 틀을 잡아 놓았습니다. 작은 것을 미루어 큰 것을 알게 하고 이것을 통해 저것을 밝혔습니다. 천하의 도(道)는 실로 여기에서 벗어나지 않사옵니다. 이것은 신의 글이 아니오라 성현(聖賢)의 글이옵니다. 비록 신의 식견이 비루(卑陋)하여 목차를 정하는 데 실수가 있을 수는 있을지언정 모은 말[言]들은 글귀마다 약이 되는 것들이니, 자신에게 절실한 교훈이 아닌 것이 없사옵니다. 정자(程子)가 말하기를, "학문이 지극하지 않더라도 말이 지극한 사람이 있다고 할 때, 그 말을 좇으면 도(道)에 들어갈 수가 있다." 하였습니다. 이 책이 신의 손에서 나왔다 하더라도 또한 사람을 보고 말을 폐(廢)해서는 안 될 것이온데, 하물며 성현(聖賢)의 말씀이겠사옵니까. 이에 만 번 죽음을 무릅쓰고 3책을 흰 보자기에 싸서 단지(丹墀 조정)에 절하고 바치옵니다. 읽어 보시고 성현의 가르침을 깊이 음미하시고, 빛나는 업적을 이어가도록 더욱 노력하시어 높고도 밝으며 넓고도 두터운 경지에 이르신다면, 충성을 다하고자 하는 소신의 뜻도 조금은 펼 수 있을 것이옵니다.

가만히 생각건대, 제왕의 학문은 기질(氣質)을 바꾸는 것보다 절실한 것이 없고, 제왕의 정치는 정성을 다해 어진 이를 등용하는 것보다 우선하는 것이 없을 것입니다. 기질을 바꾸는 데는 병을 살펴 약을 쓰는 것이 성과를 거두고, 정성을 미루어 어진 이를 쓰는 데는 상하(上下)가 틈이 없는 것이 좋은 결과를 얻습니다. 삼가 뵈옵건대, 전하께서는 누구보다도 총명하고 지혜로우시며 천성적으로 효도와 우애와 공손과 검소함을 지니셨습니다. 성색(聲色)과 이욕(利欲)은 뿌리부터 싹 끊어졌으니, 역사상 견줄 만한 이가 드뭅니다. 이것이 신이 황극(皇極)에 마음을 두고 왕궁[紫闥]에 정(情)을 걸고서, 참다운 덕을 성취하시어 삼황(三皇) · 오제(五帝)를 따르시는 것을 보고자 하는 이유입니다.

다만 병통을 논하자면 영특한 기질이 너무 드러나다 보니 착한 것을 받아들이는 도량이 넓지 못하시고, 노기(怒氣)를 쉽게 발[易發]하여 남과 겨루어 이기기를 좋아하는 사사로운 마음을 버리지 못하셨습니다. 이러한 병폐를 제거하지 않으시면 도에 들어가는 데 방해가 될 것이옵니다. 그리하여 부드러운 말을 하는 자가 많이 받아들여지고, 면전에서 직언하여 과실을 지적하는 자는 반드시 거슬리게 될 것입니다. 그것은 성제(聖帝)와 명왕(明王)이 자신을 비워 남을 따르는 도(道)가 아닐 것입니다.

이제 여러 가지 일을 두고 말씀드리겠사옵니다. 전하께서는 부인과 내관을 엄격하게 대하시어 조금도 정에 연연하는 생각은 없으십니다. 그러나 언관(言官)들이 편애하여 비호한다고 지적하면 갑자기 고함을 질러 도리어 편애하여 비호하는 뜻을 보이십니다. 또 나랏일이 날로 망가지는 것을 보고 바로잡을 뜻이 없는 것은 아닙니다. 그러나 언관들이 고집하신다고 나무라면 문득 더 완강히 거절하여 도리어 고집하는 뜻을 보이십니다. 말씀하시고 일을 처리하는 것이 이와 같은 것이 비록 모든 신하들이 성상(聖上)의 마음을 알지 못한 탓이기도 하지만, 전하께서 도량이 넓지 못하시고 사사로움을 극복하지 못하셨기 때문이기도 합니다.

옛날의 성왕(聖王) 중에는 그렇지 않은 이가 있었습니다. 위대한 순 임금께서는 함부로 놀면서 오만하고 포학하게 행동하지 않았습니다. 그런데도 백익(伯益, 순 임금의 신하)이 경계하기를, "단주(丹朱, 요 임금의 아들)처럼 되지 말라."고 하였습니다. 무왕(武王)은 작은 행실 하나도 조심스럽게 했습니다. 그런데도 소공(召公)이 경계하기를, "끝까지 조심하지 않으면 일을 이룰 수 없다.[功虧一簣]"라고 하였습니다. 위대한 순 임금과 무왕은 마음을 비우고 공경스럽게 받아들였으니, 어찌 털끝만큼이라도 서로 알지 못하는 유감이 있었겠사옵니까. 이제 전하께서는 자질이 순수하고 학문이 고명하시어, 순 임금이나 무왕과 같이 되시는 것을 감히 막지 못할 것이옵니다. 그러하온데 어찌하여 뜻을 세우기를 돈독히 하지 않으시고 착한 것을 취하기를 널리 하지 않으십니까. 여러 신하들이 잘못을 바로잡아 허물이 없게 해드리고자 하면 반드시 이해를 못한다고 의심하시고, 착한 말을 아뢰고 어려운 일을 권하여 요순의 도로 인도하려고 하면 반드시, 감당할 수 없다고 거절하십니다. 전하께서 한가하시거나 은미한 가운데 읽으시는 것이 무슨 책이오며, 힘쓰시는 것이 무슨 일이옵니까. 자질이 아름다운데도 충분히 기르지 못하고 병통이 깊어도 고치지 못하시면, 어찌 신하들만이 아래에서 통탄할 뿐이겠습니까. 황천(皇天)의 조종께서도 위에서 근심하실 것이옵니다.

엎드려 바라옵건대, 전하께서는 먼저 큰 뜻을 세우셔서 반드시 성현(聖賢)을 표준으로 삼으시고, 꼭 삼대(三代, 하·은·주)와 같은 세상을 만들 것이라 기약하시옵소서. 전심하여 글을 읽으시고 사물에 나아가 이치를 궁구하시어 말이 내 마음에 거슬리거든 반드시 도리에 맞는가를 생각하시고, 말이 내 뜻에 맞거든 반드시 도리가 아닌가를 생각하시어 곧은 말을 즐겨 들으시고, 간하는 것을 싫어하시지 마십시오. 착한 것을 받아들이는 도량을 넓히시고, 의리(義理)에 맞는 것이 무엇인지를 깊이 살피시며, 자신을 굽히는 것을 부끄러워 마시고 남에게 이기려는 사사로운 마음을 버리십시오. 일용(日用)하는 사이에 실천하는 것이 성실해져서 한 가지 일도 실수가 없으시고, 조용히 혼자 있는 가운데 마음가짐이 돈독하여 한 가지 생각도 잘못되는 게 없으시고 중도에서 게으르지 않으시고 작은 성공에 만족하지 않으시어, 병통의 뿌리를 모두 버리시고 아름다운 자질을 온전히 하신다면 제왕의 학문을 완성할 수 있으실 것이니, 얼마나 다행한 일이옵니까.

신은 또 엎드려 살피건대, 전하께서는 맡으신 책임이 중하다는 것을 깊이 생각하시고 시운(時運)의 쇠퇴함을 개탄하시며, 온 정성을 다해 다스리는 것을 도모하시어 어진 이에겐 예를 갖추시고, 선비에게는 겸손한 태도로 대하십니다. 대신을 존장(尊長)처럼 공경하시고 신하들을 벗과 같이 여기시며, 행여 다칠세라 백성을 근심하시니 참으로 삼대(三代) 이후로 볼 수 없었던 정치입니다. 이 점이 신이 제 분수를 헤아리지 않고 성상 앞에 함부로 호소하여 반드시 천지를 돌려놓아 세도(世道)를 쇄신하는 것을 보고자 하는 이유입니다. 다만 군신 간에 정성과 믿음이 서로 부합되지 못하여 신하의 정성이 임금께 가닿지 못하고, 신하가 임금의 뜻을 깨닫지 못한다면 책임을 맡겨 임무 수행을 요구하여 지극한 다스림을 이루지 못할까 두렵습니다.

자고로 군신이 서로 마음을 알지 못하면서 공적을 이루었다는 말은 들어 본 적이 없습니다. 삼대 이상은 진실로 논의할 것이 없거니와 광무제(光武帝)가 관중(關中)을 걱정하면서 풍이(馮異)를 깊이 믿은 경우도 그가 절대로 함양왕(咸陽王)이라고 일컫지 않으리란 것을 알았기 때문이오며, 황권(黃權)이 길이 막혀 위(魏)에 투항하면서도 소열(昭烈)을 깊이 믿은 것은, 그가 절대 처자(妻子)를 죽이지 않으리란 것을 알았기 때문이옵니다. 이런 것은 다 충성과 신의가 본래 마음에서 맺어져서 참소와 이간하는 말이 먹힐 데가 없어서입니다. 더구나 성스러운 임금과 어진 신하는 뜻이 같고 도가 맞아 물고기가 물을 만난 듯 서로 기뻐하여, 하루에 세 번씩 만나 덕으로 교화하며 서로 도움을 주어 말하면 다 들어주고 간하면 다 따라 주었습니다. 그러니 어떤 착한 것인들 행하지 못하였겠으며, 어떤 일인들 이루지 못하였겠사옵니까. 이것이 후세의 임금으로서 마땅히 본받아야 할 바이옵니다. 그런데 후세의 임금은 그렇지 아니하여 높은 자리에 거하고 깊은 궁궐에 있으면서, 신하들을 멀리해서 착한 줄을 알고도 등용할 뜻을 보이지 아니하고, 악한 것을 보고도 내치는 명을 내리지 아니하면서 스스로 중요한 기밀을 신하들이 감히 엿볼 수 없게 하는 것이 임금의 체통을 지키는 것이라 여깁니다. 마침내 군자는 감히 그 정성을 다하지 못하고 소인은 그 틈을 타는 데 이르게 되어 사(邪)와 정(正)이 섞이고 시(是)와 비(非)가 모호해져서, 나라를 다스리지 못하게 될 것이오니, 이것을 경계하여야 할 것이옵니다.

지금 전하께서 착한 것을 좋아함이 지극하시긴 하지마는 선비들이 꼭 옳지만은 않다고 의심하시고, 악한 것을 미워함이 깊으시긴 하지마는 비열한 자들이 꼭 그르지만은 않다고 의심을 하십니다. 그러다 보니 곧은 선비나 곧은 척하는 사람이나 모두 잘못을 바로잡아 준다는 이름을 얻게 되어 어진 이가 충성을 다할 수 없게 됩니다. 또 아첨하는 자와 경험 많고 익숙한 신하가 모두 순후(淳厚)하다는 일컬음을 얻게 되어 어리석은 자가 더욱 그 절도를 떨어뜨리게 됩니다. 게다가 신하를 접견하는 일이 아주 드물어, 마음이 가로막혀서 정령(政令)은 천심(天心)과 부합하지 못하고, 출척(黜陟)은 나라 사람의 뜻을 따르지 못하게 됩니다. 선비의 말은 행해지지 아니하고 한갓 큰소리치며 비방하는 말만을 취하며, 백성을 병들게 하는 법을 제거하지 않으면서 오히려 개혁의 부작용에 대해서만 근심합니다. 이 때문에 착한 것을 좋아하면서도 어진 이를 등용하는 실상이 없고, 악한 것을 미워하면서도 간사한 이를 제거하는 유익함이 없어서 의논은 갈라지고 시비는 정해지지 않으며, 충성스럽고 어진 자들에게 믿고 맡기는 일이 없고, 간사하고 잘은 자들에게 틈을 노릴 기회를 만들어 주게 됩니다. 전하(殿下)께서 6척(尺)의 고아를 부탁할 자가 누구이며, 백 리(里)의 명(命)을 기탁할 자가 누구이옵니까. 임금께서 반드시 마음 붙이신 곳이 있을 텐데, 신하들은 알지 못하오니, 이 어찌 상하(上下)에 간격이 없는 실상(實狀)이라 하겠사옵니까.

삼가 바라옵건대, 전하께서는 반드시, 믿을 만한 충성스러운 대신에게 보좌하는 중임(重任)을 맡기시어, 간하면 수용하고 계책을 따라주시어, 처음과 끝을 한결같이 하소서. 또 학문에 밝고 행실이 조촐한 이를 가려서 경연에 두고, 언제라도 출입할 수 있게 해서 항상 좌우에서 모시면서 마음을 다해 임금의 뜻을 열어서 이 시대의 선비들이 모두 흥기(興起)할 뜻을 품게 하소서. 숨어 있는 어진 이까지도 역시 지성(至誠)으로 불러내고, 재능을 고려하여 벼슬을 주되 반드시 제 역할을 다할 수 있는 곳에 두시고, 끝끝내 불러오지 못하는 이도 표창하고 장려하여 그 높은 뜻을 이루어 주소서. 마땅한 때를 헤아리고 역량(力量)을 파악하시면, 비록 갑자기 세도(世道)를 바꿀 수는 없다하더라도, 조정(朝廷)에는 항상 맑은 의논이 펼쳐져 착한 것을 좋아하는 실상을 다 보이소서. 그리하여 유난스러운 자가 감히 사특한 주장을 내어 선왕(先王)의 도를 드러내 놓고 배척하거나, 얼굴빛을 바꾸고는 일을 해낼 세력을 몰래 가로막으려는 자로 그 모습과 자취가 이미 드러나서 가릴 수 없는 자는, 마땅히 귀양 보내고 죽여서 악한 것을 미워하는 실상을 다 보이소서. 반드시 어진 이를 등용하고 못난 자를 물리친다면 위에서는 가려진 바가 없고, 아래에서는 의심하는 바가 없어서, 상하(上下) 간에 마음이 훤히 통하여 온 나라 백성들도 청천백일(靑天白日)같이 실오라기만큼도 다하지 않고 남겨 둔 것이 없는 성상의 마음을 우러러볼 수 있게 될 것입니다. 군자는 믿는 바가 있어서 정성을 다하여 재능을 펼 것이며, 소인은 두려워하는 바가 있어서 얼굴빛을 고쳐 착한 것을 좇게 될 것이니, 정기(正氣)가 자라고 국맥(國脈)이 튼튼해지며 기강(紀綱)이 진작되고 선정(善政)이 행해져서, 제왕의 다스림을 이루신다면 이보다 다행함이 없겠사옵니다.

아, 밝은 임금이 나오는 것은 천 년에 한 번 있을 만한 귀한 일인데 세도(世道)가 추락하는 것은 물이 아래로 흐르는 것처럼 쉽게 일어나는 일입니다. 지금 급히 구원하지 않으면 후회해도 소용없을 것이옵니다. 옛사람이 말하기를, "어리석은 임금을 원망할 것이 아니라 현명한 임금을 원망하라." 하였사옵니다. 이는 어리석은 임금은 하려고 해도 할 능력이 없기 때문에 백성이 기대할 것이 없지마는, 현명한 임금은 할 수 있는 데도 힘쓰지 않기 때문에 백성들의 원망이 깊어지는 것입니다. 그러니 어찌 크게 두려워하지 않을 수 있겠습니까. 신이 지금 엮은 책을 바치면서 다른 군더더기 말씀을 드리는 게 옳지 않습니다마는, 그래도 이와 같이 말씀드리는 것은 진실로 전하께서 기질을 고치시려는 노력이 없거나, 정성을 미루어 어진 이를 등용하는 실상이 없다면, 이 책을 바치더라도 헛말로 돌아가고 말 것이기 때문입니다. 그러므로 이와 같이 외람된 말씀을 드리오니 삼가 바라옵건대, 전하께서는 어리석고 망녕된 것을 용서하시고 인자하게 살피시어 받아 주시옵소서. 재결해 주소서.

柳成龍, 『懲毖錄』 卷3 · 4

수군통제사 이순신을 체포하여 옥에 가두었다.

수군통제사 원균은 이순신이 와서 자신을 구해준 것을 고맙게 여겨 사이가 매우 좋았지만, 얼마 뒤 서로 공을 다투면서 점점 사이가 나빠졌다. 원균은 성격이 음험하고 바르지 못하였으며, 또 중앙과 지방에 연계가 있는 사람이 많아 이순신을 모함하는 데 온 힘을 다하였다. 그는 항상 말하였다.

"이순신이 처음에는 내가 있는 곳으로 오지 않겠다고 하다가 내가 몇 번이나 청해서 왔으니, 왜군에게 승리한 공은 당연히 내가 첫 번째이다."

이때 조저의 여론은 둘로 나뉘었다. 애당초 이순신을 천거한 사람은 나였기 때문에 나를 좋아하지 않는 사람들은 원균과 합세하여 이순신을 공격하는 데 열심이었다. 오직 우의정 이원익만이 사실이 그렇지 않음을 밝혔고, 또 이렇게 말했다.

"이순신과 원균은 각자 지역을 나누어 지키고 있었으므로 처음에 이순신이 곧장 원균에게 가지 않은 것은 그리 잘못한 일이 아닙니다."

이보다 앞서 적장 고니시 유키나가가 왜군 요시라를 보내 경상우병사 김응서의 진영을 왕래하면 정성을 보이고 있었다. 이때 가토 기요마사가 다시 출병하려고 하였는데 요시라가 김응서에게 은밀하게 말하였다.

"우리 장군 고니시 유키나가는 지금 이 화의가 성사되지 못하는 것은 가토 기요마사 때문이라며 장군은 그를 무척 미워한다고 말하였습니다. 아무 날에 가토 기요마사가 바다를 건너올 것인데 조선은 수전에 능하니, 만약 바다에서 기다리고 있으면 그를 죽일 수 있을 것입니다. 부디 이 기회를 놓치지 마십시오.

김응서가 이 말을 위에 알리니 조정에서는 이 말을 믿었다. 해평군 윤근수는 뛸 듯이 기뻐하며 이 기회를 놓칠 수 없다며 여러 차례 임금께 아뢰고 이순신에게는 나가 싸울 것을 재촉하였다. 그러나 이순신은 적의 속인수일지도 모른다고 생각해 며칠 동안 주저하고 있었다. 이즈음 요시라가 다시 와서 말하였다.

"가토 기요마사가 이미 상륙하였습니다. 조선은 어째서 그들을 공격하지 않았습니까?"

그러고는 매우 안타까워하는 척하였다. 이 일이 조정에 알려지자 조정의 대신들은 모두 이순신이 잘못했다고 말하며 잡아들여 문책을 해야 한다고 주장하였다. 현풍 사람 전 현감 박성도 당시 여론에 기대 상소를 올려서는 이순신을 죽여야 한다고 극언을 하였다.

마침내 의금부 도사를 보내 이순신을 체포해오고 이순신을 대신하여 원균을 수군통제사에 임명하였다. 그러나 임금은 여전히 소문이 사실이 아닐 것이라고 의심하여 특별히 성균관 사성 남이신을 한산도에 내려 보내 사정을 알아보게 하였다. 남이신이 전라도에 들어가자 셀 수 없을 정도로 많은 백성과 군인들이 길을 막고 이순신의 억울함을 호소하였다. 그러나 남이신은 사실대로 보고하지 않았다.

"가토 기요마사가 바다 가운데 섬에 일주일간 머무르고 있었으니 만약 우리 군대가 갔더라면 그들을 잡아 올 수 있었을 것입니다. 그러나 이순신이 주저하고 지체하느라 기회를 잃은 것입니다."

이순신이 옥에 갇히자 임금께서 대신들에게 명하여 그의 죄를 의논하게 하였는데, 오직 판중추부사 정탁만이 그를 옹호하며 말하였다.

"이순신은 훌륭한 장군이니 죽여서는 안 됩니다. 군사상의 일보고 불리함은 먼 곳에서는 헤아리기 어렵고, 그가 진격하지 않은 데에는 분명 다른 생각이 있었을 것입니다. 청컨대 그를 너그러이 용서하여 나중에 공을 이룰 수 있도록 해주십시오."

그리하여 조정에서는 이순신을 한 차례 고문하여 사형을 감해주고, 관직을 삭탈하고 사졸로서 군을 따르게 하였다. 이순신의 노모는 아산에 살고 있었는데 이순신이 옥에 갇혔다는 소식을 듣고 걱정하고 근심하다가 세상을 떠났다. 이순신이 옥에서 나와 아산을 지날 때 상복을 입은 채로 곧장 권율의 휘하로 들어가 종군하니, 사람들이 이를 듣고 슬퍼하였다.

정유년 8월 7일에 한산도의 수군이 참패하였다.

통제사 원균과 전라우수사 이억기는 전사하고, 경상우수사 배설은 달아나 죽음을 면하였다.

처음에 원균은 한산에 오자마자 이순신이 정해놓은 규정들을 모두 바꾸고, 군영의 부장이나 군졸들 중에 조금이라도 이순신의 신임을 받았던 자들은 모두 배척하였다. 그중에서도 이영남은 전에 자신이 패하여 도망쳤던 정황을 상세히 알고 있었기 때문에 더욱 미워하였다. 군영에 있던 사람들은 이런 처우를 원통하고 분하게 여겼다.

이순신은 한산도에 있을 때 운주당을 건립하여 아침저녁으로 그곳에 머물러 여러 장수들과 전쟁 및 군무에 관해 토론하였다. 비록 하급 군사라 하더라도 군무에 관하여 하고 싶은 말이 있으면 자유롭게 말할 수 있게 하여 군영 내의 정황을 잘 파악할 수 있었다. 전투에 임할 때는 부하장수들을 모두 불러 계략이나 전술을 묻고 전략을 정한 이후에 전투를 벌였기 때문에 패하는 일이 없었다.

그러나 원균은 운주당에 애첩을 데려다 놓고 둘레에는 두꺼운 울타리를 쳐 안과 밖을 격리시켰다. 여러 장수들이 그의 얼굴을 볼 수가 없었다. 또 술을 좋아하여 술주정과 화내기를 일삼았고, 형벌을 집행하는 양반에도 일정한 법도가 없었다. 군영의 군사들은 이렇게 말하였다.

"적을 만나면 도망가는 수밖에 없지!"

장수들도 자기들끼리 서로 조롱하고 비웃었으며 원균에게 군사일을 보고하지 않았고, 그를 두려워하지도 않았다. 그런 까닭에 원균이 내리는 명령이 제대로 이루어지지 않았다.

이때 왜군은 다시 쳐들어오려고 하고 있었다. 이에 고니시 유키나가가 다시 통역관 요시라를 보내 당시 경사좌도병마절도사 김응서에게 거짓으로 말하였다.

"아무 날에 왜의 함대가 추가로 도착할 것이니 조선군은 그때를 기다렸다가 공격하는 것이 좋겠습니다."

도원수 권율은 그 말을 믿었고, 또 이순신이 전에 적과 싸우지 않고 머뭇거리다가 죄를 얻은 일이 있었기 때문에 날마다 원균에게 진격하라고 재촉하였다. 원균도 이순신이 적을 보고도 진격하지 않았다고 모함해서 그의 자리를 꿰찬 것이었기 때문에, 상황이 이렇게 되자 형세가 불리하다는 것을 알면서도 핑계 댈 말이 없었다. 그래서 어쩔 수 없이 모든 함선을 이끌고 진격하였다.

왜군의 군영은 언덕 위에 있었는데 조선 함대가 지나는 것을 내려다보고는 자기들끼리 신호를 보냈다. 원균이 절영도에 이르렀을 때 바람이 불어 파도가 일어나는데다가 해는 이미 지고 함대를 정박할 장소도 없었다.

멀리서 왜군의 함대가 출몰하는 것을 보고 원균은 군사들에게 나아가 싸우라고 지시하였다. 그러나 배 안에 있던 사람들은 한산도에서부터 종일 노를 저어 오느라 제대로 쉬지 못한데다가 허기와 갈증까지 심해져 도저를 배를 제대로 움직일 수 없었다. 이에 우리 함대들은 왼쪽으로 갔다가 오른쪽으로 갔다가, 앞으로 갔다가 뒤로 갔다가 하며 잠깐 나왔는가 싶다가 금세 물러나 있곤 하였다. 밤이 깊어지고 바람이 강해지자 우리 함대는 사방으로 흩어져서 표류하며 어디로 가는지 전혀 방향을 모르고 있었다.

원균은 간신히 남은 배를 수습하여 가덕도로 돌아갔다. 장수들과 군사들은 갈증이 심해서 앞 다투어 배에서 내려 물을 찾았다. 이때 왜병들이 갑자기 섬 가운데에서 뛰쳐나와 우리 군사들을 덮치니, 그 와중에 장수와 군사 400명을 잃었다. 원균은 다시 퇴각하여 거제 칠천도에 도착하였다.

권율은 당시 거제 옆 고성에 있었는데, 원균이 아무런 성과를 내지 못하자 격문을 보내 그를 불러 곤장을 치고 다시 나가서 싸우라고 지시하였다. 곤장을 맞고 군영에 돌아온 원균은 몹시 분해하며 술이 취해서는 드러누웠다. 휘하 장수들이 원균을 만나서 대책을 논의하고자 하였지만, 그럴 수 없었다.

그날 밤중에 왜군의 함대가 와서 원균의 부대를 기습하니 원균의 부대는 대패하였다. 원균은 달아나 해변에 도착해서는 배를 버리고 언덕으로 올라가 달아나려고 하였지만 몸이 뚱뚱하고 둔해서 소나무 아래에 앉아 있었다. 그 사이에 측근들은 모두 달아났다. 어떤 사람은 원균이 적에게 살해되었다고 하고, 어떤 사람은 달아나서 목숨을 건졌다고 하는데 무엇이 사실인지는 알 수 없다.

이억기는 배에서 바다로 뛰어들어 죽었다. 배설은 이 일이 있기 전부터 원균에게 이대로는 반드시 질 것이라며 여러 번 간언하였고, 패전한 당일에도 말하였다.

"칠천도는 수심이 얕고 물목이 좁아서 움직이기에 불리하니 반드시 다른 곳으로 진을 옮겨야 합니다."

그러나 원균은 그의 말을 모두 듣지 않았다. 이에 배설은 자신이 거느린 함대의 변란을 대비하여 경계 태세를 유지하라고 미리 일러두었다. 배설은 왜군이 침범하여 급습하는 것을 보고 항구를 빠져나와 먼저 달아났기 때문에 그의 부대만이 온전히 살아남았다. 배설은 한산도로 돌아와 섬에 남은 사람들을 다른 곳으로 옮겨가게 해 왜군을 피하게 한 후에 막사와 군량, 군기를 태우고 자신도 떠났다.

조선 수군이 한산도에서 패전한 이후 왜군은 승세를 타고 서쪽으로 향하여 남해와 순천을 함락시켰다. 왜군의 함대는 두치진에 상륙하여 바로 진격하여 남원을 포위하니, 충청도와 전라도가 크게 소란스러워졌다.

왜군이 임진년에 우리 국경에 쳐들어온 이후로 오지 우리 수군에게만 패배하였다. 도요토미 히데요시는 이에 화가 나서 고니시 유키나가에게 반드시 우리 수군을 쳐부수라고 명하였다. 이에 고니시 유키나가는 요시라를 시켜 거짓으로 김응서에게 왜군의 상황을 알려주는 척하면서 이순신이 죄를 얻게 하였고, 또 원균 부대의 실상을 모두 파악한 뒤 원균의 부대를 바다 한가운데로 유인하여 급습하였던 것이다. 적의 교묘한 계략에 우리들이 모두 말려들고 말았으니, 참으로 안타깝다.

이순신을 다시 기용하여 삼도 수군통제사로 삼았다.

한산도에서의 패전보가 도착하자 조정과 백성들이 모두 놀라고 두려워하였다. 임금께서 비변사의 신하들을 불러 여러 가지를 물으셨지만, 신하들도 당혹스러워 뭐라 대답해야 할지를 몰랐다. 경림군 김명원, 병조판서 이항복이 조용히 아뢰었다.

"이 패배는 원균이 죄입니다. 이순신을 다시 기용하여 통제로 삼으셔야 합니다."

임금께서 허락하였다. 이미 권율은 원균이 패배하였다는 소식을 듣고 이순신을 보내 남아 있는 군사들을 수습하게 하였다. 그때 왜군이 가득 몰려오고 있었기 때문에 이순신은 군관 한 사람과 함께 경상도에서 전라도로 들어갔다. 이순신은 몰래 숨어 다니며 길을 돌고 돌아 진도에 도착하였고, 군사들을 모아 적을 막고자 하였다.

통제사 이순신이 진도 벽파정 아래에서 왜병을 격파하고 왜장 마다시를 죽였다.

이순신은 진도에 도착해 10여 척의 병선을 수습하여 얻었다. 이때 바닷가 지역에는 배를 타고 피난해 있는 사람들이 무수히 많았는데, 이순신이 도착하였다는 소식을 듣고는 모두 기뻐하였다. 이순신이 여러 방면에서 이들을 부르니 멀고 가까운 지역에서 사람들이 구름처럼 모여들었다. 이순신은 이들에게 우리 군대의 후방에 있으면서 주력부대의 군세를 돕게 하였다.

왜장 마다시는 해전에 능하다고 평판이 난 장수이다. 그는 서해를 침범할 계획으로 배 200여 척을 이끌고 와서 우리 군대와 벽파정 아래에서 만났다. 이순신은 12척의 배에 대포를 싣고 바닷물의 흐름을 타며 적을 공격하니 적이 패하여 달아났고, 우리 군대의 명성이 크게 떨치게 되었다.

이때 이순신은 8,000여 명의 군사를 데리고 고금도에 주둔하고 있었는데 군량미가 부족한 게 염려되었다. 그래서 해로 통행첩을 만들고 군중에 명령하였다.

"이 통행첩 없이 전라·경상·충청 삼도의 바다 근처를 오가는 모든 공선과 사선은 간첩으로 간주하여 통행하지 못하게 할 것이다."

그러자 배에서 피난생활을 하던 자들이 모두 와서 통행첩을 받아갔다. 이순신은 그들이 탔던 배의 크기에 따라 차등을 두어 곡식을 바치고 통행첩을 받아가게 하였다. 큰 배는 석 섬, 중간 배는 두 섬, 작은 배는 한 섬이었다. 배에서 피한하던 사람들은 재물과 곡식을 모두 싣고 바다로 들어왔기 때문에 곡식 바치는 것을 어렵게 여기지 않았고, 통행이 금지되지 않은 것을 기뻐하였다.

그리하여 열흘 만에 군량미 1만여 석을 얻을 수 있었다. 또 백성들이 모아 온 구리와 쇠를 운반하여 대포를 주조하고 나무를 베어 배를 만들어 모든 일이 갖추어지니 멀고 가까운 지역으로 피난을 갔던 사람들도 돌아와서 이순신에게 의지하였다. 그들이 집을 짓고 움막을 세워 장사를 하며 먹고사니, 고금도에서 그들을 다 수용할 수 없을 정도였다.

얼마 후 명나라에서 수병 도독 진린이 우리나라에 들어와 남쪽의 고금도에서 이순신과 병력을 합쳤다. 진린이 성품이 사나워서 사람들과 부딪치는 경우가 많았기 때문에 사람들은 그를 두려워하였다. 임금께서는 청파 들판에서 남쪽으로 떠나는 진린을 위해 잔치를 열어주셨다.

나는 진린 부대의 군사가 거리낌 없이 수령을 때리고 욕을 하며, 찰방 이상규의 목에 밧줄을 매서 끌고 다녀 얼굴 한가득 피가 흘러내리는 모습을 보았다. 그래서 역관을 시켜 그를 풀어주도록 청하였지만 듣지 않았다. 내가 함께 앉아 있던 재신들에게 말하였다.

"안타깝지만 이순신의 군대가 장차 또 왜군에게 질 것입니다. 진린과 같은 부대에 있으면 진린이 사사건건 간섭하면서 서로 의견이 맞지 않으면 장수의 권한을 빼앗고 군사들에게 포악하게 굴 것입니다. 만약 그를 거스른다면 더욱 화를 낼 것이고, 그를 따른다면 더욱 거리낌 없이 행동할 것이니, 군대가 어찌 패하지 않을 수 있겠습니까?"

여러 사람이 내 의견에 동의하면서 서로 탄식만 할 뿐이었다.

이순신은 진린이 곧 도착한다는 소식을 듣고 군사들에게 대대적으로 사냥하고 고기를 잡게 하여 매우 많은 사슴·돼지·해산물을 마련하고 술과 안주를 성대하게 준비하여 그를 기다렸다. 진린의 배가 바다에서 들어오자 이순신은 군대의 법식을 갖추고 멀리까지 나가 그를 맞이하였고, 도착한 뒤에는 그의 부대를 위해 크게 잔치를 베풀었다. 사졸들은 과연 이순신은 훌륭한 장수라는 말을 주고받았고, 진린도 매우 기분이 좋았다.

오래지 않아 왜군의 배가 섬 근처까지 침범해오자 이순신이 군대를 보내 무찌르고 왜군의 머리 40개를 베어 모두 진린에게 주며 그의 공으로 돌렸다. 진린은 기대 이상의 대우에 기뻐하였다. 이후 진린은 모든 일을 하나하나 이순신에게 물었고, 외출할 때에도 이순시과 가마를 나란히 하며 결코 앞서 나가지 않았다.

이순신은 마침내 명나라 군대와 우리 군대에 차별을 두지 말 것을 진린과 약속하였다. 실오라기 하나라도 백성의 물건을 빼앗는 군사는 잡아다가 곤장을 때리니 감히 명령을 위반하는 자가 없어 섬이 평안하였다. 진린은 임금께 글을 올렸다.

"통제사는 천하를 경영할 만한 재주와 나라의 어려움을 해결할 만하 공을 지니고 있습니다."

이는 진심으로 이순신에게 감복한 것이다.

10월에 명나라 제독 유정이 다시 순천의 적진을 공격하였다.

통제사 이순신은 수군을 이끌고 바다에서 왜군의 구원병을 크게 격파하였지만, 이 싸움에서 전사하였다. 적장 고니시 유키나가는 성을 버리고 달아났고, 부산·울산·하동 등 해안가에 주둔하고 있던 적들이 모두 물러났다.

이때 고니시 유키나가는 순천 예교에 성을 쌓고 굳게 지키고 있었다. 제독 유정이 대군을 이끌고 나아가 공격하였으나, 이기지 못하고 순천으로 돌아왔다.

얼마 후 다시 진격하여 성을 공격하였는데, 이순신과 명나라 도옥 진린은 바다 어귀를 끼고 접근하였다. 고니시 유키나가가 사천에 있던 왜장 시마즈 요시히로에게 구원을 요청하니, 시마즈, 요시히로가 뱃길을 따라 구원하러 왔다. 이순신이 진격하여 시마즈의 군대를 크게 격파하고 적의 배 200여 척을 불태웠으며, 수많은 왜군을 죽이거나 사로잡았다.

달아나는 왜군을 추격하여 남해의 경계에 이르렀을 때 이순신은 왜군의 화살과 돌을 무릅쓰고 직접 힘을 다해 싸웠다. 그때 날아오는 총알이 이순신의 가슴을 뚫고 등 뒤로 나가니 주변에 있던 사람들이 그를 부축하여 장막 안으로 들어갔다. 이순신이 말하였다.

"전투가 급박하니 나의 죽음을 말하지 말라.

그러고 나서 숨을 거두었다. 이순신의 조카 이완은 평소 담력과 기량을 갖추고 있었다. 이순신의 죽음을 비밀로 하고 이순신의 명령이라며 더욱 강하게 싸움을 독려하니 군사들은 그의 죽음을 알지 못하였다.

진린이 탄 배가 적에게 포위당하자 이완이 멀리서 이를 보고는 군사들을 지휘하여 그를 구원하니, 적들이 흩어져 달아났다. 진린은 자기를 구원해준 것에 감사를 표시하기 위해 이순신에게 사람을 보냈다가 그제야 이순신의 죽음을 알게 되었다. 의자에 앉아 있던 진린이 땅바닥에 주저앉으며 말하였다.

"나는 영감께서 나를 구원하러 오셔서 살아계신 줄로만 알았는데, 어째서 돌아가셨습니까?"

진린은 가슴을 치며 크게 통곡하였다. 온 군대가 모두 통곡하니 그 소리가 바다를 흔들었다.

고니시 유키나가는 우리 수군이 시마즈의 군대를 추격하느라 자기 진영을 앞질러 간 틈을 타서 뒤로 빠져 달아났다. 이보다 앞선 7월에 왜의 우두머리인 도요토미 히데요시가 이미 죽었기 때문에 바닷가에 주둔하고 있던 왜군들이 모두 물러난 것이다.

이순신이 죽었다는 소식을 들은 우리 군대와 명나라 군대는 잇닿아 있는 진영마다 모두 통곡하며 마치 친부모가 죽었을 때처럼 슬퍼하였다. 또 이순신의 관이 지나는 곳마다 사람들이 곳곳에 제단을 설치하고, 상여를 붙잡고 통곡하며 말하였다.

"공께서는 실로 우리를 살려주신 분인데, 지금 공은 우리를 버리고 어디로 간단 말입니까."

통곡하는 사람들로 길이 막혀 상여가 앞으로 나가지 못하였고, 지나가는 사람들도 모두 눈물을 흘리며 길을 갔다.

조정에서는 이순신을 의정부 우의정에 추증하였다. 명나라 총독군문 형개는 마땅히 바다에 사당을 세워 이순신의 충성스러운 넋을 기려야한다고 하였지만 그 일은 결국 성사되지 않았다. 이에 바닷가 사람들이 서로 협력하여 사당을 세우고 '민충사(愍忠祠)'라는 이름을 지어 때마다 제사를 지냈다. 사당 아래를 오가는 상선과 어선에 탄 사람들도 모두 이순신에게 제사를 지냈다고 한다.

李舜臣, 『亂中日記』

『정유년 1』 1597년 4월 1일(백의종군 첫날)

옥문 밖으로 나왔다. 남문 밖 윤간의 종의 집에 이르러 봉, 분, 울, 사행, 원경들과 한방에 같이 안자 오래도록 이야기하였다. 지사 윤자신이 와서 위로하고, 비변랑 이순지가 보러 왔었다. 울적한 마음을 한층 이기기 어려웠다. 지사가 돌아갔다가 저녁 식후에 술을 가지고 다시 왔다. 기헌도 왔다. 정으로 권하며 위로하기로 사양할 수 없어 억지로 술을 마시고 몹시 취했다. 영공 이순신이 술병을 차고 와서 같이 취하며 간담하였다. 영의정 유성룡이 종을 보냈고, 판부사 정탁, 판서 심희수, 찬성 김명원, 참판 이정형, 대사헌 노직, 동지 최원, 동지 곽영 등이 사람을 보내어 문안했다. 취하여 땀이 몸에 배었다.

『정유년 1』 1597년 4월 13일(백의종군 중 어머니 부고)

일찍 아침을 먹고 어머님을 마중하려고 바닷가로 갔다…… 조금 있다가 종 순화가 배에서 와서 어머님의 부고를 전한다. 뛰쳐나가 궁그니 하늘의 해조차 캄캄하다. 곧 해암(아산 해암리)으로 달려가니 배가 벌써 와 있었다. 길에서 바라보는 가슴이 미어지는 슬픔이야 이루 다 어찌 적으랴.

『정유년 1』 1597년 4월 16일(백의종군 중 어머님 부고)

궂은비가 내렸다. 배를 끌어 중방포에 옮겨 대놓고, 영구를 상여에 싣고 집으로 돌아왔다. 마을을 바라보며 찢어지는 아픔이야 어찌 다 말하랴. 집에 이르러 빈소를 차렸다. 비가 억수같이 쏟아지고 나는 맥이 다 빠진데다가 남쪽으로 내려갈 길이 다급하니, 부르짖으며 울었다. 다만 빨리 죽기를 기다릴 따름이다.

『정유년 1』 1597년 7월 18일(칠천량해전 패전 소식과 삼도수군통제사 복직)

새벽에 이덕필과 변홍달이 와서 전하길 "16일 새벽에 수군이 대패했습니다. 통제사 원균과 전라우수사 이억기와 충청수사 최호와 뭇 장수들이 다수 살해당했습니다."라고 하였다. 통곡을 이기지 못했다. 잠시 있으니 도원수가 와서 이르길 "사태가 이에 다다랐으니, 어찌할 수가 없소이다."라 하였는데, 대화가 사시(巳時)에 이르러도 대책을 정할 수가 없었다. 내가 아뢰어 내가 해안으로 가서 보고 듣고서 정하겠다고 하니 도원수가 기뻐하였다. 내가 송대립·유황·윤선각·방응원·현응진·임영립·이원룡·이희남·홍우공과 함께 길을 떠나 삼가현에 다다르니, 수령이 새로 부임하여 나아와 기다렸다. 한치겸도 왔다.

『정유년 1』 1597년 9월 16일

이른 아침에 망군(望軍)이 와서 보고하기를 "무려 200여 척의 적선이 명량을 거쳐 곧바로 진치고 있는 곳으로 향해 온다"고 했다. 여러 장수를 불러 거듭 약속할 것을 밝히고 닻을 올리고 바다로 나가니, 적선 133척이 우리의 배를 에워쌌다. 지휘선이 홀로 적선 속으로 들어가 포탄과 화살을 비바람같이 쏘아 대지만 여러 배들은 바라만 보고서 진군하지 않아 일을 장차 헤아릴 수 없었다.

배 위에 있는 군사들이 서로 돌아보며 놀라 얼굴빛이 질려 있었다. 나는 부드럽게 타이르며, "적이 비록 1,000척이라도 감히 우리 배에는 곧바로 덤벼들지 못할 것이니, 조금도 동요하지 말고 힘을 다해 적을 쏘아라."고 말했다. 그리고서 여러 배들을 돌아다보니, 한 마장(馬場) 쯤 물러나 있었고, 우수사 김억추(金億秋)가 탄 배는 멀리 떨어져 있어 묘연했다. 배를 돌려 곧장 중군(中軍) 김응함(金應)의 배로 가서 먼저 목을 베어 효시하고자 했으나, 내 배가 머리를 돌리면 여러 배들이 차츰 더 멀리 물러나고 적선이 점차 다가와서 일의 형세가 낭패될 것 같았기에, 중군의 영하기(中軍令下旗)와 초요기(招搖旗)를 세우게 했다. 이에 김응함의 배가 점차 내 배로 가까이 오고, 거제 현령 안위의 배도 왔다.

내가 뱃전에 서서 직접 안위를 불러 말하기를, "네가 억지 부리다 군법에 죽고 싶으냐?"고 했고, 다시 불러 "안위야, 군법에 죽고 싶으냐? 물러나 도망가면 살 것 같으냐?"고 했다. 이에 안위가 황급히 적과 교전하는 사이를 곧장 들어가니, 적장의 배와 다른 두 척의 적선이 안위의 배에 개미처럼 달라붙었고, 안위의 격군 7~8명은 물에 뛰어들어 헤엄치니 거의 구할 수 없었다.

나는 배를 돌려 곧장 안위의 배가 있는 곳으로 들어갔다. 안위의 배 위에 있는 군사들은 죽기를 각오한 채 마구 쏘아 대고 내가 탄 배의 군관들도 빗발치듯 어지러이 쏘아 대어 적선 2척을 남김없이 모조리 섬멸했다. 하늘이 아주 크게 도와준 것이다. 우리를 에워쌌던 적선 30척도 부서지니 모든 적들이 저항하지 못하고 다시는 침범해 오지 못했다. 그곳에 머무르려고 했으나 물이 빠져 배를 대기에 적합하지 않으므로 건너편 포(浦)로 진을 옮겼다가 달빛을 타고 다시 당사도(唐 島)로 옮겨서 정박해 밤을 지냈다.

『정유년 2』 1597년 9월 16일

이른 아침에 별망군(別望軍)이 와서 보고하기를 "적선들이 헤아릴 수 없을 정도로 많이 명량을 거쳐 곧장 진지를 향해 온다."고 했다. 곧바로 여러 배에 명령하여 닻을 올리고 바다로 나가니, 적선 130여 척이 우리 배들을 에워쌌다. 여러 장수들은 스스로 적은 군사로 많은 적과 싸우는 형세임을 알고 회피할 꾀만 내고 있었다. 우수사 김억추가 탄 배는 이미 두 마장 밖에 있었다.

나는 노를 급히 저어 앞으로 돌진하며 지자(地字)·현자(玄字) 등의 각종 총통을 마구 쏘아 대니, 탄환이 나가는 것이 바람과 우레처럼 맹렬했다. 군관들은 배 위에 빽빽이 들어서서 화살을 빗발치듯 어지러이 쏘아 대니, 저의 무리가 저항하지 못하고 나왔다 물러갔다 했다. 그러나 적에게 몇 겹으로 둘러싸여 형세가 장차 어찌 될지 헤아릴 수 없었다.

배 안에 있는 사람들은 서로 돌아보며 얼굴빛이 질려 있었다. 나는 부드럽게 타이르기를, "적선이 비록 많다 해도 우리 배를 바로 침범하지 못할 것이니 조금도 마음 흔들리지 말고 더욱 심력을 다해서 적을 쏘아라."라고 했다. 여러 장수의 배를 돌아보니 먼 바다로 물러가 있고, 배를 돌려 군령을 내리려 하니 적들이 물러간 것을 틈타 더 대들 것 같아서 나가지도 물러나지도 못할 형편이었다.

호각을 불게하고 중군에게 명령하는 깃발을 세우고 또 초요기를 세웠더니, 중군장 미조항 첨사 김응함의 배가 차츰 내 배에 가까이 왔는데, 거제 현령 안위의 배가 먼저 이르렀다. 나는 배 위에 서서 직접 안위를 부르며 말하기를, "안위야, 군법에 죽고 싶으냐? 네가 군법에 죽고 싶으냐? 도망간다고 어디 가서 살 것이냐?"고 말하였다. 그러자 안위도 황급히 적선 속으로 돌입했다. 또 김응함을 불러서 말하기를, "너는 중군장이 되어서 멀리 피하고 대장을 구하지 않으니, 그 죄를 어찌 면할 것이냐? 당장 처형하고 싶지만 적의 형세가 또한 급하므로 우선 공을 세우게 해주마."라고 했다.

그리하여 두 배가 먼저 교전하고 있을 때 적장이 탄 배가 그 휘하의 배 두 척에 지령하니, 한꺼번에 안위의 배에 개미처럼 달라붙어서 기어가며 다투어 올라갔다. 이에 안위와 그 배에 탄 군사들이 각기 죽을힘을 다해서 혹 몽둥이를 들거나 혹 긴 창을 잡거나 혹 수마석 덩어리로 무수히 난격하였다. 배 위의 군사들이 거의 기운이 다하자 나는 뱃머리를 돌려 곧장 쳐들어가서 빗발치듯 마구 쏘아 댔다. 적선 세 척이 거의 뒤집혔을 때 녹도 만호 송여종, 평산포 대장 정응두의 배가 잇달아 와서 협력하여 적을 쏘아 죽이니 한 놈도 살아남지 못했다.

항복한 왜인 준사는 안골에 있는 적진에서 투항해 온 자인데, 내 배 위에 있다가 바다를 굽어보며 말하기를, "무늬 놓은 붉은 비단옷 입은 자가 바로 안골진에 있던 적장 마다시(馬多時)입니다."라고 말하였다. 내가 무상(無上) 김돌손을 시켜 갈고리로 낚아 뱃머리에 올리게 하니, 준사가 날뛰면서 "이자가 마다시입니다."라고 말했다. 그래서 바로 시체를 토막 내라고 명령하니, 적의 기세가 크게 꺾였다. 우리의 여러 배들은 적이 침범하지 못할 것을 알고 일시에 북을 울리고 함성을 지르며 일제히 나아가 각기 지자·현자총통을 쏘니 소리가 산천을 뒤흔들었고, 화살을 빗발처럼 쏘아대어 적선 31척을 쳐부수자 적선들은 후퇴하여서 다시는 가까이 오지 못했다. 우리의 수군이 싸움하던 바다에 정박하고 싶었지만 물살이 매우 험하고 바람도 역풍으로 불며 형세 또한 외롭고 위태로워 당사도로 옮겨 정박하고 밤을 지냈다. 이번 일은 실로 하늘이 도와준 일이다.

『宣祖實錄』券10, 宣祖 9年 3月 3日(丙申)

김효원(金孝元)과 심의겸(沈義謙)의 두 당(黨)이 원수처럼 서로 공격하였다. 당초 심의겸이 김효원을 비방하자 김효원도 심의겸을 비난하여 각기 붕당(朋黨)이 나뉘었고 서로 알력하게 되었다. 김효원과 심의겸이 모두 외직(外職)으로 나가 있었으나 심의겸 쪽이 김효원 쪽보다 나아서 김효원 쪽의 당하(堂下) 문신들 가운데 유명한 사람이 많이 배격되었다. 이성중(李誠中)은 김효원과의 교분 때문에 논핵을 받아 철산 군수(鐵山郡守)에 제수되었고, 정희적(鄭熙績)·노준(盧晙)도 그렇게 되었다. 붕당이 나뉘어 서로 공격하는 것이 당(唐)나라 때의 우이(牛李)의 당(黨)과 같아서 사림(士林)의 조용하지 못함이 마침내 이 지경에 이르렀다.

『宣祖實錄』券11, 宣祖 10年 5月 27日(甲寅)

처음에 심의겸(沈義謙)이 외척(外戚)으로 용사(用事)하여 한때의 명류(名流)들이 모두 붙좇았는데 김효원(金孝元)이 전랑(銓郎)이 되자 비로소 배척하기 시작했으므로 심의겸에게 출입하던 시배(時輩)들이 미워하여 붕당(朋黨)이 점점 나뉘더니 비로소 동서(東西)의 설(說)이 생겼다. 이이(李珥)가 대신들에게 말하여 둘 다 내쳐서 화단이 생길 빌미를 막아야 한다고 청함에 따라 김효원은 삼척 부사(三陟府使)에 제수하고 심의겸도 감사에 제수하였는데, 용사하는 무리들이 사당(私黨)을 끌어들이고 정사(正士)를 배척하였으므로 이로부터 조정에 문제가 많아졌다. 이 때 이이는 물러가 해주(海州)에 거처하고 있었고, 김우옹은 병을 핑계대고 향리로 돌아가 있었다.

『宣祖實錄』券14, 宣祖 13年 7月 1日(戊辰)

심의겸(沈義謙)이 척리(戚里)의 신분으로 자기 몸을 낮추고 선비와 사귀어 여론이 자못 그를 칭찬하였다. 이양(李樑)이 권력을 장악했을 때 그 처지는 한집과 같았는데도 서로 대립하였고, 이양을 제거할 때에 이르러서 도움이 되었다. 중간에 김효원(金孝元)과 틈이 벌어지면서부터 동서설(東西說)이 발생되었으니 심의겸의 집은 서쪽에 있었으므로 심의겸과 교제하는 자를 서당(西黨)이라 이르고 김효원의 집은 동쪽에 있었으므로 김효원과 잘 지내는 자를 동당(東黨)이라 하여 한 시대의 사론(士論)이 각각 피차로 나뉘어져서 분분한 논의가 지금까지도 그치지 않고 있는데, 노성하고 둔한 자를 가리켜 서인(西人)이라 하고 연소하고 예리한 자는 모두 동인(東人)이라 일컬었다. 대개 한때 의논이 모두 이와 같았는데 당초에 이처럼 얽혀진 이유는 다음과 같다.

김효원이 포의(布衣) 시절에 윤원형(尹元衡)의 집에 출입한 것을 심의겸이 보았다. 그후 온 조정이 윤원형의 죄를 논계할 때 김효원에게 그 상소문을 짓도록 하였더니, 심의겸이 그 친구에게 말하기를 "김효원이 윤원형의 집에 출입하였으니 그의 사정을 상세히 알 것이어서 반드시 잘 지을 것이다." 하고 소장을 지을 사람의 선발에서 삭제하려고 하자 그 친구가 이를 제지하였다. 그 말이 한번 퍼지자 서로 헐뜯게 되었는데, 심의겸이 김효원을 해하려고 한다 하여 김효원과 지내는 자는 심의겸을 사실과 다르게 공박하였으나 사실상 심의겸은 김효원을 해하려는 마음은 없었다. 김효원이 비록 윤원형의 집에 드나들었다고는 하나 젊었을 때의 일이었고, 또한 과실이 있었어도 고쳐서 착한 사람이 되었다면 기왕의 일을 들추어 허물하는 것은 옳지 못한 일이다. 그리고 심의겸이 비록 그런 말을 했다 하더라도 김효원을 해하려는 마음이 없었다면 또한 피차를 다 논하지 말고 평탄한 마음으로 놓아두어야 하는데 조정에서 논의하는 사이에 각각 피차를 갈라서 서로가 지목하였고 이를 격동하게 하는 말도 분분하게 일어나서 사대부의 마음을 요동 현혹시켰으니, 이는 오늘날 당면한 깊은 근심거리인 것이다. 근래에 두 구의 시가 전해지고 있으니 다음과 같다.

천재와 시변이 근래에 잦은데
시사 또한 식자들의 근심거릴세
극도에 이른 오늘날의 소우를 막으려고 애쓰지만
송나라 때와 같은 공격 언제나 그치려나
동인은 요직을 모두 차지하고
서객은 영 밖의 고을로 좌천이 많구나
성명하신 임금께서 진정시키지 않았으면
사림이 어육을 어이 면하였으랴

하였다. 누구의 제작인지는 알 수 없으나 당시의 사정과 관련이 있는 것이므로 이를 모두 기록해 둔다.

李重煥, 『擇里志』, 卜居總論, 人心

무릇 내외 관원을 임명하는 것은 삼공이 아니고 오로지 이조에 속하였고, 또 이조의 권리가 중함을 염려하여, 삼사의 임용에 이르러서는 판서에게 돌려보내지 않고 낭관에게 전임시켰다. 이런 까닭으로 이조의 정랑과 좌랑은 또 대각을 추천하는 권한을 맡아서 삼공육경은 비록 관작은 높고 크나, 조금이라도 불만스러운 일이 있으면 전랑은 삼사제신으로 하여금 이를 논박케 하였다. 조정은 풍속이 염치를 숭상하고 명의와 절개를 중하게 여겼으므로, 한번 탄핵을 받으면 그 자리를 물러가지 않으면 안 되었다.

이런 까닭으로 전랑의 권력은 곧 삼공과 같기 때문에, 대소 직이 서로 유지되고 상하관을 서로 견제하여 삼백년 동안 큰 권세를 가진 간사스러운 신하가 없었고, 이것은 조종조에서 고려왕조가 왕이 약하고 신하가 강한 폐단을 거울삼아 말없이 예방의 속셈을 은연중 내포시킨 것이었다. 이런 까닭으로 반드시 삼사 가운데서 명망과 덕이 있는 자를 철저히 가려서 또 스스로 그 후임자를 추천하게 하였다. 추천권을 장관에게 소속시키지 아니하였음은 인사와 직권을 중히 여겨 오로지 모든 것을 공의에 붙이기 때문이다. 이런 까닭으로 승진에 있어서는 반드시 전랑을 우선적으로 하고, 다음에 차례대로 하고, 후에 타사에 미치었다. 한번 전랑을 지내어 다른 큰 사고가 없으면 쉽게 공경에 오를 수 있었다.

그런 까닭으로 명성과 이로움이 부여되어 나이 적은 신진들이 희망하지 않는 이가 없었다. 이 제도를 실시한 지가 오래 됨에 따라 추천하는데 있어서 선과 후, 운과 불운으로 싸움의 단서가 없지 아니하였다.

5장

조선후기

1 청의 침략

1) 광해군의 중립외교

16세기부터 점차 세력이 성장한 여진족은 임진왜란을 틈타 명나라의 세력권에서 벗어나기 시작하였다. 여진족을 통합한 누르하치는 1616년에 국호를 후금後金이라 정하고, 1618년에는 요동지방에서 명과 충돌하였다. 이 때 명은 조선에 원병을 강요하였고, 조선은 불가피하게 일만여 명의 원군을 파견하여 명을 도울 수밖에 없었다. 그러나 조선의 지휘관이었던 강홍립이 전세가 불리해지자 후금에게 투항하여 조선과 후금 사이에는 별 문제가 야기되지 않았다. 사실 강홍립의 투항은 '현지에서 형세를 보아 향배向背를 정하라'는 광해군의 밀명에 따른 것이었다. 이후에도 명의 원군 요청이 계속되었지만, 광해군은 이를 적절히 거절하면서 후금과 친선을 꾀하였다. 그러나 명과 후금 사이에서 중립외교를 펼쳤던 광해군이 인조반정으로 실각한 뒤, 반정공신들이 외교노선을 친명배금親明排金으로 선회하면서 후금과의 관계가 껄끄러워졌다.

2) 호란과 북벌론

광해군을 몰아내고 인조를 옹립한 서인 정권은 중립외교를 지양하고, 평안도 철산 앞바다 가도에 주둔한 명나라 장수 모문룡의 군대를 지원하는 등 친명배금정책을 뚜렷이 하였다. 후금에서도 조선의 정복을 주장하였던 주전론主戰論자 태종이 즉위하면서, 후금과 조선의 관계는 일촉즉발의 위기상태로 치달았다.

이러한 외교정책의 변화 속에서 때마침 인조반정의 공신이었던 이괄李适이 논공행상論功行賞에 불만을 품고 반란을 일으켰다가 실패한 후, 이괄의 잔당들이 후금으로 도망쳐 조선 내의 사정을 전하며 광해군의 폐위가 부당하다고 호소하였다. 바로 후금은 광해군의 복수를 명분으로 인조 5년(1627)에 조선을 침공하였는데, 이것이 정묘호란이다.

청 태종은 아민阿敏 등에게 3만 명의 병력을 주어 조선을 침공하게 했다. 이들은 평안도를 거쳐 황해도 평산까지 내려왔으나, 관군과 의병들의 거센 저항으로 어려움을 겪었다. 또한 후금은 명과 대치하고 있는 상황이었기 때문에 전쟁을 더 이상 확대하기 어려웠다. 이에 후금은 조공 및 관 무역을 조건으로 조선과 화약和約을 맺고 철수하였다.

그러나 후금은 군대를 압록강 이북으로 완전히 철수시키지 않은 채 의주義州에 주둔시켜 명나라 군대를 견제하였고, 조선도 명나라와의 관계를 지속하였다. 이러한 불안한 관계 속에 후금은 명나라를 정벌하기 위한 병선兵船과 식량을 조선에서 계속 징발하였고, 조선 국경에 주둔하고 있었던 명의 군대를 토벌한다는 명목으로 자주 내침하였다. 급기야 인조 14년(1636) 후금은 국호를 청淸이라 고치고 노골적으로 사대관계를 요구해왔다. 이에 조선정부가 척화파斥和派의 주장에 따라 청의 요구를 거절하자, 1636년 12월에 청 태종은 약 10만 명의 군사를 앞세워 조선을 침공하였다. 이것이 병자호란이다.

청의 군대가 파죽지세로 남하하여 도성이 함락당할 위기에 처하자, 당황한 조정에서는 왕자 2명과 왕실을 강화도로 피난시키고 청과 강화를 추진했다. 그러나 화평교섭은 실패로 돌아가고, 인조는 어쩔 수

남한산성 수어장대

없이 소현세자昭顯世子 및 대신들과 함께 남한산성南漢山城으로 들어가 항전을 시작하였다.

그러나 한양과 강화도가 청의 군대에게 함락되면서 남한산성은 고립되었다. 고립 상황에서도 산성 안의 조선군과 그 일대의 백성들은 청의 군대를 상대로 저항을 계속했다. 그러나 혹독한 추위와 식량의 부족으로 인해 병들고 얼어 죽는 군사들이 점차 늘면서 항전이 어려워졌다. 이러한 상황에서 성내에서는 최명길崔鳴吉 등 주화파主和派와 김상헌金相憲 등 주전파主戰派 사이에 논쟁이 거듭되었다. 결국 주화파의 주장에 따라 성문을 열고 항복하기로 하였다. 이때가 전쟁이 시작된 지 45일 만이었던 1367년 1월 30일이었다.

청 태종은 조선의 항복을 받아들이는 조건으로 인조가 직접 성 밖으로 나와 항복할 것과 굴욕적인 요구사항을 받아들이라고 강요하였다. 이에 따라 인조는 세자와 함께 삼전도三田度(현재의 송파)에서 청 태종에게 삼배구고두례三拜九叩頭禮를 올리는 치욕을 감수해야 했으며, 조선은 다음과 같은 굴욕적인 요구사항을 받아들여야 했다.

① 청에게 군신君臣의 예禮를 지킬 것
② 명의 연호年號를 폐하고, 명과 관계를 끊으며, 명에서 받은 고명誥命·책인冊印을 내놓을 것
③ 조선 왕의 장자·제2자 및 여러 대신의 자제를 선양에 인질로 보낼 것
④ 성절聖節(중국황제의 생일)·정조正朝·동지冬至·천추千秋(중국 황후·황태자의 생일)·경조慶弔 등의 사절使節은 명나라의 예에 따를 것
⑤ 명을 칠 때 출병出兵을 요구하면 어기지 말 것
⑥ 청의 군대가 돌아갈 때 병선兵船 50척을 보낼 것
⑦ 내외 제신諸臣과 혼연을 맺어 화호和好를 굳게 할 것
⑧ 성城을 신축하거나 성벽을 수축하지 말 것
⑨ 기묘년己卯年(1639)부터 일정한 세폐歲幣를 보낼 것

병자호란의 결과, 조선은 명과의 관계를 끊고 청과 사대관계를 맺어야 했다. 그리고 소현세자와 봉림대군 두 왕자가 청에 인질로 끌려갔으며, 청과의 전쟁을 강력히 주장했던 홍익한洪翼漢·윤집尹集·오달제吳達濟 3학사三學士는 청에 끌려가서 처형되었으며, 대표적인 주전파였던 김상헌金尙憲도 끌려가서 옥중 생활을 했다.

훗날 봉림대군이 귀국해 왕위(효종)에 오른 후, 이때의 굴욕을 씻기 위해 청을 정벌하기 위한 북벌정책을 추진하였다. 송시열·송준길·

임경업

충주에서 출생한 임경업은 무과에 급제한 이후 이괄의 난을 진압하는 데 공을 세우고 벼슬이 높아졌다. 병자호란 때 백마산성에서 청군을 맞아 싸웠고 청군은 백마산성을 내버려둔 채 직접 서울로 진격했다.

이듬해 청이 명을 공격하기 위해 조선에 병력을 요청하자 수군장으로 이에 참전했다. 하지만 명나라와 내통하여 청에 대항하고자 하였으며 일이 탄로 나자 명나라로 도피하였다.

임경업은 명이 청에 의해 멸망당한 뒤 체포되었다. 이때 국내에서 좌의정 심기원 모반사건이 일어나게 되어 임경업은 국내로 송환되었고 반대파인 김자점의 모함으로 피살되고 말았다.

역적의 누명을 쓰고 억울하게 죽은 임경업의 이야기는 그 후 각종 설화로 널리 전해져 군담소설의 주인공이 되기도 하였다. 그러나 사대주의적 명분에 지나치게 사로잡혀 시대적 감각이 뒤떨어졌다는 평가를 받기도 한다.

임경업

임경업 등이 북벌을 주도한 대표적 인물이었다. 효종은 군사력을 키우는 등 북벌을 계획했으나, 청이 명을 멸망시키고 중국을 통일한 데다 효종까지 죽자 북벌은 실현되지 못하였다.

2 붕당정치와 탕평정치

1) 붕당정치

조선후기의 대표적 정치형태는 붕당정치朋黨政治였다. 붕당정치는 사대사화四大士禍(무오 · 갑자 · 기묘 · 을사사화) 끝에 정치적 승리를 쟁취한 사림士林이 학문적 · 지역적 분열을 하면서 선조 8년(1575)에 동 · 서 붕당의 형태로 처음 나타났다.

그 이후 동인은 남인과 북인으로, 서인은 노론과 소론으로 재차 분열하면서 조선후기의 정치를 이끌었다. 동인은 기축옥사己丑獄死 이후 발생한 건저의 사건建儲議 事件에서 정치적 주도권을 잡은 뒤, 서인의 처결방안을 두고 이견을 보여 남인과 북인으로 나누어졌다. 남인이 잠시 집권하였으나 임진왜란의 책임을 지고 실각하였고, 북인이 득세하였다. 그러나 광해군 즉위과정에서 북인은 대북과 소북으로 갈라졌고, 광해군 즉위 후 대북이 잠시 동안 집권하였다. 한편 서인은 광해군 대에 남인 · 소북과 연합을 하여 인조반정仁祖反正을 성공으로 이끈 후 정국의 주도권을 잡았다. 서인은 현종 · 숙종 대에 있었던 예송논쟁禮訟論爭·환국換局 등의 정국政局의 전환 속에서 노론과 소론으로 분열하였다가, 노론이 영조 즉위과정에서 남인과 소론을 배제하면서 18세기 내내 집권층으로서 정치를 이끌어 나갔다.

노론 중심의 일당 전제 추세 속에 소수 가문이 권력을 독점하고 공론에 의한 붕당보다는 개인이나 가문의 이익을 우선하는 경향이 현저해졌다. 이러한 정치적 상황 속에서 붕당은 향촌사회를 기반으로 재생산되었다. 그러다보니 각 지역별 또는 지역 내의 유림들끼리 서로 다른 당파적 성향을 띠었다. 지역사회에서 표출되는 유림들의 서로 다른 당색은 갈등을 불러 일으켰고, 이것은 지역의 주도권을 쟁취하기 위한 다툼으로 확대되었다. 이러한 다툼은 필연적으로 주도세력과 소외세력을 만들어냈다. 그리고 소외된 세력들은 결국 반집권적 세력으로 결집되어 반란 등의 큰 사건을 일으켰다. 영조 4년(1728)에 청주지역을 중심으로 발생하였던, 이인좌의 난이 대표적인 사건이다.

▌이인좌의 난(무신난)

영조 4년(1728)에 조선 전역을 뒤흔든 큰 반란이 청주지역을 중심으로 발생하였다. 바로 이인좌(李麟佐)·신천영(申天永)의 난으로도 불리어지는 무신난이다. 무신난은 당시 정권에서 소외된 소론·남인·북인 세력들이 백성의 동조를 이끌어 내어 영조와 노론을 제거하고자 했었던 조선후기 최대의 변란(變亂)이었다

무신난은 17~18세기 붕당의 급격한 교체과정 속에서 발생한 양반 지배층의 분열과 대립이 만들어낸 결과였다. 숙종 대부터 영조 초기까지는 당쟁으로 인한 양반 지배층 간의 반목이 극에 달했던 시기였다. 이때 몰락한 양반들은 기존 집권층 중심의 사회질서에 반하는 세력으로 변하였다. 그러한 양상은 청주지역에서도 나타났다. 무신난에 가담한 청주지역의 양반

들의 수가 200여 명이 넘었다는 것이 그 증거이다. 이들 대부분은 중앙정계로의 진출이 막힌 남인·소론을 비롯한 반노론 성향의 양반들이었다.

한편 양반들 외에도 군관(軍官)·향임(鄕任)·유민(流民)·노비·화전민(火田民)·소상인·소작인 등의 하층민도 무신난에 대거 참여하였다. 이들 대부분은 무신난에 가담했던 양반들의 인척이거나, 그들의 영향력 아래 있었던 가속 및 노비들이었다. 그러나 이들이 경제발전과 신분제의 동요 속에서 소외당했던 계층이었다는 점도 생각해 볼 필요가 있다. 즉 급격한 사회변동 속에서 소외당했던 하층민들이 기존 사회질서에 대한 반발의 표현으로서 이 난에 가담했을 수도 있다는 얘기이다. 이러한 모습들은 무신난이 정치적 성격과 함께 급격한 사회변동 속에서 발생한 계층 간의 갈등이 폭발한 사건이었다는 것을 의미한다.

무신난은 다양한 반체제 세력이 참여했음에도 불구하고, 주도층의 내부 결속력 취약·영호남의 반란군들의 북상 실패·중앙세력의 내응 실패 등을 이유로 1개월 만에 진압 당하였다. 그러나 무신난의 중심지였던 청주지역에서는 영조와 노론에 대한 반집권적 성향이 수십 년 동안 사라지지 않았다. 이러한 청주지역의 정서는 경술년(庚戌年) 역옥사건(逆獄事件), 이제동(李濟東) 등의 모반사건, 양시박(楊始搏)의 고변사건, 이지서(李之曙) 모반사건 등으로 이어졌다.

2) 영조 · 정조의 왕권 강화

붕당 간의 싸움이 격화되면서 왕권이 위협 당하자, 영조는 당파를 고루 등용하는 탕평책을 실시하여 전제왕권을 강화하였다. 그 후 탕평책을 지지하는 탕평파와 반대하는 반탕평파로 나뉘었으나, 탕평파의 일부가 왕과 인척 관계를 맺으면서 권력은 점차 탕평파 쪽으로 기울었다. 탕평론에 의해 노론과 소론이 공존하였지만, 소론 강경파가 자주 변란을 일으키면서 노론이 정국을 주도하였다.

한편 영조는 균역법 시행과 군영軍營의 정비를 통해 사회를 안정시키고, 왕권을 강화하려고 하였다. 균역법은 조선시대 군역軍役의 부담을 경감하기 위하여 만든 세법이었다. 한편 붕당의 군사 · 경제 기반이 되어 왔던 군영도 정비하여, 훈련도감 · 금위영 · 어영청 세 군문이 도성을 나누어 방위하는 체제를 갖추었다. 또한 제도와 권력구조의 개편 내용을 정리한 『속대전』을 편찬하였다.

수원 화성의 장안문

영조에 이어 왕위에 오른 정조는 영조와는 다른 방향의 탕평을 추진하였다. 영조 때에 탕평파 대신들을 엄격하게 비판하였던 노론과 소론의 일부, 남인 계열을 중용하였다. 그리고 정조는 규장각을 강력한 정치기구로 육성하였으며, 장용영을 설치하여 병권을 장악하였다. 붕당의 비대화를 막고, 자신의 권력과 정책을 뒷받침할 수 있는 기구가 필요했기 때문이다.

이밖에 수원으로 사도세자의 묘를 옮기고 화성을 세웠다. 이는 화성을 정치적 · 군사적 중심지로 키워, 자신의 정치적 이상을 실현하는 상징적 도시로 육성하려는 의도였다.

▌탕평비

신의가 있고 아첨하지 않는 것은 군자의 마음이요, 아첨하고 신의가 없는 것은 소인의 사사로운 마음이다.

영조 탕평비

3 조선후기 경제·사회 체제의 변화

1) 수취 체제의 개편

양난 이후 급격한 인구 감소와 경작지의 황폐화로 인해 백성들은 과중한 조세 부담을 떠안았다. 더욱이 붕당간의 싸움이 격화되면서 농민들의 유민화流民化는 급속히 진행되었으며, 농촌 사회는 크게 동요하였다. 이에 조선 정부는 수취체제를 개편하여 농촌사회 안정과 재정의 기반을 확보하고자 하였다.

우선 전세田稅의 정액화를 도모하였다. 즉 조선전기의 연분 9등법 대신, 풍흉에 관계없이 전세를 토지 1결당 미곡 4두로 고정하는 영정법을 실시하였다. 그 결과 전세의 비율은 낮아졌으나, 농민들에게 실질적인 도움이 되지는 못하였다. 감소한 세액을 보충하기 위해 기존에 없었던 새로운 잡세 항목이 추가되었기 때문이다. 이로 인해 18세기 중엽 전세의 운영방식은 점차 총액을 미리 정해놓고 부과하는 비총제比摠制로 변화하였다.

다음으로 공납의 전세화를 단행하였다. 전쟁 이후 조선 정부는 그동안 지속된 방납의 폐해, 농민의 토지 이탈, 농촌 경제의 파탄을 해결하기 위해 대동법을 시행하였다. 대동법은 공납을 전세화한 제도로서, 그동안 민호民戶에 부과하였던 토산물을 토지를 기준으로 하여 미곡·포목·동전 등으로 납부하도록 한 제도였다.

광해군 때 경기도에서 최초로 시작한 대동법은 숙종 34년(1708)에 김육의 건의로 전국으로 확대되었다. 대동세는 집마다 부과하던 토산물을 토지 결수에 따라 1결당 미곡 12두 징수하였기 때문에 일시적으로 농민 부담은 줄었다.

대동법이 실시되면서 백성들은 대동세 납부를 위해 시장에서 수확물을 팔아 미곡·포목·동전 등을 마련했다. 한편 기존의 방납업자들은 중앙관청에서 필요로 하는 물품을 조달하는 공인貢人으로 변하였다. 공인들은 주로 시장에서 물품을 구입하여 정부에 납품하였다. 이러한 변화 속에 상품의 수요와 공급이 증가하면서, 상품화폐경제는 한층 발전하였다. 결국 대동법은 상품화폐경제 발전의 원동력이 되었다.

하지만 별공別貢과 진상進上의 명목으로 특산물 납부는 지속되었고, 지주들이 점차 대동세를 소작인들에게 전가하면서 대동법의 의미는 퇴색되어졌다.

군역제도에서도 큰 변화가 발생하였다. 16세기부터 진행되었던 납포군화納布軍化는 17세기에 접어들어 더욱 광범위해졌다. 이에 따라 군역의 형태도 실제로 몸을 쓰는 것에서 물납하는 것으로 변화했다. 이 때문에 양인들이 군역 대신 내는 군포는 독립채산제적 방식으로 재정운영을 하였던 각 관청의 중요 재정원이 되었다. 중앙의 군영뿐만 아니라 지방의 각 군영에서도 경비 마련을 위해 독자적으로 군포를 징수하였던 것이다. 그 결과 군포 징수기관이 난립하게 되었고, 이것은 양인에게 큰 부담이 되었다.

이에 많은 군역 부담자들이 피역을 시도하였다. 일부 부유층은 공명첩空名帖을 구입하거나, 교생 및 원생으로 투속하여 피역하였다. 그러나 가난한 백성들은 도망을 통해 피역할 수밖에 없었다. 족징族徵·인징隣徵·황구첨징黃口添徵 등의 폐단이 나타난 것도 이 때문이었다.

정부에서는 군역의 폐단을 시정하고자 균역법을 실시하였다. 균역법은 종래 16~60세의 양인정년자良人丁年者로부터 1년에 군포軍布 2필疋씩을 징수하던 것을 1필로 감하고, 그 세수의 감액 분을 결미結米, 결전結錢, 어漁·염鹽·선세船稅, 선무군관포選武軍官布, 은·여결세隱·餘結稅 이획移劃 등으로 충당하는 제도였다.

영정법·대동법·균역법 등 조선후기 수취체제 개편은 토지를 부과기준으로 하거나, 세율을 고정하는 형태를 띠고 있다. 당시 정부는 수취구조를 단순화하여 수취의 효율성을 높이고, 백성의 부담을 줄이려고 하였던 것이다. 이러한 양상은 19세기에 접어들면 더욱 강화되어진다.

2) 서민 경제의 발전

양난 이후 양반들은 토지 개간과 토지 매입을 통해 자신의 농토를 확대하였다. 아울러 토지를 소작민들에게 빌려주고 소작료를 받는 지주전호제를 운영하였다. 이러한 양상은 18세기 말에 이르러 일반화 되었다.

대체로 양반들은 소작농들이 내는 미곡을 매매하여 이익을 챙기거나, 상인들에게 고리대를 하여 많은 재산을 축적하였다. 그리고 미곡 매매와 고리대로 축적한 돈으로 토지를 매매하여 대지주가 되었다. 그러나 조선후기 경제적 변화에 제대로 적응하지 못한 일부 양반은 몰락의 길을 걷기도 하였다.

한편 일부 농민들도 농토 개간, 수리 시설 복구, 농기구 및 시비법 개량, 이앙법 보급, 상품작물 재배 등을 통해 부를 축적하였다. 특히 이앙법의 보급과 상품작물의 재배는 농민 소득 증가에 큰 역할을 하였다. 이앙법의 보급은 벼와 보리의 이모작을 가능하게 하였고, 잡초 제거에 필요한 일손을 덜어 주었다. 이는 생산력을 증가시키고, 광작을 가능하게 하였다. 또한 장시와 유통경제가 발달하면서 농민들은 쌀·목화·채소·담배·약초 등의 상품작물을 쉽게 시장에서 판매하면서 소득을 올렸다.

이렇듯 시장경제에 잘 적응한 일부 농민들을 부를 축적하고 지주가 되었으나, 대부분의 농민들은 토지를 잃고 몰락하였다. 부세의 부담, 고리대의 이용, 관혼상제의 비용 부담 등으로 많은 농민이 헐값에 자신의 토지를 팔고 터전을 떠났다. 또한 광작이 가능해지면서 지주들이 소작을 하지 않고, 노비나 머슴을 고용하여 직접 경영하는 경우가 늘어났다. 이 때문에 많은 소작 농민들은 소작지를 잃고, 농촌을 떠나야만 했다.

농촌을 떠난 다수의 농민은 도시로 유입되어 상공업에 종사하거나 임노동자가 되었다. 또 일부 농민은 광산이나 포구를 찾아 임노동자가 되기도 하였다. 이 때문에 광산과 포구 등에는 새로운 도시가 형성되었는데, 황해도 수안 · 충청도 강경 · 함경도 원산 등이 대표적인 도시들이다.

조선후기 상품화폐경제가 발전 속에 시장 판매를 위한 수공업 제품의 생산이 증가하였다. 도시 인구의 급증과 대동법의 실시 이후 관수품의 수요가 많아졌기 때문이다.

수공업 제품의 수요가 늘어나면서 민영 수공업이 발달하였다. 민영 수공업은 주로 도시에서 발달하였으나, 점차 농촌에서도 나타났다. 농촌의 수공업은 본래 자급자족을 위한 부업의 형태였으나, 점차 소득을 올리기 위한 형태로 바뀌었다. 농촌에서는 주로 옷감과 그릇 종류가 생산되었다.

민간 수공업자들은 대부분 소규모였기 때문에 원료의 구입과 제품의 처분에서 상업자본의 지배를 받았다. 대부분 공인이나 상인들에게 자금과 원료를 미리 받아서 제품을 생산하는 선대제先貸制가 유행하였다. 특히 종이 · 화폐 · 철물 등의 제조 분야에서 그런 현상이 두드러졌다. 이로 인해 수공업자들은 점차 상업자본에 예속되었다. 그러나 18세기 후반에 이르면 수공업자 가운데서도 독자적으로 제품을 생산하고 판매하는 사람들이 나타났다.

조선후기에는 광업도 점차 민영화되었다. 본래 광산은 정부가 독점하였으나, 17세기부터 민간에게 광물 채굴을 허락하였다. 그러나 17세기에는 정부의 감독 아래 광물을 채굴하는 방식이었기에 민간인의 광물 채굴이 활성화되지 않았다. 그러다가 18세기 후반에 국가의 감독을 받지 않고 민간인이 자유롭게 광물을 채굴할 수 있게 되면서, 민영광업이 활성화되었다.

수공업 제품의 수요가 늘어나면서, 수공업 제품의 원료인 광물의 수요도 급증하였다. 특히 청과의 무역으로 은의 수요가 늘어나면서 은광의 개발이 활기를 띠었다. 또한 18세기 말에 상업자본이 채굴과 제련이 쉬운 사금 채굴에 몰리면서 금광의 개발도 활발해졌다. 광산의 개발은 이득이 많았기 때문에 대부분이 합법적으로 이루어졌으나, 몰래 채굴하는 잠채潛採가 성행하기도 하였다.

조선후기 광산 운영에서 주목해야 사람이 경영 전문가였던 덕대德大이다. 이들은 자본가에게 자본을 끌어와 채굴업자와 채굴 및 제련 노동자 등을 고용하여 광물을 채굴·제련하였다. 이 작업과정은 분업에 토대를 둔 협업으로 진행하였다.

3) 상품화폐경제의 발달

조선후기 농업 생산력이 증대되고, 수공업 생산이 활발해지면서 상품의 유통이 활성화되었다. 그리고 부세 및 소작료의 금납화는 상품화폐경제의 발달을 촉진하였다. 또한 농촌 인구의 도시 유입이 급격하게 증가하면서, 상업 활동은 더욱 활발해졌다.

상품화폐경제의 발달 속에 공인과 사상私商이 상업 활동의 주역으로 등장하였다. 처음에는 공인들이 상업 활동을 주도하였으나, 점차 사상들이 상권을 넓혀 주도권을 가져왔다. 사상의 활동은 처음에는 칠패·송파 등 도성 주변에서 이루어졌으나, 점차 개성·평양·의주·동래

등 지방 도시로 활동영역이 넓어졌다. 사상은 각 지방의 장시를 연결하여 물품을 교역하고, 각지에 지점을 설치하여 상권을 확장하였다. 당시 대표적인 사상은 송상과 경강상인이었다. 송상은 인삼의 재배·판매와 대외무역에 관여하면서 부를 축적하였고, 경강상인은 운송업과 선박 생산을 통해 상권을 장악하였다.

조선후기 사상은 장시가 활성화되면서 크게 성장하였다. 장시는 지방민들의 교역 장소였다. 인근의 농민·수공업자·상인들이 일정한 날짜와 장소를 정해 물건을 교환하였는데, 보통 5일마다 열렸다. 이러한 장시는 18세기 말엽에 이르면 전국적인 유통망으로 연결되었다. 당시 대표적인 장시는 광주의 송파장, 은진의 강경장, 덕원의 원산장, 창원의 마산포장 등이 있었다.

농촌의 장시를 하나의 유통망으로 연결시켰던 상인은 보부상褓負商이었다. 여기에 포구를 거점으로 상행위를 하는 선상船商·객주私客主·여각旅閣 등이 활성화되면서 조선후기 상공업은 더욱 발달하였다.

상공업이 발달하면서 교환의 매개로써 상평통보常平通寶 등의 금속화폐가 전국에 유통되었으며, 환換과 어음 등의 신용화폐도 보급되었다. 이러한 모습은 조선후기 상품화폐경제의 진전과 상업자본의 성장을 보여준다.

4) 사회 신분제 구조의 변동

조선후기 정치의 형태가 일당 전제화되면서 많은 양반이 몰락하여 권반權班·향반鄕班·잔반殘班으로 분화되었다. 한편 상민들은 몰락한 잔반의 신분을 매입하거나 족보를 위조하여 신분상승을 이루었다.

이로 인해 양반의 수가 증가하였고, 상민과 노비는 감소하였다.

조선후기 사회변동이 심화되는 가운데 서얼과 중인 등 중간 계층의 역할도 커졌다. 서얼은 양반의 소생이면서도 성리학적 명분론에 의해 여러 사회적 활동이 제한을 받고 있었기 때문에 불만이 컸다. 중인 역시 사회적 역할(기술직 · 행정 실무)에 비해 고급 관료로의 진출이 제한되어 있어 불만이 컸다.

임진왜란 이후 서얼에 대한 차별이 완화되었다. 더욱이 정부가 재정 보충을 위해 납속책納贖策을 실시하고 공명첩을 발급하자 서얼은 이것들을 이용하여 관직에 진출하였다. 서얼은 영조 · 정조 때 적극적인 신분상승운동을 벌이기도 하였다. 상소를 통해 문반 및 청요직淸要職으로의 진출을 허용해 줄 것을 요구하였던 것이다. 그 결과 정조 때 유득공 · 이덕무 · 박제가 등이 규장각 검서관으로 진출하기도 하였다.

서얼의 신분상승운동은 기술직 중인에게 자극을 주었다. 그들은 기술직에 종사하면서 축적한 재산과 탄탄한 실무경력을 바탕으로 신분상승을 추구하였다. 철종 때는 대규모 소청 운동을 전개하였다. 비록 정부의 거부로 실패하였으나, 전문직의 역할과 중요성을 정부에 알렸다.

한편 역관譯官들은 청과의 외교업무를 담당하면서 서학을 비롯한 외래문화를 수용하는 데 선구자적 역할을 하였다. 특히 성리학적 가치체계에 도전하는 새로운 사회의 수립을 촉진하였다. 중간 계층의 활동은 농민의 성장과 더불어 조선후기 사회에 큰 변화를 일으켰다.

조선후기 노비들은 군공軍功과 납속 등을 통해 부단히 자신들의 신분상승을 위해 노력하였다. 여기에 정부가 공노비를 유지하는데 과다한 비용이 지출되자 입역 노비를 납공 노비로 전환하였다. 이로 인해 노비들이 어느 정도 신분적 속박에서 벗어날 수 있는 기반이 만들어졌다. 특히 노비종모법奴婢從母法 실시되고, 순조 1년(1801)에 중앙관서의 노비 66,000여 명이 해방되면서 노비들의 신분해방은 가속화되었다.

조선의 가족제도는 부계와 모계가 함께 영향을 미치는 형태에서 부계 중심의 형태로 바뀌어갔다. 조선 중기까지 아들과 딸이 부모의 재산을 균등하게 상속받았다. 다만 집안을 잇는 자식이 1/5 정도 더 받았을 뿐이다. 제사의 책임 또한 분담하였다. 그러다가 17세기 이후 부계 중심의 가족제도가 확립되면서 친영제도親迎制度가 정착되었다. 그리고 제사는 반드시 장자가 지내야 한다는 인식이 확산되면서, 상속에서도 장자를 우대하는 풍속이 자리 잡았다. 이에 따라 부계 중심의 속보 편찬이 적극적으로 이루어졌으며, 동성同姓 마을이 형성되어 종중宗中을 중시하는 현상이 나타났다.

정부는 가부장적 가족제도의 유지를 위해 효와 정절을 강조하였으며, 과부의 재가를 금지하였다. 또한 효자와 열녀를 표창하여 모범으로 삼았다.

혼인 형태는 일부일처제가 원칙이었으나 첩을 따로 두는 것을 금지하지 않았다. 이를 처첩제妻妾制라 하는데 적 · 서의 차별이 엄격하였다. 혼인은 가장이 결정하였으며, 법적 혼인 연령은 남 15세, 여 14세였다.

조선후기 상민 · 중간계층 · 노비들의 신분상승과 부계중심의 가족제도의 변화는 종래의 양반 중심의 사회 및 신분체제가 크게 동요하고 있음을 의미한다.

5) 사회 변혁의 움직임

조선후기 신분제의 동요와 지배층의 수탈은 농민경제의 파탄으로 이어졌다. 이에 농민들이 적극적으로 지배층에 항쟁을 하면서 조선후기사회는 크게 동요하였다.

그럼에도 불구하고 탐관오리의 탐학과 횡포는 날로 심해졌다. 더욱이 재난과 질병이 거듭되면서 농민의 생활은 더욱 어려워졌다. 이러한 상황 속에서 비기秘記, 도참설圖讖說 등이 유행하고, 서양의 이양선異樣船까지 출몰하면서 민심은 더욱 흉흉해졌다. 사회불안 더욱 커지면서 게다가 각처에서는 화적火賊과 수적水賊이 극성을 부렸다.

사회가 변화하면서 유교적 명분론은 설득력을 잃었고, 비기와 도참 등을 이용한 예언 사상이 유행하였다. 이 예언 사상들은 말세의 도래, 왕조의 교체, 변란의 예고 등 낭설을 퍼트리면서 민심을 혼란시켰다.

한편 천주교와 동학 등의 새로운 종교도 유행하였다. 천주교는 17세기에 중국 베이징의 천주당을 방문한 우리나라 사신들에 의해 서학으로 소개되었다. 18세기 후반 남인들에 의해 신앙으로 받아들여졌으며, 이승훈이 베이징에서 영세를 받고 돌아온 후 더욱 확산되었다.

조선정부는 천주교의 평등사상과 제사 거부를 이유로 천주교를 사교로 규정한 뒤 대대적인 탄압을 하였다. 그것이 신유박해(1801)이다. 그러나 인간 평등과 내세 신앙에 대한 공감이 확산되면서 천주교의 교세는 더욱 확장되었다.

동학은 철종 11년(1860)에 최제우가 유儒불佛도道의 내용과 민간 신앙의 요소를 결합하여 창시하였다. 동학에는 19세기 후반 조선사회가 처한 여러 상황이 반영되었다. 이 때문에 동학은 사회모순 극복과 일본 및 서양 세력의 침략을 저지하자는 주장을 강조하였다. 또한 시천주侍天主와 인내천人乃天 사상을 중요하게 여겼기 때문에, 신분차별 금지, 노비제도 폐지, 여성 및 어린아이 인격 존중 등이 이루어지는 평등사회를 추구하였다. 그러나 혹세무민의 이유로 최제우가 처형당하면서 일시적으로 교세가 약화되었다. 하지만 2대 교주였던 최시형이 '동경대전東經大全' 과 '용담유사龍潭遺詞'를 편찬하여 교리와 교단 조직을 정비하고, 교세를 다시 확장하였다.

사회불안이 점차 고조되면서 명목상 유지되었던 유교적 왕도정치는 점점 퇴색되었다. 더욱이 세도정치의 폐단으로 삼정이 문란해지면서 탐관오리들의 부정과 탐학은 심해졌다. 이렇듯 농촌사회가 피폐해져 갔으나, 농민들의 사회의식은 더욱 성장하였다. 이로 인해 농민들은 지배층의 압제에 대해 적극적으로 대항하기 시작하였고, 그것이 농민항쟁으로 이어졌다.

순조 11년(1811) 홍경래의 난과 철종 13년(1862) 임술농민항쟁이 대표적인 농민항쟁이었다. 몰락 양반이었던 홍경래는 세도정치의 폐단과 서북지방민에 대한 차별에 저항하여 난을 일으켰다. 농민 · 중소 상인 · 광산노동자들이 가세하면서 세력이 확장되었으나, 정주성 전투에서 패하면서 5개월 만에 평정되었다. 홍경래의 난 이후에도 사회 불안은 수그러들지 않았으며, 관리들의 부정과 탐학은 시정되지 않았다. 이는 1862년 임술농민항쟁으로 이어졌다.

19세기의 농민항쟁 속에서 농민들의 사회의식은 성장하였으며, 양반 중심의 통치체제는 점차 붕괴되었다. 그리고 이 시기 농민항쟁은 개항기를 거쳐 1894년 동학농민혁명의 서막을 여는 계기로 작용한다.

4 실학의 발달과 문학의 새 경향

1) 실학

조선후기 학문과 사상에서 나타난 새로운 경향은 실학의 발달이다. 실학은 17~18세기의 사회모순을 해결하기 위한 사회개혁론이었다.

실학은 성리학의 경직성과 관념성을 비판하고, 현실에 대한 철저한 분석과 비판적 · 실증적 논리를 바탕으로 사회문제를 해결할 수 있는 방안을 제시하였다.

실학은 17세기 한백겸韓百謙 · 이수광李睟光 · 유형원柳馨遠 등이 연구하기 시작하여, 18세기에 이르러 성호학파星湖學派와 북학파北學派 등의 학파가 형성되었다. 연구경향과 관심의 초점에 따라 경세치용학파經世致用學派, 이용후생학파利用厚生學派 등으로 구분하기도 한다. 18세기 이후 정약용이 집대성 하였으며, 김정희金正喜 · 최한기崔漢綺 등을 거쳐 개화사상으로 계승되었다.

경세치용학파는 토지개혁과 농민의 생활안정을 주장하였던 실학파로서, 17세기 중엽부터 18세기 전반까지 실학의 체계를 세운 학파이다. 토지 및 농업 중심의 개혁론을 주장하였기 때문에 중농학파重農學派라고도 한다. 유형원의 '반계수록磻溪隧錄', 이익의 '성호사설星湖僿說'을 거쳐 정약용의 '여유당전서與猶堂全書'에 의해 완성되었다.

경세치용학파(중농학파)의 선구자는 17세기 후반의 유형원이었다. 그는 '반계수록'을 지어 중농실학의 사상을 체계화하였다. 그는 균전론均田論을 내세워 자영농 육성을 위한 토지제도의 개혁을 주장하였고,

양반 문벌제도 · 과거제도 · 노비제도의 모순도 비판하였다.

경세치용학파의 개혁론을 발전시킨 인물은 18세기 전반의 이익이었다. 그는 성호학파를 형성하여, 안정복 · 한치윤 · 정약용 · 이긍익과 같은 실학자들을 양성하였다. 또한 자영농 육성을 위한 토지제도 개혁론으로 한전론限田論을 주장하였고, 나라를 좀먹는 노비제 · 과거제 · 양반 문벌제도 · 기교(사치 · 미신) · 승려 · 게으름 등 6가지 폐단을 지적하였다.

농업 중심 개혁론을 집대성한 인물은 정약용이었다. 그는 500여 권의 '여유당전서'를 저술하였는데, 이 속에 '마과회통麻科會通', '아방강역고限我邦疆域考', '경세유표限經世遺表', '대동수경大東水經', '목민심서牧民心書', '흠흠신서欽欽新書', '아언각비雅言覺非' 등이 들어있나. 그는 토지제도의 개혁론으로 여전론閭田論을 처음에 내세웠다가 나중에 정전제丁田制를 현실에 맞게 실시할 것을 주장하였다. 또한 정약용은 과학기술과 상공업 발달에도 많은 관심으로 보였다. 실례로 그는 수원 화성을 설계한 뒤, 거중기를 만들어 성을 쌓았다.

거중기

18세기 후반에는 상공업의 진흥과 기술의 혁신을 주장하는 이용후생학파가 나타났다. 이들은 상공업의 발달을 중시하였기 때문에 중상학파重商學派라고도 한다. 유수원의 '우서迂書'를 거쳐 홍대용의 '의산문답醫山問答', 박제가의 '북학의北學議', 박지원의 '열하일기熱河日記' 등에 의해서 완성되었다.

이용후생학파(중상학파)의 선구자는 유수원이었다. 그는 '우서'를 저술하여 중국과 우리나라의 문물제도를 비교하여 전반적인 개혁안을 제시하였다. 또한 상공업의 진흥과 기술의 혁신을 강조하고, 사농공상士農工商의 직업 평등과 전문화를 강조하였다.

이용후생학파의 개혁론은 18세기 후반에 홍대용, 박지원, 박제가에 의해 크게 발전하였다. 홍대용은 청에 왕래하면서 얻은 경험을 토대로 '임하경륜林下經綸', '의산문답' 등을 저술하였다. 그는 기술의 혁신과 문벌제도의 철폐, 그리고 성리학의 극복이 부국강병의 근본이라고 주장하였으며, 중국적 세계관을 비판하였다.

박지원은 '연암집燕巖集', '열하일기', '과농소초課農小抄' 등 많은 저술을 남겼다. 그는 영농 방법의 혁신, 상업적 농업의 장려, 농기구 개량, 수리 시설의 확충 등을 통해 농업 생산력을 높이는 데 관심을 기울였다. 또한 수레와 선박의 이용, 화폐 유통의 필요성을 주장하면서 상공업의 진흥을 강조하였다.

박제가는 '북학의'를 저술하여 청의 문물을 적극적으로 수용할 것을 주장하였다. 그는 상공업의 발달, 청과의 통상 강화, 수레와 선박의 이용 등을 제창하였다. 또 생산과 소비와의 관계를 우물물에 비유하면서 생산을 자극하기 위해서는 절약보다 소비를 권장해야한다고 했다.

18세기를 전후하여 융성하였던 실학사상은 실증적 · 민족적 · 근대

지향적 특성을 지닌 학문이었다. 특히 상공업 중심의 실학사상은 19세기 후반에 개화사상으로 이어졌다. 그러나 실학파의 개혁론은 대체로 몰락한 지식층에 의해 이루어졌기 때문에 당시 정책에 반영되지 못하였다. 또한 실학자들의 사회개혁안은 대부분 봉건체제의 안정적인 존속과 유지를 위한 것이어서 성리학의 근본적인 한계를 벗어나지 못하였다.

2) 국학 연구의 확대

실학의 발달은 우리민족의 전통과 현실에 대한 관심으로 이어졌다. 이로 인해 중국 중심의 세계관에서 벗어나 우리의 역사 · 지리 · 언어 등을 연구하는 국학이 발달하였다.

역사 연구는 이익, 안정복, 이긍익, 이종휘, 유득공 등에 의해 체계화되었다. 이익은 실증적이며 비판적인 역사서술을 제시하면서, 중국 중심의 역사관에서 벗어날 것을 주장하였다. 이익의 제자인 안정복은 '동사강목東史綱目'을 저술하여 우리 역사의 독자적 정통론을 세웠다. 또한 역사 사실들을 치밀하게 고증하여 고증사학의 토대를 마련하였다. 이긍익은 '연려실기술練藜室記述'을 통해 조선시대의 정치와 문화사를 정리하였다. 그리고 한치윤은 '해동역사海東歷史'를 저술하여 민족사 인식의 폭을 확대하였다. 이종휘는 '동사東史'에 고구려사를 기록하였으며, 유득공은 '발해고'에서 발해사 연구를 심화시켰다. 이들의 고대사 연구는 한반도 중심의 협소한 사관을 극복하는 큰 도움을 주었다. 한편 김정희는 '금석과안록金石過眼錄'에서 북한산 진흥왕 순수비인 황초령비와 북한산비를 판독 · 고증하였다.

국토에 대한 연구도 활발하여 우수한 지리서와 정밀한 지도가 만들어졌다. 역사 지리지로는 한백겸의 '동국지리지', 정약용의 '아방강역고'가 있고, 인문 지리지로는 이중환의 '택리지擇里志'가 있다. 특히 '택리지'는 각 지역의 자연환경과 인물, 풍속, 인심 등을 자세히 설명하고 있다. 또한 중국으로부터 서양식 지도가 전해지면서 과학적인 지도가 많이 제작되었다. 그 중 우리나라 최초로 백리척을 사용하여 만든 정상기의 '동국지도東國地圖'와 목판으로 대량 인쇄하여 대중들에게 보급한 김정호의 '대동여지도大東輿地圖'가 유명하다.

우리의 언어에 대한 연구도 진전되어, 신경준의 '훈민정음운해訓民正音韻解'와 유희의 '언문지諺文志' 등이 나왔고, 우리 방언과 해외 언어를 정리한 이의봉의 '고금석림古今釋林'도 편찬되었다.

실학의 발달은 문화 인식의 폭을 넓혀주었다. 이 때문에 백과사전류도 많이 편찬되었는데, 이수광의 '지봉유설'이 효시이다. 이 책은 우리나라와 중국 문화를 포괄적으로 비교 · 서술한 것으로 일종의 세계백과사전이었다. 또한 '동국문헌비고東國文獻備考'는 영조 때 제작된 것으로 우리나라 역대의 정치 · 경제 · 법률 · 문화 등 문물제도를 총 정리한 최초의 관찬 백과사전이었다. 그밖에 이익의 '성호사설', 이덕무의 '청장관전서靑莊館全書', 서유구의 '임원경제지林園經濟志', 이규경의 '오주연문장전 산고五洲衍文長箋散稿'도 있다.

3) 문화의 새 경향

조선후기에는 상공업의 발달, 농업 생산력 증대, 서당 교육의 보급으로 서민을 위한 여러 양식의 문화가 출현하였다. 특히 서민·중인층·부농층의 문예활동 참가가 확대되었고, 상민이나 광대들의 활동도 활기차게 진행되었다. 그리고 한글 소설의 보급은 서민 문화를 더욱 확대하는 계기가 되었다. 서민문화는 감정의 적나라한 표현으로 양반 위선을 비판하고 사회의 부정과 비리를 풍자·고발하는 형식이 주류를 이루었다.

대표적인 서민문화로는 판소리와 탈놀이가 있다. 19세기 후반 신재효가 사설을 창작하여 정리한 판소리는 서민들의 애환과 당시 사회의 부조리를 소리로 읊조렸다. 탈을 쓰고 양반들의 허구성을 통렬하게 폭로하였던 탈놀이는 장시를 중심으로 널리 공연되었다.

창, 사설, 추임새로 구성된 판소리는 넓은 계층으로부터 지지를 받았던 조선후기의 대표적인 서민문화였다. 판소리는 현재 열두 마당 중 춘향가, 심청가, 흥보가, 적벽가, 수궁가의 다섯 마당만 전래되고 있다.

한편 탈놀이와 산대놀이가 사회적 모순을 해학적으로 폭로하여 서민들의 많은 사랑을 받았다. 특히 탈놀이는 승려들의 부패와 양반들의 허구를 비판하여 서민들의 의식성장에도 크게 기여하였다.

조선후기의 사회변동을 구체적으로 반영한 것은 문학이었다. 그 중에서 한글소설과 사설시조가 대표적이었다. 이것들은 문학의 저변이 서민층에게까지 확대되었음을 보여준다.

한글소설의 '홍길동전', '춘향전', '별주부전', '심청전', '장화홍련

조선후기 풍속화

전' 등은 서민들이 자신을 성찰할 수 있는 기회를 제공하였으며, 사회의식을 성장시키는데 공헌하였다.

한편 사설시조는 선비들의 절개와 자연관을 담고 있던 이전의 시조와는 달리 격식에 구애받지 않고 서민 감정을 솔직히 표현하여 많은 사랑을 받았다.

조선후기 회화의 새로운 경향은 진경산수화와 풍속화에서 드러난다. 진경산수화는 중국 남종의 화법과 북종 화법을 결합하여 새로운 화법을 탄생시켰다. 대표적인 화가였던 정선은 '인왕제색도仁王霽色圖'와 '금강전도金剛全圖'를 그려 진경산수화의 진면목을 보여주었다.

풍속화는 김홍도가 18세기 후반의 생활상과 활기찬 사회모습을 소탈·익살스러운 필치로 묘사하였다. 또한 신윤복은 양반·부녀자들의 생활과 유흥 그리고 남녀 사이의 애정표현을 감각적·해학적으로 그려냈다.

민화는 민중의 미적 감각을 표현하여 생활공간을 장식하였을 뿐만 아니라, 서민들의 소박한 정서를 반영하였다. 서예 분야에서는 이광사가 '동국진체東國眞體', 김정희는 '추사체秋史體'를 창안하였다. 특히 김정희의 추사체는 우리 서예발전의 성과를 바탕으로 고금의 필법을 두루 연구하여 굳센 기운과 다양한 조형성을 표현하여 서예의 새로운 경지를 열었다.

참고문헌

김동현, 『서울의 궁궐건축』, 시공사, 2002

김용섭, 『한국 중세 농업사 연구』, 지식산업사, 2000

윤돌, 『마음으로 읽는 궁궐이야기』, 이비컴, 2004

정만조, 한충희, 김인걸 외, 『조선의 정치와 사회』, 집문당, 2002

정옥자, 『조선시대 문화사』 상, 일지사, 2007

한국사연구회, 『한국사 연구입문』, 지식산업사, 1987

한국역사연구회, 『조선시대 사람들은 어떻게 살았을까』 1·2, 청년사, 2005

____________, 『한국역사 입문』, 중세편, 풀빛, 1995

한영우, 『조선전기 사회경제 연구』, 을유문화사, 1983

홍순민, 『우리 궁궐 이야기』, 청년사, 1999

역사의 고전

李瀷,『星湖集』卷45, 雜著, 朋黨論

붕당은 투쟁에서 생기고 투쟁은 이해에서 생기므로 이해가 절박하면 붕당 관계도 깊어지고 이해관계가 오래가면 붕당관계도 굳어짐은 형세가 그렇게 만드는 것이다.

무엇 때문에 그렇게 되었는지를 분명히 아는가. 여기에 열 사람이 있어 모두 굶주렸는데, 밥 한 그릇을 함께 먹게 되면 밥그릇을 비우기도 전에 싸움이 일어난다. 이를 꾸짖어도 말이 불손한 자가 있을 것이다. 그러면 사람들은 모두 이 싸움은 말 때문에 일어났다고 믿을 것이다. 다른 날에 또 밥 한 그릇을 먹어도 밥그릇을 비우기도 전에 싸움이 일어날 것이다. 이를 꾸짖으면 얼굴빛이 공손하지 못한 자가 있을 것이다. 그러면 사람들은 모두 이 싸움은 얼굴빛이 공손하지 못했기 때문에 일어났다고 믿을 것이다.……

가령 오늘은 밥이 한 그릇뿐이라 싸웠으나 다음 날에는 각 상에 차려서 배부르게 먹게 하여 싸우게 된 원인을 없앤다면 한 때 헐뜯고 나무라던 사이는 서로 타협이 되어 무사하고 다시 남는 분한도 없을 것이다.

그러므로 처첩이 한 집안에서 싸우면 반드시 한 사람을 그르다고 한다. 그러나 그르다 하더라도 싸우기까지 되는 것은 재물이 넉넉하지 못하기 때문이다.……

나라의 붕당도 이것과 무엇이 다르랴. 그 시초를 따지면 한 사람의 선악과 한 사건의 경중에 불과한 것이다. 마음속으로 노여워하고 입으로 헐뜯는 일은 있었으나, 그저 털끝만한 일이었다. 그런데 어찌 붕당으로 갈려서 창칼로 서로 다투게 되는가?

그러면 붕당이란 무엇 때문에 갈리는 것인가. 대개 과거를 자주 보여서 사람을 너무 많이 뽑았고 애증이 치우쳐서 진퇴가 일정하지 못하였기 때문이다. ……

이 밖에도 벼슬하는 길이 어지럽게 많아서 관직은 적은데 임용할 사람은 많으니 조처할 수가 없었다. 이러므로 더러는 자주 교체시키고 더러는 기왕의 관직을 없애기도 하고 새로 마련하기도 하였다. 그러나 교체에는 서운함이 따르고 폐직에는 원한이 따르니 이것은 남에게 보호를 주기로 승낙해 놓고 끝내 주지 않아 그 사람의 욕심난 더욱 사납도록 한 것과 같다. 유한의 보화로써 무궁한 사람을 대접하려 하니 싸움이 일어나는 것은 당연하다. ……

우리나라는 중세 이후로 간사한 자가 마음대로 정사를 맡아 사화가 잇달았다. 앞서는 무오·갑자에 살육이 있었고, 그 뒤에 기묘·을사에 또 상잔이 있었다. 한때의 충신과 현사가 이 물결에 휩쓸려 함께 죽었으나, 그 때는 아직 붕당은 없었다. 그런데 순조 이후로 하나가 갈려 둘이 되고, 둘이 갈려 네 당이 되고, 넷이 또 갈려 여덟 당이 되었다.

이것이 대대로 전하여져 그들의 자손은 그대로 원수가 되어 더러는 죽이기까지 하였다. 조정에서 함께 벼슬하고 같은 마을에 살면서도 늙어 죽도록 서로 왕래도 안했다. 길사나 흉사가 있으면 수근수근 서로 헐뜯으며 서로 통혼이라도 하면 무리를 지어서 공격하였다. 심지어는 언동과 복식까지 모양을 달리하여 길에서 만나도 가려내어 알 수 있다. 이역(異域)이라 그런지 풍속이 달라서 그런지 참으로 심하기도 하다.

이렇게 된 까닭은 더듬어 살필 수 있다. 우리나라는 사람을 뽑는데 오로지 과거에만 의존하였다. 그러나 처음에는 뽑는 수효가 적었다. 선조 이래로 점점 많아지다가 오늘 날에 있어서는 아주 많아졌다. 옛날 북조(北朝)의 최량(崔亮)이 "열 사람이 관직 하나를 함께 하여도 오히려 제수해 낼 수 없다"하였으니 오늘날 일과 꼭 부합되는 말이다.

그러므로 벌열이 성한 가문과 문장이 좋은 문호에서도 매미의 배와 거북의 장처럼 굶주리면서 홍패(紅牌)만 어루만지며 탄식하는 자의 이름을 이루 다 적을 수 없으니 어찌 분단되지 않으랴. 대개 이(利)는 하나인데 사람이 둘이면 문득 2당을 이루고, 이는 하나인데 사람이 넷이면 문득 4당을 이룬다. 이는 일정한데 사람만 많아지니 십붕팔당(十朋八黨)으로 더욱 갈라지는 것은 당연하다. 여러 당파를 다 물리치고 오로지 일당에게 맡게 한들 그들도 또한 철(鐵)은 철일 뿐이지 녹여도 금으로는 만들 수 없다. 어디에서 온 날카로운 칼날이든 셋·다섯으로 반드시 분열된다. 그들이 득지(得志)하면 과장(科場)을 광설(廣設)하고 사정(私情)에 따라 난잡하게 뽑아 올리면서 이것을 식당(植黨)이라 한다. 현우(賢愚)를 불문하고 요직에 불러들이면서 이것을 장세(張勢)라 한다.

이리하여 의정(議政)은 셋인데 정1품이 대신의 계자(階資)는 여섯이고, 판서는 여섯인데 정2품인 자헌(自憲)은 열이나 되며, 초헌을 타고 조복을 입은 자와 대관(臺官)같은 중한 벼슬까지 관료가 관직 수의 배(倍)를 넘지 않는 것이 없다. 그러므로 겨우 외적을 평정하자 내홍(內訌)이 은연히 싹튼다.

하물며 이런 당파가 있은 뒤 운우(雲雨)가 번복하듯 하는 정세는 아무리 총명하여도 모두 기록하지 못한다. 중립을 지켜 시비를 가리는 자는 용렬하다 하고 붕당을 위해서는 죽어도 굽히지 않는 자를 이름만 절조라 한다. 사람을 때로는 무릎에 올려놓듯 하고, 때로는 연중(淵中)에 떨어뜨리듯 하여 영욕이 갑자기 바뀌니 어찌 붕당을 만들어 싸우지 않겠는가.

그러므로 어찌하면 옳은가. 그것은 과거를 드물게 보여 난잡한 진출을 막으며 성적을 밝혀서 용렬한 자를 도태시켜야 한다. 그런 다음에 높은 벼슬을 아껴서 많이 주지 말 것이며, 승진을 삼가서 경솔하게 발탁하지 말 것이며, 재간(才幹)에 맞추도록 힘써서 관직을 자주 옮기지 말 것이며, 이를 넘보는 구멍을 막아서 민심이 안정되도록 할 것이다. 길은 오직 이와 같이 할 뿐이며, 그렇지 않으면 비록 죽인들 금할 수 없다.

李重煥,『擇里志』, 卜居總論, 人心

당파를 만들어 유객을 걷어 들이며, 권세를 부려서 평민을 침해하기도 한다. 이미 자신의 행실을 단속하지 못하면서 남이 자기를 평함을 싫어한다. 모두 홀로 한 지방에서 제패하기를 좋아한다. 당색이 다르면 같은 마을에서 함께 살지 못하고 마을과 마을이 서로 상상할 수 없을 정도로 비방하고 욕한다. 신임(신축년과 임인년)이래, 조정의 윗자리에 노론, 소론, 남인의 삼색의 구원(원수)은 날이 갈수록 더하여, 서로 역적이란 이름으로 죄를 덮어씌우며, 그 영향이 아래로 시골에까지 미치어 한 싸움터를 만들었다. 비단 서로 혼인하지 않을 뿐만 아니라, 서로 용납하지 아니하는 형세였다. 이색이 타색과 친하면 절의를 잃었다고 하고, 또는 항복하였다고 말하며 서로 배척하였다. 유시와 천예들까지도 한번 아무개 집신이라고 이르면 비록 타족을 다시 섬기고자 하더라도 또한 용납하지 않았다.

사대부의 어질고 어리석고 높고 낮은 품위는 자파 중의 일색 가운데서만 홀로 통해지고, 타색 중에서는 통하지 못하였다. 이색 가운데 인물이 다른 색에서 배척하게 되면 이 색에서는 더욱 귀히 여기고, 저 색에서도 또한 그러하였다. 비록 죄가 천하에 가득 차 있더라도 한번 다른 색에 의하여 공격을 당하면 시비곡직을 논할 것도 없이 모두가 일어나 이를 도우며, 도리어 허물이 없는 사람을 만든다. 비록 돈독한 행위를 하고 숨은덕이 있더라도 동색이 아니면 반드시 먼저 그 옳지 못한 곳부터 살핀다. 대개 당색이 처음 일어날 때에는 미미했으나, 자손이 그 조상의 논의를 지킴으로 인해서 2백년에 드디어 굳어서 깨뜨릴 수가 없는 당이 되었다.

노론, 소론은 서인으로부터 분열한 지 겨우 40여 년밖에 되지 않은 까닭에 혹 형제, 숙질간에 서로 노론, 소론으로 갈려진 자가 있었다. 명색이 한번 갈라지면 마음이 초나라와 월나라처럼 대립하고, 동색과는 더불어 의논하여도 지극히 가까운 친족 사이에도 서로 말하지 않았다. 이 지경에 이르면 하늘에서 내린 떳떳한 성품과 윤리도 없어졌다고 하겠다. 근래에 와서는 4색이 모두 진출하여 오직 벼슬만 할 뿐, 옛날부터 지켜 내려오는 의리는 모두 고깔 씌우듯 숨겨 버렸다. 사문의 시비와 국가 충역에 대한 논란도 모두 지나간 일로 돌려 버렸다 기운을 내고 피를 흘리며 싸움하던 버릇은 비록 전에 비하여 조금 적어졌으나, 구속 중에 신체나 기력이 차츰 약해지고, 줏대 없고, 매끈한 새로운 병을 첨가하게 되었다. 그 마음은 처음부터 스스로 갈라져 있었으나, 외면적으로 입으로 말하면 모두가 혼연히 한 색으로 된 것 같았다. 매양 공석상과 대중이 모인 곳에서 조정의 일을 이야기하게 되면 규각을 나타내지 않고, 대답이 곤란하면 곧 쓴 웃음으로써 임시변통하여 그 자리를 넘기고 흘려버린다.

그런 까닭에 의관한 사람들이 모여들면 오직 들리는 것은 만당의 웃음소리뿐이었고, 정령의 실시에 있어서는 오직 자기 이익만을 도모하고, 실제로 나라를 근심하고 공을 받드는 사람이 드물었다. 관작을 매우 가벼이 보고, 관청을 주막집 같이 여긴다. 재상은 중용을 잡음으로써 어질다 하고, 삼사는 말하지 아니함으로써 높게 평가되며, 외관은 결백하고 검소함을 어리석게 여기니, 이대로 달려서 종말에 가서는 어떤 지경에 이를 것인가?

『英祖實錄』 券99, 英祖 38年 閏5月 13日(乙亥)

임금이 창덕궁에 나아가 세자(世子)를 폐하여 서인(庶人)을 삼고, 안에다 엄히 가두었다. 처음에 효장 세자(孝章世子)가 이미 훙(薨)하였는데, 임금에게는 오랫동안 후사(後嗣)가 없다가, 세자가 탄생하기에 미쳤다. 천자(天資)가 탁월하여 임금이 매우 사랑하였는데, 10여 세 이후에는 점차 학문에 태만하게 되었고, 대리(代理)한 후부터 질병이 생겨 천성을 잃었다. 처음에는 대단치 않았기 때문에 신민(臣民)들이 낫기를 바랐었다. 정축년 · 무인년 이후부터 병의 증세가 더욱 심해져서 병이 발작할 때에는 궁비(宮婢)와 환시(宦侍)를 죽이고, 죽인 후에는 문득 후회하곤 하였다. 임금이 매양 엄한 하교로 절실하게 책망하니, 세자가 의구심에서 질병이 더하게 되었다. 임금이 경희궁(慶熙宮)으로 이어하자 두 궁(宮) 사이에 서로 막히게 되고, 또 환관(宦官)·기녀(妓女)와 함께 절도 없이 유희하면서 하루 세 차례의 문안(問安)을 모두 폐하였으니, 임금의 뜻에 맞지 않았으나 이미 다른 후사가 없었으므로 임금이 매양 종국(宗國)을 위해 근심하였다.

한번 나경언(羅景彦)이 고변(告變)한 후부터 임금이 폐하기로 결심하였으나 차마 말을 꺼내지 못하였는데 갑자기 유언비어가 안에서부터 일어나서 임금의 마음이 놀랐다. 이에 창덕궁에 나아가 선원전(璿源殿)에 전배하고, 이어서 동궁의 대명(待命)을 풀어주고 동행하여 휘령전(徽寧殿)에 예를 행하도록 하였으나 세자가 병을 일컬으면서 가지 않으니, 임금이 도승지 조영진(趙榮進)을 특파(特罷)하고 다시 세자에게 행례(行禮)하기를 재촉하였다. 임금이 이어서 휘령전(徽寧殿)으로 향하여 세자궁(世子宮)을 지나면서 차비관(差備官)을 시켜 자세히 살폈으나 보이는 바가 없었다. 세자가 집영문(集英門) 밖에서 지영(祗迎)하고 이어서 어가를 따라 휘령전으로 나아갔다. 임금이 행례를 마치고, 세자가 뜰 가운데서 사배례(四拜禮)를 마치자, 임금이 갑자기 손뼉을 치면서 하교하기를, "여러 신하들 역시 신(神)의 말을 들었는가? 정성 왕후(貞聖王后)께서 정녕하게 나에게 이르기를, '변란이 호흡 사이에 달려 있다.'고 하였다."하고, 이어서 협련군(挾輦軍)에게 명하여 전문(殿門)을 4, 5겹으로 굳게 막도록 하고, 또 총관(摠管) 등으로 하여금 배열하여 시위(侍衛)하게 하면서 궁의 담쪽을 향하여 칼을 뽑아들게 하였다. 궁성문을 막고 각(角)을 불어 군사를 모아 호위하고, 사람의 출입을 금하였으니, 비록 경재(卿宰)라도 한 사람도 들어온 자가 없었는데, 영의정 신만(申晩)만 홀로 들어왔다. 임금이 세자에게 명하여 땅에 엎드려 관(冠)을 벗게 하고, 맨발로 머리를 땅에 조아리게[扣頭] 하고 이어서 차마 들을 수 없는 전교를 내려 자결할 것을 재촉하니, 세자가 조아린 이마에서 피가 나왔다. 신만과 좌의정 홍봉한, 판부사 정휘량(鄭翬良), 도승지 이이장(李彝章), 승지 한광조(韓光肇) 등이 들어왔으나 미처 진언(陳言)하지 못하였다. 임금이 세 대신 및 한 광조 네 사람의 파직을 명하니, 모두 물러갔다. 세손이 들어와 관(冠)과 포(袍)를 벗고 세자의 뒤에 엎드리니, 임금이 안아다가 시강원으로 보내고 김성응(金聖應) 부자(父子)에게 수위(守衛)하여 다시는 들어오지 못하게 하라고 명하였다. 임금이 칼을 들고 연달아 차마 들을 수 없는 전교를 내려 동궁의 자결을 재촉하니, 세자가 자결하고자 하였는데 춘방(春坊)의 여러 신하들이 말렸다. 임금이 이어서 폐하여 서인을 삼는다는 명을 내렸다. 이때 신만·홍봉한·정휘량이 다시 들어왔으나 감히 간하지 못하였고, 여러 신하들 역시 감히 간쟁하지 못했다. 임금이 시위하는 군병을 시켜 춘방의 여러 신하들을 내쫓게 하였는데 한림(翰林) 임덕제(林德躋)만이 굳게 엎드려서 떠나지 않으니, 임금이 엄교하기를, "세자를 폐하였는데, 어찌 사관(史官)이 있겠는가?"하고, 사람을 시켜 붙들어 내보내게 하니, 세자가 임덕제의 옷자락을 붙잡고 곡하면서 따라나오며 말하기를, "너 역시 나가버리면 나는 장차 누구를 의지하란 말이냐?"하고, 이에 전문(殿門)에서 나와 춘방의 여러 관원에게 어떻게 해야 좋은가를 물었다. 사서(司書) 임성(任珹)이 말하기를, "일이 마땅히 다시 전정(殿庭)으로 들어가 처분을 기다릴 수밖에 없습니다."하니, 세자가 곡하면서 다시 들어가 땅에 엎드려 애걸하며 개과 천선(改過遷善)하기를 청하였다. 임금의 전교는 더욱 엄해지고 영빈(映嬪)이 고한 바를 대략 진술하였는데, 영빈은 바로 세자의 탄생모(誕生母) 이씨(李氏)로서 임금에게 밀고(密告)한 자였다. 도승지 이이장(李彝章)이 말하기를, "전하께서 깊은 궁궐에 있는 한 여자의 말로 인해서 국본(國本)을 흔들려 하십니까?"하니, 임금이 진노하여 빨리 방형(邦刑)을 바루라고 명하였다가 곧 그 명을 중지하였다. 드디어 세자를 깊이 가두라고 명하였는데, 세손(世孫)이 황급히 들어왔다. 임금이 빈궁(嬪宮)·세손(世孫) 및 여러 왕손(王孫)을 좌의정 홍봉한의 집으로 보내라고 명하였는데, 이때에 밤이 이미 반이 지났었다. 임금이 이에 전교를 내려 중외에 반시(頒示)하였는데, 전교는 사관(史官)이 꺼려하여 감히 쓰지 못하였다.

惠慶宮 洪氏,『閑中錄』

그 사건 그 현장

경모궁께서 나가신 후 즉시 영조의 엄노하신 음성이 들리니라. 휘령전이 덕성합과 멀지 않으니, 담 밑으로 사람을 보내니라. 경모궁께서는 벌써 곤룡포를 벗고 엎드려 계시더라 하니라. 대처분이신 줄 알고, 천지 망극하고 가슴이 찢어지니라.

거기 있어 부질없으니 세손 계신 데로 와서, 서로 붙들고 어찌 할 줄 모르더라. 오후 세시 즈음에 내관이 들어와 밧소주방의 쌀 담는 뒤주를 내라 하신다 하니, 이 어찌 된 말인고. 황황하여 궤를 내지는 못하고, 세손이 망극한 일이 벌어질 줄 알고 휘령전으로 들어가

"아비를 살려주옵소서"하니, 영조께서 "나가라" 명하시니라. 세손께서 나와서 휘령전에 딸린 왕자의 재실에 앉아 계시니, 그 정경이야 고금 천지간에 다시없더라. 세손을 재보낸 후 하늘이 무너지고 해와 달이 빛을 잃으니, 내 어찌 한때나마 세상에 머물 마음이 있으리오.

칼을 들어 목숨을 끊으려 하나, 곁에 있는 사람이 앗음으로써 뜻을 이루지 못하고, 다시 죽고자 하되 한 토막 쇳조각이 없으니 하지 못하니라. 숭문당에서 휘령전으로 나가는 건복문 밑으로 가니, 아무것도 보이지 않고, 다만 영조께서 칼 두드리시는 소리와 경모궁께서

"아버님, 아버님, 잘못하였으니, 이제는 하라 하시는 대로 하고, 글도 읽고 말씀도 들을 것이니, 이리 마소서." 애원하는 소리가 들리더라. 그 소리를 들으니 간장이 마디마디 끊어지고 눈앞이 막막하니, 가슴을 두드려 아무리 한들 어찌하리오.

당신 용력과 장한 기운으로 뒤주에 들라 사신들 아무쪼록 아니 드시지, 어찌 마침내 들어가시던고. 처음은 뛰어나가려 하시다가 이기지 못하여 그 지경이 되시니, 하늘이 어찌 이토록 하신고. 만고에 없는 설움뿐이라. 내 문 밑에서 울부짖되 경모궁께서는 응하심이 없더라.

세자가 벌써 폐위되었으니 그 처자가 편안히 대궐에 있지 못할

것이요, 세손을 그냥 밖에 두었으니 어찌 될까 두렵고 조마조마하여, 그 문에 앉아 영조께 글을 올리니라.

"처분이 이러하시니 죄인의 처자가 편안히 대궐에 있기도 황송하옵고, 세손을 오래 밖에 두기는 귀중한 몸이 어찌 될지 두렵사오니, 이제 본집으로 나가게 하여주소서."

그 끝에 "천은으로 세손을 보전하여 주시길 바라나이다."하고 써 가까스로 내관을 찾아 드리라 하였더라. 오래지 아니하여 오빠가 들어오셔서 "동궁을 폐위하여 서인으로 만드셨다 하니, 빈궁도 더 이상 대궐에 있지 못할 것이라. 위에서 본집으로 나가라 하시니 가마가 들어오면 나가시고, 세손은 남여를 들여오라 하였으니 그것을 타고 나가시리이다." 하시니, 서로 붙들고 망극 통곡 하니라. 나는 업혀서 청휘문에서 저승전 앞문으로 가 거기서 가마를 타니, 윤상궁이란 내인이 가마 안에 함께 타니라. 별감들이 가마를 메고, 허다한 상하 내인이 다 뒤를 따르며 통곡하니, 만고 천지간에 이런 경상(景狀)이 어디 있으리오. 나는 가마에들 제 기운이 막혀 인사를 모르니, 윤상궁이 주물러 겨우 명이 붙었으나 오죽하리오.

사도세자의 죽음을 둘러싼 논란

대저 경모궁께서 돌아가신 지 사십 년도 더 지난 지금 누가 나만큼 그 사건을 잘 알리오. 또 그 설움이 누가 나와 정조 같으며, 경모궁께 틈 없는 정성이 누가 나 같으리오. 내 매양 정조께 말씀하되

"마누라가 비록 경모궁 아들이나, 그때 어린 나이시니 나만큼 자시 모를 것이니이다. 그해 일은 아무 일이라도 내게 물으시지, 바깥 사람들의 시끄러운 말은 곧이듣지 마시오. 그것들이 저희 한때 총애나 받으려는 계략으로, 마누라 들으시게 별 소문처럼 얻어다가 말하나 다 고이한 말이니이다."하면, 정조께서도 "누가 모르옵나이까. 그 놈들이 아버지 위한 정성이 없다고 욕을 무한히 하니 욕을 피하고자 하고, 또 '경모궁을 위하였다'하면 자식 된 도리에 '그렇지 않다' 말을 차마 못 하여, 누구는 추증하고 누구는 시호하며 저희 하자는 대로 하였으니, 그런 일에는 분명히 알면서도 끌려다닐 수밖에 없어

내 흐린 사람됨을 면치 못했노라.”하시니라. 내 정조의 고통을 차마 생각지 못하리로다.

대저 경모궁의 돌아가심에 대해 세상에 두 견해가 있으니, 둘 다 다른 생각이 섞여 있고 실상도 왜곡한 것이라. 한 의견은 영조의 처분이 광명정대하여 하늘 아래 떳떳한 일이라고 하면서, 그것을 영조의 큰 공적으로 일컫는 것이라. 이는 경모궁께 애통망극한 뜻이 없으니, 경모궁을 불효 죄로 몰아가는 것이라. 이리되면 영조 처분이 무슨 역적을 소탕하거나 역변을 평정한 것처럼 되니, 경모궁께서는 어떤 몸이 되시며 그 아드님 정조는 또 어떤 처지가 되시리오. 이는 경모궁과 정조 두 부자 분께 모두 망극한 말이오.

또 한 의견은 경모궁께서 본래 병환이 없는데, 영조께서 헐뜯는 말을 들으시고 과한 행동을 하셨으니, 원수를 갚아 치욕을 씻자 하는 것이라. 이 말이 경모궁 원한을 푸는 말인 듯하나, 이 말대로라면 영조께서 무죄한 동궁을 누구 모함을 들으시고 처분하신 것이 되니, 이리하면 이것의 영조의 큰 잘못을 드러낸 것이라.

두 의견이 다 영조, 경모궁, 정조께 망극하고 또 실상과도 다르니라. 그해 8월 아버지께서 올린 상소의 말씀처럼, 경모궁 병환이 망극하시어 임금께서 위태로웠고 종사가 아슬하여 급박한 지경이었으니, 영조께서도 애통망극하시나 만만 어쩔 수 없어 그 처분을 하신 것이라. 경모궁께서도 본심이야 당신 행동을 걱정하고 갑갑해했지만 병환으로 천성을 잃어 당신 사시는 일을 다 모르시는지라. 병환 드신 것이 망극하지, 병은 성인도 면치 못한다 하니, 경모궁께 한 터럭만한 과실이라도 어이 있으리오.

실상이 이러하고 그때 사정이 이러니, 바른대로 말을 해야 할 것이라. 영조의 처분도 애통망극한 병환으로 인하여 만만 어쩔 수 없는 일을 당하신 것이라. 그리고 정조의 처지도 애통은 애통대로 의리는 의리대로 각각 말을 하여야 실상에도 어긋나지 않고 의리에도 합당할 것이라. 그런데 위의 두 의견 같으면 하나는 영조의 잘못이 되며, 다른 하나는 경모궁의 잘못이 되고, 정조께는 두 의견 모두가 망극하니, 이 두 의견을 말하는 자는 영조, 경모궁, 정조 세 임금께 죄인이라.

한편의 의견이 영조 처분을 거룩하시다 하면서도 아버지께 죄를 씌우려고 아버지께서 뒤주를 들였다고 하니, 아버지께서 뒤주를 들이지 않은 사정은 다른 기록에 올렸으니 여기서는 다시 아니 쓰노라. 이 견해를 말하는 놈이 과연 영조께 정성을 다한 것이냐 경모궁께 충절을 바친 것이냐. 정조께서 '경모궁 위하노라'하면 그 사람이 어떤 사람인지 묻지도 않고 받아들이시고, '경모궁의 일에 시비가 있다'하면 유죄 무죄를 가리지 않고 '그렇지 않다'분명히 한쪽 편을 못 드시니라. 이놈들이 그런 줄 알고 경모궁 돌아가신 일을 좋은 기회로 삼아 저희 뜻대로 가지고 놀며, 이리하여 사람을 해치고 저리하여 충신이라 자처하니, 만고에 이런 일이 어이 있으리오.

결어

경모궁 돌아가신 지 사십여 년 동안 그 일로 충성과 반역이 잡되이 섞이고 옳고 그름이 거꾸로 되어, 지금까지도 그것이 바로잡히지 않았도다. 경모궁 병환이 만만 어쩔 수 없게 되어 영조가 부득이 그 처분을 하신 것이요. 뒤주는 또한 영조께서 스스로 생각하신 것이라. 나나 정조나 애통은 애통이고 의리는 의로, 각각 아픔과 의리를 따로 알아, 망극 중이지만 몸을 보전하여 종사를 잇게 하신 성은에 감축하는 것이 옳으리라. 그때 여러 신하들이 어쩔 수 없게 된 상황이라 처분을 막는 말씀을 못 올린 것을 후인들이 상상하여 이러쿵저러쿵하는데, 경모궁 돌아가신 일이야 망극하고 불행한 일이지만 군신 간에 어찌 이런 말들이 용납될 수 있으리오.

경모궁 돌아가신 경위를 내 차마 기록할 마음이 없으나, 다시 생각하니, 경모궁 손자이신 순조가 그때 일을 망연히 모르는 것이 망극하고, 또한 옳고 그름을 분별치 못하실까 안타까워, 마지못하여 이리 기록하나, 그중 차마 못 일컬을 일을 뺀 것이 많도다. 내 백발노년에 이를 능히 써내니, 목숨의 끈질김이 어이 이러하리오. 하늘을 불러 눈물 흘리며 운명을 한탈할 뿐이로다.

朴趾源,『燕巖集』卷8 別集, 放璚閣外傳, 兩班傳.

양반(兩班)이란 사족(士族)을 높여 부르는 말이다. 정선(旌善) 고을에 한 양반이 있었는데 어질고 글 읽기를 좋아하였으므로, 군수가 새로 도임하게 되면 반드시 몸소 그의 집에 가서 인사를 차렸다. 그러나 집이 가난하여 해마다 관청의 환곡을 빌려 먹다 보니, 해마다 쌓여서 그 빚이 천석(千石)에 이르렀다. 관찰사가 고을을 순행하면서 환곡 출납을 조사해 보고 크게 노하여, "어떤 놈의 양반이 군량미를 축냈단 말인가?" 하고서 그 양반을 잡아 가두라고 명했다. 군수는 그 양반이 가난하여 보상을 할 길이 없음을 내심 안타깝게 여겨 차마 가두지는 못하였으나, 그 역시도 어찌할 수 없는 일이었다. 양반이 어떻게 해야 할 줄을 모르고 밤낮으로 울기만 하고 있으니, 그의 아내가 몰아세우며, "당신은 평소에 그렇게도 글을 잘 읽지만 현관(縣官)에게 환곡을 갚는 데에는 아무 소용이 없구려. 쯧쯧 양반이라니, 한 푼짜리도 못 되는 그놈의 양반."이라 했다. 그때 그 마을에 사는 부자가 식구들과 상의하기를, "양반은 아무리 가난해도 늘 높고 귀하며, 우리는 아무리 잘 살아도 늘 낮고 천하여 감히 말도 타지 못한다. 또한 양반을 보면 움츠러들어 숨도 제대로 못 쉬고 뜰아래 엎드려 절해야 하며, 코를 땅에 박고 무릎으로 기어가야 하니 우리는 이와 같이 욕을 보는 신세다. 지금 저 양반이 환곡을 갚을 길이 없어 이만저만 군욕(窘辱)을 보고 있지 않으니 진실로 양반의 신분을 보존 못할 형편이다. 그러니 우리가 그 양반을 사서 가져보자." 하고서 그 집 문에 나아가 그 환곡을 갚아 주겠다고 청하니, 양반이 반색하며 그렇게 하라고 했다. 그래서 부자는 당장에 그 환곡을 관에 바쳤다. 군수가 크게 놀라 웬일인가 하며 그 양반을 위로도 할 겸 어떻게 해서 환곡을 갚게 되었는지 묻기 위해 찾아갔다. 그런데 그 양반이 벙거지를 쓰고 잠방이를 입고 길에 엎드려 소인이라 아뢰며 감히 쳐다보지도 못하는 것이 아닌가. 군수가 깜짝 놀라 내려가 붙들며, "그대는 왜 이렇게 자신을 낮추어 욕되게 하시오?"하니까, 양반이 더욱더 벌벌 떨며 머리를 조아리고 땅에 엎드리며, "황송하옵니다. 소인 놈이 제 몸을 낮게 하려는 것이 아니라 환곡을 갚기 위하여 이미 제 양반을 팔았으니, 이 마을의 부자가 이제는 양반입니다. 소인이 어찌 감히 예전의 칭호를 함부로 쓰면서 스스로 높은 척하오리까?"했다. 군수가 탄복하며, "군자로다, 부자여! 양반이로다, 부자여! 부자로서 인색하지 않은 것은 의(義)요, 남의 어려운 일을 봐준 것은 인(仁)이요, 비천한 것을 싫어하고 존귀한 것을 바라는 것은 지(智)라 할 것이니 이 사람이야말로 참으로 양반이로고. 아무리 그렇지만 사적으로 주고받았을 뿐 아무런 증서도 작성하지 않았으니 이는 소송의 빌미가 될 것이다. 그러므로 나와 너는 고을 백성들을 불러모아 그들을 증인으로 세우고, 증서를 작성하여 믿게 하자. 군수인 나도 당연히 자수(自手)로 수결(手決)할 것이다."했다. 그리고 군수는 관사로 돌아와, 고을 안의 사족(士族) 및 농부, 장인, 장사치들을 모조리 불러다 뜰 앞에 모두 모이게 하고서, 부자를 향소(鄕所)의 바른편에 앉히고 양반은 공형(公兄)의 아래에 서게 하고 다음과 같이 증서를 작성했다.

"건륭(乾隆) 10년(1745, 영조 21) 9월 모일 위의 명문(明文)은 양반을 값을 쳐서 팔아 관곡을 갚기 위한 것으로서 그 값은 1,000섬이다. 대체 그 양반이란, 이름 붙임 갖가지라. 글 읽은 인 선비되고, 벼슬아친 대부 되고, 덕 있으면 군자란다. 무관 줄은 서쪽이요, 문관 줄은 동쪽이라. 이것이 바로 양반, 네 맘대로 따를지니. 비루한 일 끊어 버리고, 옛사람을 흠모하고 뜻을 고상하게 가지며, 오경이면 늘 일어나 유황에 불붙여 기름등잔 켜고서, 눈은 코끝을 내리 보며 발꿈치를 괴고 앉아, 얼음 위에 박 밀듯이 《동래박의(東萊博議)》를 줄줄 외어야 한다. 주림 참고 추위 견디고 가난 타령 아예 말며, 이빨을 마주치고 머리 뒤를 손가락으로 퉁기며 침을 입 안에 머금고 가볍게 양치질하듯 한 뒤 삼키며 옷소매로 휘양(揮項)을 닦아 먼지 털고 털 무늬를 일으키며, 세수할 땐 주먹 쥐고 벼르듯이 하지 말고, 냄새 없게 이 잘 닦고, 긴 소리로 종을 부르며, 느린 걸음으로 신발을 끌듯이 걸어야 한다. 《고문진보(古文眞寶)》, 《당시품휘(唐詩品彙)》를 깨알같이 베껴 쓰되 한 줄에 백 글자씩 쓴다. 손에 돈을 쥐지 말고 쌀값도 묻지 말고, 날 더워도 발 안 벗고 맨상투로 밥상 받지 말고, 밥보다 먼저 국 먹지 말고, 소리 내어 마시지 말고, 젓가락으로 방아 찧지 말고, 생파를 먹지 말고, 술 마시고 수염 빨지 말고, 담배 필 젠 볼이 움푹 패도록 빨지 말고, 분나도 아내 치지 말고, 성 나도 그릇 차지 말고, 애들에게 주먹질 말고, 뒈져라고 종을 나무라지 말고, 마소를 꾸짖을 때 판 주인까지 싸잡아 욕하지 말고, 병에 무당 부르지 말고, 제사에 중 불러 재(齋)를 올리지 말고, 화로에 불 쬐지 말고, 말할 때 입에서 침을 튀기지 말고, 소 잡지 말고 도박하지 말라. 이상의 모든 행실 가운데 양반에게 어긋난 것이 있다면 이 문서를 관청에 가져와서 변정(卞正)할 것이다. 성주(城主) 정선군수(旌善郡守)가 화압(花押 수결(手決))하고 좌수(座首)와 별감(別監)이 증서(證署)함."

이에 통인(通引)이 여기저기 도장을 찍는데, 그 소리가 엄고(嚴鼓) 치는 것 같았으며, 모양은 북두칠성과 삼성(參星)이 종횡으로 늘어선 것 같았다. 호장(戶長)이 문서를 다 읽고 나자 부자가 어처구니없어 한참 있다가 하는 말이, "양반이라는 것이 겨우 이것뿐입니까? 제가 듣기로는 양반은 신선 같다는데, 정말 이와 같다면 너무도 심하게 횡령당한 셈이니, 원컨대 이익이 될 수 있도록 고쳐 주옵소서."하므로, 마침내 증서를 이렇게 고쳐 만들었다.

"하느님이 백성 내니, 그 백성은 넷이로세. 네 백성 가운데는 선비 가장 귀한지라, 양반으로 불리면 이익이 막대하다. 농사, 장사 아니 하고, 문사(文史) 대강 섭렵하면, 크게 되면 문과(文科) 급제, 작게 되면 진사(進士)로세. 문과 급제 홍패(紅牌)라면 두 자 길이 못 넘는데, 온갖 물건 구비되니, 이게 바로 돈 전대(纏帶)요, 서른에야 진사 되어 첫 벼슬에 발 디뎌도, 이름난 음관(蔭官)되어 웅남행(雄南行)으로 잘 섬겨진다. 일산 바람에 귀가 희고 설렁줄에 배 처지며, 방 안에 떨어진 귀걸이는 어여쁜 기생의 것이요, 뜨락에 흩어져 있는 곡식은 학(鶴)을 위한 것이라. 궁한 선비 시골 살면 나름대로 횡포 부려, 이웃 소로 먼저 갈고, 일꾼 뺏어 김을 매도 누가 나를 거역하리. 네 놈 코에 잿물 붓고, 상투 잡아 도리질하고 귀얄수염 다

뽑아도, 감히 원망 없느니라."부자가 그 문서 내용을 듣고 있다가 혀를 내두르며, "그만두시오. 그만두시오. 참으로 맹랑한 일이요. 장차 나로 하여금 도적놈이 되란 말입니까?"하며 머리를 흔들고 가서는, 종신토록 다시 양반의 일을 입에 내지 않았다.

丁若鏞, 『經世遺表』 卷7, 地官修制, 田制8(전정의 문란)

내 외가는 해남(海南)에서 명망 있는 씨족이었고 집이 본디 부자였는데, 지금은 굶주려서 죽고 고아와 과부가 의탁할 곳도 없게 되었다. 그 까닭을 물으니, 진전 때문이었다. 진전 40결이 풀밭이고 자갈밭인데 인가(人家)에서 동떨어져 있어, 농민을 모집해서 경작하도록 했으나 응하는 사람이 없고, 타인에게 백령(白領, 소작료를 내지 않고 전지를 부치는 것)하도록 청해도 받는 백성이 없었다. 해마다 기름진 땅을 팔아 이 진전에 대한 세를 바쳤고, 기사년(1809)과 갑술년(1814)의 흉년에도 오히려 면세해주지 않았다. 기름진 땅이 다 없어지자 서적을 팔아서 바쳤으나, 1파 1속도 견감된 적이 없었다.

남방의 고가세족(故家世族)으로 진전 때문에 패가하는 자가 많은데, 하물며 소민(小民)에게야 한 고랑인들 견감되는 것이 있겠는가?

丁若鏞, 『牧民心書』, 兵典六條, 簽丁, 哀絶陽(군정의 문란)

노전마을 젊은 아낙 그칠 줄 모르는 통곡소리 / 蘆田少婦哭聲長
현문을 향해 가며 하늘에 울부짖길 / 哭向縣門號穹蒼
쌈터에 간 지아비가 못 돌아오는 수는 있어도 / 夫征不復尙可有
남자가 그 걸 자른 건 들어본 일이 없다네 / 自古未聞男絶陽
시아버지는 삼상 나고 애는 아직 물도 안 말랐는데 / 舅喪已縞兒未澡

조자손 삼대가 다 군보에 실리다니 / 三代名簽在軍保
가서 아무리 호소해도 문지기는 호랑이요 / 薄言往愬虎守閽
이정은 으르렁대며 마구간 소 몰아가고 / 里正咆哮牛去皁
칼을 갈아 방에 들자 자리에는 피가 가득 / 磨刀入房血滿席
자식 낳아 군액 당한 것 한스러워 그랬다네 / 自恨生兒遭窘厄
무슨 죄가 있어서 잠실음형 당했던가 / 蠶室淫刑豈有辜
민땅 자식들 거세한 것 그도 역시 슬픈 일인데 / 閩囝去勢良亦慽
자식 낳고 또 낳음은 하늘이 정한 이치기에 / 生生之理天所予
하늘 닮아 아들 되고 땅 닮아 딸이 되지 / 乾道成男坤道女
불깐 말 불깐 돼지 그도 서럽다 할 것인데 / 騸馬豶豕猶云悲
대 이어갈 생민들이야 말을 더해 뭣하리오 / 況乃生民恩繼序
부호들은 일 년 내내 풍류나 즐기면서 / 豪家終歲奏管弦
난알 한 톨 비단 한 치 바치는 일 없는데 / 粒米寸帛無所捐
똑같은 백성 두고 왜 그리도 차별일까 / 均吾赤子何厚薄
객창에서 거듭거듭 시구편을 외워보네 / 客窓重誦鳲鳩篇

丁若鏞, 『茶山詩選』 卷5, 夏日對酒(환정의 문란)

임금이 땅 가지고 있는 것이 / 后王有土田
말하자면 부잣집 영감 같은 것 / 譬如富家翁
영감 밭이 일백 두락이고 / 翁有田百頃
아들 열이 제각기 따로 산다면 / 十男各異宮
당연히 한 집에 열 두락씩 주어 / 應須家十頃
먹고 사는 형편을 같게 해야지 / 飢飽使之同
약은 자식이 팔구십 두락 삼켜버리면 / 黠男呑八九
못난 자식은 곳간 늘 비기 마련이고 / 癡男庫常空
약은 자식 비단옷 찬란할 때 / 黠男粲錦服
못난 자식은 병약에 시달리겠지 / 癡男苦尫癃

영감이 눈으로 그 광경 보면 / 翁眼苟一盼
불쌍하고 속이 쓰리겠지만 / 惻怛酸其衷
맡겨버리고 직접 정리를 않았기에 / 任之不整理
서쪽 동쪽 제멋대로 돼버린 게지 / 宛轉流西東
똑같이 받은 뼈와 살인데 / 骨肉均所受
사랑이 왜 불공정한가 / 慈惠何不公
근본 강령이 무너져버렸기에 / 大綱旣隳圮
만사가 따라서 꽉 막힌 것이지 / 萬事窒不通
한밤중에 책상을 치고 일어나 / 中夜拍案起
탄식하며 높은 하늘을 본다네 / 歎息瞻高穹
많고 많은 머리 검은자들 / 芸芸首黔者
똑같이 나라 백성들인데 / 均爲邦之民
무엇인가 거두어야 할 때면 / 苟宜有徵斂
부자들을 상대로 해야 옳지 / 胥矣是富人
어찌하여 피나게 긁어가는 일을 / 胡爲剝割政
유독 힘 약한 무리에게만 하는가 / 偏於傭丐倫
군보라는 것은 대체 무엇인지 / 軍保是何名
자못 좋지 않게 만들어진 법이야 / 作法殊不仁
일 년 내내 힘들여 일을 해도 / 終年力作苦
제 몸 하나 가릴 길이 없고 / 曾莫庇其身
뱃속에서 갓 태어난 어린 것도 / 黃口出胚胎
백골이 진토가 된 사람도 / 白骨成灰塵
그들 몸에 요역이 다 부과되어 / 猶然身有傜
곳곳에서 하늘에 울부짖고 / 處處號秋旻
양근까지 잘라버릴 정도니 / 冤酷至絕陽
그 얼마나 비참한 일인가 / 此事良悲辛

호포 문제도 오랜 논의 끝에 / 戶布久有議
제법 균등을 기하는 안을 세워 / 立意差停勻
작년에 평양 감영에서 / 往歲平壤司

겨우 몇 십일 시험하다 말았다네 / 薄試纔數旬
만인이 산에 올라 통곡하거니 / 萬人登山哭
무슨 재주로 왕의 말씀 선포하리 / 何得布絲綸
먼 곳 가려면 가까운 데서 시작하고 / 格遠必自邇
소원한 자 다스리려면 가까운 자부터 해야지 / 制疏必自親
어찌하여 고삐와 굴레를 가지고 / 如何羈靮具
야생마부터 먼저 길들이려 드는가 / 先就野馬馴
놀라 손 떼는 것은 물이 끓기 때문 / 探湯乃由沸
소기의 목적을 어떻게 달성하랴 / 計謀那得伸
서쪽 백성들 오랜 세월 억눌리어 / 西民久掩抑
열 대를 두고 벼슬 한 장 없으니 / 十世闋簪紳
겉으로야 공손한 체할망정 / 外貌雖愿恭
뱃속은 언제나 불평불만이지 / 腹中常輪囷
왜놈들 먼저 나라 삼켰을 때 / 漆齒昔食國
의병이 일어나 활약했지만 / 義兵起踆踆
서쪽 백성들은 수수방관했는데 / 西民獨袖手
그렇게 갚은 것 원인이 있어서이지 / 得反諒有因
생각하면 할수록 속이 끓어올라 / 拊念腸內沸
술이나 진탕 마시고 천진 되찾으려네 / 痛飮求反眞

농가엔 반드시 식량을 비축하여 / 耕者必蓄食
삼년이면 일 년치를 비축하고 / 三年蓄一年
구년이면 삼년 치를 비축하여 / 九年蓄三年
검발하여 백성 먹여 살리는 건데 / 檢發以相天
한번 사창이 시작된 후로 / 社倉一濫觴
불쌍히도 수많은 목숨 떠돌이 됐지 / 萬命哀顚連
빌려주고 빌리는 건 두 쪽이 다 맞아야지 / 債貸須兩願
억지로 시행하면 그건 불편한 거야 / 强之斯不便
천하 백성이 다 머리 흔들지 / 率土皆掉頭
군침 흘리는 자는 한 명도 없어 / 一夫無流涎

봄철에 좀먹은 것 한 말 받고 / 春蠱受一斗
가을에 정미 두 말을 갚는데 / 秋糳二斗全
더구나 좀먹은 쌀값 돈으로 내라니 / 況以錢代蠱
정미 팔아 돈으로 낼 수밖에 / 豈非賣糳錢
남는 이윤은 교활한 관리 살찌워 / 嬴餘肥奸猾
환관 하나가 밭이 천 두락이고 / 一宦千頃田
백성들 차지는 고생뿐이어서 / 楚毒歸圭蓽
긁어가고 벗겨가고 걸핏하면 매질이라 / 割剝紛箠鞭
가마솥 작은 솥을 모두 다 내놨기에 / 銼鍋旣盡出
자식이 팔려가고 송아지도 끌려간다네 / 孥粥犢亦牽
군량미 비축한다 말도 말게나 / 休言備軍儲
그 말은 교묘하게 둘러맞추는 말일 뿐 / 此語徒諞諓
섣달그믐 임박해서 창고문 닫아걸고 / 封庫逼歲除
새봄이 되기 전에 곳간이 바닥나니 / 傾囷在春前
쌓아둔 기간은 겨우 몇 달뿐이요 / 庤穡僅數月
그 나머진 일 년 내내 비어있는 꼴이지 / 通歲常枵然
언제 어찌 될지 몰라 대비라면 / 軍興本無時
그때만 꼭 탈 없으란 법 있다던가 / 何必巧無愆
농가 식량 대준다는 그 말도 하지 말게 / 休言給農饟
지나치게 사랑을 베푸는 소리로세 / 慈念太勤宣
자녀들이 제각기 살림을 났으면 / 兒女旣析産
부모로선 넌지시 저희들 하는 대로 / 父母許自專
헤프거나 아끼거나 저들 성격에 맡겨야지 / 靡嗇各任性
죽 쑤어라 뭘 해라 간섭할 게 뭐라던가 / 何得察粥饘
부부끼리 상의해서 하는 것을 좋아하지 / 願從夫婦議
부모의 사랑은 바라지도 않는다네 / 不願父母憐
상평의 그 법이 원래 좋았는데 / 常平法本美
아무런 까닭 없이 버림을 당했으니 / 無故遭棄捐
다 두고 술이나 마시자꾸나 / 已矣且飮酒
백 병 술이 샘물같이 되게 / 百壺將如泉

해마다 춘당대에서 과거시험 보이는데 / 春塘歲試士
수많은 사람이 한 자리에서 겨루니 / 萬人爭一場
눈 밝은 이루가 백 명 있어도 / 縱有百離婁
낱낱이 감시할 수는 없는 일이지 / 鑑視諒未詳
붉은색으로 멋대로 그어버리고 / 任施紅勒帛
당락은 오로지 시관 손에 달렸다네 / 取準朱衣郎
유성이 하늘에서 뚝 떨어지면 / 奔彴落九天
눈 달린 자 다 쳐다보기 마련이지 / 萬目同瞻昴
법을 깨고 요행심만 길러 / 敗法啓倖心
온 세상이 모두 미친 듯 하다네 / 擧世皆若狂

지금 와서 식자들 말로는 / 于今識者論
옛날 변계량을 탓한다네 / 追咎卞季良
원래 격조가 낮은 시로 / 詩格本卑陋
너무 엄청난 해독을 끼쳐 / 流害浩茫洋
마을마다 앉아 있는 선생들이 / 村村坐夫子
한과 당의 것은 가르치지 않고 / 教授非漢唐
어디서 온 것인지 백련구만 / 何來百聯句
읊고 외우느라 방 안이 가득하고 / 吟誦方滿堂
항우 그리고 패공에 관한 것만 / 項羽與沛公
지루하게 쓰고 또 쓰고 한다네 / 支離連篇章

강백은 입부리가 호탕했고 / 姜柏放豪嘴
노긍은 기교한 표현 잘했는데 / 盧兢抽巧腸
한평생을 그 짓만 배웠지 / 終身學如聖
소동파 황정견은 엿보려 들지 않아 / 逝不窺蘇黃
시골에선 비록 내노라하였지만 / 縱爲閭里雄
한 시대를 장식할 줄 몰랐다네 / 又昧時世粧
대를 이어 이름 하나 못 이루고도 / 世世不成名
돌아가 농사짓지도 않았는데 / 猶未歸農桑

뽑히고 말고는 고사하고 / 選擧且未論
문자래야 아직 미개 상태였지 / 文字尙天荒
어찌하면 대나무 만 그루로 / 那將萬箇竹
천 길 되는 빗자루를 만들어 / 束箒千丈長
쭉정이 먼지 따위 싹싹 쓸어서 / 盡掃秕穅塵
한꺼번에 바람에 날려버릴까 / 臨風一飛颺

산악이 영재를 만들어낼 때 / 山嶽鍾英華
씨족을 가려서 만들 리 없고 / 本不揀氏族
한 가닥 도기가 반드시 / 未必一道氣
최노의 뱃속에만 있으리란 법 없지 / 常扺崔盧腹
솥은 솥발이 뒤집혀야 좋고 / 寶鼎貴顚趾
난초도 깊은 골짝에서 나는 법 / 芳蘭生幽谷
위공은 비첩의 소생이었고 / 魏公起叱嗟
희문도 개가녀 아들이었으며 / 希文河葛育
중심은 먼 변방에서 났지만 / 仲深出瓊海
지모가 모두 세상에 뛰어났거늘 / 才猷拔流俗
어찌하여 등용 길이 그리도 좁아 / 如何賢路隘
수많은 사람들 뜻을 펴지 못할까 / 萬夫受局促
오직 제일골만 수용을 하고 / 唯收第一骨
나머지 품골은 종처럼 대하기에 / 餘骨同隸僕

서북 사람들 늘 얼굴 찡그리고 / 西北常攢眉
서얼들은 많이 통곡들 하지 / 庶孼多痛哭
당당한 수십 가문이 / 落落數十家
대대로 국록을 먹어왔는데 / 世世呑國祿
그 중에서 패가 서로 갈리어 / 就中析邦朋
엎치락뒤치락 서로 죽이며 / 殺伐互翻覆
약자의 살을 강자가 먹고는 / 弱肉强之食
대여섯 집 남아 거드름 떠는데 / 豪門餘五六

경상도 그들이 다 하고 / 以玆爲卿相
악목도 그들이 다 하며 / 以玆爲岳牧
후설 맡은 자도 그자들이고 / 以玆司喉舌
이목 노릇도 그들이 다 하며 / 以玆寄耳目
모든 관직도 그들이 다 해먹고 / 以玆爲庶官
그들이 나서서 옥사도 살핀다네 / 以玆監庶獄
하시골 백성 아들 하나 낳아 / 遐氓産一兒
빼어난 기품이 난곡 같고 / 俊邁停鸞鵠
팔 구세 되도록 자라서는 / 兒生八九歲
지기가 가을철 대나무 같아 / 氣志如秋竹
아비 앞에 꿇어앉아 묻기를 / 長跪問家翁
이 자식 지금 구경을 다 읽고 / 兒今九經讀
경술이 누구보다 으뜸이오니 / 經術冠千人
홍문관에 들어갈 수 있겠지요 / 倘入弘文錄
아비 말이 너는 지체가 낮아 / 翁云汝族卑
임금을 곁에서 돕게 않는단다 / 不令資啓沃
이 자식 지금 큰 활을 당기고 / 兒今挽五石
무예가 극곡과 같으니 / 習戎如郤縠
그러면 오영의 장수나 되어 / 庶爲五營帥
말 앞에다 대장기를 세워보렵니다 / 馬前樹旗纛
아비 말이 너는 지체가 낮아 / 翁云汝族卑
장군 수레도 타게 않는단다 / 不許乘笠轂
이 자식 지금 관리 사무를 배워 / 兒今學吏事
공황의 뒤를 이을 만하오니 / 上可龔黃續
그냥 고을살이 인끈이나 차고 / 應須佩郡符
죽도록 고량진미 즐기오리다 / 終身厭粱肉
아비 말이 너는 지체가 낮아 / 翁云汝族卑
순리도 혹리도 네겐 상관 안 돼 / 不管循與酷
자식 놈 그제야 노발대발하면서 / 兒乃勃發怒
책이고 활이고 던져버리고 / 投書毁弓韣

쌍륙놀이와 골패놀이 / 擕蒲與江牌
마작놀이 공차기놀이로 / 馬弔將蹴鞠
허랑방탕 아무것도 되지 못하고 / 荒嬉不成材
시골구석에 늙어 파묻혀버리지 / 老悖沈鄉曲
부호 집안은 자식 하나 낳아 / 豪門産一兒
헌걸차기 천리마 같고 / 桀驁如驥騄
그 아이 팔구세가 되어 / 兒生八九歲
예쁘장한 옷을 입고 다니면 / 粲粲被姣服
객들 말이 너는 걱정 없다 / 客云汝勿憂
너희 집은 하늘이 복 내린 집이고 / 汝家天所福
네 벼슬도 하늘이 정해놓아 / 汝爵天所定
청관 요직 원대로 되리니 / 淸要唯所欲
무단히 헛고생 해가면서 / 不須枉勞苦
글공부 일과삼아 할 것 없고 / 績文如課督
때 되면 좋은 벼슬은 저절로 오리니 / 時來自好官
편지 장이나 쓸 줄 알면 족하다 / 札翰斯爲足
그 아이 깡충깡충 좋아라고 / 兒乃躍然喜
책상자는 거들떠보지도 않고 / 不復窺書簏
마작이며 골패라든지 / 馬弔將江牌
장기바둑 쌍륙에 빠져 / 象棋與雙陸
희롱해롱 인재 못 되고 말지 / 荒嬉不成材
절차 따라 금마 옥당 오른다 해도 / 節次躋金玉
먹줄 한 번 못 맞아본 나무가 / 繩墨未曾施
어떻게 큰 집 재목 될 것인가 / 寧爲大厦木
두 집 자식 다 자포자기로 / 兩兒俱自暴
세상천지에 어진 자라곤 없어 / 擧世無賢淑
곰곰 생각하면 속만 타기에 / 深念焦肺肝
또 술잔이나 들어 마신다네 / 且飮杯中醁

柳馨遠, 『磻溪隧錄』卷2, 田制 下, 田制雜議(均田論)

지금 대부분의 땅이 사유로 되어 사람들이 각기 세전지물(世傳之物)로 보고 있으므로 일시에 개혁하는 것은 매우 실시하기 어려운 것이다. 그대로 사전제로 두어 매매를 금하지 않고 다만 그 소유량을 공경(公卿)으로부터 서민(庶民)에 이르기까지 한정을 두어 전지가 많은 자는 팔게 하고 전지가 적은 자는 매입하여 보충하게 하면 어떻겠는가 하는 의견도 있다. 이것 역시 먼저 토지의 경계(經界)를 바로잡고 장정있는 가호수를 명백히 한 후 전지를 장정들에게 분배한 뒤에라야 가능할 것이다…… 그러나 경계를 바로잡고 정호(丁戶)를 명백히 하는 일도 공전법(公田法)을 실시하지 않고는 불가능할 것이며, 경계가 바로 잡히고 정호가 명백히 된 후에도 사유를 허가하면 시 도지소유를 제한하는 일은 실시되기 이려운 것이다.

李瀷, 『星湖集』 卷45, 雜著, 均田論(限田論)

내가 일찍이 깊은 생각 끝에 한 방법을 얻었는바 그것은 전지(田地)를 고르게 하는데 불과할 뿐이었다. 그러나 나의 뜻대로 시행하여 오래도록 폐지하는 않는다면 다소의 성과는 있을 것이다.

우선 국가에서 한 집의 살림을 알맞게 요량하는 것이 마땅하다. 전지 몇 마지기를 한정하여 한 호의 영업전(營業田)으로 만들어 당나라의 조세제도와 같이 한다. 많은 자의 것을 줄이거나 빼앗지 말고 모자라는 자에게도 더 주지 않는다. 돈이 있어 사고자 하는 자는 천백 결이라도 다 허가하며 전지가 많아 팔고자 하는 자도 역시 영업전 몇 마지기 이외에는 모두 허가한다. 과해도 팔기를 원치 않는 자는 강요하지 말며 모자라도 사지 못하는 자도 독촉하지 않는다. 오직 영업전 몇 마지기 이내에서 매매자가 있으면 여러 곳을 살펴 산 자에게는 남의 영업전을 빼앗은 죄로 다스리고 판 자에게도 역시 몰래 판 죄로 다스린다. 산 자에게는 산 값을 논하지 말고 전지를 되돌려 주도록 하며 또 전주(田主)는 자신이 관에 고하여 면죄한 다음 자기의 전지를 되찾도록 한다.

모든 전지를 매매할 때에는 반드시 관아에 알린 다음 흥정하며, 관가에서 역시 토지문서를 상고한 다음 문권(文券)을 만들어 교부한다. 그리고 인장이 없는 것은 소송도 못하게 하면 비록 급효(急效)는 없을지라도 반드시 오래 힘입게 된다. 그것은 내가 한 마을 살펴보았는데 작년에 몇 호가 파산하더니 금년에도 역시 몇 호가 파산하였다. 파산 자를 보면 청음에는 많은 전지를 가지고 있다가 점점 적어지게 되고, 적은 전지를 가지고 있다가 영영 없게 되는데 전지가 없어졌으니 어찌 파산하지 않겠는가.

백성의 살림을 마련하는 자가 이 사람 것을 빼앗아 저 사람에게 줄 수는 없더라도 빈민으로서 만약 지금 남아 잇는 전지를 항상 세업물(世業物)로 보전할 수 있다면 어찌 조금이나마 유익한 일이 아니겠는가. 무릇 매전(賣田)하는 자는 반드시 빈민이다. 지금 활리와 호상이 천만금을 장만하면 여러 빈민의 전지를 사 모으고 소봉(素封)의 낙(樂)을 누리는 바 이런 지경에 파산한 자들이 많으니 그 해가 끝없지 않은가. 빈민에게 전지를 팔지 못하게 하면 파는 자가 드물 것이므로 겸하여 합치는 자도 줄어들 것이다.

그리고 빈민으로서 혹 지력(智力)이 있어 전지를 마련할 수 있으면 한자 한 치의 땅이라도 사들일지언정 파는 일은 없으므로 살림이 쉽게 일어난다. 부자의 전지는 비록 많아도 혹 많은 자식이 갈라서 차지하고 못난 자는 파락(破落)하기도 하여 몇 대를 넘기지 못하고 평민과 같아진다.

이와 같으면 균전의 제도도 점차 완성될 것이다. 빈호(貧戶)는 당장에 살림이 다 없어지는 걱정을 면하게 될 것이니 참으로 좋아할 것이며, 부호(富戶)도 비록 파산은 했을망정 영업전은 그대로 있게 되니 뒷일을 걱정하는 부자 역시 좋아할 것이다. 이와 같이 하면 시행하기도 쉬울 뿐더러 반드시 효과도 있을 것이다. 이것이 그 대개이다.

더러는 "길흉사(吉凶事)에 쓰는 비용 때문에 전지를 팔지 않을 수 없는 자가 있다"하여 이 제도를 의심한다. 그러나 전지를 다 팔아 없앤다면 장차는 어찌한다는 것인가. 정전제(井田制)를 시행하던 세상에는 백성이 전지의 매매를 못했다는 것을 생각하면 알 수 있을 것이다. 그리고 이 제도의 손익은 시행하는 자에게 달려있다.

丁若鏞, 『與猶堂全書』上, 卷11, 田論(閭田論)

이제 농사짓는 사람에게는 토지를 갖게 하고, 농시 짓지 않는 사람에게는 토지를 갖지 못하게 하려면 여전제(閭田制)를 실시해야 하며, 그래야 내 뜻을 실현시킬 수가 있다. 여전법이란 무엇을 말하는 것인가? 산곡(山谷)과 천원(川源)의 지세를 기준으로 구역을 획정하여 경계를 삼고, 그 경계선 안에 포괄되어 있는 지역을 1여(閭)로 한다. 〔주제(周制)에서는 25가를 1여라 하였으나, 지금은 그 명칭만 빌리고 대략 30가구 내외로 한다. 어쨌든 그 가구 수는 반드시 일정할 필요는 없다〕 여 셋을 합쳐서 리(里)라고 한다. 〔『풍속통(風俗通)』에는 50가구를 1리라 하였으나, 여기서는 그 명칭만 빌리고 반드시 50가구로 하는 것은 아니다〕 리 다섯을 합쳐서 방(坊)이라 한다.〔방은 읍리(邑里)의 명칭인데 한 대에는 구자방(九子坊)이 있었고, 국속(國俗)에도 있었다〕 방 다섯을 합쳐서 읍(邑이)라 한다.〔주제(周制)에는 4정(井)을 읍이라 하였으나, 오늘날에는 군현의 치소(治所)를 읍이라 한다.

여에는 여장(閭長)을 두며, 무릇 1여의 토지는 1여의 인민으로 하여금 공동으로 경작케 하고, 내 땅 네 땅의 구별을 없이하며, 오직 여장의 명령에만 따른다. 여민들이 농경하는 경우, 여장은 매일 개개인의 노동량을 장부에 기록해 두었다가 가을이 되면 5곡의 수확물을 모두 여장의 집〔여 가운데 도당(都堂)〕에 가져온 다음 그 곡물을 분배한다. 이때 공가(公家)에 바치는 세를 먼저 제하고, 다음에는 여장의 봉급을 제하며, 그 나머지를 가지고 일역부(日役簿)에 의거하여 노동량에 따라 여립에게 분배한다.

朴趾源,『熱河日記』, 馹迅隨筆, 車制

중국의 재산이 풍족할뿐더러 한 곳에 지체되지 않고 골고루 유통(流通)함은 모두 수레를 쓴 이익일 것이다. 이제 비근한 예를 든다면, 우리 사행이 모든 번거로운 폐단을 없애버리고 우리가 만든 수레에 우리가 올라타고 바로 연경에 닿을 텐데 무엇을 꺼려서 하지 않는단 말인가. 그리하여 영남(嶺南) 어린이들은 새우젓을 모르고, 관동(關東) 백성들은 아가위를 절여서 장 대신 쓰고, 서북(西北) 사람들은 감과 감자(柑子)의 맛을 분간하지 못하며, 바닷가 사람들은 새우나 정어리를 거름으로 밭에 내건만 서울에서는 한 움큼에 한 푼씩 하니 이렇게 귀함은 무슨 까닭일까. 이제 육진(六鎭)의 마포(麻布)와 관서(關西)의 명주(明紬), 양남(兩南 영남과 호남)의 딱종이와 해서(海西)의 솜·쇠, 내포(內浦 충청남도 서해안)의 생선·소금 등은 모두 인민들의 살림살이에서 어느 하나 없지 못할 물건들이며, 청산(靑山 충청북도에 있다)·보은(報恩)의 천 그루 대추와 황주(黃州 황해도에 있다)·봉산(鳳山)의 천 그루 배와 흥양(興陽 전남 고흥)·남해(南海)의 천 그루 귤(橘)·유자[柚], 임천(林川 충청남도에 있다)·한산(韓山)의 천 이랑 모시와 관동의 천 통 벌꿀 들은 모두 우리 일상생활에서 교역해 써야 할 것인데도, 이제 이곳에서 천한 물건이 저곳에서는 귀할뿐더러 그 이름만 알고 실지로 보지 못함은 어찌된 까닭일까. 그것은 오로지 멀리 나를 힘이 없기 때문이다. 사방이 겨우 몇 천 리 밖에 안 되는 나라에 인민의 살림살이가 이다지 가난함은, 한 말로 표현한다면 수레가 국내(國內)에 다니지 못한 까닭이라 하겠다.

朴齊家,『北學議』外篇, 通江南浙江商船議

우리나라는 면적이 적고 백성은 가난하여, 이제 농사를 짓는데 현명한 재사(才士)를 쓰고 상공(商工)을 통하도록 하여 나라 안의 이익을 모조리 융통하게 하더라도 오히려 부족하고 걱정될 것이다. 반드시 먼 지역의 물자를 교통한 후에야 재화가 늘고 백가지 일용품이 생겨날 것이다.……이제 배로써 통상하려면 왜놈들은 간사하여 늘 이웃나라를 엿보고 있어 좋지 않고, 안남·유구·대만 등은 또 길이 멀고 험하여 가히 통상할 수 없으니 다만 중국만이 그 대상이 될 수 있을 것 같다.…… 토정(土亭) 이지함(李之函)은 일찍이 다른 나라의 상선 수척과 통상하여 전라도의 빈곤을 구하고자 하였으니, 그의 탁견(卓見)은 가히 아무도 따를 수 없는 것이다.……다만 중국의 배하고만 통상하고 해외의 여러 나라와 통상하지 않는 것은 역시 일시적인 권의지책(權宜之策)이요, 정론이 아니다. 국력이 강해지고 백성의 직업이 안정된 다음에 마땅히 통하여야 할 것이다.

洪大容,『湛軒書』內集 卷4, 補遺 林下經綸

우리나라는 본래부터 명분(名分)을 중히 여겼다. 양반들은 아무리 심한 곤란과 굶주림을 받더라도 팔짱 끼고 편케 앉아 농사를 짓지 않는다. 간혹 실업에 힘써서 몸소 천한 일을 달갑게 여기는 자가 있다면 모두들 나무라고 비웃기를 노예(奴隷)처럼 무시하니, 자연 노는 백성은 많아지고 생산하는 자는 줄어든다. 재물이 어찌 궁하지 않을 수 있으며, 백성이 어찌 가난하지 않을 수 있겠는가? 과목별로 조항(條項)을 엄격히 세워야 마땅할 것이다. 그 중 사、농、공、상(士農工商)에 관계없이 놀고먹는 자에 대해서는 관(官)에서 벌칙을 마련하여 세상에 용납할 수 없도록 하여야 한다. 재능과 학식이 있다면 비록 농부(農夫)나 장사치의 자식이 낭묘(廊廟 의정부)에 들어가 앉더라도 참람스러울 것이 없고, 재능과 학식이 없다면 비록 공경(公卿)의 자식이 여대(輿儓 하인)로 돌아간다 할지라도 한탄할 것이 없다. 위와 아래가 힘을 다하여 함께 그 직분을 닦는데, 부지런하고 게으름을 상고하여 상벌(賞罰)을 베풀어야 한다.

洪大容, 『湛軒書』 內集 卷4, 補遺 毉山問答

태허(太虛)는 본디 고요하고 비었으며, 가득히 차 있는 것은 기(氣)다. 안도 없고 바깥도 없으며 시작도 없고 끝도 없는데, 쌓인 기가 일렁거리고 엉켜 모여서 형체를 이루며 허공(虛空)에 두루 퍼져서 돌기도 하고 멈추기도 하나니 곧 땅과 달과 해와 별이 이것이다.

대저 땅이란 그 바탕이 물과 흙이며, 그 모양은 둥근데 공계(空界)에 떠서 쉬지 않고 돈다. 온갖 물(物)은 그 겉에 의지하여 사는 것이다." 하였다.

"옛사람이 이르기를 '하늘은 둥글고 땅은 모났다.' 하였는데, 지금 부자는 '땅의 체(體)가 둥글다.' 함은 무엇입니까?"

"심하다. 너의 둔함이여! 온갖 물의 형체가 다 둥글고 모난 것이 없는데 하물며 땅이랴!

달이 해를 가릴 때는 일식(日蝕)이 되는데 가려진 체(體)가 반드시 둥근 것은 달의 체가 둥근 때문이며, 땅이 해를 가릴 때 월식(月蝕)이 되는데 가리워진 체가 또한 둥근 것은 땅의 체가 둥글기 때문이다. 그러니 월식은 땅이 거울이다. 월식을 보고도 땅이 둥근 줄을 모른다면 이것은 거울로 자기 얼굴을 비추면서 그 얼굴을 분별하지 못하는 것과 같으니, 어리석지 않느냐? …… "공자(孔子)가 춘추(春秋)를 짓되 중국은 안으로, 사이(四夷)는 밖으로 하였습니다. 중국과 오랑캐의 구별이 이와 같이 엄격하거늘 지금 부자는 '인사의 감응이요 천시의 필연이다.'고 하니, 옳지 못한 것이 아닙니까?"

"하늘이 내고 땅이 길러주는, 무릇 혈기가 있는 자는 모두 이 사람이며, 여럿에 뛰어나 한 나라를 맡아 다스리는 자는 모두 이 임금이며, 문을 거듭 만들고 해자를 깊이 파서 강토를 조심하여 지키는 것은 다 같은 국가요, 장보(章甫)이건 위모(委貌)건 문신(文身)이건 조제(雕題)건 간에 다 같은 자기들의 습속인 것이다. 하늘에서 본다면 어찌 안과 밖의 구별이 있겠느냐?

이러므로 각각 제 나라 사람을 친하고 제 임금을 높이며 제 나라를 지키고 제 풍속을 좋게 여기는 것은 중국이나 오랑캐가 한가지다. 대저 천지의 변함에 따라 인물이 많아지고 인물이 많아짐에 따라 물아(物我 주체와 객체)가 나타나고 물아가 나타남에 따라 안과 밖이 구분된다.

태허(太虛)는 본디 고요하고 비었으며, 가득히 차 있는 것은 기(氣)다. 안도 없고 바깥도 없으며 시작도 없고 끝도 없는데, 쌓인 기가 일렁거리고 엉켜 모여서 형체를 이루며 허공(虛空)에 두루 퍼져서 돌기도 하고 멈추기도 하나니 곧 땅과 달과 해와 별이 이것이다.

대저 땅이란 그 바탕이 물과 흙이며, 그 모양은 둥근데 공계(空界)에 떠서 쉬지 않고 돈다. 온갖 물(物)은 그 겉에 의지하여 사는 것이다."

하였다.

"옛사람이 이르기를 '하늘은 둥글고 땅은 모났다.' 하였는데, 지금 부자는 '땅의 체(體)가 둥글다.' 함은 무엇입니까?"

"심하다. 너의 둔함이여! 온갖 물의 형체가 다 둥글고 모난 것이 없는데 하물며 땅이랴!

달이 해를 가릴 때는 일식(日蝕)이 되는데 가려진 체(體)가 반드시 둥근 것은 달의 체가 둥근 때문이며, 땅이 해를 가릴 때 월식(月蝕)이 되는데 가리워진 체가 또한 둥근 것은 땅의 체가 둥글기 때문이다. 그러니 월식은 땅이 거울이다. 월식을 보고도 땅이 둥근 줄을 모른다면 이것은 거울로 자기 얼굴을 비추면서 그 얼굴을 분별하지 못하는 것과 같으니, 어리석지 않느냐?

6장
근대사회

1 개항과 근대변혁운동

1) 흥선대원군의 집권과 민씨 정권의 수립

19세기 중엽 외척가문이 국정을 독점하는 세도 정치가 전개되면서 요직을 장악하고 정치를 좌우하게 되자 국가기강이 해이해지고 수탈과 부정이 극심하였다. 정치적 혼란과 전정, 군정, 환곡의 문란으로 사회의 동요가 일어나 순조 때에는 홍경래의 난, 철종 때에는 진주, 개령, 공주 등 전국에서 통치 질서를 부정하는 반봉건적 농민항쟁이 발발하였다. 또한 18세기 후반부터 서양세력이 접근하는 등 조선정부는 근대화를 이룩하면서 외세의 침략으로부터 국권을 수호해야 하는 양면의 과제를 안게 되었다.

철종에 이어 고종이 어린 나이에 왕위에 오르게 되자 생부인 흥선군 이하응이 대원군이 되어 정치적 실권을 잡게 되었다. 흥선대원군은 대내적으로는 세도정권기 동안 왕권을 무력화시켰던 비변사를 폐지하고 의정부를 부활시켰으며 세도정치의 폐단을 제거하면서 능력에 따라 인재를 등용하였다. 토호세력의 근거지였던 서원을 정비하고 호포법을 실시하여 군포를 양반에게도 부과하고 고리대로 변질된 환정을 정부가 자본을 출연한 사창제로 개혁하여 중간 수탈을 억제했다.

대원군의 내정개혁은 농민의 부담을 줄이고 나라살림을 넉넉하게 하는 성과는 있었지만, 서원철폐와 호포법 실시는 기득권층의 반발을 불렀다. 또한 경복궁을 다시 지으면서 백성들에게 원납전을 강제로 거두고 당백전이라는 악화를 유통시켜 물가를 치솟게 하는 등 토목공사에 농민과 물자를 강제로 징발해 백성의 원망을 샀다. 결국 봉건사회의 모순을 구조적으로 해결하기보다는 전제왕권강화를 목적으로 한 전통체제 내에서의 개혁이라는 한계성을 지녔다.

대외적으로는 거세게 밀어닥치는 외세의 침투를 물리치기 위하여 통상수교 요구를 거부하였다. 병인양요와 신미양요 등 프랑스와 미국의 침공을 격퇴한 흥선대원군은 척화비를 전국 각지에 세우고 통상수교 거부정책을 강화하였다. 이에 대해서는 국제정세의 변화를 파악하지 못하고 문호개방을 가로막았다는 비판도 있다.

결국 고종의 친정 발표로 대원군은 하야하고 민씨 정권이 수립되었다. 이들은 청과의 외교관계를 유지하면서 자신들의 정권을 안정시키는 범위 내에서 문호개방정책을 추진하였다. 이후 일본이 무력으로 조선을 개항하고자 운요호를 파견하여 조약체결을 강요하자 결국 조선은 일본과 강화도조약을 맺어 문호를 개방하게 되었다. 강화도 조약은 우리나라가 외국과 맺은 최초의 근대적인 조약이었지만, 일본인은

강화도조약 체결 장소

개항장에서 치외법권을 누렸으며 부산과 인천, 원산이 차례로 개항됨으로써 일본의 침략의도가 드러난 불평등조약이었다.

2) 개화 운동

개항 후 조선 정부는 일본의 요청에 따라 수신사와 신사유람단을 파견하여 일본 등지를 사찰하게 하였으며 청에는 영선사를 파견하여 무기제조 기술 등을 배우게 하였다. 또한 정부는 개화정책을 추진하기 위하여 통리기무아문이라는 새로운 기구를 설치하고, 군사제도도 종래 5군영을 무위영, 장어영의 2영으로 바꾸고 신식군대 양성을 위한 별기군을 설치하여 일본인 장교를 교관으로 초빙하는 등 근대식 군사 훈련을 실시하였다.

그러나 개화정책에 대해 보수적인 유생층은 조선을 파멸로 이끄는 것이라며 반대하는 등 위정척사운동의 형태로 개화정책에 대한 반발이 일어났다.

이에 신식군대에 대해 차별을 받았던 구식군인들이 개화정책에 반발하여 정부 고관의 집과 일본 공사를 습격하고 일본인 교관을 살해하는 등의 봉기를 했다(임오군란, 1882년). 이에 민씨 일족을 몰아내고 흥선대원군이 재집권하였지만, 청의 간섭으로 대원군이 납치되어 민씨 정권이 다시 들어서게 되었다.

일본은 이 사건을 구실로 조선과 제물포조약을 체결하여 배상금을 받아내고 일본공사관에 경비병을 주둔시켰다. 청 또한 조선에 군대를 주둔시키고 내정과 외교문제에 적극적으로 관여하였다.

임오군란 이후 민씨 정권이 청에 의지하여 김옥균 등의 개화파를 정부요직에서 밀어내자 개화당 요인들은 우정국 낙성식을 이용하여 일대정변을 일으켜 정권을 장악했다(갑신정변, 1884년). 정치적으로는 청에 대한 사대외교 폐지, 입헌군주적 정치 수립을 주장하고 경제적으로는 지조법 개정으로 국가재정을 충실히 하려 하였으며 사회적으로는 인민평등권과 능력에 따른 인재 등용으로 정치참여의 기회를 넓히고자 하였다.

그러나 갑신정변은 3일 천하로 끝나고 청군이 공격해오자 지원을 약속한 일본군은 청과의 충돌이 시기상조라 판단하고 철수해버렸다.

갑신정변은 위로부터 조선사회를 낡은 봉건체제에서 근대사회로 발전시키려 했다는 최초의 시도였다는 점에서 획기적인 일이었지만, 일반 민중, 농민의 지지를 받지 못하고 지나치게 일본 등의 외세에 의존하였다는 것이 큰 한계였다.

갑신정변 후 조선은 일본의 강요로 배상금 지불, 사죄 등을 내용으로

우정총국(갑신정변 거사장소)

하는 한성조약을 체결하였으며 청일 양국군은 장차 조선에 파병할 경우 상대국에게 미리 알릴 것과 사건이 해결되면 즉시 철수할 것 등을 내용으로 하는 톈진조약을 체결하였다.

■혁신 정령 14조

제1조 청에 잡혀간 흥선대원군을 가까운 시일 안에 돌아오게 하고, 청에 바치던 조공을 폐지한다.

제2조 문벌을 폐지하여 인민 평등권을 제정하고, 능력에 따라 관리를 임명한다.

제3조 지조법을 개혁하여 관리의 횡포와 부정을 막고 백성을 구제하고, 국가 재정을 넉넉하게 한다.

제4조 내시부를 없애고, 그 가운데서 우수한 인재를 뽑아 등용한다.

제5조 부정한 관리 중 그 죄가 심한 자는 엄벌에 처한다.

제6조 각 도의 상환미 제도를 영구히 없애도록 한다.

제7조 규장각을 폐지한다.

제8조 조속히 순사제도를 마련하여 도둑을 방지한다.

제9조 혜상공국(전국의 보부상을 관리하는 관청)을 혁파한다.

제10조 유배 생활을 하는 자와 옥고를 치르는 자 중에 그 정상을 참작하여 풀어주도록 한다.

제11조 4영을 1영으로 통합하되, 빠른 시간 내에 영 중에서 장정을 선발하여 근위대를 설치한다.

제12조 모든 재정은 호조에서 관할하게 한다.

제13조 대신과 참찬은 합문 내의 의정부에 모여 정령을 논의, 의결하고 실행한다.

제14조 의정부와 육조 외에 모든 불필요한 관청을 없애고, 대신과 참찬이 합의하여 처리하도록 한다.

3) 동학농민운동

자본주의 열강의 침탈과 지배층의 착취로 인하여 농촌경제가 파탄에 이르자 농민들 사이에서는 사회변혁의 욕구가 고조되었다.

이러한 가운데 교세가 삼남지방으로 확대되어갔던 동학의 인간 평등사상과 사회개혁사상이 농민의 요구에 부합되었고 이에 따라 농민전쟁의 형태로 바뀌어 갔다.

1894년 전라도 고부군수 조병갑의 탐학에 항거하여 전봉준 등의 농민군은 관아를 습격하여 군수를 내쫓고 아전들을 징벌한 뒤 곡식을 농민에게 나누어 주고 해산하였다.

그러나 봉기를 조사하러 온 안핵사 이용태는 오히려 모든 책임을 동학의 탓으로 돌리고 동학교도들을 체포, 처형하는 만행을 저질렀다.

이에 전봉준, 김개남, 손화중 등의 농민군은 보국안민輔國安民의 깃

황토현기념관

폐정개혁 12조

제 1 조 정부는 동학교도와의 원한을 씻어내고 서정(庶政)에 협력한다.
제 2 조 탐관오리의 죄상을 낱낱이 조사하여 엄중하게 처리한다.
제 3 조 횡포한 부호를 엄중히 처벌한다.
제 4 조 불량한 유림과 양반을 징벌한다.
제 5 조 노비 문서를 불태운다.
제 6 조 칠반천인(七班賤人) 차별을 개선하고 백정이 쓰는 패랭이를 없앤다.
제 7 조 청상과부의 재가를 허가한다.
제 8 조 무명의 잡부금을 일체 폐지한다.
제 9 조 관리를 채용할 때는 지체와 문벌을 타파하고 인재를 등용한다.
제10조 왜와 통하는 자는 엄벌한다.
제11조 공사채는 물론이요, 기왕의 것을 모두 면제해준다.
제12조 토지는 균등하게 분작한다.

발을 걸고 고부를 점령하고 백산에 집결하였다. 이후 태인을 점령한 농민군은 황토현에서 전라도 감영군을 격파하는 큰 승리를 거두었고 이어 정읍, 고창, 영광, 함평, 무안, 나주 등지를 점령하였다. 전주에 도착한 정부군을 농민군은 장성 황룡촌으로 유인하여 물리치고 전주성에 무혈입성했다.

관군의 패배로 정부는 청나라에 군대 파견을 요청하였으며 이에 청군이 아산만에 상륙하자 톈진조약을 구실로 일본군도 인천에 상륙했다.

조선에서 일본군과 청군의 충돌이 우려되는 가운데 농민군과 정부군 사이에 전주화약이 맺어졌다. 이에 농민군은 폐정개혁 12조를 제시하고 일단 해산하였다. 전주화약에 따라 전라도 관찰사 김학진과 전봉

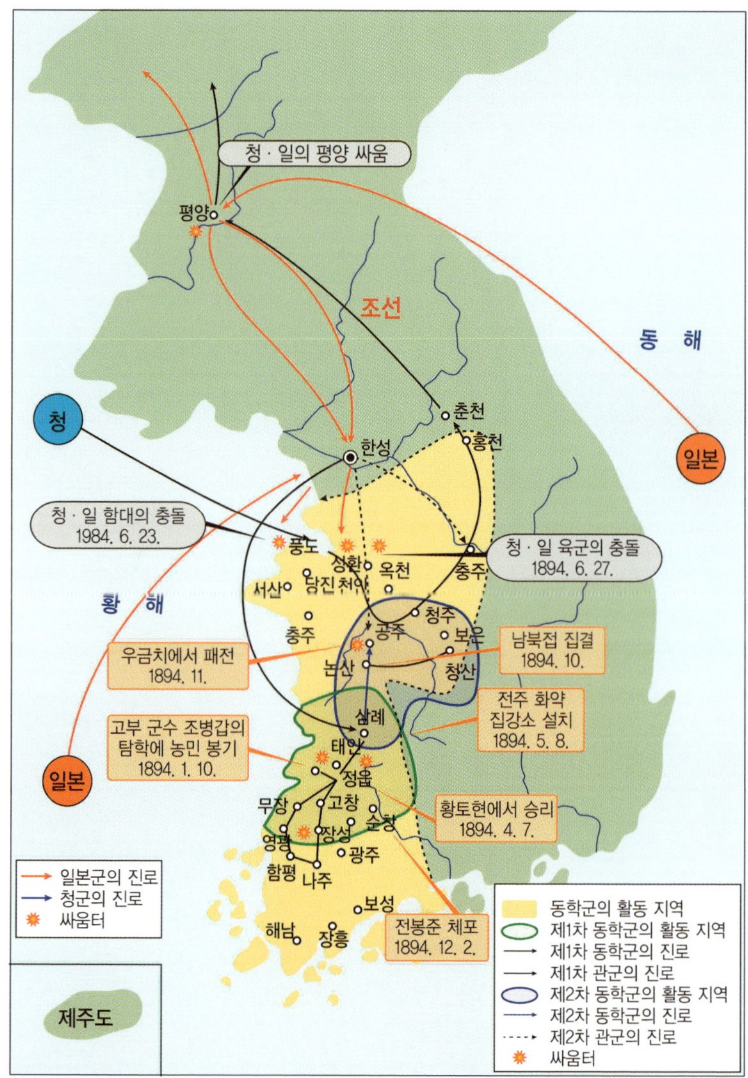

동학농민운동과 청일전쟁

준은 민정기관인 집강소를 설치하여 폐정개혁안을 실천에 옮기려 하였으며 집강소 체제를 통해 치안, 행정을 담당케 하였다.

전주화약 체결로 외국군대 주둔의 명분이 없어졌지만, 일본이 청의 세력을 몰아내기 위해 무력으로 경복궁을 점령하여 민씨 정권을 내쫓고 아산만에 진주해있던 청군을 공격하면서 청일전쟁이 발발하였다 (1894년).

평양전투에서 청을 물리친 일본은 친일 갑오정권을 내세워 내정간섭을 강화하였으며 친일 갑오정권은 일본군에게 농민군의 토벌을 요청하였다.

이에 대규모의 동학농민군이 다시 일어났으며 이번에는 손병희의 북접의 동학교도들도 합세하여 논산에 집결했다가 공주의 우금치에서 일본군과 관군 연합군에 맞서 치열한 공방전을 벌였지만, 화력의 열세로 결국 패배하고 말았다.

동학농민운동은 비록 일본군의 압도적인 무력과 친일 개화파, 양반 유생층의 탄압으로 좌절되었지만, 반봉건적 성격은 갑오개혁에 부분적으로 반영되어 성리학적 전통질서의 붕괴를 촉진하였고 반침략적 성격은 의병운동으로 계승됨으로써 반일 무장투쟁을 활성화시키는 계기가 되었다.

4) 갑오개혁

김홍집을 수반으로 한 갑오정권은 군국기무처를 중심으로 개혁을 추진하여 제1차 갑오개혁을 추진하였다. 정치적인 면에 있어서 조선이 자주국임을 선언하여 청의 종주권을 부인하였으며 왕권 축소와 내각의 권한 강화, 과거제 폐지, 신분 차별 없이 인재 등용하는 관리임용법 등을 실시하였다. 경제적으로는 재정기관을 탁지아문으로 일원화했고 은본위의 화폐제도를 실시하여 상품 유통을 원활하게 하고 도량형을 통일하였다. 사회적으로는 신분제를 철폐하여 양반과 평민의 계급을 타파하였고 공·사노비제도를 폐지하였으며 적서차별을 없애고 과부의 재가를 허용하였다.

갑오개혁은 갑신정변의 정강이나 동학농민군의 폐정개혁안을 상당히 받아들인 근대적인 개혁이었으나 근본적인 토지제도의 개혁안이 마련되지 않았고 농민층보다는 지주의 입장을 옹호하는 등의 한계가 있었다.

평양전투를 계기로 청일전쟁에서 승리한 일본은 내정간섭을 적극적으로 추진하여 김홍집, 박영효 내각을 구성하고 고종에게 홍범14조를 발표하게 하여 청의 간섭과 왕실의 정치개입을 배제했다. 이들 2차 개혁은 지방, 군사, 사법, 교육, 징세 제도 등의 개혁을 추진하여 입헌군주제적 권력구조로의 변동을 꾀한 것이었으나 실현할 재정이 뒷받침되지 못하여 탁상공론에 그쳤으며 삼국간섭으로 박영효 내각이 실각됨으로써 중단되었다.

삼국간섭 이후 국내에 친러파 세력이 형성되어 개혁파와 친러파의 연립내각인 제3차 김홍집 내각이 수립되었다. 명성황후는 이를 기회로 친러파와 연결하여 일본의 세력을 제거하려고 하였으나 일본은 낭인을 모아 명성황후를 시해하는 만행을 저질렀다.

을미사변을 계기로 친러파는 붕괴되고 제4차 김홍집 친일 내각이 수립되어 단발령 등이 추진되자(을미개혁) 명성황후의 시해로 울분에 쌓여 있던 유생층과 농민들에 의해 전국적으로 의병이 일어났다. 이를 소위 을미의병이라고 하며 경기, 강원, 충청 일대를 중심으로 일어난 조선말 최초의 대규모 항일의병이었다. 대표적인 인물이 당대 유학자였던 유인석柳麟錫으로 그가 활동했던 호좌의진湖左義陳은 한때 충주성을 함락하는 등 위세를 떨쳤다. 그러나 고종이 단발령을 철회하고 의병해산 권고 조칙을 내리자 의병은 1896년 여름 거의 해산했는데, 유인석 등은 만주로 이동하여 해외투쟁의 거점을 마련하기도 하였다.

을미사변 이후 고종이 러시아 공사관으로 피신함에 따라(아관파천) 갑오경장은 무너졌으며 김홍집을 비롯한 개화파 관료들은 살해, 유배되거나 일본으로 망명하였다.

갑오개혁 · 을미개혁은 봉건적 전통질서를 타파하는 등 제도적인 면에 있어서 근대적인 개혁이었지만, 일본에 의해 강요되어 추진되는 등 자주성을 상실하여 민중의 지지를 얻지 못한 한계를 갖고 있는 타율적 · 기형적 개혁이었다.

1차 갑오개혁 내용

- 제1차 김홍집 내각으로 개혁 추진 기구 군국기무처를 설치하고 민씨 세력을 축출하고 흥선대원군이 다시 집권.
- 중앙을 의정부와 궁내부로 분리하고 육조를 8아문으로 개편.
- 관료제도는 18단계 품계를 3단계로 축소하고 과거제를 폐지.
- 청의 속국임을 부정하여 개국기원을 사용.
- 국가 재정 일원화를 위해 탁지아문을 설치하고, 신식 화폐 단위 은본위제와 조세 금납제를 실시.
- 도량형을 통일.
- 반상 제도와 연좌제를 폐지하고, 조혼 금지, 과부의 재가를 허용.

2차 갑오개혁 내용

- 갑신정변 주모자 박영효(내부대신), 서광범(법무대신)이 참여한 2차

김홍집 내각으로 흥선대원군을 퇴진시킴.
- 홍범 14조를 발표.
- 의정부와 아문의 명칭을 내각과 부로 바꾸고, 농상아문과 공무아문을 농상공부로 통합하여 7부로 개편.
- 궁내부를 축소하고, 지방 행정제도 23부 337군으로 개편.
- 행정과 사법을 분리.
- 교육의 중요성 강조하며 근대적 교육을 준비.

▮ 을미개혁 내용

- 제4차 김홍집 내각으로 태양력을 사용.
- 훈련대와 시위대를 통합하여 서울에는 친위대, 지방에는 진위대를 두는 군제 개혁을 단행.
- 교육제도를 개혁하여 근대식 학교를 설치.
- 단발령을 실시.

2 독립협회운동과 대한제국 수립

1) 독립협회운동과 애국계몽운동

아관파천에 의해 김홍집 친일 내각이 무너지고 친미, 친러파 정권이 성립되었지만, 국왕이 러시아 공사관에 머무르고 있는 동안 러시아를 비롯한 열강의 침탈은 더욱 심해졌다.

이러한 시기에 갑신정변의 주동자로 미국에 망명했던 서재필이 귀국하여 민중의 힘으로 자주독립국가를 수립하고자 독립신문을 창간하고 독립협회를 창립하였다. 독립협회는 사대의 상징인 영은문을 헐고 독립문을 세웠고 모화관을 독립관으로 다시 짓는 등 자주독립과 근대 개혁을 주장하였다.

또한 독립협회 회원들은 자주 국권 확립을 촉구하기 위해 근대적인 민중대회인 만민공동회를 열어 운동을 대중적으로 넓혀나갔다. 이후 민중을 배경으로 자주국권운동과 자유민권운동, 자강개혁운동을 전개하고 나아가 서구의 상원의회와 같은 중추원을 만들고자 국민참정 운동도 전개하였다.

그러나 시민의식이 성숙하지 못한 상태에서 서구식 입헌군주제의 실현을 목표로 했기 때문에 보수 세력의 지지를 얻지 못하였다. 결국 독립협회는 군주제를 폐지하고 공화제를 실시하려 한다는 모함을 받아 3년 만에 해산되었다.

그러나 독립협회는 러시아를 뺀 구미열강이 조선을 침략할 의사가 없다고 인식하는 등 서구자본의 이권침탈에 반대하지 않았으며 특권 계층에 제한된 민권의 주장으로 민중을 개혁의 동반자가 아니라 계몽과 지도의 대상으로 인식하는 한계를 갖고 있었다.

결국 반봉건, 반침략운동의 주체이자 원동력인 민중을 믿지 못하고 제국주의의 침략성을 올바로 깨닫지 못하여 자주독립과 근대적 개혁에 이르지 못하였다.

독립협회 해산 이후 1904년 일본의 황무지 개간권 요구 반대운동을 전개했던 보안회가 조직되어 일제의 황무지 개간권 요구를 철회시켰지만 일제의 탄압으로 해산되었다. 을사늑약을 계기로 장지연 등에 의해 헌정연구회를 계승한 대한자강회가 결성되어 교육과 산업 진흥 등 실력양성 운동을 전개하였다. 그러나 고종 강제퇴위 반대운동을

독립문

전개하여 해산되었다. 이후 대한자강회는 대한협회로 계승되었으나 친일단체로 변질되고 말았다.

한말 최대의 비밀결사체인 신민회는 민족산업과 민족교육의 육성을 주요 과제로 설정하고 경제적 실력양성운동과 만주, 연해주 등지에 독립군 기지를 건설하여 무장투쟁을 준비하였다. 당시 신민회가 존재하던 시기에 지방별 애국계몽운동 단체로서 서북학회, 기호흥학회, 관동학회 등이 있었다. 이러한 각종 애국계몽운동단체의 간부에는 신민회 회원이 참여하여 그들의 운동이 신민회의 국권회복운동에 일치되도록 활동하기도 했다.

서북학회 회관(현재 건국대학교 박물관)

2) 대한제국 수립

아관파천 1년 만인 1897년 고종은 자주 독립의 근대국가임을 선언하라는 국민의 열망에 힘입어 경운궁(덕수궁)으로 환궁한 후 연호를 광무光武로 정하고 환구단에서 황제 즉위식을 거행하여 대한제국의 수립을 선포하였다.

광무정권은 시정원칙을 구본신참舊本新參으로 하고 전제군주권을 강화하여 위로부터의 근대국민국가를 이루려고 하였다. 광무정권의 전제황권 강화는 입헌군주제와 의회설립을 주장하는 독립협회의 정치개혁운동과는 대립되는 입장이었다.

대한제국은 국가의 자주성을 실질적으로 뒷받침하는 데 필요한 국방력 강화와 재정 그리고 상공업 육성을 위해 노력했다.

황제의 군권장악을 강화하였으며 광산, 홍삼, 철도 등의 수입을 황제가 직접 장악했다. 자주적 외교를 추진하여 교민보호를 위해 북간

환구단

도관리사를 설치하고 해삼위통상사무관을 파견하였으며 한청 통상조약을 체결하여 청과 국제적으로 대등한 관계가 되었다.

정부는 국가 재정과 합리적 조세제도를 확보하기 위하여 토지조사사업을 실시하였고 토지소유주에게 근대적 토지증서인 지계를 발급했다. 하지만 이 사업은 지주나 부농들에게 유리했을 뿐이었다.

근대적 기술학교인 기예학교, 의학교, 상공학교, 외국어학교 등을 설립하는 한편, 재판소, 국립병원을 설립하는 등 위로부터의 근대화 정책을 추진했다.

그러나 광무개혁은 전제황권을 중심으로 한 보수적 근대개혁이었으며 구미열강의 이권 침탈과 일본의 방해로 실패로 끝나고 말았다.

독도문제

역사적으로 독도는 6세기 신라가 우산국을 정벌한 이후 울릉도와 함께 우리나라의 영토였다.

『세종실록지리지』(1454년)에는 "울릉도와 독도, 두 섬이 서로 거리가 멀지 않아 날씨가 맑으면 바라볼 수 있다"고 기록되어 있다.

예로부터 울릉도 주민들은 독도를 울릉도의 부속 섬으로 인식하고 있었고 숙종 때는 안용복이 울릉도에 불법 침입한 일본 어부를 축출하고 우리 영토임을 확인시키기도 하였다.

대한제국은 1900년 칙령 제41조를 공포하여 울릉도를 군으로 격상시키고 그 관할구역을 울릉도 전체와 죽도, 석도로 정했다.

일본의 경우 1696년 도쿠가와 막부의 '울릉도 도해금지' 문서, 19세기 말 메이지 정부의 '조선국교제시말내탐서'(1870년), '태정관지시문'(1877년) 등 정부의 공문서를 통해 독도가 일본과 관계없다는 것을 확인하기도 하였다.

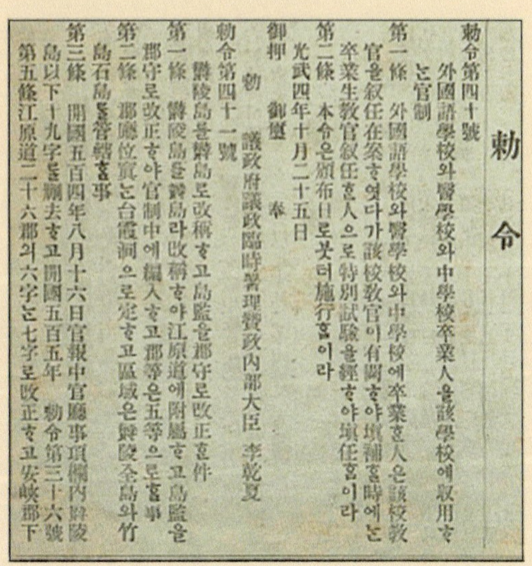

勅令

勅令第四十號

外國語學校와醫學校와中學校卒業人을該學校에取用ᄒᆞ는官制

第一條 外國語學校와醫學校와中學校에卒業ᄒᆞᆫ人은該校教官을敍任在窠ᄒᆞ엿다가該校教官이有闕ᄒᆞ야塡補ᄒᆞᆯ時에는卒業生教官敍任ᄒᆞᆫ人으로特別試驗을經ᄒᆞ야塡任ᄒᆞᆷ이라

第二條 本令은頒布日로븟터施行ᄒᆞᆷ이라

光武四年十月二十五日

御押 御璽 奉

勅 議政府議政臨時署理贊政內部大臣 李乾夏

勅令第四十一號

鬱陵島를鬱島로改稱ᄒᆞ고島監을郡守로改正ᄒᆞᆫ件

第一條 鬱陵島를鬱島라改稱ᄒᆞ야江原道에附屬ᄒᆞ고島監을郡守로改正ᄒᆞ야官制中에編入ᄒᆞ고郡等은五等으로ᄒᆞᆯ事

第二條 郡廳位寘는台霞洞으로定ᄒᆞ고區域은鬱陵全島와竹島石島를管轄ᄒᆞᆯ事

第三條 開國五百四年八月十六日官報中官廳事項欄內鬱陵島以下十九字를刪去ᄒᆞ고開國五百五年 勅令第三十六號第五條江原道二十六郡의六字는七字로改正ᄒᆞ고安峽郡下

그러다가 러일전쟁 중인 1905년 2월 시마네현 고시에 의해 일방적으로 독도를 자기 영토로 불법 편입시켰다.

제2차 세계대전의 종전과 더불어, 일본은 폭력과 탐욕에 의해 탈취한 모든 지역으로부터 축출되어야 한다는 카이로선언(1943년) 등 전후 연합국의 조치에 따라 독도는 한국의 영토로 회복되었다. 전후 일본을 통치했던 연합국총사령부의 훈령(SCAPIN) 제677호를 통해서도 독도는 일본의 통치적 · 행정적 범위에서 제외되었다.

현재 우리나라는 대한제국 칙령 제41조가 공포된 날을 기념하여 10월 25일을 독도의 날로 제정하였다.

3 개항 이후의 경제와 사회

1) 외세의 경제 침탈

가) 외국 상인의 침투와 무역의 증대

개항 직후 무역은 일본 상인이 주도하였지만, 1880년대 이후에는 청에서 온 상인이 가담하여 경쟁을 벌였다. 일본과 청의 상인들은 처음에는 영국산 면제품을 사들여와 조선에서 팔았고, 조선의 쇠가죽, 쌀, 콩, 금 등을 가져갔다. 1890년대 후반부터 일본 상인은 일본산 면제품을 비롯한 여러 종류의 공산품을 들여왔다.

무역의 증대는 경제생활에 많은 변화를 가져왔다. 특히 면제품을 들여오고 곡식을 가져가는 구조는 폐단이 매우 컸다. 값싼 외국산 면제품은 가내수공업 위주로 이루어진 국내의 면공업 발전에 심각한 영향을 주었고, 이에 따라 농민의 수입이 크게 줄어들었다. 또한 일본 상인은 영사재판권, 일본 화폐 사용권, 무관세 및 일본 정부의 정책 지원에 힘입어 약탈적인 무역 활동을 자행하였다. 일본으로 쌀의 유출이 크게 늘어나면서 쌀 부족과 쌀값 인상에 따른 물가인상이 나타나 생계를 위협받을 정도였다. 일부 지주나 상인은 쌀 수출에 적극 가담하여 많은 이익을 얻었고, 이를 다시 토지 매입에 투자하거나 불법적인 방법을 통해 토지를 획득함으로써 대지주로 성장해 갔다.

나) 제국주의 열강의 경제 침탈

청일전쟁 이후 조선에 대한 열강의 경제침탈은 한층 더 강화되어

이권 내용과 침탈국(1876~1905년)

연도	이권 내용	이권 침탈국
1876	무관세 무역권, 외국화폐 통용권	일본
1882	평안도·황해도 연안 어채권, 상해-인천 윤선 운항권, 해관 인사권 한성(서울) 상점 개설권 상해-시모노세키-부산-인천 윤선 정기 운항권	청 영국
1883	부산-시모노세키 해저전선 가설권, 조선연해 화물 운송권, 전라도·경상도·함경도 연안 어채권, 조선연해 화물 운송권, 해관 수세권	일본
1885	인천-한성-의주 전선 가설권, 서울-부산 가설권 조선-일본 윤선 정기운항권	청 일본
1886	부산 절영도 저탄소 설치권, 창원 금광 채굴권 전라도 세미 운송권	일본 독일
1887	제주도 연해 어채권	일본
1888	두만강 운항권, 한로은행 개설권 경기도 연안 제한 어채권 군함 밀무역권	러시아 일본 청
1890	조선-일본 윤선 정기운항권	일본
1891	인천 월미도 저탄소 설치권, 경상도 연해 포경권 원산 저탄소 설치권	일본 러시아
1892	인천-한성 한강 운항권 화폐주조원료 독점 제공권	청 일본
1895	운산 금광 채굴권 인천-부산, 인천-대동강, 인천-함경도 윤선 정기항로 개설권	미국 일본
1896	경인철도 부설권 경원·종성 광산 채굴권, 인천 월미도 저탄소 채굴권 압록강·울릉도 산림 벌채권, 동해 포경권 경의철도 부설권	미국 러시아 프랑스
1897	당현(강원도 금성군) 금광 채굴권 서울 전기수도 시설권 부산 절영도 저탄소 설치권	독일 미국 러시아
1898	서울 전차 부설권 경부철도 부설권, 평양 탄광 석탄 전매권 운산(평남) 금광 채굴권	독일 미국 러시아
1900	직산(충남) 금광 채굴권	일본
1901	창성(평북) 금광 채굴권 경기도 연해 어업권	프랑스 일본
1903	평양 무연탄 채굴권	프랑스
1904	충청도·황해도·평안도 어채권	일본
1905	후창(평북) 광산 채굴권, 통신 관리권, 하천 운행권, 화폐 주조권	일본

이권탈취, 금융지배, 차관제공 등의 양상을 띤 제국주의적 경제 침탈 단계에 들어섰다. 아관파천(1896) 이후 정치적 영향력이 커진 러시아는 재정과 군사 고문을 러시아인으로 하여 광산채굴권이나 삼림벌채권을 차지하였다. 미국은 운산금광 등 광산채굴권과 철도, 전기 등의 이권을 차지하였다. 영국, 프랑스, 독일도 각각 이권을 차지하였다.

일본은 개항 직후 일본제일은행의 지점을 설치하고, 은행 업무 외에 세관과 화폐정리 업무까지 담당하여 대한제국의 금융을 장악하였다. 청일전쟁 이후 내정간섭을 시작하면서 이권획득을 목적으로 차관을 제의하여 실현시켰다. 일본의 차관제공 정책은 대한제국을 재정적으로 일본에 완전히 예속시키려는 의도였다. 러일전쟁을 계기로 일본은 철도부지와 군용지 확보를 구실로 토지약탈을 자행하였다. 또한 대륙 침략을 위해 우리나라의 남북을 연결할 철도부설에 주력하였다. 그 결과 서울과 부산, 서울과 의주, 서울과 인천을 연결하는 철도부설권을 모두 차지하였다. 경인선과 경부선을 부설하면서 철도 부지 중 국유지를 무상으로 약탈하였고, 사유지는 정부가 소유자로부터 사들여 제공하도록 강요하였다. 일본은 원하는 곳에 군용지를 모두 확보하였고, 군용지 주변의 토지를 약탈하기도 하였으며 농민들을 강제로 철도 부역에 동원하였다.

2) 경제적 구국운동의 전개

가) 방곡령 시행

흉년으로 쌀이 부족해질 경우 지방관이 쌀의 수출을 금지하는 명령인 방곡령을 실행할 수 있었다. 개항 이후 곡물의 일본 유출이 늘어나면서 곡물 가격의 폭등 현상이 나타났고, 여기에 흉년이 겹치자 함경도(1889)와 황해도(1890) 지방관들은 방곡령을 내리게 되었다. 그러나 일본은 방곡령을 내리기 1개월 전에 미리 통고해야 한다는 조·일 통상장정의 규정을 구실로 압력을 가하여 방곡령을 철회하도록 하였다. 또한 일본 상인들은 방곡령으로 손해를 입었다면서 거액의 배상금을 요구하여 받아냈다.

나) 상권수호운동 전개

서울 상인들은 청과 일본 상인들의 상권 침탈에 반대하여 상권수호운동을 전개하였다. 개항 초기에는 외국 상인들의 활동 범위가 개항장 10리(4km)로 제한되었으나, 1880년대에는 개항장 100리까지 확대되어 전국적으로 상권침탈 경쟁이 치열해졌다. 서울의 경우 청의 상인들은 남대문로와 수표교, 일본 상인은 충무로를 중심으로 도심의 상권을 잠식해갔다.

청과 일본 상인의 상권 잠식에 반발하여 수천 명의 서울 상인들은 철시하고 외국 상점들의 서울 퇴거를 요구하였다. 그 후 서울 상인들은 황국중앙총상회를 조직하여 외국인의 불법적 내륙 상업활동을 엄단할 것을 요구하며 상권수호운동을 전개하였다.

다) 식산흥업 노력

대한제국은 외세의 경제 침탈을 막고 근대적 국민경제 수립을 위한 노력을 활발히 하였다. 정부는 전환국을 설치하여 화폐제도 개혁과 중앙은행 설립을 추진하는 자본을 모아 근대적 기업 설립에 나섰고, 산업기술인력 양성을 위한 교육기관 설립에도 적극적이었다.

제조업자와 상인들도 경제발전에 적극 노력하였는데, 공장을 늘리고 새로운 기계를 들여오고 자본을 모아 합자회사를 설립하였다.

독립협회와 황국중앙총상회 등은 국내산업진흥과 상권보호를 위한 다양한 방안을 제시하고, 외국의 이권 탈취 및 경제 침략 저지를 위한 활동을 벌이기도 하였다.

개항 이후 금융업에도 새로운 변화가 나타났다. 일본 금융 기관과 상인의 침투에 대응하여 새로운 은행이 세워졌다. 광무개혁을 전후하여 조선인 관료들이 중심이 되어 조선은행을 설립하였고, 민간에서도 자본을 합자하여 한성은행과 천일은행 등을 세웠다. 그러나 토착회사의 대부분은 자금 부족, 기술 및 운영 방식의 미숙에 시달렸다. 더구나 일본의 정치적 방해와 외국 상인들의 상권 잠식으로 경영이 부진하여 오래 존속되지 못하고 몰락하거나 일본인들의 손에 넘어갔다.

이러한 노력이 성과를 거두기 위해서는 독립국의 지위를 유지하면서 자본의 축적과 근대적 금융제도를 확립해야만 했다. 그러나 이러한 조건이 갖추어지기 전에 일제의 침략으로 식산흥업의 노력은 좌절되었다.

라) 국채보상운동

일제는 1905년 통감부를 설치하면서 식민지 시설을 갖추기 위해 필요한 막대한 자금을 대한제국 정부로 하여금 일본으로부터 들여오게 하였다. 그 결과 1907년 대한제국의 대일 차관은 1년 예산과 비슷한 1,300만 원에 이르렀고, 이 금액은 사실상 정부가 갚는 것이 불가능하였다. 이런 상황하에서 1907년 1월 김광제 · 서상돈 등은 2,000만 동포가 3개월 동안 금연하여 모금한 돈으로 국채를 상환하자는 주장을 하였다. 대구에서 시작된 국채보상운동은 전국적으로 확대되어 국내

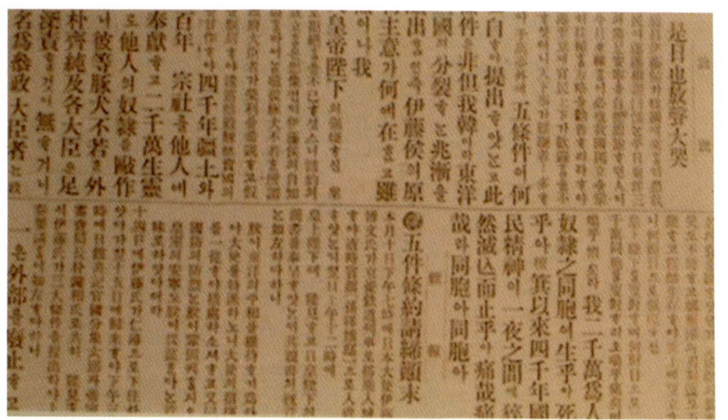

是日也放聲大哭

五件條約請締顚末

황성신문 시일야방성대곡

뿐만 아니라 일본 유학생과 미주와 노령 지역의 교포도 의연금을 보내왔고, 일부 외국인들도 참여하였다. 국채보상기성회를 중심으로 각종 계몽단체와 '대한매일신보', '황성신문', '제국신문', '만세보' 등의 언론기관이 모금운동에 참여하였다. 국채보상운동은 모금 3개월 만에 20만 원을 모았다. 이후에도 모금운동의 열기는 지속되어 많은 금액이 모아졌다.

그러자 일제는 국채보상운동을 배일운동으로 간주하여 매국 단체인 일진회를 이용하여 방해하고, 양기탁에게 국채보상금을 횡령했다는 혐의를 씌워 구속하기도 하였다. 이로 인하여 국채보상운동은 위축되었다. 1909년 국채보상금처리회가 조직되어 모금액을 교육사업에 투자하기로 하고 전답을 구매했다. 하지만 이 계획은 국권피탈로 수포로 돌아갔고, 모금액 전부를 경무총감부에 빼앗기고 말았다. 정부의 재정권을 일제가 완전히 장악하고 있는 한 국가의 빚을 갚는다는 것은 사실상 불가능한 일이었다.

4 일제의 식민통치

1) 국권 침탈

1904년 러시아와 전쟁을 시작한 일본은 조선 침략의 발판을 굳히기 위해 조선을 군사적으로 점령하였으며 일본이 추천하는 고문을 정부의 각 부에 두어 내정을 간섭하는 고문정치를 실시하였다.

러일전쟁에서 승리한 일본은 포츠머스조약에 의해 러시아로부터 조선에 대한 보호국화 조치를 인정받았으며, 가쓰라-태프트 밀약을 통해 미국으로부터 일본의 조선보호국화를 승인받았고, 영국으로부터도 러시아의 남하정책을 막아 준 대가로 조선보호국화를 승인받았다.

이후 일본은 1905년 을사늑약 체결을 강행하여 대한제국의 외교권을 박탈하고 통감부를 설치했다(을사오적-외부대신 박제순, 내부대신 이지

을사늑약 체결장소 덕수궁 중명전

용, 군부대신 이근택, 학부대신 이완용, 농상대신 권중현).

고종은 조약체결을 거부하고 네덜란드 헤이그에서 개최된 만국평화회의에 특사 이상설李相卨, 이준李儁, 이위종李瑋鍾을 파견하였지만, 실패로 끝나고 오히려 이를 빌미로 일제는 고종을 강제 퇴위시켰다.

순종 즉위 이후에는 1907년 정미7조약을 강제로 체결하여 일본인 차관이 실제 행정을 장악하는 차관정치가 실시되었으며, 이후 군대가 강제로 해산되면서 대한제국의 방위력은 상실되었다.

결국 1910년 대한제국의 내각총리대신 이완용과 제3대 통감인 데라우치에 의해 합병조약이 발표됨으로써 대한제국의 국권은 상실되었다.

2) 일제의 무단통치와 독립운동

국권피탈 이후 일제는 조선총독부를 설치하여 입법, 사법, 행정 및 군권을 장악하였다. 그리고 일제는 치안확보를 구실로 헌병경찰제를 두고 무단식민 통치정책(1910~1919년)을 실행하였다.

이후 일제는 조선에서의 자본주의 발전을 억누르고 대신 조선을 일본상품의 판매시장, 식량 및 원료공급지로 재편하려고 토지조사사업과 회사령 등 식민지 경제정책을 실시하였다.

조선총독부는 근대적 토지소유권을 확립한다는 명분을 내세워 토지조사를 실시하였는데 신고주의에 익숙하지 못한 농민들이 토지를 빼앗기는 사례가 많아 결국 1930년대까지 총독부가 소유한 토지는 전국토의 40%에 이르렀다. 총독부는 이 토지를 동양척식주식회사를 비롯한 식민회사나 일본인에게 헐값으로 팔아넘겼다.

또한 총독부는 회사령을 통해 조선인의 회사설립과 경영을 억제하

서대문형무소

서대문형무소 역사관

여 조선인 자본의 성장을 저지하였다.

일제는 1910년 10월 서간도에 무관학교를 세우려고 국내에서 독립자금을 모으던 안명근의 체포를 구실로 황해도 지방에서 160여 명을 체포하는가 하면(안악사건), 1911년에는 총독 데라우치를 암살하려는 모의를 했다고 사건을 조작하여 신민회 회원을 체포하는 105인 사건을 일으켰다.

국내에서의 독립운동은 그치지 않고 항일의병운동이나 계몽운동을 벌였던 일부 인사들이 중심이 되어 항일운동을 이어갔다. 최익현의 의병부대에서 참여했던 임병찬은 각지 유생들을 모아 대한독립의군부를 조직하여 대한제국을 다시 세우기 위한 의병전쟁을 계획했으나 임병찬의 체포로 무위로 끝나고 말았다.

박상진 등은 풍기 등지를 중심으로 대한광복단을 조직하여 공화주의를 내세우며 만주에 무관학교를 설립하려고 군자금을 모으며 만주의 독립운동단체와 연락을 꾀하였다. 그러나 결국 밀고자에 의해 조직이 발각되어 활동이 중단되었다.

국내에서 활동이 제약을 받게 되자 만주와 연해주 등지로 망명한 인사들이 국외독립운동 기지건설을 추진하였다. 서간도로 건너간 신민회 회원들은 유화현 삼원보에 자치기관인 경학사와 부민단을 세우고 신흥강습소(신흥무관학교)를 설립하여 독립군 간부를 양성했다.

북간도의 용정촌과 명동촌에서도 간민회, 중광단 등의 항일단체가 만들어졌고 서전서숙, 명동학교 등에서 민족교육이 실시되었다.

연해주에 있는 블라디보스토크의 신한촌에서도 의병운동 계열과 계몽운동 계열이 힘을 모아 1911년 권업회를 조직하였으며 이상설, 이동휘를 정, 부통령으로 하는 대한광복군정부라는 독립군조직을 만들어 독립전쟁을 준비했다.

보수세력에 의한 독립운동

1895년 을미사변과 단발령이 일어나자 당대 위정척사의 대표적인 유학자였던 유인석(柳麟錫, 1842~1915)은 제천, 충주 및 중부지방을 근거지로 한 의병활동을 전개하였다. 이후 그는 만주로 망명하여 의병 투쟁과 해외독립운동 기지 개척에 선구적인 역할을 수행하였다.

1910년 일제에 의해 국권이 상실되자 안동 유림의 명문가 출신이었던 이상룡(李相龍, 1858~1932)은 양기탁, 이시영 등 신민회 운동가의 권유에 따라 만주에 독립군 기지를 건설하기로 결심하고 서간도로 이주하였다. 그는 노비문서를 불태워 자신의 노비들을 해방시킨 뒤 가산을 모두 정리하여 식솔을 이끌고 만주로 이주하였으며, 경학사라는 결사를 조직하여 서간도에 정착촌을 건설하고 신흥무관학교를 설립하였다.

이상룡과 함께 기득권을 버리고 온 가족이 독립운동에 나선 대표적인 명문 양반가 출신으로 이회영(李會榮, 1867~1932), 이시영(李始榮, 1868~1953) 등이 있다. 1910년 경술국치를 전후하여 이회영 6형제는 국내에 있던 재산을 처분한 후 60명에 달하는 대가족을 이끌고 만주로 망명했다. 이회영 일가는 서간도에 정착하여 경학사, 신흥강습소를 설치하고 독립운동을 위한 기반 닦기에 들어갔다.

3) 3·1운동과 임시정부의 수립

국내외에서 독립운동이 꾸준히 전개되고 있을 무렵 미국의 윌슨 대통령이 민족자결주의를 제창하여(1918년) 나라 안팎에 독립의 희망을 크게 심어주었다. 또한 1919년 2월에는 도쿄에서 일본유학생들이 중심이 되어 대한독립선언서와 결의문을 선포하여 국내의 민족지도자들은 이를 계기로 민족운동계획을 진전시켰다.

이후 고종의 인산일을 거사일로 결정하고 만세시위를 계획하면서 종교계 대표들을 중심으로 1919년 3·1운동을 일으켰다.

서울 탑골공원에 모였던 각급 학교 학생과 애국시민들이 만세시위를 전개하였으며 지방의 주요 도시에서도 만세 시위가 잇달아 일어났다. 이는 3월부터 5월까지 전국방방곡곡으로 확산, 파급되어 갔다.

그러나 일제의 무자비한 탄압이 거듭되면서 우리 민족은 무차별 총격에 의해 살상되었고 극심한 수난을 당하였다.

3 · 1운동은 중국의 5 · 4운동과 간디의 무저항주의 운동에 영향을 주었으며 민족독립운동이 체계적인 독립운동으로 발전하는 계기가 되었다.

3 · 1 독립선언기념탑

상해 대한민국 임시정부

또한 독립운동의 최고기관인 임시정부를 수립해야 한다는 인식이 확산되면서 국내에서는 한성정부가 수립되었으며 중국 상하이에서는 민주공화제의 대한민국임시정부가 수립되었고 연해주에서는 대한국민의회가 조직되었다. 이들은 통합운동을 통해 한성정부를 계승하고 대한국민의회를 흡수하여 상하이에 통합정부인 대한민국임시정부를 수립하였다.

대한민국 임시정부는 민주공화제 정부를 지향하고 국내외 독립운동을 보다 조직적이고 효과적으로 추진하는 중추 역할을 하였지만, 초기 임시정부의 위치를 놓고 외교론자와 무장투쟁론자가 대립하는 등의 갈등이 있었고 결국 임시정부를 상하이에 둠으로써 외교활동 중심의 독립운동이라는 한계를 갖고 있었다.

4) 일제의 문화통치와 독립운동

3·1운동 이후 일제는 식민정책에 대한 새로운 방향을 모색하여 소위 문화통치를 실시하였다. 헌병경찰제를 보통경찰제로 전환시키고 민족신문을 발행하여 조선인의 언론, 출판, 집회, 결사의 자유 일부를 허용하였다.

하지만 문화통치는 표면적으로 한민족에 대한 무단적 억압을 완화시키고자 한 지배체제였으나 실제로는 가혹한 식민통치를 은폐하기 위한 기만정책에 불과하였다.

일제는 치안유지법을 제정하여 공산당, 독립운동, 민족운동을 억압하였으며 산미증식계획으로 한국에 대한 경제적 수탈을 보다 강화하였다.

1920년에 들어와 만주와 연해주에서 활동하던 독립군은 국내 진공작전을 전개하였는데, 그 중에 큰 전과를 올린 것이 홍범도의 대한독립군에 의한 봉오동전투(1920년 6월)와 김좌진의 북로군정서와 홍범도 부대가 연합한 청산리전투(1920년 10월)였다.

이후 경신참변과 자유시참변을 겪었던 독립군은 조직을 재정비하면서 통합운동을 추진하여 참의부, 정의부, 신민부의 3부로 통합되었다.

한편 김원봉 등 일단의 무정부주의자들은 만주에서 의열단을 결성하고 외교노선이나 독립군 활동보다는 의열단원의 희생적인 투쟁에 주력하여 일제 고위관료, 친일파의 암살 및 일제의 식민통치기관에 대한 파괴활동에 주력하였다.

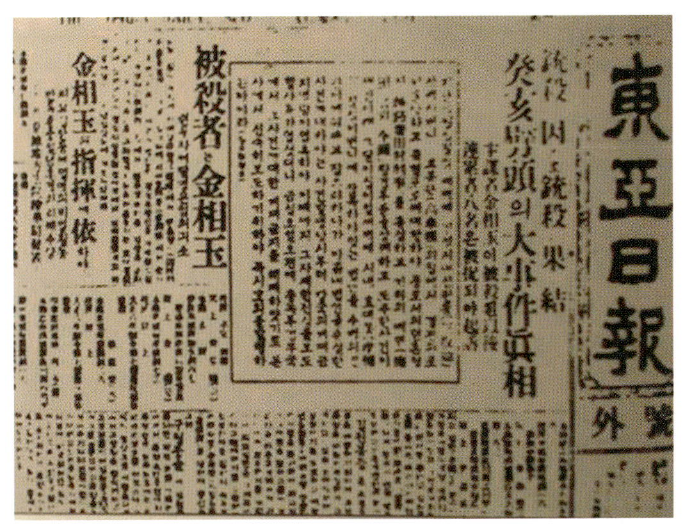

東亞日報

號外

癸亥劈頭의 大事件 眞相

被殺者는 金相玉

金相玉의 指揮에 依하야

종로경찰서 투탄의거 신문기사

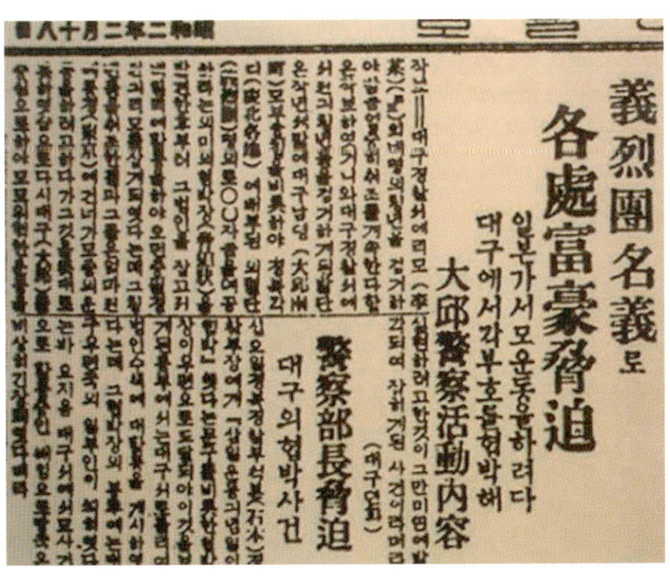

義烈團名義로

各處富豪脅迫

일본가서모운동하려다
대구에서각부호를협박해

大邱警察活動內容

警察部長脅迫

대구의협박사건

의열단 활동 신문기사

1925년 조선공산당의 창립을 계기로 민족주의운동과 사회주의운동의 반일민족통일전선을 결성하려는 논의가 활기를 띠었다. 조선공산당은 천도교 구파의 권동진 등과 만나 공동투쟁을 합의하여 1926년 6·10만세운동을 주도했다. 순종 인산일 당일 일제의 삼엄한 경비 속에 행사에 참여한 학생들은 격문을 살포하고 독립만세를 외침으로써 대규모 군중 시위운동을 전개하였다. 결국 실패로 돌아갔지만, 민족주의자와 사회주의 세력이 연대한 6·10만세운동은 당시 침체된 민족운동에 활력을 불어넣었다는 점에 의의가 있었다.

이후 1927년 신간회가 조직되어 좌우합작에 의한 반일민족통일전선운동이 일어나 1920년대 후반 국내 민족해방운동을 주도하였다. 신간회의 주장에는 조선 민중을 착취하는 기관의 철폐, 이민 정책의 반대, 한국인 본위의 교육제도 실시, 조선어 교육의 실시, 사상연구의 자유 등이 포괄되어 있었다.

6·10만세운동과 신간회 결성을 계기로 학생운동은 더욱 조직적으로 발전했으며 학교마다 사회주의 독서회, 비밀결사 등이 조직되어 동맹휴교를 이끌었다. 특히 1929년 광주학생운동에도 각 학교에 조직된 독서회가 중요한 역할을 하였다. 조선학생과 일본학생 사이에 충돌이 일어나자 학생운동을 민족해방운동으로 발전시켰으며 이 운동은 곧바로 전국으로 번져 전국적 학생운동으로 발전하였다.

5) 일제의 전시 민족말살 통치와 독립운동

일본은 대동아공영이라는 구실로 1931년 만주를, 1937년 중국을 침략한 데 이어 1941년 태평양전쟁으로 침략전쟁을 확대하였다. 이에 따라 식민지조선을 대륙병참기지로 만들어 군수산업을 강화하고 농산물과 지하자원을 약탈하는 정책을 취하였다.

일제에 의한 사상통제도 강화되었고 대륙 침략을 본격화한 일제는 1938년 국가총동원령을 내리고 인적자원의 수탈을 강화하였다. 일제는 청년, 장년과 부녀자까지 강제 동원하여 전쟁에 투입하거나 노역에 종사하게 하였으며 조선의 젊은 처자들 가운데 많은 수는 군위안부라는 이름으로 강제로 끌려갔다.

또한 일제는 내선일체內鮮一體를 강조하는 황국신민화 정책을 실시하여 신사참배를 강요하고 조선어교육 폐지와 창씨개명을 강요하여 침략전쟁의 도구로 이용하려 하였다

1931년 만주사변 이후 만주지역의 독립군은 큰 타격을 입었다. 1932년 북간도에서는 중국공산당에 의해 조선인과 중국인들이 연합한 항일유격대가 조직되었다. 유격대원의 대부분이 조선인이었던 이들은 1933년 동북인민혁명군으로 통일하였다.

이후 일제의 토벌과 민생단 공작으로 항일운동 역량에 큰 타격을 입은 동북인민혁명군은 1935년 항일민족통일전선의 강화를 목적으로 동북항일연군으로 확대, 개편하였다.

한편, 1932년 윤봉길 의거 이후 김원봉의 의열단이 중심이 되어 조소앙의 한국독립당, 지청천의 조선혁명당, 김규식의 한국광복동지회, 한국혁명당이 연합하여 통일동맹을 결성하고 1935년 민족혁명당을 결성하였다. 중국 관내의 유일 독립당을 지향한 민족혁명당은 임시정부를 해체할 계획이었으나 임시정부 고수파가 강력히 반발하고 당 운영의 주도권 문제로 한국독립당과 조선혁명당이 이탈하면서 통일전선당으로의 성격이 약화되었다.

1937년 민족혁명당은 조선민족전선연맹을 결성하여 민족좌익전선을 통일했다. 일제 타도와 조선민족의 자주독립을 선언한 조선민족전선연맹은 자신의 군사조직으로 조선의용대를 만들었다. 중국국민당 정부의 원조를 받아 조직된 조선의용대는 중국국민당 정부의 각 전선에 분산되어 활동에 종사하였다. 이 무렵 중국군의 소극적 활동에 불만을 품은 조선의용대는 화북지방으로 북상하여 중국공산당의 영향하에 옌안延安계의 한인과 결합하여 1941년 화북조선청년연합회를 조직해 항일전을 전개하였다. 1942년 7월 화북조선청년연합회가 화북조선독립동맹으로 개편될 때 조선의용대를 조선의용군으로 개편했으며 중국공산당의 팔로군과 협동작전을 펼치며 항일전에 참가하였다.

1937년 김구의 한국국민당은 민족혁명당에서 이탈한 조소앙의 한국독립당, 지청천의 조선혁명당과 연합하여 한국광복운동단체연합회를 조직했다. 대한민국 임시정부가 충칭重慶에 자리 잡은 뒤인 1940년 이들 3당이 합당하여 한국독립당을 창당했으며 보통선거에 의한 정치

김구와 윤봉길

균등, 토지와 대기업 국유화를 통한 경제균등, 국민의무교육제에 의한 교육균등 등 삼균주의를 이념으로 내세웠다.

임시정부는 1940년에는 이청천을 사령관으로 하는 한국광복군을 창설하였으며 1941년 일본에 정식으로 선전포고를 하였다.

일제의 패망이 가까워지면서 관내 항일전선의 통일이 요구되어 조선민족전선연맹 측의 김원봉, 김규식 등이 임정에 참여함으로써 임정은 중국 관내 민족전선의 통일전선정부로서 자리 잡게 되었다.

▮일본군 위안부

일본군 위안부란 1931년 일본의 만주침략 이래 일본 육군·해군이 창설, 관리한 군위안소에 구속된 채 군인, 군속 상대의 성노예가 될 것을 강요당했던 여성을 일컫는다.

일본군은 점령지 중국을 비롯해 인도네시아, 싱가포르, 파푸아뉴기니 등 광범위한 국가 지역에 위안소를 설치하고, 조선인, 대만인, 중국인, 인도네시아인, 동티모르인, 필리핀인 등 일본의 식민지 및 점령지 여성과 네덜란드 여성, 그리고 일본 여성들을 위안부로 동원했다. 위안부로 동원된 여성의 총 규모는 최저로 잡아서 5만 명 전후이며 일정 기간 감금되고 강간당한 이들을 포함하면 8만에서 20만 명 가까이 될 것으로 추정하고 있다.

반세기 이상 어둠에 갇혀 있었던 위안부 문제는 1990년 한국의 여성단체들이 일본정부에 대해 진상 규명과 사죄를 요구하는 성명서를 발표하면서 본격적으로 제기되었다.

이후 일본정부는 1993년 소위 고노담화를 통해 일본군과 관헌의 관여와 징집, 사역에서의 강제를 인정하고 문제의 본질이 중대한 인권 침해였음을 인정하고 사죄하였다. 이러한 사죄 표명 이후에도 일본 정부는 위안부 문제에 대한 법적 책임은 없다는 입장을 일관되게 견지하였다.

2007년 미국을 비롯한 세계 각국 의회의 위안부 결의안 채택에 대해서도 일본정부는 별다른 반응을 보이고 있지 않고 있다. 또한 중·고등학교 일본 교과서의 위안부 관련 기술은 1997년 이른바 새역모 출범 이후 우익과 자민당의 비판이 강화됨에 따라 위안부 모집 과정에서 일본군의 관여를 인정하는 표현이 사라지는 상황에 이르렀다.

일본군 위안부 소녀상

6) 일제 식민지 시기의 경제 수탈

가) 토지의 약탈

일제의 식민지 경제 정책은 식량, 공업 원료의 약탈 및 상품 판매 시장, 자본 투하 시장으로서 식민지를 재편성하는 데 있었다. 이를 위한 기초 작업이 토지조사 사업이었다.

일제는 1912년 토지조사령을 발표하고 막대한 자금과 인원을 동원하여 전국적인 토지조사 사업을 실시했다. 그러면서 근대적 소유권이 인정되는 토지제도를 확립한다고 선전했다. 토지조사 사업에서는 우리 농민이 토지 소유에 필요한 서류를 갖추어 지정된 기간 안에 신고해야 하는 기한부 신고제를 실시하였다. 그러나 이러한 사실이 농민에게 널리 알려지지 않았고, 신고 기간이 짧은 데 비해 절차가 복잡하여 신고의 기회를 놓친 사람이 많았다. 일제가 까다로운 신고 절차를 택한 것은 한국인의 토지를 빼앗기 위한 것이었다. 또 농민들 중에는 일제의 시책에 협조하지 않겠다는 민족 감정 때문에 신고를 고의적으로 기피하여 신고하지 않은 토지도 많았다.

일제는 미신고 토지는 물론 공공기관에 속해 있던 토지, 마을이나 문중 소유의 토지와 산림, 초원, 황무지 등의 상당부분을 조선총독부의 소유로 삼았다. 그 결과 토지조사 사업에 의해 불법적으로 탈취당한 토지는 전 국토의 약 40%나 되었다. 조선총독부는 탈취한 토지를 동양척식주식회사를 비롯한 일본인의 토지 회사나 개인에게 헐값으로 불하하였다.

토지조사 사업으로 농민은 토지를 빼앗기고 기한부 계약에 의한 소작농으로 전락하였다. 이 사업이 끝난 1918년에는 3%의 지주가 경작지의 50% 이상을 소유하는 상황이 발생했다. 특히 이전의 소작권은 인정되지 않고, 지주권만 인정되어 지주제가 강화되었다. 따라서 소작농은 50~70%에 이르는 고율의 소작료를 내야 하는 상황에 처했다. 생활기반을 잃은 농민들은 일본인의 고리대에 시달리게 되었고, 생계유지를 위해 화전민이 되거나 만주나 연해주, 일본 등지로 이주를 택하는 농민들도 상당수에 달했다.

나) 산업의 약탈

통감부 시기 화폐정리 사업으로 민족자본의 축적을 와해시킨 일제는 1910년 허가제를 골자로 하는 회사령을 공포하여 한국인의 회사설립과 경영을 통제하였다. 철도, 항만, 통신, 항공, 도로 역시 조선총독부와 일본의 대기업이 독점하였고, 인삼과 소금, 담배 등은 조선총독부가 전매하였다. 그 결과 민족자본의 성장은 억제되고 일본인이 한국의 공업을 주도하게 되었다.

1911년 임야조사사업이 실시되어 막대한 국·공유림과 소유주가 명확치 않았던 임야가 일본인에게 넘어가 전체 임야의 50% 이상이 조선총독부와 일본인에게 점탈되었다. 또 어업령도 공포하여 일본 어민의 성장을 지원하고 우리 어민의 활동을 억압하였다. 이에 대하여 우리 어민들은 빼앗긴 어업권 회복과 수호를 위해 전국 어장에서 치열한 항쟁을 전개하였다. 1915년에는 광업령을 제정·공포하여 일본인 재벌에게 많은 광산을 넘겼다. 특히 제1차 세계대전으로 군수광산물 수요가 증가되자 그 수요를 충당하기 위해 본격적인 광산물 약탈이 자행되었으며 생산물 대부분은 일본으로 반출되었다.

다) 식량의 수탈

일제는 토지조사 사업을 기반으로 본격적으로 미곡 증산을 꾀하기 위해 산미증식계획을 실시하였다. 이것은 일본의 쌀 값 폭등과 식량 부족 문제를 해결하기 위해 조선에 대한 쌀 수탈을 더욱 강화한 것이었다. 일제는 산미증식계획을 추진하면서 수리조합사업, 토지개량사업 등의 비용을 농민에게 전가시키고 쌀 생산을 강요하여 논농사 중심의 농업구조로 바꾸었다. 이 과정에서 농민의 소작료는 점차 올라가고, 조합비와 비료 대금 등을 부담하게 되면서 생활이 갈수록 악화되었다.

1920년부터 15년 계획으로 추진된 산미증식계획은 920만 석 증산이라는 무리한 목표를 설정하였기 때문에 증산량을 달성할 수 없었다.

그러자 일제는 토지개량사업을 통한 증산을 꾀했지만, 이것도 실패를 하였다. 하지만 미곡 수탈만은 목표대로 수행함으로써 우리 농촌 경제를 파탄에 빠트렸다.

산미증식계획의 결과 우리의 농업 구조는 미곡 증산을 위한 미곡단작형으로 고착화되었다. 미곡 증산은 다소 증가하였으나 오히려 일본으로의 미곡 유출이 급증하였다. 그래서 우리 농민의 식량 사정은 극도로 악화되었다. 일제는 부족한 식량은 만주에서 생산되는 값 싼 잡곡으로 충당하려 했지만, 근본적인 해결책이 되지는 못하였다. 때문에 기아선상에서 허덕이던 농민들은 농촌을 떠나 만주나 일본 등지로 삶의 터전을 옮기거나 화전민으로 전락할 수밖에 없었다.

라) 농촌진흥정책과 통제

1930년대 세계 대공황으로 한국 농촌 경제가 파탄하고 농민이 극도로 피폐해짐에 따라 실시된 경제 정책이 농촌진흥운동이다. 당시 총 농가의 절반가량이 춘궁기에 식량이 떨어져 굶주림에 시달렸다. 총독부는 농촌 사회의 궁핍으로 사회불안이 심해지고 공산주의 계열의 농민운동이 전파될 것을 우려하였다. 그래서 농가 경제를 되살리기 위해 농촌진흥운동을 시작하였다.

이 운동은 이러한 위기에 대처하기 위한 일종의 자력갱생운동으로 춘궁 퇴치, 부채 정리 등을 목표로 하였다. 농가 30만 호를 대상으로 농촌진흥위원회의 지도하에 각 호의 갱생 계획을 수립하여 실행토록 하였다. 이를 위해 소비를 절약하고 노동력을 최대화해 노동을 강화하고, 영농을 다각화하고 부업을 장려하여 농업 생산력을 증대시키도록 하였다.

또한 일제는 지주제를 농촌 빈곤의 주요 원인으로 보고 규제하기 시작하였다. 조선총독부는 사법기관의 중재로 소작쟁의를 조정하고 고율의 소작료는 제한하는 내용의 조선소작조정령과 조선농지령을 제정하였다. 그러나 이 운동의 전개에도 불구하고 오히려 농가 부채가 증가되고 농가 경제의 궁핍화는 더욱 심해졌다.

농촌진흥운동은 소작쟁의가 격화되고 농민운동이 좌경화됨에 따라 체제 안정화정책으로 전개되었으나 전시체제하에서는 농민을 통제하고 전쟁에 동원하기 위해 조선 농촌을 재편성하는 전쟁 동원책의 일환으로 변질되었다.

마) 병참기지화 정책

일제의 경제침탈은 1930년대에 들어서 새로운 양상으로 전개되었다. 산미증식계획이 어려움에 부딪치자 공업원료 증산정책으로 방향을 전환하여 면화의 재배와 면양의 사육을 시도하는 정책을 수립하고, 이를 우리 농촌에 강요하였다. 즉 조선총독부는 이른바 남면북양南綿北羊 정책을 실시하여 강제로 남부 지방의 농민에게는 면화를 재배하고, 북부 지방의 농민에게는 양을 기르도록 하였다. 이는 대공황 뒤 선진 자본주의 국가들의 보호무역주의로 원료 공급이 부족할 것에 대비하여 일본인 방직 자본가를 보호하려는 조치였다.

침략전쟁을 위해서는 발전소를 건립하고 군수공장을 세웠으며, 광산을 개발하고 중화학 공업을 육성하였다. 이는 일제가 전쟁을 수행하며 우리의 경제를 보다 철저히 예속시키기 위한 것이었다.

중일전쟁을 일으켜 대륙침략을 본격화 한 일제는 국가총동원령을 내리고 한국에서 인적 · 물적 자원의 수탈을 강화하였다. 군량확보를 위해 중단되었던 산미증식계획을 재개하였다. 소비규제를 목적으로 식량배급제도가 실시되었고, 미곡 공출제도를 시행하였다. 군수품 조달을 위해서는 각종 가축증식계획을 수립하여 가축의 수탈도 강화하였다.

일제는 태평양전쟁을 도발하면서 전쟁물자 수탈에 광분하였다. 농기구, 식기, 교회나 사원의 종까지 징발하는 등 금속류를 강제로 공출하여 무기제작에 사용하였다. 1943년 학생징병제, 1944년 징병제와 여자정신대 등을 통해 인적 자원을 수탈하여 전쟁에 투입하거나 노역에 종사하게 하였다.

5 민족문화수호운동

1) 일제의 식민지 교육과 문화정책

일제의 식민지 교육정책의 기본방향은 조선인에 대한 우민화 교육과 동화정책을 통한 조선인의 황국신민화였다. 이러한 목표에 따라 우리말 대신 일본어를 배우도록 강요했고, 교과서는 침략정책에 맞도록 편찬하였다. 사립학교나 서당 등 민족주의 교육기관을 억압하였고, 초급 실업기술교육을 통해 식민지 통치에 필요한 하급 기술 인력을 양성하는 교육정책이었다.

1930년대 후반 이후에는 황국신민화 교육을 더욱 강화하였고, 민족말살정책에 따라서 내선일체를 강조하고 조선어 사용과 역사 교육을 일체 금지하였고, 이에 항거하는 학교는 폐쇄시켰다.

일제는 우리 민족의 고유 문화를 탄압하여 일본에 동화시키고자 하였다. 1938년에는 일본인 어용학자를 동원하여 우리의 민족문화를 말살하고 한국사의 주체성을 부정하고 식민지배를 정당화하기 위하여 한국사 왜곡작업에 착수하여 조선사편수회에서 총 35권의 『조선사』를 편찬하였다. 이를 통해 우리 민족 역사 전개의 기본 성격이 정체성, 타율성, 당파성에 있음을 강조하는 식민사관을 체계화하였다.

또한 각계각층의 친일세력을 만들어서 일제 식민지 문화정책의 선전도구로 활용하였다. 그 결과 일제 말기에는 많은 친일 문화단체가 만들어져 친일 활동에 나서게 되었다. 이 활동에는 문인, 교육, 예술, 종교계의 인물들이 가담하기도 하였다.

2) 국학운동의 전개

가) 조선어연구회 활동

일제의 민족말살정책에 대항하여 민족문화수호운동이 꾸준히 전개되었다. 이 운동의 핵심은 국어와 국사 연구를 통해 우리말과 역사를 보존하고 민족의식을 배양하려는 국학운동이었다.

3·1운동 이후 이윤재와 최현배 등은 국어연구소의 전통을 이은 조선어연구회를 조직하여 국어 연구와 강습회, 강연회 등을 통해 한글 보급에 노력하였으며, 잡지 『한글』을 간행하여 연구성과를 정리, 발표하였다. 또한 한글 기념일인 '가갸날'을 정하고 우리말 글쓰기를 권장함으로써 한글의 보급과 대중화에 기여하였다.

1930년대 조선어연구회가 개편되어 성립된 조선어학회는 한글 교육에 힘써 한글교재를 출판하고, 회원들이 전국을 순회하면서 한글 보급하는 데 앞장섰다. 조선어학회가 이룩한 가장 큰 성과는 한글 맞춤법 통일안과 표준어의 제정이었다. 또한『우리말 큰사전』의 편찬을 시도했지만 일제의 방해로 성공하지 못했다. 1942년에 독립운동단체로 간주되어 회원들이 체포 · 구금되었고, 이후 강제로 해산당하였다.

한글보급운동은 일제의 우리 말, 우리 글 말살정책에 대한 항일운동인 동시에 민족문화수호라는 측면에서 중요한 의의를 가진다.

나) 한국사 연구

식민주의 사학이 정체성론과 타율성론 및 당파성론, 일선동조론 등을 통해 한국 진출과 침략을 정당화하려고 하였을 때, 근대민족주의 사학은 근대 학문의 이름을 빌려 교묘하게 자신들의 만행을 은폐하려는 일제 관학자들을 비판하면서 한민족의 유구한 역사와 자주 독립의 전통을 강조했다. 근대 민족주의 사학은 한국 고대사연구에 치중했는데, 이것은 일제 관학자들에 의해 심하게 왜곡된 연구 영역이 한국고대사였기 때문이다.

민족사학은 역사발전의 주체를 민족으로 설정하고 한국사에서 한민족의 실체를 찾는 데 노력했다. 민족의 자주성 고양을 위해서 단군을 중요시했고, 발해를 한국사 영역에 포함시켰으며 식민주의 사관을 부정함으로써 항일독립운동의 정신적 지주가 되었다.

박은식은 대한민국 임시정부에서 활동하면서『연개소문』·『이준』·『이순신』·『안중근』등의 전기를 저술하였고, 국혼을 유지하여 국권을 회복해야 한다는 국혼 중심 사관을 주장하였다. 또한 한국통사와 한국

독립운동지혈사를 저술하여 일제의 불법적인 침략을 규탄하였다. 박은식 역사정신의 특징은 '혼' 또는 '정신' 중심의 역사로서 민족정신을 잃지 않으려는 데에 두고 있다. 역사서술 체제와 시대 구분, 가치 평가 등에서 진보적이며 주체적인 점이 보이지만, 역사 주체 인식 면에서는 영웅 중심 사관을 완전히 극복한 단계는 아니었다. 따라서 박은식의 역사학은 민중을 역사의 주체로 인식하는 단계까지는 이르지 못하였다.

신채호는 대한제국시기와 일제강점기에 언론인, 교육자, 독립운동가로 활동하였다. 그는 역사를 "아我와 비아非我의 투쟁"으로 이해하고, '대한매일신보'에 역사 관계 논설을 써서 일제의 침략이 노골화하는 시기에 역사와 민족의식을 일깨웠다. 또한 『이태리건국삼걸전』을 역술하고, 『성웅이순신』, 『을지문덕』 등을 저술하여 위난에 처한 국가와 민족을 구원할 영웅의 출현을 촉구했다.

1908년에는 '대한매일신보'에 「독사신론」이라는 한국고대사 관계 사론을 썼으며, 1910년 일제 강점 이후에는 중국으로 망명하여 국권회복운동에 나서는 한편, 독립투쟁의 방편으로 국사 연구에 몰두하여 『조선상고문화사』, 『조선상고사』, 『조선사연구초』 등을 저술했다.

신채호는 단군 · 부여 · 고구려로 계승되는 고대사 인식 체계를 정립하는 한편, 낭가사상을 주체적으로 부각시켰다. 그의 사학의 특징은 역사를 민족정신이 대립물과의 투쟁과정에서 발전한 것으로 이해했고, 역사주체를 민중으로 인식하였다. 그리고 정통론이나 대의명분론과 같은 이데올로기에 종속되어 있던 중세적 역사학을 해방시켜 역사학의 객관성을 확보하였다. 이처럼 그의 역사학은 일제라는 시대적 상황과 관련해 사대주의적이며 타율적인 한국사의 인식을 철저히 거부하고 민족사의 자주적 발전과정을 해명하려 했다는 점에서 다분히 민족주의적 성격을 띠고 있다. 또 "역사란 역사만을 위해 존재한다."는 역사학의 객관성을 담보하는 역사 이론과 연구 방법론을 제시했다는 점에서 근대적인 사학의 성격이 나타나고 있다. 따라서 신채호에 이르러 한국의 근대 민족주의 역사학이 성립되었던 것이다.

정인보는 역사의 원동력이 얼, 즉 민족혼이며, 역사 연구의 목적은 민족혼을 찾는 데 있으므로 얼을 찾는 일과 무관한 사실의 실증은 무의미한 것이라는 '얼 사관'으로 식민사관에 대응했다. 그는 동아일보에 '오천 년간 조선의 얼'을 연재하였는데, 동아일보의 정간으로 중단된 이 글은 1946년 9월『조선사연구』상·하로 출판되었다. 이 글에서는 단군을 국조로 삼아 개국설화를 사실로 보았고, 한사군이 국내가 아닌 만주에 설치되었다고 하였다. 또 임나일본부설이 허구임을 고증하였고, 광개토왕 비문을 새롭게 해석함으로써 식민사관을 극복하고자 했다. 이를 통해 그는 한민족에게 지난날의 영광된 역사를 상기시키려 했다.

① 사회경제사학

1920년대 후반 사회경제사학은 타율성과 정체성을 강조하는 식민사학의 기만성을 폭로하고 한국사가 세계사의 보편적 발전법칙에 의하여 발전하여 왔음을 강조하였다. 대표적인 학자는 백남운, 이청원, 이북만 등이다.

백남운은『조선사회경제사』,『조선봉건사회경제사』등을 저술하여 식민사학의 중세부재론을 부정하고 유물사관에 의한 역사의 체계화를 시도했다. 그는 원시씨족공산체, 삼국의 노예경제, 삼국시대말기부터 최근세까지의 아시아적 봉건사회, 아시아적 봉건국가의 붕괴와 자본주의 맹아, 외래 자본주의 발전 등으로 파악했다. 그는 고려를 중세봉건제 사회로 규정하여, 우리 역사에 중세봉건사회가 존재했음을 강하게 주장했다. 이를 통해 우리 역사를 전체 인류사의 발전 과정과 같은 궤도 위에 있는 세계사의 일환으로 편입시키려 했다.

사회경제사학은 처음으로 사회발전단계론에 따라 우리 역사를 시대구분한 학문적 공로를 가진다. 그러나 분단체제가 고정화되면서 사회경제사학은 직접적 계승이 이루어지지 못했다.

② 실증주의사학

1930년대 실증주의 사학은 역사 사실에 대한 문헌고증을 주된 학문적 방법으로 채용하여 사료에 대한 연구자의 주관적 해석을 배제하고 학문의 객관성을 제고하는 등 학문 자체를 목적으로 한 역사학을 추구하였다.

일본 어용학자들이 청구학회를 중심으로 한국사 연구를 왜곡하자, 이윤재와 이병도, 손진태, 신석호 등은 실증사학을 표방하면서 1934년 진단학회를 조직하고 『진단학보』를 발간하여 한국사 연구에 힘썼다.

그러나 가치중립적이라는 명분하에 진행된 실증주의사학 연구는 민족운동의 수단으로서의 역사연구를 거부하고, 역사의 전문화와 과학화에 의미를 부여하였다. 이 때문에 실증주의사학은 당시의 식민지적 상황을 인식해야 하는 민족사의 정치적 현실을 외면했다는 한계를 가지고 있었다.

3) 교육운동과 종교활동

가) 민족교육운동

일제강점기 한국인의 초등학교 취학률은 일본인의 1/6에 지나지 않았다. 3 · 1운동 이후 일제가 문화정치를 표방하면서 교육 시설이 확장되었지만, 그것은 일본인을 위한 교육시설의 확장에 불과한 것이었다. 또 교육은 철저한 식민지 교육으로서 한국인을 위한 민족교육은 거의 존재하지 않았다. 민족교육기관으로 사립학교, 종교 계통의 학교, 개량 서당, 강습소, 야학 등이 있었다. 규모는 작았지만 이들 기관을 통해 민족의식 배양을 위한 민족교육운동이 활발하게 일어났다.

1920년대에는 실력양성운동의 일환으로 민족교육진흥운동이 일어났다. 이규설과 이상재 등은 조선교육회를 조직하고 한민족 본위의 민족교육 진흥에 노력하였다. 이들은 고등교육기관을 설립하여 인재를 양성해야 한다는 판단하에 총독부에 대학 설립을 요구하였다.

조선총독부가 대학설립 요구를 묵살하자, 조선교육회는 민립대학 설립운동을 전개하였다. 그러나 일제의 방해와 자연재해로 모금이 어려워져 결국 실패로 끝났다. 이후 연희전문학교, 보성전문학교, 이화학당 등을 대학으로 승격시키려는 노력을 계속하였다. 일제는 이러한 노력을 받아들이지 않고, 대신 1924년 경성제국대학을 설립하여 조선인의 불만을 무마하려 하였다.

나) 종교활동

① 대종교

일제는 종교가 민족전통과 민족정신을 유지, 발전시키는 데 중요한 역할을 할 수 있다고 판단하여 종교의 일본 종속화를 시도하였다. 그러나 나철 등은 1909년 민족종교로 단군교를 내세웠다. 이듬해 대종교로 이름을 바꾸고 국내외 민족운동을 주도하였다. 대종교 지도자들은 1911년 만주에서 많은 민족학교를 설립하여 애국심을 고취하였고, 항일무장단체인 중광단을 결성하여 무장항일투쟁에도 적극 참여하였다. 중광단은 3·1운동 후 북로군정서로 계승되어 청산리대첩에서 승리를 거두는 등 대종교는 항일독립전쟁의 중추적 역할을 하였다.

② 불교

일본의 불교 정파들은 1877년부터 조선에 들어와 포교소나 사찰을 건립하고 한국 승려들을 포섭하거나 개종시켰다. 특히 1895년 4월에는 불교탄압의 상징이었던 승려들의 도성출입 금지를 해제시켰고, 이로 인해 조선의 많은 승려들은 일본 불교에 호감을 가지게 되었다. 일본이 조선을 강점한 직후 이미 친일의 길을 걷고 있던 원종圓宗의 종정宗正 이회광은 일본으로 가서 일본 조동종과 연합하기로 합의하였다. 이어 1911년 6월에는 사찰령이 제정됨으로써 사찰과 승려 문제는 모두 조선총독부에서 주관하게 되었다.

불교 교단이 일제에 장악되는 것에 대하여 한용운은 1921년 불교유신회를 만들어 친일불교에 저항하여 불교 자체의 정화를 꾀했다. 백용성은 한국 불교의 전통을 지키기 위해 대각교를 창립하고 불교 대중화 및 혁신운동을 전개했다. 박한영은 불교에 신사상을 수용하여 위기에 빠진 불교계에 미래지향적 비전을 제시하고 불교청년교육을 중시했다.

한편 박중빈이 창시한 원불교는 불교의 현대화를 주장하며 개간사업과 저축운동을 통해 민족의 기량을 배양하였고, 남녀평등과 허례허식 폐지 등 생활개선과 새 생활운동에도 앞장섰다.

③ 유교

1909년 박은식은 대동교를 창설하였다. 대동교는 유림계의 단결을 통해 민족의 각성과 단결을 강조하여 국권을 수호하고자 했던 것이다. 이에 일제는 친일 유교단제로 조직한 대동학회를 공자교로 개칭하여 대동교 확대를 막았다.

④ 천도교

손병희에 의해 동학에서 개편된 천도교는 정교분리를 내세우며 국민계몽을 통한 민족운동에 동참하였다. 그러자 일제는 이용구를 내세워 시천교를 설립하여 천도교와 대립시켰다.

천도교 지도자들은 3 · 1운동을 주도한 후 제2의 3 · 1운동을 계획하여 자주독립선언문을 발표하였다. 또 소년회와 청년회를 만들어 어린이 · 청년 · 여성운동을 전개하였고, 『개벽』, 『어린이』, 『학생』 등의 잡지를 발간하여 민중의 자각과 근대문물 보급에 기여하였다.

⑤ 천주교

천주교는 고아원과 양로원의 설립 등 사회사업을 확대시키고, 『경향』 등의 잡지를 통해 민중계몽에 이바지하였다. 일부 천주교도들은 만주에서 항일운동 단체인 의민단을 조직하여 무장항일투쟁에 나서기도 하였다.

⑥ 개신교

기독교의 경우 선교사들이 정교분리를 내세우며 종교운동에만 머물렀기 때문에 민족의식을 고양하고 반일투쟁을 전개하는 데에는 일정한 한계를 보였다. 하지만 3 · 1운동에 적극 참여하면서 개신교는 민중계몽과 각종 문화사업 등 민족운동을 보다 적극적으로 개선하였다. 황성기독교청년회의 계몽활동이 있었고, 안창호가 평양에 대성학교를, 이승훈이 정주에 오산학교를 설립하여 민족교육을 중시하였다. 그러자 일제는 105인 사건을 조작하여 기독교 지도자들의 활동을 제약하였다. 1930년대 후반에는 신사참배 거부운동을 벌여 지도자들 일부가 체포 · 투옥당하기도 했다.

4) 예술활동

가) 문학

우리의 근대문학은 일제의 식민지 지배체제 때문에 자유로운 발전이 억제되었지만, 그런 가운데에서도 계몽적이며 자주 사상을 고취시키는 문학활동이 활발하게 전개되었다.

1910년대를 대표하는 이광수와 최남선 등은 근대 문학 개척에 큰 공헌을 하였다. 최남선은 새로운 형태의 시를 발표하여 근대시 발전에 이바지하였다. 또 언문일치의 우리말 문장 확립에도 선구적 역할을 하였다. 이광수의 『무정』은 계몽기 신문학을 대표하는 작품이었다.

3 · 1운동 이후 계몽주의적 성격과는 다른 새로운 사조가 들어왔고, 일부 작가들은 동인지를 간행하였다. 그 중에서도 대표적인 것은 김동인이 주도한 『창조』, 염상섭이 주도한 『백조』였다. 이들은 종래의 계몽주의적 성향의 작품 활동을 지양하고 순수문학을 추구하였다. 반면 염상섭과 이상화 등은 현실 타파와 현실 개조의 의지를 표현하였다.

1920년대 중반 한용운, 신채호, 김소월, 염상섭 등은 전통적 문학 바탕 위에 근대 문학으로 발전시키는 데 심혈을 기울였고, 자주독립의 신념을 북돋아 주었다. 심훈, 이육사, 윤동주 등도 저항의식을 담은 작품을 발표하여 민족의식을 일깨웠다.

3 · 1운동 이후 노동자와 농민들이 활발히 조직화되는 추세에서 문학의 사회적 기능이 강조되면서 신경향파 문학이 등장하였다. 이들은 순수 예술을 표방하는 문인들의 각성을 촉구하면서 문학이 현실을 반영할 것을 강조하였다. 1925년 카프(KAPRF)가 결성되면서는 신경향파 대신 프로문학이라는 용어를 사용하면서 문예운동에서 계급 투쟁적 성격을 강화하였다. 이에 대해 민족주의 계열에서는 국민문학운동을 일으켜 계급주의에 반대하고, 문학을 통한 민족주의 이념 선양에 노력하였다.

1930년대에는 문학의 분야가 소설, 희곡, 수필, 평론 등으로 다양해졌고, 내용도 한층 더 세련되었다. 그러나 일제가 중일전쟁을 도발하여 본격적으로 대륙침략을 시작하면서 문학작품에서 항일의 표현을 허용하지 않았고, 더 나아가 일제의 군국주의를 찬양할 것을 요구하였다. 이에 일부 문인들은 침묵으로 일관했다. 반면 김동환, 노천명, 모윤숙, 서정주, 최남선, 김동인, 유치진, 이광수, 정비석, 김기진, 박영희, 백철 등은 친일화의 길을 걷기 시작했다. 이런 가운데에서도 이육사와 윤동주 등은 항일의식과 민족정서를 담은 작품을 창작하였다.

나) 음악

일제강점기에 항일독립의식과 예술적 감정은 창작 음악 연주 활동을 통해서도 표현되었다. 1910년대에는 서양 음악에 기반을 두고 창가를 작곡하기도 했다. 그리하여 '학도가', '한양가' 등 망국민의 슬픔과 일제에 대한 저항적 성격을 담은 노래가 크게 유행하였다.

홍난파는 한민족의 심정과 상황을 잘 표출한 '봉선화'를 작곡 · 발표하였다. 하지만 그는 조선문예회라는 친일 단체에 가입하여 친일적인 작품을 양산하기도 하였다. 해외에서는 안익태가 애국가와 이를 주제로 한 '코리아환상곡'을 작곡하였다. 또 '반달', '고향의 봄' 등의 동요가 만들어졌다.

다) 미술

안중식 등이 한국의 전통 회화를 전승 · 발전시켰으며, 서양화에서는 고희동, 이중섭, 나혜석 등의 화가가 배출되어 독특한 경지를 이루었다.

반면 김은호, 김인승, 심형구, 김기창 등은 일제 침략 정책에 협조하고 친일단체에 참여하였다. 뿐만 아니라 '금차봉납도', '조선징병제시행기념기록화', '님의 부르심을 받고서', '총후병사' 등 친일 작품을 발표하였다.

라) 연극

연극은 민족의식 고취의 수단으로 다른 어느 분야보다 파급 효과가 컸다. 연극인들은 연극을 통해 민중을 계몽하고, 독립정신 고취에 앞장섰다. 3 · 1운동 이전에는 신파극단들이 나라 잃은 슬픔과 외로움을 민중들과 나누었다. 3 · 1운동 이후에는 민족계몽운동이 확산되면서 동경 유학생들이 극예술협회를 조직하고 연극 공연을 민중계몽의 수단으로 삼았다.

본격적인 근대 연극은 토월회, 극예술연구회 등이 조직되면서부터이다. 이들은 오락을 지양하고 민중의 각성을 요구하는 연극을 공연했다, 이후 많은 연극 단체가 창립되어 피압박 민족의 비참한 현실을 고발하고, 일제의 잔학상을 폭로하였다.

일제가 중일전쟁을 계기로 탄압을 가하자 연극무대는 오락 일변도의 가극무대로 변했고, 일제를 찬양하는 연극도 공연되었다. 일제 말기에는 일본어를 쓰지 않는 연극 공연이 허가되지 않아서 연극은 궤멸상태에 이르게 되었다.

마) 영화

영화는 다른 예술 분야에 비해 상대적으로 발전이 늦었다. 그러던 것이 1926년 나운규가 '아리랑'을 발표하면서 한국 영화는 획기적으로 도약했다. 우리 고유의 향토적 정서가 배어 있는 슬픈 가락을 깔고, 망국의 통분과 슬픔을 자아내어 항일의식과 애국심을 일깨워 주었다. 이후 1930년대까지 민족적 색채를 띠던 영화 예술은 1940년 조선영화령이 발표되면서 탄압을 받았다.

참고문헌

국사편찬위원회, 『한국사』 44-50, 2003

박찬승, 『한국근대정치사상사연구』, 역사비평사, 2006

______, 『한국근현대사를 읽는다』, 경인문화사, 2014

서영희, 『대한제국정치사연구』, 서울대출판부, 2003

신용하, 『일제식민지 정책과 식민지 근대화론 비판』, 문학과 지성사, 2006

왕현종, 『한국 근대국가의 형성과 갑오개혁』, 역사비평사, 2003

이민원, 『명성황후시해와 아관파천 — 한국을 둘러싼 러·일 갈등』, 국학자료원, 2002

장영숙,『고종의 정치사상과 정치개혁론』, 선인, 2010
정연태,『한국근대와 식민지 근대화 논쟁』, 푸른역사, 2011
정재정,『일제침략과 한국철도(1892-1945)』, 서울대출판부, 1999
최문형,『한국을 둘러싼 제국주의 열강의 각축』, 지식산업사, 2001
편집부,『한국사특강』, 서울대출판부, 2008
하원호,『개항 이후 일제의 침략』, 한국독립운동사 편찬위원회, 2009
______,『한국근대경제사』, 신서원, 1997
한국역사연구회,『1894년 농민전쟁연구』 1-5, 역사비평사, 1997
____________,『한국역사입문③』, 근대 현대편, 풀빛, 1996
한영우,『다시 찾는 우리역사』, 경세원, 2014
한일관계사연구논집 편찬위원회,『일제 식민지지배의 구조와 성격』, 경인문화사, 2005

강화도조약-조일통상수호조규(병자수호조약)

대일본국과 대조선국은 원래부터 우의를 두터이 하여온 지가 여러 해 되었으나 지금 두 나라의 우의가 미흡한 것을 고려하여 다시 옛날의 좋은 관계를 회복하여 친목을 공고히 한다.

이는 일본정부가 선발한 특명 전권 변리 대신인 육군중장 겸 참의 개척 장관 흑전청륭(구로다 기요타카)과 특명 부전권 변리대신인 의관 정상형(이노우에 가오루)이 조선 강화부에 와서 조선정부가 선발한 판중추부사 신헌과 부총관 윤자승과 함께 각기 지시를 받들고 조항을 토의 결정한 것으로써 아래에 열거한다.

제1조 조선국은 자주 국가로써 일본국과 동등한 권리를 보유한다. 이제부터 양국은 화친한 사실을 표시하려면 모름지기 서로 동등한 예의로 대우하여야 하고 조금이라도 상대방의 권리를 침범하거나 의심하지 말아야 한다.

우선 이전부터 사귀어온 정의를 손상시킬 우려가 있는 여러 가지 규례들을 일체 없애고 되도록 너그러우며 융통성 있는 규정을 만들어서 영구히 서로 편안하도록 한다.

제2조 일본국 정부는 지금부터 15개월 뒤에 수시로 사신을 파견하여 조선국 경성에 가서 직접 예조판서를 만나 교제 사무를 토의하며 해당 사신이 주재하는 기간은 다 그때의 형편에 맞게 정한다.

조선국 정부도 또한 수시로 사신을 파견하여 일본국 동경에 가서 직접 외무경을 만나 교제 사무를 토의하며 해당 조선국 사신이 주재하는 기간도 역시 그 때의 형편에 맞게 정한다.

제3조 이제부터 두 나라 사이에 오고가는 공문은 일본은 자기 나라 글을 쓰되 지금부터 10년 동안은 따로 한문으로 번역한 것 한 본을 첨부하며 조선은 한문을 쓴다.

제4조 조선 부산 초량항에는 이미 오래전부터 일본 공관이 세워져 있어 양국 백성들의 통상 지구로 되어왔다.

지금은 응당 종전의 관례와 세견선 등의 일은 없애버리고 새로 만든 조약에 준하여 무역 사무를 처리한다.

조선정부는 제5조에 실린 두 곳의 항구를 개항하여 일본국 백성들이 오가면서 통상하게 하며 해당지방에서 세를 내고 이용하는 땅에 집을 짓거나 혹은 임시로 거주하는 사람들의 집을 짓는 것은 각기 편리대로 하게 한다.

제5조 경기, 충청, 전라, 경상, 함경 5도 중에서 연해의 통상하기 편리한 항구 두 곳을 골라서 지명을 지정한다.

개항 기간은 일본 역서로는 명치 9년 2월, 조선 역서로서는 병자년 2월부터 계산하여 모두 20개월 안으로 한다.

제6조 이제부터 일본의 배가 조선 연해에서 혹 큰 바람을 만나거나 혹 땔나무와 식량이 떨어져서 지정된 항구까지 갈 수 없을 때에는 즉시 가닿은 곳의 연안 항구에 들어가서 위험을 피하고 부족되는 것을 보충할 수 있으며, 배의 기구를 수리하고 땔나무를 사는 일 등은 그 지방에서 공급하며 그에 대한 비용은 반드시 선주가 배상해야 한다. 이러한 일들에 대해서 지방의 관리와 백성들은 특별히 진심으로 돌보아서 구원의 손길이 미치지 않는 데가 없도록 하며 보충해 주는 데서 아낌이 없어야 한다. 혹시 양국의 배가 바다에서 파괴되어 배에 탔던 사람들이 표류되어 와닿았을 경우에는 그들이 가닿은 곳의 지방 사람들이 즉시 구원하여 생명을 건져주고 지방관에 보고하며 해당 관청에서는 본국으로 호송하거나 가까이에 주재하는 본국 관리에게 넘겨준다.

제7조 조선국 연해의 섬과 암초를 이전에 자세히 조사한 것이 없어 극히 위험하므로 일본국 항해자들이 수시로 해안을 측량하여 위치와 깊이를 재고 도면을 만들어서 양국의 배와 사람들이 위험

한 곳을 피하고 안전한 데로 다닐 수 있도록 한다.

제8조 이제부터 일본국의 정부는 조선에서 지정한 각 항구에 일본 상인을 관리하는 관청을 수시로 설치하고 양국에 관계되는 안건이 제기되면 소재지의 지방 장관과 만나서 토의처리한다.

제9조 양국이 우호관계를 맺은 이상 피차 백성들은 각기 마음대로 무역하며 양국관리들은 조금도 간섭할 수 없고 또 제한하거나 금지할 수도 없다. 만일 양국 상인들이 값을 속여서 팔거나 대차료를 물지 않는 등의 일이 있으면 양국 관리들이 빚진 상인들을 엄히 잡아서 빚을 갚게 한다. 단 양국 정부가 대신 갚아줄 수는 없다.

제10조 일본 사람들이 조선의 지정한 항구에서 죄를 저질렀을 경우 만일 조선과 관계되면 모두 일본에 돌려보내어 조사 판결하게 하며 조선 사람이 죄를 저질렀을 경우 일본과 관계되면 모두 조선 관청에 넘겨서 조사 판결하게 하되 각기 자기 나라의 법조문에 근거하며 조금이라도 감싸주거나 비호함이 없이 되도록 공평하고 정당하게 처리한다.

제11조 양국이 우호관계를 맺은 이상 따로 통상 규정을 작성하여 양국 상인들의 편리를 도모한다.

그리고 지금 토의하여 작성한 각 조항 중에서 다시 보충해야 할 세칙은 조목에 따라 지금부터 1개월 안에 양국에서 따로 위원을 파견하여 조선국의 경성이나 혹은 강화부에서 만나 토의결정한다.

제12조 이상 11개 조항을 조약으로 토의 결정한 이날부터 양국은 성실히 준수시행하며 양국 정부는 다시 조항을 고칠 수 없으며 영구히 성실하게 준수함으로써 우의를 두텁게 할 것이다.이를 위하여 조약 2본을 작성하여 양국에서 위임된 대신들이 각기 날인하고 서로 교환하여 증거로 삼는다.

대조선국 개국 485년 병자년 2월 2일
대관 판중추부사 신헌
부관 도총부 부총관 윤자승
대일본 기원 2536년 명치 9년 2월 6일

대일본국 특명 전권 변리 대신 육군 중장 겸 참의 개척 장관
흑전청륭(구로다 기요타카)
대일본국 특명 부전권 변리 대신 의관 정상형(이노우에 가오루)

매천야록(梅泉野錄)

고종 3년 9월

병인년 9월 프랑스 군함이 훈련을 목적으로 강화도에 정박했는데 전혀 침략할 의사가 없었던 것이다. 세간 사람들은 “장경일 등이 죽자 서양선박이 더 이상 침입하지 못하도록 더욱 견고하게 지킨 후 보고를 하게 된 것이다”고 말하였다.

이때 강화 유수 이인기는 겁을 머고 도망치는 바람에 강화성은 함락되었으며, 프랑스 군인들은 열흘 동안 그곳에 머물면서 약탈을 자행했던 것이다.

나라에서 강화도가 지리적으로 혐한 곳이라 생각하여 양미와 무기와 수많은 진귀한 보물들을 보관해 왔는데, 이때에 모두 약탈되었다.

프랑스군을 몰아내기 이해 이경하를 순무사로, 이원희를 중군으로 삼아 군사 5천여 명을 이끌고 문수산성에 출진했지만 강화도를 쳐다만 볼 뿐 어느 누구하나 건너려하지 않았다. 이때 천총 양헌수가 추격할 것은 청했지만 중군 이원희는 “군령을 어기는 자는 모두 죽이겠다고”고 하였다. 그러자 양헌수는 “죽으면 누가 적을 죽일 수 있겠소?”라고 대답한 뒤 “그렇다면 일지병(한 무리의 병사)이라도 주시오”라며 간청하자 이원희는 포수 3백을 주었다.

양헌수는 그날 밤 군사들과 함께 손석포에서 바다를 건너 정족산성에 잠입했다. 다음 날 프랑스 군인들이 강화부에서 철수하기 위해 배를 타려고 나왔다. 그렇지만 조소가 얕아 배가 움직일 수 없자 물이 찰 때를 기다리기 위해 다시 산성을 돌아오던 중 남문 밖에 이르렀다. 이때를 놓치지 않고 양헌수와 포수들은 프랑스군을 기습했는데 적은 엉겁결에 공격을 받아 후퇴했고 아군은 적을 추격하여 3

0여 명을 사살하고 개선하였다. 이 전공으로 양헌수는 황해도 병사가 되었다가 1년 후에 대장으로 승진하였다.

1866년 고종 3년 9월, 병인양요가 있은 뒤 조종에서는 사학을 금하고 천주교를 배척하는 척사윤음을 반포했다.

고종 32년 2월

영은문을 헐고 삼전도비를 쓰러뜨렸다. 영은문은 서울 서문 밖 수리에 있었다. 명나라 때는 연조문이라고 불렀던 r서을 순치(청나라 3대 왕) 후에 영은문으로 개칭하였는데, 이곳은 중국 사신을 맞이하던 곳이었다. 비석은 한강 삼전도에 있었는데 병자호란이 일어난 다음해인 정축년(인조 15)에 도성을 점령당한 후 청국이 우리나라를 억압하여 그들의 전공을 기록한 것으로 사신 이경석이 비문을 지었다. 천자가 십만 명을 이끌고 우리나라로 정벌 온 내용인데, 비문은 몽고어로 되어있어서 우리나라 사람들이 해독하기가 어렵다. 이번 일로 청나라와의 관계가 완전히 끊어졌으며 사대의 의절도 모두 없애버렸다. 그래서 영은문도 파괴한 것이다.

융희 2년 2월

장인환과 전명운이 미국 샌프란시스코에서 미국인 수지문을 살해했다. 처음 수지분은 구미일본공관에 고용되어 충실하여 많은 사랑을 받았다. 그러다가 우리 외부의 고문관이 되면서 일본을 이롭게 하고 한국을 해치는 짓을 알선하지 않는 것이 없었다. 자국으로 돌아가서 한국은 일본 보호를 요구함은 진정에서 우러나온 뜻이라고 떠들어댓으며, 또 우리나라를 온갖 수단으로 헐뜯고 더럽혔다. 이에 통분함을 참지 못한 장인환 등은 샌프란시스코에서 머물면서 그를 암살할 것을 모의했다.

장인환 등은 그가 기차에서 하차하는 것을 포착해 권총으로 저격하여 즉사시켰다. 그가 죽자 미국 사람들도 그것을 의롭게 생각하여 법으로 다스리는 것도 관전을 쫓았다. 그러나 장인환은 징역 15년을, 전명운은 석방되었다. 그것은 장인환이 스스로 저격했다고 하면서 다른 사람을 끌어들이지 않았기 때문이다. 장인환과 전명운은 모두 평양사람이다.

융희 2년 5월

허위가 일본 사령부에 수감되어 더위에도 솜옷을 입고 소오(구속이 없고 자유로운 상태) 자약하며 신문을 했다. 그 때 일본인은 창지자가 누구이며 대장은 누구냐고 묻자, 허위는 웃으며 "창지자는 이등박문이고 대장은 나다"라고 하자, 일본인은 "왜 이등 공을 가리키는가"라며 화를 내자 허위는 "이등박문이 우리나라를 전복하지 않는다면 의병은 반드시 일어나지 않는다. 그렇다면 이등박문이 창지자가 아니면 누구란 말인가"라고 대항하며 굴하지 않았다고 한다.

융희 2년 7월

28일 의병장 허위가 살해되었다. 허위가 장차 교형을 당하게 됨을 알고 일본 중이 송경하며 그의 명복을 빌자 허위가 화를 내면서 "충의의 귀신은 스스로 응해서 신선이 되어 올라가든지 지옥으로 떨어지든지 하는데 어찌 원수인데 중놈을 자탁해서 내가 도움을 인도해 달라고 하겠는가?"라고 말했다. 일본군원이 유언이 있느냐고 묻자, 그는 "대의를 펴지 못했는데, 어찌 유언이 있겠는가"고 하였다. 뒤이어 시신을 거둘 사람이 있는냐고 묻자 그는 "시체를 어찌 족히 거둬가겠는가? 이 감옥에서 석어문드러지게 하는 것이 좋겠다"고 하면서 오히려 빨리 죽이라고 호령했다. 신보사에서 보고 기록하여 말하기를 "태양이 빛이 없으며 보는 자는 눈물을 흘리지 않음이 없었다"고 하였다. 옥족 두 사람은 허위와 이강년의 죽음을 보고 원통함을 참지 못해 모자를 찢고 물러 나왔다고 한다.

동학농민군 창의문(倡義文)

세상에서 사람을 가장 귀하다 하는 것은 人倫이 있기 때문이다. 君臣父子는 인륜 중에서 가장 큰 것이다. 임금이 어질고 신하가 곧으며 아버지가 자식을 사랑하고 아들이 효도한 이후에야 집과 국가에 無彊이 미칠 수 있는 것이다. 지금 우리 임금은 仁孝慈愛하고 神明聖叡한지라, 賢良方正의 신하가 있어서 그 聰明을 도울지면 堯舜의 德化와 文景의 善治를 가히 써 바랄 수 있을지라.

그러나 오늘날의 신하된 자는 報國은 생각지 아니하고 한갓 祿과 位만 도둑질하여 총명을 가리고 아부와 아첨만을 일삼아 忠諫하는 선비를 妖言이라 하고 정직한 사람을 匪徒라 하여 안으로는 輔國의 인재가 없고 밖으로는 虐民의 관리만 많도다. 人民의 마음은 날로 흐트러져 들어서는 즐거운 삶의 生業이 없고 나가서는 몸을 보존할 대책이 없도다. 虐政은 날로 더해가고 怨聲은 그치지 아니하니 君臣의 義와 父子의 倫과 上下의 分이 드디어 다 무너지고 말았다. 管子가 가로되 四維가 베풀어지지 않으면 국가는 멸망한다 하였으니 오늘의 형세는 옛날의 그것보다 더 심하도다. 公卿부터 方伯守令까지 모두 국가의 위태로운은 생각지 아니하고 한갓 자신의 살찜과 가문의 윤택의 계책만을 도둑질하며, 科擧의 문을 돈벌이의 길이라 생각하고 應試의 장소는 매매하는 저자로 변하고 말았도다. 허다한 돈과 뇌물은 國庫로 들어가지 아니하고 도리어 私腹을 채우고 있도다. 국가에는 누적된 빚이 있으나 갚을 생각은 하지 아니하고 교만과 사치와 음란과 더러운 일만을 거리낌 없이 일삼으니, 八路는 魚肉이 되고 萬民은 도탄에 빠졌도다.

守宰의 貪虐에 백성이 어찌 곤궁치 아니하랴. 백성은 나라의 근본이니, 근본이 쇠잔하면 나라는 반드시 없어지는 것이다. 輔國安民의 방책은 생각지 아니하고 밖으로 鄕第를 설치하여 오직 제몸 하나 온전함의 방책만을 꾀하고 오직 祿과 位만을 도둑질하는 것이 어찌 옳은 일이라 하겠는가!

우리는 비록 草野의 遺民일지라도 君土를 먹고 君衣를 입고 사는 자이라, 어찌 국가의 危亡을 앉아서 보기만 하겠는가! 八路가 마음을 합하고 수많은 백성이 뜻을 모아 이제 의로운 깃발을 들어 輔國安民으로써 死生의 맹세를 하노니, 금일의 광경은 비록 놀랄만한 일이기는 하나 驚動하지 말고 각자 그 業을 편안히 하여 昇平日月을 함께 빌고 임금의 덕화를 함께 입게 되기를 바라노라.

甲午　月　日

湖南倡義所

全琫準

孫和中

金開南

을미 의병 항쟁-유인석의 격고팔도열읍

8도의 여러 읍에 고하는 격문[을미년(1895) 12월]

아, 우리 8도의 동포들은 차마 망해 가는 나라를 내버려 두려 하는가. 너희 할아버지와 아버지가 500년 왕조의 남겨진 백성이 아닌 자가 없는데, 나라와 집안을 위해 어찌 한두 사람의 의사(義士)가 없단 말인가. 참혹하고 슬프다. 이것이 운(運)인가 명(命)인가.

아, 우리 조선은 국초부터 모두 선왕의 법을 지켜 와 온 천하가 소중화(小中華)로 일컬었다. 백성의 풍속은 요순의 삼대에 견줄 만하고, 유교는 정자(程子)·주자(朱子) 여러 어진 이를 스승으로 삼았으니, 아무리 어리석은 남녀라도 모두 예의의 가르침을 숭상했고 임금의 다급함에는 반드시 달려가 구원할 마음이 있었다. 옛날 임진왜란 때는 의병을 일으킨 선비가 한없이 많았고, 병자호란 때에도 순절(殉節)한 신하가 많았다. 대체로 청나라가 침몰하고부터 다행히 우리나라만은 깨끗해졌으니, 바다 밖의 작은 땅에 불과하지만 음(陰)의 가운데서 한 가닥 양(陽)의 구실을 할 수 있었다.

아, 통탄스럽다. 외국과 통상하는 계책이 실로 천하 망국의 근본이 될 줄을 누가 알았으랴. 문을 열고 도적을 받아들였으니 이른바 대대의 권세가는 기꺼이 왜적의 앞잡이가 되었다. 살신성인은 상소를 올린 선비들뿐으로 소꼬리의 수치(牛後之恥)를 면할 수 있었다. 그러나 송(宋)나라를 우롱한 금(金)나라의 계책은 헤아릴 수 없고, 노(魯)나라에 남아 있던 주(周)나라의 예는 보전하기 어려웠으니, 때문에 시골에 사는 미약한 백성조차도 오직 어두운 방 속의 부녀자가 나라를 근심하는 탄식처럼 간절할 뿐이었다. 갑자기 갑오년(1894) 6월 20일 밤에 마침내 우리 조선은 삼천리 강토를 잃고 말았다. 종묘사직이 위기일발에 처했으니, 누가 이약수(李若水)처럼 임금을 껴안으며, 고을이 모두 저들이 먹이가 되었는데도 안진경(顏眞卿)처럼 군사를 모집하는 자는 보이지 않도다. 옛날 보잘것없던 고구려가 하구려(下句麗)로 된 것도 오히려 수치로 여겼는데, 하물며 지금 당당한 이 나라가 소일본(小日本)이 된다면 어찌 통탄스럽지 않겠는가.

아, 저 섬나라 오랑캐(島夷)의 수령은 조약과 신의의 법리로도 애초에 말할 것조차 없거니와, 생각하건대 저 국적(國賊)들의 머리부터 발끝까지의 머리카락이 누구로부터 나온 것인가. 원통함을 어찌 할까. 국모(國母)의 원수를 생각하며 이미 이를 갈았는데, 참혹함이 더욱 심해져 임금께서 머리를 깎이시고 의관을 찢기는 지경에 이른 데다가 또 이런 망극한 화를 당하였으니, 천지가 뒤집어져 우리가 각기 하늘에서 부여받은 본성을 보전할 길이 없게 되었다. 우리 부모로부터 받은 몸을 금수로 만드니 이 무슨 일인가. 우리 부모로부터 받은 머리카락을 깎았으니 이 무슨 변괴인가.

…… (중략) ……

무릇 여러 방면의 충의의 인사들은 모두 우리 왕조가 배양한 몸이니, 환란을 피하기는 죽는 것보다 괴로우니 망하기를 기다리는 것이 어찌 저들을 베는 것만 하겠는가. 이 땅은 만분의 일밖에 되지 않지만 사람은 백배의 기백을 더할 수 있다. 같은 하늘 아래에서 살 수 없으니 와신상담의 생각이 더욱 간절하다. 이때가 어찌나 위급한

지 어육(魚肉)의 화를 면하기 어렵다. 나는 오랑캐로 변화된 자가 어떻게 세상에 설 수 있는지를 듣지 못하였다. 공적으로나 사적으로나 온전히 살아날 가망이 만무하니 화(禍)인지 복(福)인지를 막론하고 한결같이 죽을 '사(死)'자 하나로 지표를 삼을 따름이다. 말의 피를 입에 바르고 함께 맹세함에 그 성패와 이해는 예측할 바가 아니요, 양자택일해서 이 길을 취하니 그 경중과 대소가 여기서 구분될 것이다. 사람들의 마음이 모두 쏠리면 어찌 신령의 도움이 없겠는가. 나라의 운수가 다시 열리어 장차 온 세상이 영원히 맑아진 것을 볼 수 있을 것이다. 어진 자에게는 대적할 자가 없다는 말을 의심치 말라. 군사 행동으로 저들을 베는 것을 어찌 기다리겠는가.

이에 감히 먼저 의병을 일으키고서 마침내 사람들에게 이를 포고하노라. 위로 공경(公卿)에서부터 아래로는 백성들에 이르기까지 어느 누가 애통하고 절박한 마음이 없겠는가. 지금은 참으로 위급 존망의 때이니, 각자 거적에서 잠을 자고 창을 베개 삼으면서 모두 끓는 물과 불 속으로 나갈지어다. 그리하여 기어코 온 세상이 재건되어 하늘이 다시 밝아지는 것을 볼 것이니, 이 어찌 한 나라에만 공이 되겠는가, 실로 만세에 말이 전해질 것이리라.

이 같이 글을 보내어 타일렀는데도 이후 혹시 영을 어기거나 태만하게 여기는 자가 있으면 곧 역적과 한 무리로 보아 단연코 군사를 일으켜 먼저 토벌할 것이다. 각자 가슴에 새기고 후회해도 소용없는 일이 생기지 않도록 하고, 부디 정성을 다하여 함께 대의를 펼치도록 하자.

『의암집』 권45, 격고팔도열읍

한일합병조약문

한국 황제 폐하와 일본국 황제 폐하는 두 나라 사이의 특별히 친밀한 관계를 고려하여 상호 행복을 증진시키며 동양의 평화를 영구히 확보하자고 하며 이 목적을 달성하자고 하면 한국을 일본국에 합병하는 것이 낫다는 것을 확신하고 이에 두 나라 사이에 합병 조약을 체결하기로 결정하였다. 이를 위하여 한국 황제 폐하는 내각총리 대신(內閣總理大臣) 이완용(李完用)을, 일본 황제 폐하는 통감(統監)인 자작(子爵) 사내정의[寺內正毅, 데라우치 마사타케]를 각각 그 전권 위원(全權委員)으로 임명하는 동시에 위의 전권 위원들이 공동으로 협의하여 아래에 적은 모든 조항들을 협정하게 한다.

제1조 한국 황제 폐하는 한국 전체에 관한 일체 통치권을 완전히 또 영구히 일본 황제 폐하에게 넘겨준다.

제2조 일본국 황제 폐하는 앞조항에 기재된 넘겨준다고 지적한 것을 수락하는 동시에 완전히 한국을 일본 제국에 병합하는 것을 승락한다.

제3조 일본국 황제 폐하는 한국 황제 폐하, 태황제 폐하, 황태자 전하와 그들의 황후, 황비 및 후손들로 하여금 각각 그 지위에 따라서 적당한 존칭, 위신과 명예를 받도록하는 동시에 이것을 유지하는 데 충분한 연금을 줄 것을 약속한다.

제4조 일본국 황제 폐하는 앞의 조항 이외에 한국의 황족(皇族) 및 후손에 대하여 각각 상당한 명예와 대우를 받게 하는 동시에 이것을 유지하는 데 필요한 자금을 줄 것을 약속한다.

제5조 일본국 황제 폐하는 공로가 있는 한국인으로서 특별히 표창하는 것이 적당하다고 인정되는 경우에 대하여 영예 작위를 주는 동시에 은금(恩金)을 준다.

제6조 일본국 정부는 앞에 지적된 병합의 결과 전 한국의 통치를 담당하며 이 땅에서 시행할 법규를 준수하는 한국인의 신변과 재산에 대하여 충분히 보호해주는 동시에 그 복리의 증진을 도모한다.

제7조 일본국 정부는 성의있게 충실히 새 제도를 존중하는 한국인으로서 상당한 자격이 있는 자를 사정이 허락하는 범위에서 한국에 있는 제국(帝國)의 관리에 등용한다.

제8조 본 조약은 한국 황제 폐하와 일본국 황제 폐하의 결재를 받

을 것이니 공포하는 날로부터 이 조약을 실행한다.

이상의 증거로써 두 전권 위원은 본 조약에 이름을 쓰고 조인한다.

융희(隆熙) 4년 8월 22일

내각 총리 대신(內閣總理大臣) 이완용(李完用)

명치(明治) 43년 8월 22일

통감(統監) 자작(子爵) 사내정의[寺內正毅, 데라우치 마사타케]

기미독립선언서

吾等(오등)은 玆(자)에 我(아) 朝鮮(조선)의 獨立國(독립국)임과 朝鮮人(조선인)의 自主民(자주민)임을 宣言(선언)하노라. 此(차)로써 世界萬邦(세계만방)에 告(고)하야 人類平等(인류 평등)의 大義(대의)를 克明(극명)하며, 此(차)로써 子孫萬代(자손만대)에 誥(고)하야 民族自存(민족자존)의 正權(정권)을 永有(영유)케 하노라.

舊時代(구시대)의 遺物(유물)인 侵略主義(침략주의), 强權主義(강권주의)의 犧牲(희생)을 作(작)하야 有史以來(유사 이래) 累千年(누천년)에 처음으로 異民族(이민족) 箝制(겸제)의 痛苦(통고)를 嘗(상)한지 今(금)에 十年(십 년)을 過(과)한지라. 我(아) 生存權(생존권)의 剝喪(박상)됨이 무릇 幾何(기하)이며, 心靈上(심령상) 發展(발전)의 障碍(장애)됨이 무릇 幾何(기하)이며, 民族的(민족적) 尊榮(존영)의 毁損(훼손)됨이 무릇 幾何(기하)이며, 新銳(신예)와 獨創(독창)으로써 世界文化(세계 문화)의 大潮流(대조류)에 寄與補裨(기여보비)할 奇緣(기연)을 遺失(유실)함이 무릇 幾何(기하)이뇨.

二千萬(이천만) 各個(각개)가 人(인)마다 方寸(방촌)의 刃(인)을 懷(회)하고, 人類通性(인류통성)과 時代良心(시대양심)이 正義(정의)의 軍(군)과 人道(인도)의 干戈(간과)로써 護援(호원)하는 今日(금일), 吾人(오인)은 進(진)하야 取(취)하매 何强(하강)을 挫(좌)치 못하랴. 退(퇴)하야 作(작)하매 何志(하지)를 展(전)치 못하랴.

丙子修好條規(병자수호조규) 以來(이래) 時時種種(시시종종)의 金石盟約(금석맹약)을 食(식)하얏다 하야 日本(일본)의 無信(무신)을 罪(죄)하려 안이 하노라. 學者(학자)는 講壇(강단)에서, 政治家(정치가)는 實際(실제)에서, 我(아) 祖宗世業(조종세업)을 植民地視(식민지시)하고, 我(아) 文化民族(문화민족)을 土昧人遇(토매인우)하야, 한갓 征服者(정복자)의 快(쾌)를 貪(탐)할 뿐이오, 我(아)의 久遠(구원)한 社會基礎(사회 기초)와 卓犖(탁락)한 民族心理(민족심리)를 無視(무시)한다 하야 日本(일본)의 少義(소의)함을 책(責)하려 안이 하노라.

自己(자기)를 策勵(책려)하기에 急(급)한 吾人(오인)은 他(타)의 怨尤(원우)를 暇(가)치 못하노라. 現在(현재)를 綢繆(주무)하기에 急(급)한 吾人(오인)은 宿昔(숙석)의 懲辨(징변)을 暇(가)치 못하노라.

今日(금일) 吾人(오인)의 所任(소임)은 다만 自己(자기)의 建設(건설)이 有(유)할 뿐이오, 決(결)코 他(타)의 破壞(파괴)에 在(재)치 안이하도다. 嚴肅(엄숙)한 良心(양심)의 命令(명령)으로써 自家(자가)의 新運命(신운명)을 開拓(개척)함이오, 決(결)코 舊怨(구원)과 一時的(일시적) 感情(감정)으로써 他(타)를 嫉逐排斥(질축배척)함이 안이로다.

舊時代(구시대)의 遺物(유물)인 侵略主義(침략주의), 强權主義(강권주의)의 犧牲(희생)을 作(작)하야 有史以來(유사이래) 累千年(누천년)에 처음으로 異民族(이민족) 箝制(겸제)의 痛苦(통고)를 嘗(상)한지 今(금)에 十年(십년)을 過(과)한지라.

아아, 新天地(신천지)가 眼前(안전)에 展開(전개)되도다. 威力(위력)의 時代(시대)가 去(거)하고 道義(도의)의 時代(시대)가 來(내)하도다.

公約三章 (공약 삼 장)

今日(금일) 吾人(오인)의 此擧(차거)는 正義(정의), 人道(인도), 生存(생존), 尊榮(존영)을 爲(위)하는 民族的(민족적) 要求(요구)이니, 오즉 自由的(자유적) 精神(정신)을 發揮(발휘)할 것이오, 決(결)코 排他的(배타적) 感情(감정)으로 逸走(일주)하지 말라.

最後(최후)의 一人(일인)까지, 最後(최후)의 一刻(일각)까지 民族(민족)의 正當(정당)한 意思(의사)를 快히 發表(발표)하라.

一切(일체)의 行動(행동)은 가장 秩序(질서)를 尊重(존중)하야, 吾人(오인의 主張(주장)과 態度(태도)로 하야금 어대까지던지 光明正大(광명정대)하게 하라.

6·10만세운동격문

- 대한독립운동자여 단결하라!
- 일체 납세를 거부하자!
- 일본문자를 배척하자!
- 조선인 관리는 일체 퇴직하라!
- 일본인 공장의 직송은 총파업하라!
- 일본인 지주에게 소작료를 바치지 말라!
- 일본인 교원에게는 배우지 말자!
- 일본 상인과의 관계를 단절하자!
- 언론 출판 집회의 자유를!
- 군대와 헌병을 철거하라!
- 재옥 혁명수를 석방하라!
- 보통교육은 의무교육으로!
- 교육용어는 조선어로!
- 동양척식주식회사는 철폐하라!
- 일본 이민제를 철폐하라!

광주학생운동 격문(1929년)

격문(1)

장엄한 학생대중이여! 최후까지 우리의 슬로건을 지지하라!
그리하여 궐기하라! 싸우자! 굳세게 싸우자!

1. 검거된 학생을 즉시 우리의 손으로 탈환하자.
1. 교내에 경찰의 출입을 절대 반대한다.
1. 교우회 자치권을 획득하자.
1. 언론, 출판, 집회, 결사, 시위의 자유를 획득하자.
1. 직원회에 학생 대표를 참가시키자.
1. 조선인 본위의 교육제도를 확립하라.
1. 식민지 노예 교육 제도를 철폐하라.
1. 사회과학 연구의 자유를 획득하자.
1. 전국 학생 대표자 회의를 개최하라.

조선 혁명 선언

1. 강도 일본이 우리의 국호를 없이 하며, 우리의 정권을 빼앗으며, 우리의 생존적 필요조건을 다 박탈(剝奪)하였다.

경제의 생명인 산림, 천택(川澤), 철도, 광산어장 내지 소공업 원료까지 다 빼앗아 일체의 생산 기능을 칼로 베며 도끼로 끊고, 토지세 · 가옥세 · 인구세 · 가축세 · 백일세(百一稅) · 지방세 · 주초세(酒草稅一) · 비료세 · 종자세 · 영업세 · 청결세(淸潔稅) · 소득세 …… 기타 각종 잡세가 축일(逐日) 증가하여 혈액은 있는 대로 다 빨아 가고, 여간(如干) 상업가들은 일본의 제조품을 조선인에게 매개하는 중간인이 되어 차차 자본 집중의 원칙하에서 멸망할 뿐이요, 대다수 인민 곧 일반 농민들은 피땀을 흘리며 토지를 갈아, 그 종년(終年) 소득으로 일신과 처자의 호구거리도 남기지 못하고, 우리를 잡아먹으려는 일본 강도에게 진공(進供)하여 그 살을 찌워 주는 영세(永世)의 우마(牛馬)가 될 뿐이요, 내종(乃終)에는 그 우마의 생활도 못 하게 일본 이민(移民)의 수입이 연년(年年) 고도의 속률(速率)로 증가하여 '딸깍발이' 등쌀에 우리 민족은 발 디딜 땅이 없어 산으로 물로 서간도로 북간도로 시베리아의 황야로 몰려가 아귀(餓鬼)부터 유귀(流鬼)가 될 뿐이며, 강도 일본이 헌병 정치, 경찰 정치를 여행(勵行)하여 우리 민족이 촌보(寸步)의 행동도 임의로 못 하고, 언론, 출판, 결사, 집회의 일체 자유가 없어, 고통과 분한(憤恨)이 있으면 벙어리의 가슴이나 만질 뿐이요, 행복과 자유의 세계에는 눈뜬 소경이 되고, 자녀가 나면 '일어를 국어라, 일문을 국문이라' 하는 노예 양성소—학교—로 보내고, 조선 사람으로 혹 조선사를 읽게 된다 하면 '단군을 무(誣)하여 소잔명준(素棧鳴遵)의 형제'라 하며, '삼한 시대 한강 이남을 일본 영지'라 한 일본 놈들이 적은 대로 읽게 되며, 신문이나 잡지를 본다 하면 강도 정치를 찬미하는 반일본화한 노예적 문자뿐이며, 똑똑한 자제가 난다 하면 환경의 압박에서 염세(厭世) 절망의 추락자가 되거나, 그렇지 않으면 음모 사건의 명칭하에 감옥에 구류되어 주리·가쇄(枷鎖)·단근질·채찍질·전기질·바늘로 손톱 밑과 발톱 밑을 쑤시는, 수족을 달아매는, 콧구멍에 물 붓는, 생식기에 심지를 박는 모든 악형, 곧 야만 전제국(野蠻專制國)의 형률 사전(刑律辭典)에도 없는 갖은 악형을 다 당하고 죽거나, 요행히 살아서 옥문을 나온대야 종신 불구의 폐질자(廢疾者)가 될 뿐이다.

그렇지 않을지라도 발명, 창작의 본능은 생활의 곤란에서 달절되며, 진취활발의 기상(氣象)은 경우의 압박에서 소멸되어 '찍도 짹도' 못 하게 각 방면의 속박, 편태(鞭笞), 구박(驅迫), 압제를 받아 환해(環海) 삼천리가 1개 대감옥이 되어 우리 민족은 아주 인류의 자각을 잃을 뿐만 아니라, 곧 자동적 본능까지 잃어 노예부터 기계가 되어 강도 수중의 사용품이 되고 말 뿐이며, 강도 일본이 우리의 생명을 초개(草芥)로 보아 을사(乙巳) 이후 13도의 의병이 나던 각 지방에서 일본 군대가 행한 폭행은 이루 다 적을 수 없거니와, 즉 최근 3·1운동 이후 수원, 선천…… 등의 국내 각지부터 북간도, 서간도,

노령 연해주 각처까지 도처의 거민(居民)을 도륙(屠戮)한다, 촌락을 소화(燒火)한다, 재산을 약탈한다, 부녀를 오욕(汚辱)한다, 목을 끊는다, 산 채로 묻는다, 불에 사른다, 혹 일신을 두 동강이 세 동강이로 내어 죽인다. 아동을 악형한다, 부녀의 생식기를 파괴한다 하여 할 수 있는 데까지 참혹한 수단을 써서 공포와 전율로 우리 민족을 압박하여 인간의 '산송장'을 만들려 하는도다.

이상의 사실에 거(據)하여 우리는 일본 강도 정치(强盜政治) 곧 이족 통치(異族統治)가 우리 조선 민족 생존의 적임을 선언하는 동시에, 우리는 혁명 수단으로 우리 생존의 적인 강도 일본을 살벌함이 곧 우리의 정당한 수단임을 선언하노라.

2. 내정 독립(內政獨立)이나 참정권(參政權)이나 자치(自治)를 운동하는 자 누구이냐?

너희들이 '동양 평화', '한국 독립 보전' 등을 담보(擔保)한 맹약(盟約)이 묵(墨)도 마르지 아니하여 삼천리 강토를 집어먹던 역사를 잊었느냐? '조선 인민 생명, 재산, 자유 보호', '조선 인민 행복 증진' 등을 신명(申明)한 선언이 땅에 떨어지지 아니하여 2천만의 생명이 지옥에 빠지던 실제를 못 보느냐? 3·1운동 이후에 강도 일본이 또 우리의 독립 운동을 완화시키려고 송병준(宋秉畯), 민원식(閔元植) 등 13 매국노를 시켜 이 따위 광론(狂論)을 부름이니, 이에 부화(附和)하는 자는 맹인(盲人)이 아니면 어찌 간적(奸賊)이 아니냐?

설혹 강도 일본이 과연 관대한 도량(度量)이 있어 개연(개然)히 차등(此等)의 요구를 허락한다 하자. 소위 내정 독립을 찾고 각종 이권을 찾지 못하면 조선 민족은 일반의 아귀가 될 뿐이 아니냐? 참정권을 획득한다 하자. 자국의 무산 계급의 혈액까지 착취하는 자본주의 강도국의 식민지 인민이 되어 기개(幾個) 노예 대의사(大議士)의 선출로 어찌 아사(餓死)의 화(禍)를 구하겠느냐? 자치를 얻는 자 하자. 그 하종(何種)의 자치임을 불문하고, 일본이 그 강도적 침략주의의 초패(招牌)인 '제국'이란 명칭이 존재한 이상에는 그 부속하(附屬下)에 있는 조선 인민이 어찌 구구한 자치의 허명(虛名)으로써 민족적 생존을 유지하겠느냐?

설혹 강도 일본이 돌연히 불보살(佛菩薩)이 되어 일조(一朝)에 총독부를 철폐하고 각종 이권을 다 우리에게 환부(還付)하며, 내정 외교를 이주민을 일시에 소환(召還)하고 다만 허명의 종주권(宗主權)만 가진다 할지라도, 우리가 만일 과거의 기억이 전멸하지 아니하였다 하면, 일본을 종주국으로 봉대(奉戴)한다 함이 '치욕' 이란 명사를 아는 인류로는 못 할지니라.

일본 강도 정치하에서 문화 운동을 부르는 자 누구이냐?

문화는 산업과 문물의 발달한 총적(總積)을 가리키는 명사니, 경제 약탈의 제도하에서 생존권이 박탈된 민족은 그 종족의 보전도 의문이거늘, 하물며 문화 발전의 가능이 있으랴? 쇠망(衰亡)한 인도족(印度族), 유태족(猶太族)도 문화가 있다 하지만, 1은 금전의 역(力)으로 그 조선(祖先)의 종교적 유업(遺業)을 계속함이며, 1은 그 토지의 광(廣)과 인구의 중(衆)으로 상고(上古)의 자유 발달한 여택(麗澤)을 보수함이니, 어디 문맹같이 시랑(豺狼)같이 인혈(人血)을 빨다가 골수까지 깨무는 강도 일본의 입에 물린 조선 같은 데서 문화를 발전 혹 보수한 전례가 있더냐? 검열, 압수 모든 압박 중에 기개(幾個) 신문 잡지를 가지고 '문화 운동'의 목탁(木鐸)으로 자명(自鳴)하며, 강도의 비위(脾胃)에 거스르지 아니할 만한 언론이나 주창하여 이것을 문화 발전의 과정으로 본다 하면 그 문화 발전이 도리어 조선의 불행인가 하노라.

이상의 이유에 거(據)하여 우리는 우리의 생존의 적인 강도 일본과 타협하려는 자(內政獨立: 자치, 참정권 등의 論者)나 강도 정치하에서 기생하려는 주의(主義)를 가진 자(문화 운동자)나 다 우리의 적임을 선언하노라.

3. 강도 일본의 구축(驅逐)을 주장하는 가운데 또 여좌(如左)한 논자들이 있으니,

제1은 외교론이니, 이조 5백 년 문약 정치(文弱政治)가 '외교' 로써 호국(護國)의 장책(長策)을 삼아 더욱 그 말세(末世)에 우심(尤甚)하여 갑신(甲申) 이래 유신당(維新黨), 수구당(守舊黨)의 성쇠가 거의 외원(外援)의 유무(有無)에서 판결되며, 위정자의 정책은 오직 갑국(甲國)을 인(引)하여 을국(乙國)을 제(制)함에 불과하였고, 그 의뢰의 습성이 일반 정치 사회에 전염되어, 즉 갑오(甲午), 갑진(甲辰) 양전역(兩戰役)에 일본이 수십만의 생명과 수억만의 재산을 희생하여 청·노 양국을 물리치고 조선에 대하여 강도적 침략주의를 관철하려 하는데, 우리 조선의 '조국을 사랑한다', '민족을 건지려 한다' 하는 이들은 일검일탄(一劍一彈)으로 혼용탐폭(昏庸貪暴)한 관리나 국적(國賊)에게 던지지 못하고, 공함(公函)이나 열국 공관에 던지며 장서(長書)나 일본 정부에 보내어 국세(國勢)의 고약(孤弱)을 애소(哀訴)하여 국가 존망, 민족 사활의 대문제를 외국인 심지어 적국인의 처분으로 결정하기만 기다리었도다. 그래서 '을사조약', '경술합병', 곧 '조선'이란 이름이 생긴 뒤 몇 천 년 만의 처음 당하던 치욕에 조선 민족의 분노적 표시가 겨우 하얼빈의 총, 종현(鐘峴)의 칼, 산림 유생(山林儒生)의 의병이 되고 말았도다.

아! 과거 수십 년 역사야말로 용자(勇者)로 보면 타매(唾罵)할 역사가 될 뿐이며, 인자(仁者)로 보면 상심할 역사가 될 뿐이다. 그러고도 국망(國亡) 이후 해외로 나아가는 모모(某某) 지사들의 사상이 무엇보다도 먼저 '외교'가 그 제1장 제1조가 되며, 국내 인민의 독립운동을 선동하는 방법도 "미래의 일·미 전쟁(日美戰爭), 일·로(日露戰爭) 등 '기회'가 거의 천편일률의 문장이었고, 최근 3·1운동에 일반 인사의 평화 회의, 국제 연맹"에 대한 과신(過信)의 선전이 도리어 2천만 민중의 분용 전진(奮勇前進)의 의기(意氣)를 타소(打消)하는 매개가 될 뿐이었도다.

제2는 준비론이니, 을사조약의 당시에 열국 공관에 빗발치듯하던 조회(종이) 쪽으로 넘어가는 국권을 붙잡지 못하며, 정미년(丁未年)의 해아 밀사(海牙密使)도 독립회복의 복음(福音)을 안고 오지 못하매, 이에 차차 외교에 대하여 의문이 되고, 전쟁 아니면 안 되겠다는 판단이 생기었다. 그러나 군인도 없고 무기도 없이 무엇으로써 전쟁하겠느냐? 산림 유생들은 춘추대의(春秋大義)에 성패를 불계(不計)하고 의병을 모집하여 아관대의(峨冠大衣)로 지휘의 대장이 되며,

사냥 포수의 화승대(火繩隊)를 몰아 가지고 조일 전쟁(朝日戰爭)의 전투선(戰鬪線)에 나섰지만, 신문쪽이나 본 이들—곧 시세(時勢)를 짐작한다는 이들—은 그리 할 용기가 아니 난다. 이에 '금일 금시로 곧 일본과 전쟁한다는 것은 망발이다. 총도 장만하고 대포도 장만하고 장관(將官)이나 사졸(士卒)감까지라도 다 장만한 뒤에야 일본과 전쟁한다.' 함이니, 이것이 이른바 준비론, 곧 독립 전쟁을 준비하자 함이다.

외세의 침략이 더할수록 우리의 부족한 것이 자꾸 감각되어, 그 준비론의 범위가 전쟁 이외까지 확장되어 교육도 진흥(振興)해야겠다, 상공업(商工業)도 발전해야겠다, 기타 무엇무엇 일체가 모두 준비론의 부분이 되었다. 경술 이후 각 지사들이 혹 서북, 간도의 삼림(森林)을 더듬으며 혹 시베리아의 찬바람이 배부르며, 혹 남·북경으로 돌아다니며, 혹 미주나 하와이로 돌아가며, 혹 경향(京鄕)에 출몰하여 십여 성상(星霜) 내외 각지에서 목이 터질 만큼 "준비!"를 불렀지만 그 소득이 몇 개 불완전한 학교와 실의 착오이다. 강도 일본이 정치·경제 양 방면으로 구박(驅迫)을 주어 경제가 날로 곤란하고, 생산 기관이 전부 박탈되어 의식의 방책도 단절되는 때에 무엇으로 어떻게 실업을 발전하며, 교육을 확장하며, 더구나 어디서 얼마나 군인을 양성하며, 양성한들 일본 전투력의 백분의 1의 비교라도 되게 할 수 있느냐? 실로일장의 잠꼬대가 될 뿐이로다.

이상의 이유에 의하여 우리는 '외교', '준비' 등의 미몽(迷夢)을 버리고, 민중 직접 혁명의 수단을 취함을 선언하노라.

4. 조선 민족의 생존을 유지하자면 강도 일본을 구축(驅逐)할지며, 강도 일본을 구축하자면 오직 혁명으로 할 뿐이니, 혁명이 아니고는 강도 일본을 구축할 방법이 없는 바이다.

그러나 우리가 혁명에 종사하려면 어느 방면부터 착수하겠느뇨?

구시대의 혁명으로 말하면 인민은 국가의 노예가 되고, 그 이상에 인민을 지배하는 상전(上典), 곧 특수 세력이 있어 그 소위 혁명이란 것은 특수 세력의 명칭을 변경함에 불과하였다. 그러므로 인민은 혁명에 대하여 다만 갑,을, 양 세력, 곧 신구 양상전(兩上典)의 숙인(熟仁), 숙폭(熟暴), 숙선(熟善), 숙악(熟惡)을 보아 그 향배(向背)를 정할 뿐이요, 직접의 관계가 없었다. 그리하여 '주기군이조기민(誅其君而弔其民)'이 혁명의 유일 종지(宗旨)가 되고, '단사호장이영왕사(簞食壺漿以迎王師)'가 혁명사의 유일 미담이 되었거니와, 금일 혁명으로 말하면 민중이 곧 민중 자기를 위하여 하는 혁명인 고로 '민중 혁명'이나 '직접 혁명'이라 칭함이며, 민중 직접의 혁명인 고로 그 비등(沸騰) 팽창의 열도가 숫자상 강약 비교의 관념을 타파하며, 그 결과의 성패가 매양 전쟁학상의 정궤(定軌)에 일출(逸出)하여 무전무병(無錢無兵)한 구축하나니, 그러므로 우리 혁명의 제1보는 민중 각오의 요구이니라.

민중이 어떻게 각오하느뇨?

민중은 신인(神人)이나 성인(聖人)이나 어떤 영웅호걸이 있어 '민중을 각오'하도록 지도하는 데서 각오하는 것도 아니요, "민중아, 각오하자.", "민중이여, 각오하여라." 그런 열규(熱叫)의 소리에서 각오하는 것도 아니며, 오직 민중이 민중을 위하여 일체 불평, 부자연, 불합리한 민중 향상의 장애부터 먼저 타파함이 곧 민중을 각오케 하는 유일한 방법이니, 다시 말하자면 곧 선각(先覺)한 민중이 전체를 위하여 혁명적 선구(先驅)가 됨이 민중 각오의 제일로(第一路)니라.

일반 민중이 기(飢)·한(寒)·곤(困)·고(苦)·처호(妻呼)·아제(兒啼)·세납(稅納)의 독봉(督捧)·사채(私債)의 최촉(催促)·행동의 부자유 등 모든 압박에 졸리어, 살려니 살 수 없고 죽으려 하여도 죽을 바를 모르는 판에, 만일 그 압박의 주인(主因)되는 강도 정치의 시설자인 강도들을 격폐(擊斃)하고 강도의 일체 시설을 파괴하고, 복음이 사해(四海)에 전하며, 만중(萬衆)이 동정의 눈물을 뿌리어, 이에 인인(人人)이 그 '아사(餓死)' 이외에 오히려 혁명이란 일로(一路)가 남아 있음을 깨달아, 용자(勇者)는 그 의분(義憤)에 못 이기어, 약자(弱者)는 그 고통에 못 견디어, 모두 이 길로 모여들어 계속적으로 진행하며 보편적으로 전염하며 거국일치의 대혁명이 되면 간활잔폭(奸猾殘暴)

한 강도 일본이 필경 구축되는 날이라. 그러므로 우리의 민중을 환성(喚醒)하여 강도의 통치를 타도하고 우리 민족의 신생명(新生命)을 개척하자면 양병(養兵) 10만이 일척(一擲)의 작탄(炸彈)만 못하며, 억천장(億千張) 신문 잡지가 1회 폭동만 못할지니라.

민중의 폭력적 혁명이 발생치 아니하면 이(已)이어니와, 이미 발생한 이상에는 마치 현애(懸崖)에서 굴리는 돌과 같아서 목적지에 도달하지 아니하면 정지하지 않는 것이라, 우리 이왕(已往)의 경과로 말하면 갑신정변은 특수 세력이 특수 세력과 싸우던 궁중 일시의 활극이 될 뿐이며, 경술 전후의 의병들은 충군애국(忠君愛國)의 대의(大義)로 격기(激起)한 독서 계급의 사상이며, 안중근, 이재명 등 열사의 폭력적 행동이 열렬하였지만, 그 후면에 민중적 역량의 기초가 없었으며, 3·1운동의 만세 소리에 민중적 일치의 의기가 별현(瞥現)하였지만, 기(其) 1만 빠지면 비록 굉렬장쾌(轟烈壯快)한 거동이라도 또한 전뢰(電雷_같이 수속(收束)하는도다.

조선 안에 강도 일본이 제조한 혁명 원인이 산같이 쌓이었다. 언제든지 민중의 폭력적 혁명이 개시되어 "독립을 못 하면 살지 않으리라.", "일본을 구축하지 못 하면 물러서지 않으리라."는 구호를 가지고 계속 전진하면 목적을 관철하고야 말지니, 이는 경찰의 칼이나 군대의 총이나 간활(奸猾)한 정치가의 수단으로도 막지 못하리라.

혁명의 기록은 자연히 참절장절(慘絕壯絕)한 기록이 되리라, 그러나 물러서면 그 후면에는 흑암(黑暗)한 함정(陷穽)이요, 나아가면 그 전면에는 광명한 활로(活路)니, 우리 조선 민족은 그 참절장절한 기록을 그리면서 나아갈 뿐이니라.

이제 폭력—암살, 파괴, 폭동—의 목적물을 대략 열거하건대,

1. 조선 총독급(及) 각 관공리
2. 일본 천황급 각 관공리
3. 정탐노(偵探奴), 매국적(賣國賊)
4. 적의 일체 시설물

차외(此外)에 각 지방의 신사나 부호가 비록 현저히 혁명 운동을 방해한 죄가 없으리라도, 만일 언어 혹 행동으로 우리의 운동을 완

화하고 중상하는 자는 우리의 폭력으로써 대부(對付)할지니라. 일본인 이주민은 일본 강도 정치의 기계가 되어 조선 민족의 생존을 위협하는 선봉이 되어 있은즉 또한 우리의 폭력으로 구축할지니라.

5. 혁명의 길은 파괴부터 개척할지니라. 그러나 파괴만 하려고 파괴하는 것이 아니라 건설하려고 파괴하는 것이니, 만일 건설할 줄을 모르면 파괴할 줄도 모를지며, 파괴할 줄을 모르면 건설할 줄도 모를지니라. 건설과 파괴가 다만 형식상에서 보아 구별될 뿐이요, 정신상에서는 파괴가 곧 건설이니, 이를테면 우리가 일본 세력을 파괴하려는 것이,

제1은 이족 통치(異族統治)를 파괴하자 함이다. 왜? '조선'이란 그 위에 '일본'이란 이족, 그것이 전제하여 있으니, 이족 전제의 밑에 있는 조선은 고유적 조선이 아니니, 고유적 조선을 발견하기 위하여 이족 통치를 파괴함이니라.

제2는 특권 계급을 파괴하자 함이다. 왜? '조선 민중'이란 그 위에 총독이니 무엇이니 하는 강도단의 특권 계급이 압박하여 있으니, 특권 계급의 압박 밑에 있는 조선 민중은 자유적 조선 민중이 아니니, 자유적 조선 민중을 발견하기 위하여 특권 계급을 타파함이니라.

제3은 경계 약탈 제도를 파괴하자 함이다. 왜? 약탈 제도 밑에 있는 경제는 민중 자기가 생활하기 위하여 조직한 경제가 아니요, 곧 민중을 잡아먹으려는 강도의 살을 찌우기 위하여 조직한 경제니, 민중 생활을 발전하기 위하여 경제 약탈 제도를 파괴함이니라.

제4는 사회적 불평균을 파괴하자 함이다. 왜? 약자 이상에 강자가 있고, 천자 이상에 귀자가 있어 모든 불평균을 가진 사회는 서로 약탈, 서로 박삭(剝削), 서로 질투 구시(仇視)하는 사회가 되어, 처음에는 소수 행복을 위하여 다수의 민중을 잔해(殘害)하다가 말경(末境)에는 또 소수끼리 서로 잔해하여 민중 전체의 행복이 필경 숫자상의 공(空)이 되고 말 뿐이니, 민중 전체의 행복을 증진하기 위하여 사회적 불평균을 파괴함이니라.

제5는 노예적 문화 사상을 파괴하자 함이다. 왜? 유래하던 문화 사상의 종교, 윤리, 문학, 미술, 풍속, 습관 그 어느 무엇이 강자가 제조하여 강자를 옹호하던 것이 아니더냐? 강자의 오락에 공급하던 제구(諸具)가 아니더냐? 일반 민중을 노예화하던 마취제가 아니더냐? 소수 계급은 강자가 되고, 다수 민중은 도리어 약자가 되어 불의의 압제를 반항치 못함은 오로지 노예적 문화 사상의 속박을 받은 까닭이니, 만일 민중적 문화를 제창하여 그 속박의 철쇄(鐵鎖)를 끊지 아니하면, 일반 민중은 권리 사상이 박약하며, 자유 향상의 흥미가 결핍하여 노예의 운명 속에서 윤회할 뿐이라. 그러므로 민중 문화를 제창하기 위하여 노예적 문화 사상을 파괴함이니라.

다시 말하자면 '고유적 조선의', '자유적 조선 민중의', '민중적 경제의', '민중적 사회의', '민중적 문화의' 조선을 건설하기 위하여 '이족 통치의', '약탈 제도의', '사회적 불평균의', '노예적 문화 사상의' 현상을 타파함이니라. 그런즉 파괴적 정신이 곧 건설적 주장이라.

나아가면 파괴의 '칼'이 되고, 들어오면 '기(旗)'가 될지니, 파괴할 기백은 없고 건설할 치상(癡想)만 있다 하면 5백 년을 경과하여도 혁명의 꿈도 꾸어 보지 못할지니라. 이제 파괴와 건설이 하나요 둘이 아닌 줄 알진대, 민중적 파괴 앞에는 반드시 민중적 건설이 있는 줄 알진대, 현재 조선 민중은 오직 민중적 폭력으로 신조선 건설의 장애인 강도 일본 세력을 파괴할 것뿐인 줄을 알진대, 조선 민중이 한편이 되고 일본 강도가 한편이 되어, 네가 망하지 아니하면 내가 망하게 된 '외나무다리 위'에 선 줄을 알진대, 우리 2천만 민중은 일치로 폭력 파괴의 길로 나아갈지니라.

민중은 우리 혁명의 대본영이다.

폭력은 우리 혁명의 유일 무기이다.

우리는 민중 속에 가서 민중과 휴수(　手)하여 부절(不絕)하는 폭력으로써 강도 일본의 통치를 타도하고, 우리 생활에 불합리한 일체 제도를 개조하여 인류로써 인류를 압박치 못하여, 사회로써 사회를 박삭치 못하는 이상적 조선을 건설할지니라.

1923년 1월 일 의열단(義烈團)

한국독립운동지혈사(박은식)

서언(緖言)

……(중략)……

나는 자신하고 말할 수 있다. 우리나라는 반드시 광복할 날이 있으리라고 믿는 이유를, 대저 나라들이 서로 겨루는 시대에는 강국이 약국을 병탄하는 경우가 적지 않다. 그러나 만약 인종적으로 자격이 동등하고, 종교·역사·언어·풍속에 불멸의 국혼(國魂)이 깃들어 있다면, 한때는 병탄을 당하더라도 나중에는 분리, 독립되는 것 또한 세계사를 통해 흔히 볼 수 있는 일이다.

……(중략)…… 우리나라 역사는 4천 3백년간을 한 갈래로 계통을 이었고, 충의·도덕이 근본으로 깊고 두터웠으며, 종교·문학도 일찍부터 창명하여 그 영향이 일본에까지 미쳐 우리나라는 선진된 지위를 차지해 왔었다. 언어도 우리 대한의 언어요, 풍속도 우리 대한의 풍속이며, 노래도 우리의 노래이고, 예제(禮制) 또한 우리의 예제이며, 의식 또한 우리의 의식이므로, 우리의 국민성은 모든 면에서 다른 민족과 구별되고 있다. 이렇게 여러 종류의 것들이 종합되어 우리 국혼으로 강하게 응고되었으니, 우리의 국혼은 결코 다른 민족에 동화될 수가 없는 것이다. 저 일인이란 자들은 대대로 우리의 원수였고, 천년 동안 쌓인 원한으로 서로 어울릴 수가 없으며, 심지어 향내나는 한포기의 풀이나 악취를 풍기는 한포기의 풀이라 할지라도 일본과 조화될 이치가 없다. ……(중략)…… 천도(天道)는 돌고돌아 갔다가는 다시 온다. 저 초목을 보라. 들불에 불태워졌어도 다 죽지 않고 봄바람이 불면 또다시 살아난다. 우리 2천만의 국혼이 어찌 이와 다르겠는가? 이것이 바로 내가 우리나라는 반드시 광복할 날이 오리라고 믿는 까닭이다.

왜 일본의 장래는 멀지 않아 반드시 패망하고 말겠는가? 저 구미열강을 보라, 그들의 풍부하고 융성한 문명은 모두 헤아릴 수 없이 많은 인지(人智)와 인력을 쌓아 이룩해 온 것이다. 그런데 극동의 섬가운데 처박혀 있는 일본은 본래부터 견문이 보잘것없고, 이빨에 칠을 하고 몸에 문식을 하며, 물고기·자라와 어울려 살았다. 저들의 음식과 의복, 궁실에서 쓰고 있는 도구들은 우리에게서 얻어간 것에 불과하다.

……(중략)…… 군국주의의 대륙정책이 하나하나 착수되고, 드디어는 중국·러시아 양대국과의 전쟁에서 승리를 거두어 국위를 크게 떨쳤고, 패업은 날로 융성해서 가히 그 성대한 추세를 막을 나라가 없을 정도였다. 그러나 무인들의 전제를 불평하는 여론이 일어났고, 국외로 팽창하는 데만 힘썼기 때문에, 민력(民力)은 이미 피폐할 대로 피폐했다. 저들이 우리나라를 도모할 때 우리의 민의를 멸시하고, 오직 소수의 간당(奸黨)을 이용하여 그 끝없는 욕심을 제멋대로 채웠다. 저들은 중국과 러시아에 대해서도 오직 똑같은 술책만을 썼다. 그러므로 비록 많은 이권을 취했다 하더라도 계속 민의를 잃어버렸고, 더욱이 군민(軍民)의 교만과 횡포로 학대의 참상은 이루 말할 수 없을 정도였다. 그리하여 저들이 첫 번째 나아감에 우리 2천만의 원수가 되었고, 다시 나아감에 따라 중국 4억의 원수가 되었으며, 세 번째 나아감에 러시아 2억의 원수가 되었다. 저들은 비록 강력한 무력을 가졌다 하더라도, 세계 인민이 공동의 원수로 생각하고 있으니, 저들의 무패(無敗)가 어찌 보존될 수 있겠는가?

구미의 모든 열강들은 침략행위에 대하여 분노와 질시를 품고 있으며, 기회를 타서 제압하려는 의도 또한 적지 않다. 저들의 국제적 고립이 이와 같으니 이것이 내가 바로 일본의 장래가 멀지 않아 망하고 말 것이라고 믿는 까닭이다.

기미 3월 1일, 우리의 태극기가 갑자기 하늘에 휘날리면서 해와 달이 광휘(光輝)를 다투었고, 독립만세의 소리는 천지를 진동시켰다. 우리의 남녀노유의 유혈이 가득 뿌려졌으나, 용기는 더욱 분발되고 더욱 장렬해졌다. 국내외에서 보잘것 없는 마을과 궁벽한 시골에서, 우리는 모두 같은 소리를 외쳤으며, 앞을 다투어 목숨을 바쳤다. 충성스럽고 신의에 찬 모든 독립운동가들의 손에는 촌철(寸鐵)마저 없었다. 이때 저들은 군경을 크게 동원하여 살육을 자행하고, 총검으로 풀베듯 쏘고 찔렀으며, 촌락과 교회당을 불살라 뼈만 쌓이고, 즐

비한 가옥은 재로 변했다. 전후의 사상자는 수만에 이르렀고, 투옥되어 형을 받은 자는 6만여 명이나 되었다. 하늘과 해가 암담했고, 초목조차 슬피 울었지만, 우리 민족의 의로운 혈기는 조금도 멈출 줄 몰랐다.

각국의 여론은 모두 하나같이 격앙되어 저들의 만행과 폭력을 세계에 철저히 밝혀 놓았다. 이때 하세가와(長谷川)는 깃발을 거두어 도주해 버렸고, 사이토(齋藤實)는 다시 폭격을 당하고 낭패하여 의지할 곳조차 잃어, 너무 급해 어찌할 줄 몰라하며 그 기색을 잃어버렸다. 또한 저들 사회의 언론도 자못 전의 논조를 고쳐 동화의 불가능함을 밝혀 주장하고, 그들 정부의 실책을 공격했다. 어떤 자는 자치(自治)를 말하는가 하면, 또 어떤 자는 우리의 독립을 허용해줄 것을 주창하기도 했다. 드디어 일본 정부도 무단정책을 유화정책으로 바꾸고 말았다.

그러나 우리가 절대적으로 주장하는 바는 오직 독립 하나뿐이니, 또 다른 무엇을 물을 것이 있겠는가? 오로지 이것을 위해 굳게 참고 견디면서 계속 맹진하여 여러 방면에서 깨뜨리고 전력을 다해 배척할 뿐이다. 그리하여 저들로 하여금 궁지로 몰아넣고, 지난날 잘못을 크게 뉘우치게 한다면, 완전 독립은 또한 멀지 않아 이루될 것이다. 그런 뜻에서 이 운동사는 또한 우리의 광복사로 인정해도 좋은 것이다.

조선상고사 총론(신채호)

사(史)의 정의와 조선 역사의 범위

역사란 무엇이뇨. 인류사회의 '아(我)와 비아(非我)'의 투쟁이 시간부터 발전하며 공간부터 확대하는 심적 활동의 상태의 기록이니, 세계사라 하면 세계 인류의 그리 되어 온 상태의 기록이며, 조선사라면 조선 민족의 그리 되어 온 상태의 기록이니라.

무엇을 '아'라 하며 무엇을 '비아'라 하느뇨? 깊이 팔 것 없이 얕게 말하자면, 무릇 주관적 위치에 선 자를 '아'라 하고 그 외에는 '비아'라 하나니, 이를테면 조선은 조선을 아라하고 영(英)·노(露)·법(法)·미(美)…… 등을 비아(非我)라 하지만 영·미·법·노…… 등은 각기 제 나라를 아라 하고, 조선은 비아라 하며, 무산계급은 무산계급을 아라 하고, 지주나 자본가 등을 비아라 하지만, 지주나 자본가 등은 각기 제 붙이를 아라 하고 무산계급을 비아라 하며, 이뿐 아니라 학문에나 기술에나 직업에나 의견에나 그 밖에 무엇에든지, 반드시 본위인 아가 있으면, 따라서 아와 대치한 비아가 있고, 아의 중에 아와 비아가 있으며, 비아 중에도 또 아와 비아가 있어, 그리하여 아에 대한 비아의 접촉이 번극(煩劇)할수록 비아에 대한 아의 탈투(奪鬪)가 더욱 맹렬하여, 인류사회의 활동이 휴식될 사이가 없으며 역사의 전도가 완결될 날이 없나니, 그러므로 역사는 아와 비아의 투쟁의 기록이니라.

아나 아와 상대되는 비아의 아도, 역사적인 아가 되려면 반드시 양개(兩個)의 속성을 요하나니,

(1) 상속성(相續性)이니, 시간에 있어서 생명의 부절(不絕)마을 위함이요,

(2) 보편성이니, 공간에 있어 영향의 파급됨을 위함이라.

그러므로 인류 말고 다른 생물의 아와 비아의 투쟁도 없지 않으나, 그러나 그 아의 의식이 너무 미약하여 상속적·보편적이 못되므로 마침내 역사의 조작을 인류에게 양(讓)함이라.

사회를 떠나서 개인적인 아와 비아의 투쟁도 없지 않으나, 그러나 그 아의 범위가 너무 약소하여 또한 상속적·보편적이 못 되므로 인류로도 사회적 행동이라야 역사가 됨이라. 동일한 사건으로 양성(兩性)—상속·보편—의 강약을 보아 역사의 재료될 만한 분량이 대소를 정하나니, 이를테면 김석문(金錫文)이 3백 년 전에 지원설(地圓設)을 창도(唱導)한 조선의 학자이지만, 이를 브루노의 지원설과 같은 동양(同樣)의 역사적 가치를 쳐주지 못할 것은, 피(彼)는 그 학설로 인하여 구주 각국의 탐험열이 광등(狂騰)하여 아메리카의 신대륙

을 발견한다 하였지만 차(此)는 그런 결과를 가지지 못함이라. 정여립은 4백 년 전에 군신강상설(君臣綱常設)을 간파하려 한 동양의 위인이지만 이를 <민약론(民約論)>을 저작한 루소와 동등한 역사적 인물이라 할 수 없음은, 당시에 다소간 전광일섬(電光一閃)의 거동이 없지 않으나, 마침내 루소 이후의 파도장활(波濤壯濶)한 프랑스 혁명에 비길 수 없는 까닭이다.

비아를 정복하여 아를 표창하면 투쟁의 승리자가 되어 미래 역사의 생명을 이으며, 아를 소멸하여 비아에 공헌하는 자는 투쟁의 패망자가 되어 과거 역사의 진적(陳跡)만을 끼치나니, 이는 고금 역사에 바꾸지 못할 원칙이라. 승리자가 되려 하고 승리자가 실패자가 되지 않으려 함은 인류의 통성이어늘, 매양 예기(豫期)와 위반되어 승리자가 아니 되고 실패자가 됨은 무슨 까닭이뇨. 무릇 선천적 실질부터 말하면 아가 생긴 뒤에 비아가 생긴 것이지만 후천적 형식부터 말하면 비아가 있은 뒤에 아가 있나니, 말하자면 조선민족－즉, 아(我)－이 출현한 뒤에 조선민족과 상대되는 묘족(苗族)·지나족 등－비아(非我)－이 있었으리니, 이는 선천적인 것에 속한 자이다.

……(중략)……

대한민국 임시정부 건국강령 (1941년)

제1장 강령

1. 우리나라는 우리 민족이 반만년 이래로 공통한 말과 글과 국토와 주권과 경제와 문화를 가지고 공통한 민족정기를 길러온 우리끼리로서 형성하고 단결한 고정적 집단의 최고조직임

2. 우리나라의 건국정신은 삼균제도에 역사적 근거를 두었으니, 선민의 명명한 바 '수미균평위'하면 '흥방보태평'이라 하였다. 이는 사회각층의 지력과 권력과 부력의 가짐을 고르게 하여 국가를 진흥하며 태평을 보전, 유지하려 함이니 홍익인간과 이화세계하자는 우

리 민족의 지킬 바 최고의 공리임.

3. 우리나라의 토지제도는 국유의 유법을 두었으니 선현의 통론한 바 준성조지공분수지법하여 혁후인사유겸병지폐라 하였으니 이는 문란한 사유제도를 국유로 환원하라는 토지혁명이다. 우리 민족은 옛 규칙과 새 법을 참작하여 토지제도를 국유로 확정한 것임

4. 우리나라의 대외주권이 상실되었을 때에 순국한 선열은 우리 민족에게 동심복국할 것을 유촉하였으니, 이른바 "바라건대 우리 동포는 국치를 잊지 말고 굳게 참고 노력하여 마음을 한가지로 하고 다 같이 덕을 닦아서 외국의 모멸을 두들겨부숨으로써 우리 독립을 회복하라"고 하였다. 이는 전후 순국한 수십만 선열의 전형적 유지로서 현재와 장래의 민족정기를 두들겨 일으킴이니 우리 민족의 남녀노소가 영원히 잊지 못할 것임.

5. 우리나라의 독립선언은 우리 민족의 혁혁한 혁명을 일으킨 원인이며 신천지의 개벽이니 이른바 "우리 조국의 독립국임과 우리 민족의 자유민임을 선언하노라. 이로써 세계만방에 고하여 인류평등의 대의를 밝히며 이로써 자손만대에 경계하여 민족자존의 정권을 영유케 하노라"하였다. 이는 우리 민족이 3 1헌전을 발동한 원기이며 동년 4월 11일에 13도 대표로 조직된 임시의정원은 대한민국을 세우고 임시정부와 임시헌장 10조를 만들어 반포하였으니 이는 우리 민족의 힘으로써 이족전제를 전복하고 5천년 군주정치의 허울을 파괴하고 새로운 민주제도를 건립하여 사회의 계급을 없애는 제일보의 착수였다. 우리는 대중이 핏방울로 창조한 국가형성의 초석인 대한민국을 절대로 옹호하며 확립함에 같이 싸울 것임.

6. 임시정부는 13년 4월에 대외선언을 발표하고 삼균제도의 건국원칙을 천명하였으니, 이른바 "보통선거 제도를 실시하여 정권을 균히 하고 국유제도를 채용하여 이권을 균히 하고 공비교육으로써 학권을 균히 하며, 국내외에 대하여 민족자결의 권리를 보장하여서 민족과 국가의 불평 등을 고쳐버릴 것이니, 이로써 국내에 실현하면 특권계급이 곧 없어지고 소수민족의 침몰을 면하고, 정치와 경제와 교육권리를 균히하여 고저를 없이하고 동족과 이족에 대하여 또한

이렇게 한다"고 하였다. 이는 삼균 제도의 제1차 선언이니 이 제도를 발양 확대할 것임.

7. 임시정부는 이상에 근거하여 혁명적 삼균제도로써 복국하고, 건국을 통하여 일관한 최고공리인 정치, 경제, 교육의 균등과독립, 민주, 균치의 3종방식을 동시에 실시할 것임.

제2장 복국

1. 독립을 선포하고 국호를 일정히 하여 행사하고 임시정부와 임시의정원을 세워서 임시약법과 기타 법규를 반포하고 인민의 납세와 병역의 의무를 행하며 군력과 외교와 당무와 인심이 서로 배합하여 적에 대한 혈전을 정부로써 지속하는 과정으로 복국의 제 1기라 할 것임.

2. 일부 국토를 회복하고 당 정 군의 기구가 국내로 옮기어 국제적 지위를 본질적으로 취득함에 충족한 조건이 성숙할 때를 복국 제2기라 할것 임.

3. 적의 세력에 포위된 국토와 포로된 인민과 침점된 정치, 경제와 말살된 교육과 문화 등을 완전히 탈환하고 평등지위와 자유의지로써 가국 정부와 조약을 체결할 때는 복국의 완성기라 할 것임.

4. 복국기에서 임시 약헌과 기타 반포한 법규에 의하여 임시의정원의 선거로 조직된 국무위원회로서 복국의 공무를 집행할 것임.

5. 복국의 국가주권은 광복운동자 전체가 대표할 것임.

6. 삼관제도로서 민족의 혁명의식을 환기하며, 해외의 민족역량을 집중하여 광복운동의 총동원을 실시하여 장교와 무장대오를 통일훈련하여 상당한 병력의 광복군을 곳곳마다 편성하여 혈전을 강화할 것임.

7. 적의 침탈세력을 박멸함에 일체 수단을 다하되 대중적 반항과 무장적 투쟁과 국제적 외교와 선전 등의 독립운동을 확대, 강화할 것임.

8. 우리 독립운동을 동정하고 원조하는 민족과 국가와 연결하여 광복운동의 역할을 확대할 것이며 적 일본과 항전하는 우방과 절실

히 연락하여 항일동맹군의 구체적 행동을 취할 것임.

제3장 건국

1. 적의 일체 통치기구를 국내에서 완전히 박멸하고 국도를 정하고 중앙정부와 중앙의회의 정식활동으로 주권을 행사하여 선거와 입법과 임관과 군사, 외교, 경제 등에 관한 국가정령이 자유로 행사되어 삼균제도의 강령과 정책을 국내에 추행하되 시작하는 과정을 건국의 제1기라 함.

2. 삼균제도를 골자로 한 헌법을 시행하여 정치, 경제 교육의 민주적 시설로 실제상 균형을 도모하며 전국의 토지와 대생산기관의 국유화가 완성되고 전국 학령아동의 전수가 고등교육의 면비수학이 완성되고 보통선거 제도가 구속없이 완전히 실시되어 전국 각 동, 리, 촌과 면, 읍과 도, 군, 부와 도의 자치조직과 행정조직과 민중단체와 조직이 완비되어 삼균제가 배합, 실시되고 경향 각층의 극빈계급에 물질과 정신상 생활정도와 문화수준을 높이어 보장되는 과정을 건국의 제2기라 함.

3. 건국기의 헌법상 국민의 기본권리와 의무는 다음 원칙에 의거하고 법률로 따로 정하여 시행함.…….

4. 건국시기의 헌법상 중앙과 지방의 정치기구는 다음 원칙에 의거 함.…….

5. 건국시기의 헌법상 경제체계는 국민 각개의 균등생활을 확보함과 민족 전체의 발전 및 국가를 건립, 보위함과 민족 전체의 발전 및 연환관계를 가지게 하되 다음에 열거한 기본원칙에 의거하여 경제정책을 추진, 실행함.

(1) 대산업기관의 공구와 시설을 국유로 하고, 토지, 광산, 어업, 수리, 임업 소택과 수상, 공중의 운수사업과 은행,전신, 교통 등과 대규모의 농, 공, 상, 기업과 성시, 공업구역의 공용적 주요산업은 국유로 하고, 소규모 혹 중소기업은 사영으로 함.

(2) 적의 침략, 침점 혹은 시설한 관공, 사유 토지와 어업, 광산, 농림 , 은행, 회사, 공장, 철도, 학교, 교회, 사찰, 병원, 공원 등의 산

업과 기타토지 및 경제, 정치, 군사, 문화, 교육, 종교, 위생에관한 일체 사유자본과 부적자의 일체 소유자본과 부동산을 몰수하여 국유로 함.

(3) 몰수한 재산은 빈공, 빈농 및 일체 무산자의 이익을 위하여 국영 혹 공영의 집단 생산기관에 충당함을 원칙으로 함.

(4) 토지의 상속, 매매, 저압, 전양, 유증, 전조차의 금지와 고리대금업과 사인의 고용농업의 금지를 원칙으로 하고 농장생산 소비와 무역의 기구를 조직 확대하여 농공대중의 물질과 정신상 생활정도와 문화수준을 높임.

(5) 국제무역, 전기, 수도, 대규모의 인쇄소, 출판, 영화극장 등을 국유, 국영으로 함.

(6) 노공, 유공, 여인의 야간노동과 연령, 지대, 시간의 불합리한 노동을 금지함.

(7) 농공인의 면비의료를 보급, 실시하여 질병소멸과 건강을 보장함.

(8) 토지는 자력자경인에게 나누어줌을 원칙으로 하되, 원래의 고용농, 자작농, 소지주농, 중지주농 등 농인지위를 보아 저급으로부터 우선권을 줌.

대한민국건국강령을 제정하여 이에 공포함

대한민국23년 11월 29일

임시정부 국무위원회 주석 金九

국무위원 李始榮 曹成煥 趙琬九 趙素昂 朴贊翊 車利錫

7장

현대사회

1 대한민국의 수립

1945년 8월 14일 조선총독부는 일제의 패망을 염두에 두고 건국동맹을 결성하여 해방을 준비해 온 여운형을 만나 일본인의 생명과 재산을 보호받으려 했다. 8월 15일 건국동맹을 기반으로 여운형이 결성한 건국준비위원회는 치안유지와 물자확보 등 실질적인 행정기관 역할을 했다. 건국준비위원회 지도부는 미군의 남한 진주가 다가오자 조선인민공화국을 선포했지만 좌익세력의 영향력이 확대되자 이에 민족주의 세력이 탈퇴하였다.

9월 8일 인천에 상륙한 미군이 일본군의 항복을 받은 뒤 남한 주둔 사령관 하지가 군정을 실시하였다. 그리고 미군정만을 인정하여 인공

광복

등을 부정하였다. 미국의 입장에서는 남한의 좌익세력을 제거하고 친미 우익세력을 육성하는 일이 시급하여 해방 직전의 현상 유지 정책을 펴나갔다.

소련의 경우 8월 8일 일본에 선전포고를 하고 만주로부터 일본군을 공격하여 일본군을 무장해제 시킨 후 8월 24일 평양에 들어왔다. 이로써 38선을 경계로 하여 미소의 분할점령이 시행되었다.

1945년 12월, 미국과 영국, 소련 세 나라는 모스크바에서 외상회담을 열어 한반도의 전후처리 방안으로 임시정부를 건설하고 미소공동위원회를 설치하여 임시정부와 협력하여 최고 5년 기한으로 신탁통치를 실시한다는 내용을 발표하였다.

이러한 내용이 국내에는 신탁통치문제로 불거지면서 즉시 독립을 바라던 일반대중의 감정을 분노시켰다. 우익은 일반대중의 분노를 이용하여 대대적인 반탁운동을 벌였고 좌익은 처음에 반탁 입장에 있다가 모스크바 3상회의가 임시정부 수립이라는 사실을 확인하고 지지로 돌아섰다. 이로써 좌우가 신탁통치 문제를 둘러싸고 극심하게 대립하는 상황이 되었다. 이후 미소공동위원회가 개최되어 임시정부 수립에 참여하는 정당, 사회단체의 자격 문제를 두고 미국과 소련이 논란을 거듭하였다. 이에 분단을 막기 위해 여운형과 김규식을 중심으로 좌우합작이 추진되었으나 실패로 돌아갔다.

이 무렵 1946년 6월 3일 이승만은 정읍발언을 통해 남한만의 단독정부를 세우자고 주장하였으며, 1947년 미소 갈등과 냉전체제를 기반으로 한 트루먼 독트린은 한반도에도 영향을 미쳐 미국은 남한만의 단독정부를 수립하는 방향으로 한반도 정책을 바꾸었다. 이에 미국이 주도한 유엔이 인구비례에 따른 남북한 총선거 실시를 결정하고, 이후 소련과 북한이 유엔한국임시위원단의 입북을 거절하자 유엔소총회는 남한만의 총선거를 결정하였다.

이에 김구, 김규식 등은 민족 분단을 막으려고 북한과의 협상을 꾀해 1948년 북한에서 남북요인회담을 가졌지만, 남북분단으로 기운 물길을 막을 수 없었다.

1948년 5월 10일 남한에서는 김구를 제외한 우익이 주로 참여한 가운데 단독선거가 실시되었으며 7월 17일 헌법을 공포하고 8월 15일 정부수립을 선포하였다.

북한도 1947년 북조선인민위원회를 구성하고 남한에서 단독정부가 수립되자 1948년 8월 21일 해주에서 인민대표자대회를 열어 대의원을 선출하고 9월 2일 평양에서 최고인민회의를 열어 헌법을 제정한 후 9월 9일 조선민주주의인민공화국 수립을 선포했다.

이로써 한반도는 미소대립과 국내 정치 세력의 이해 대립 속에서 분단으로 귀결되었으며 급기야 1950년 북한 인민군의 총공세로 한국전쟁이 발발하게 된다. 3년간에 걸친 한국전쟁은 1953년 7월 27일 휴전협정의 체결로 막을 내렸지만, 국토가 초토화 되는 등 막대한 인명 피해와 경제적 손실이 있었다. 또한 전쟁 이후 강화된 이데올로기는 남북한 정권을 강화시키는 구실을 하였으며 오히려 분단을 더욱 고착화시켰다.

2 4·19혁명

1950년 5월 30일 총선거에서 210석 가운데 겨우 30석을 얻은 이승만 정권은 국회의원의 간접선거로 선출하는 대통령선거에서 다시 당선될 가능성이 없어지자 대통령 직선제 개헌을 서둘렀다. 1952년 5월 자유당은 공비토벌 등을 목적으로 부산 일대 계엄령을 선포하여 경찰과 군으로 국회를 포위하고 내각제를 찬성하는 야당의원을 체포 감금한 후 발췌개헌안을 작성하여 이를 7월 기립표결에 의해 강제적으로 통과시켰다(발췌개헌). 개정된 헌법에 따라 8월 이승만이 제2대 대통령에 당선되었다.

1954년 5월 실시된 제3대 총선거에서 자유당이 크게 승리하자 이승만은 장기집권을 도모하고자 국회에 초대대통령에 한하여 3선 제한을 철폐한다는 내용의 개헌안을 제출했다. 개헌안은 재적의원 203명 가운데 135명이 찬성하여 개헌선에서 1표가 모자라 부결되었다. 그러나 이틀 뒤 자유당은 사사오입하면 135표라는 억지 논리로 통과를 선언했다(사사오입개헌).

1956년 5월에 실시된 제3대 정부통령 선거에서는 '못 살겠다 갈아보자'는 민주당의 선거구호가 민심을 크게 파고들었다. 민주당 후보인 신익희의 돌연한 서거로 대통령에 이승만, 부통령에 민주당 후보인 장면이 당선되었다. 또한 대통령 후보로 나선 무소속의 조봉암이 총투표수의 약 30%를 얻는 커다란 이변이 일어났다. 이러한 국민적 지지를 바탕으로 1956년 조봉암은 혁신정당을 표방한 진보당을 창당하였고 평화통일론을 내세우며 이승만의 북진통일론에 정면으로 도전하였다. 그러자 1958년 진보당의 강령, 정책이 북한의 주의, 주장과 갈고 조봉암 등 진보당 간부들이 간첩이라는 혐의를 씌워 결국 당은 불법화되었고 조봉암은 사형을 당하였다.

1960년 3월 제4대 정부통령 선거에서 조병옥 후보의 서거로 이승만이 대통령에 당선되었으나 부통령에 이기붕을 당선시키기 위해 3·15 부정선거가 자행되었다. 이처럼 자유당의 치밀한 사전 계획하에 부정선거가 치러지자 이에 격분한 학생과 시민들이 독재 정권 타도와 부정선거를 규탄하는 4·19혁명을 일으켰다. 경찰이 시위 군중에게 총을 발포하는 등 많은 희생이 따랐으며 상황이 불리하게 돌아가자 결국 이승만은 하야 성명을 발표하고 하와이로 망명하였다.

4·19혁명은 학생과 시민이 중심이 되어 독재정권을 무너뜨린 민주 혁명으로 이로 인해 민주주의의 새로운 발전이 이루어졌다.

3 5·16과 유신체제

과도정부는 1960년 6월 내각책임제로 개헌을 하고 7월 29일 총선거를 수립하여 윤보선을 대통령으로 하는 장면 내각의 제2공화국을 수립하였다.

그러나 장면정권은 4·19혁명으로 분출된 국민의 요구를 제대로 받아들이지 못하고 철저한 민주화와 혁명완수를 요구하는 시위를 '반공법'과 '데모규제법'을 만들어 막으려고 하였으며 민주당도 신파와 구파로 나뉘어 파벌싸움을 벌였다.

학생세력과 일부 혁신세력은 남북의 적대관계를 철폐하는 민족통일이 무엇보다도 필요하다고 생각하고 민족분단을 해결하고자 통일운동에 힘을 쏟았다. 1961년에는 통일운동 열기가 높아져 5월에는 민족통일연맹 대의원대회에서 남북학생회담을 제의하였고, 민족자주통일중앙협의회 주최로 통일촉진 궐기대회가 열렸다.

그러나 민주주의와 민족통일을 지향한 4 · 19혁명은 이후 반공을 국시로 한 5 · 16군사쿠데타로 인해 미완의 혁명이 되고 말았다.

1961년 5월 16일 박정희를 중심으로 한 일부 군부세력이 군사정변을 일으켜 정권을 잡고, 즉각 헌정을 중단한 뒤 국가재건최고회의를 구성하여 군정을 실시하였다.

쿠데타 세력은 민정이양에 대비하여 민주공화당을 조직했으며 강력한 대통령 중심제의 새 헌법을 마련한 군정은 1963년 민정이양 일정을 제시하였다. 군 복귀를 약속했던 박정희는 1963년 8월 육군 대장으로 진급한 날 군복을 벗고 다음날 공화당의 대통령 후보로 나섰다.

1963년 10월 제5대 대통령 선거에서 민주공화당 후보인 박정희가 민정당 후보인 윤보선을 근소한 차이로 앞질러 당선됨으로써 제3공화국이 수립되었다.

조국근대화를 기치로 내건 박 정권은 성장 위주의 경제정책을 채택하였는데, 이를 실현시키기 위해 미국의 지지와 경제개발에 필요한 자본과 기술이 시급했다. 이 무렵 미국은 일본의 자본주의를 중심으로 북방 사회주의권에 대항하는 지역통합전략을 마련하고자 한국에 강력한 반공정부 구축과 한일국교정상화를 요구했다. 이는 박 정권에게 미국의 지지와 경제개발에 필요한 자본과 기술을 지원받을 수 있는 기회가 되기도 했다.

한일협상이 시작되자 국민의 관심은 과거 식민지배에 대한 일본의 사과와 손해배상, 즉 대일 청구권 문제 등에 집중되었다. 그러나 굴욕적인 회담이라는 사실이 알려지면서 국민들은 거세게 반대했다(6·3시위). 박 정권은 비상계엄을 선포하고 휴교령을 내린 강압적인 분위기 속에서 결국 1965년 6월 한일협정을 체결하였다.

또한 미국의 베트남 파병 요청의 대가로 한국군 장비의 현대화와 경제개발을 위한 차관 제공 약속을 받고 1965년부터 1970년대 초까지 베트남 전선에 군대를 파견하였다.

베트남 특수에 힘입은 경제발전 덕분에 박정희는 1967년 제6대 대통령 선거에서 윤보선을 누르고 당선되었다. 6월 실시된 제7대 국회의원 선거에서 공화당은 부정선거의 시비 속에서 국회의원 재적수의 2/3를 넘는 129석을 차지하였다.

개헌선을 확보한 박 정권은 장기집권을 위한 3선 개헌을 꾀했다. 1968년 6월 서울대학교 법대생 500여 명이 '헌정수호 성토대회'를 개최한 이래 1969년 12월까지 야당과 재야, 대학생들의 개헌 반대운동이 일어났다. 그러나 결국 1969년 9월 야당 의원들을 제외하고 3선개헌안을 변칙적으로 통과시킨 후 국민투표에 의해 확정되었다.

1971년 제7대 대통령 선거에서 박정희는 신민당의 김대중 후보를 누르고 재집권하였으나 국회의원 선거에서는 공화당이 113석, 신민당이 89석을 차지하여 박 정권의 독주를 견제할 수 있는 힘을 얻게 되었다.

국제적으로 1960년대 후반부터는 데탕트의 분위기 속에서 미국과 일본이 중국과 국교를 정상화하는 등 정세의 변화가 있었다. 또한 국제 원유파동으로 경제 불황에 직면하자 냉전과 분단체제에 기대어 반공과 경제성장을 무기로 정권을 유지하던 박 정권은 정치적 위기에 직면하였다.

1971년 12월 안보를 구실로 장기집권을 보다 확실히 하기 위하여 비상사태를 선포하고 국회에서 통과된 '국가보위에 관한 특별조치법'을 소급적용하여 헌법 기능도 정지시킬 수 있는 초헌법적 비상대권을 갖게 되었다.

한편, 남북대화에 대한 미국의 종용과 경제성장으로 자신감을 얻은 박 정권은 1970년 8 · 15선언을 시작으로 1971년 남북이산가족 찾기 운동, 1972년 남북적십자회담 등을 추진했다.

1972년 7월 4일 남북한 당국자간의 합의로 '자주, 평화, 민족대단결'의 평화통일 3대원칙을 핵심 내용으로 하는 7 · 4남북공동성명을 발표하였다.

그러나 박 정권은 1972년 10월 비상계엄을 선포하고 국회를 해산하고 정치활동을 금지한 후 10월 유신을 선포하였으며, 북한도 사회주의 헌법을 제정하여 수령의 유일체제를 강화하는 등 김일성의 절대 권력을 제도화하였다. 결국 통일논의는 자신의 권력기반 강화와 체제유지에 이용하려는 남북한 권력자들의 정치적 의도로 인해 그 빛을 잃게 되었다.

유신체제는 통일주체국민회의에서 대통령을 간접 선출토록 하여 종신집권을 가능하게 하였으며 국민의 참정권이 부정되고 입법부, 사법부도 행정부에 종속되는 체제였다.

박 정권은 유신체제에 대한 국민의 저항을 긴급조치로 탄압하였으며 헌법 개정논의를 금지시키고 비상군법회의를 두어 위반자를 처벌하였다. 결국 민청학련 사건, 3 · 1민주구국선언 발표, YH 무역 시위, 부마항쟁 등 민주화 운동과 유신정권의 탄압이 계속되는 가운데 1979

년 10월 26일 중앙정보부장 김재규가 박정희를 시해함으로써 유신체제는 종결되었다.

4 민주화 운동

10·26사태 이후 1979년 12월 6일 국무총리였던 최규하가 통일주체국민회의를 통해 제10대 대통령으로 선출되었다. 국민들은 유신체제와 군부독재를 끝내고 민주정부의 등장을 기대했지만, 12월 12일 전두환을 중심으로 한 신군부가 쿠데타를 일으켜 정치실권을 장악하였다. 신군부 세력은 비상계엄령을 유지하면서 집권 준비를 하고 있었고 합동수사본부장인 전두환은 중앙정보부장까지 겸하면서 권력을 강화하였다.

1980년 민주화를 요구하는 학생들의 요구가 분출되면서 '서울의 봄'을 맞이했지만, 신군부 세력은 5월 17일 계엄령 확대를 실시하여 정치적 통제로 억압하였다.

특히 5월 18일 광주에서는 신군부 집권에 반대하고 군사독재에 항거하는 시위에서 공수부대원의 과잉진압으로 인해 많은 사상자가 나왔다. 5월 21일에는 공수부대원의 집단발포가 있었고 시민들이 일시적으로 공수부대를 몰아냈으나, 5월 27일 계엄군에 의해 도청진압이 이루어지기까지 10일 동안 수많은 시민과 학생들이 희생되었다.

5·18 민주화 운동은 1970년대 이래 쌓인 반독재 민주화 운동의

연장으로 1980년대 민주화 운동의 토대가 되었고 학생운동의 새로운 전환점이 되었다.

광주항쟁을 무력 진압한 전두환의 신군부는 1980년 5월 31일 국가보위비상대책위원회를 만들어 정치인의 활동을 규제하는 등 정권찬탈을 위한 준비에 들어갔다. 8월에 최규하가 대통령에서 사임하고 전두환이 통일주체국민회의에서 제11대 대통령으로 선출되었다. 10월에는 개헌작업이 추진되어 대통령 임기 7년의 단임제와 대통령 선거인단

광주 5·18 민주화 운동 기념탑

에 의한 간접선거 등 유신헌법을 일부 수정한 신헌법을 제정하였다. 이에 1981년 민주정의당의 전두환을 제12대 대통령으로 하는 제5공화국이 출범하였다.

전 정권은 언론사를 통폐합하고 민주화 운동을 강경 진압하는 정책을 취해 반공법을 통합한 국가보안법을 만드는 등 강력한 탄압정책으로 일관했다. 반면, 통행금지 해제와 중고등학교 교복자율화, 프로야구 실시 등 유화정책을 실시하기도 하였다.

1985년 후반에는 야당과 재야 세력이 대통령직선제 개헌 운동을 전개하였으며 1987년 초 박종철 고문치사 사건으로 정권의 부도덕성이 드러나면서 전 정권을 위기로 몰아갔다. 이러한 위기 속에 4 · 13 호헌조치가 발표되자, 6월 10일 학생과 시민들은 호헌철폐와 독재타도를 주장하며 시위를 전개하였고 이 과정에서 이한열 사망 사건이 발생하여 시위는 격렬하게 확산되었다.

6월 민주항쟁 결과 5년 단임의 대통령직선제로 헌법이 개정되어 1987년 12월 대통령 선거가 실시되었다. 야권의 김대중과 김영삼의 후보 단일화 실패로 인하여 민정당의 노태우 후보가 당선되었다.

국회는 여소야대 국면이 되어 국회에서 '5공청문회'를 열고 전두환 등의 신군부 쿠데타와 광주문제, 전두환 일가의 비리를 단죄하려 하였다. 노 정권은 전 정권과의 차별성을 부각시켜 정치적 입지를 확보하려고 했다. 여소야대 국면에서 계속 끌려가던 노 정권은 1990년 김영삼, 김종필과 더불어 3당 합당을 선언하며 민주자유당을 창당했다.

보수 대연합으로 정국을 뒤집은 노 정권은 88 서울 올림픽과 사회주의권의 붕괴를 계기로 북방정책을 추진하였다. 소련 등 동구권 및 중국과 수교를 하고 북한과의 관계개선에 나섰다. 이에 1991년 9월

18일 남북한이 유엔에 동시가입하고 12월 13일에는 남북한이 화해 및 불가침, 교류협력 등에 관한 합의서를 체결하였다.

5 민주주의의 진전과 통일정책

1992년 12월 실시한 대통령 선거에서 민간인 출신인 민주자유당의 김영삼이 당선되었다. 문민정부는 정권 초기 국민적 지지를 바탕으로 공직자 재산등록, 금융실명제 실시, 지방자치제의 전면 실시 등 일련의 개혁정책을 시행하였다. 또한 12 · 12사태를 쿠데타로 규정하고 1995년에 반란 내란죄 혐의로 노태우, 전두환을 구속 기소하였다.

그러나 1996년 2월 민주자유당에서 신한국당으로 이름을 바꾼 여당은 그해 12월 정리해고제, 변형근로시간제 등 노동시장 유연화를 내세우며 노동법을 날치기로 통과시켜 국민들의 저항에 부딪쳤다. 1996년에는 경제개발협력기구(OECD)에 가입하고 시장 개방 정책을 추진하다가 국제경제 여건 악화와 외화부족으로 1997년 외환위기를 맞게 되었다. 이는 그동안 쌓여왔던 한국경제의 구조적 모순이 폭발한 것으로 11월 21일 국제통화기금(IMF)에 구제금융 지원을 요청하면서 경제주권이 심각하게 위축되었다.

1997년 12월 대통령선거에서는 새정치국민회의의 김대중 후보가 여당 후보인 이회창을 물리치고 대통령에 당선되어 헌정사상 최초의 수평적 정권의 교체가 이루어졌다. 그러나 당시 김대중은 자유민주연합을 창당한 김종필과 연립정부와 내각제 실시를 약속하고 선거에 승리했기 때문에 지역주의의 한계를 벗어나지 못하였다.

국민의 정부로 출범한 김대중 정부가 가장 먼저 해야 할 일은 외환위기 극복이었다. 결국 IMF가 제시한 신자유주의 방향에서 구조조정을 단행하여 단기간에 외환위기에서 벗어났다. 하지만, 그 과정에서 신자유주의 정책이 고착화되면서 수많은 노동자들이 해고되거나 비정규직 노동자가 되었다.

한편 국민의 정부는 남북의 화해와 협력, 공존과 평화를 위한 대북화해 협력정책(햇볕정책)을 적극 추진했다. 1998년 현대그룹 회장인 정주영의 소떼 방북에 이어 11월 18일 금강산관광사업이 시작되었다. 이를 계기로 2000년 6월 15일에는 남북정상회담이 실시되어 한반도의 통일과 평화정착, 민족의 화해와 단합, 남북 간의 교류와 협력 등이 논의되었고 6 · 15 남북공동선언의 결실을 얻었다.

개성공단

2002년 12월 19일 치러진 제16대 대통령선거에서 여당인 새천년민주당의 노무현 후보가 당선되었다. 향후의 국정운영에 국민의 참여가 핵심 역할을 할 것이라는 의미를 갖고 있는 참여정부는 정경유착과 단절, 권위주의 청산, 시민사회 성장 등을 추진하였다. 2003년에는 6 · 15 남북공동선언 이후 남북교류협력의 하나로 추진되었던 개성공단이 착공되어 남측의 자본과 북측의 노동력이 결합한 남북교류협력의 새로운 장을 마련하였다. 이후 2007년 제2차 남북정상회담을 통해 남북관계 발전과 평화번영을 위한 10 · 4 남북공동선언을 발표했다.

6 건국대학교의 역사

본교 설립자 상허 유석창 박사는 고도의 문화국가를 건설하기 위해서는 현대화된 산업국가가 건설되어야 하고, 모든 국민이 잘 살 수 있는 경제국가로 전환될 때 비로소 우리가 염원하는 복지국가로 나아갈 수 있다는 신념을 가지게 되었다. 이것을 이룩하기 위해서는 진실하고 부지런하고 용기 있는 국민성을 갖추고, 과학과 기술의 비약적인 발전이 필요하다고 생각하였다.

모든 국민이 이러한 기본적인 조건을 갖추기 위해서는 우선 그 사명을 수행할 선도적인 인재 양성이 필요하다고 느낀 유석창 박사는 이를 위한 교육 사업에 그의 여생을 바치기로 결심하였다.

영재를 모아 인간교육에 치중하여 성誠 · 신信 · 의義의 덕성을 기르

건국대학교 글로컬캠퍼스 전경

며, 진실하고 부지런한 용기 있는 개척자적인 정신을 가진 인격을 배양하는 동시에, 고도의 과학과 기술로 무장하여 새로운 시대의 역사적 사명을 실천하는 유능한 선도자를 배출하고자 하였다.

상허 유석창 박사는 일제 말기에 민족 대표 33인을 중심으로 언론계와 종교계 등 사회 각 층의 대표 45인의 성원을 얻어 창립한 민중병원을 모태로 하여 1946년 5월 15일 조선정치학관(현 낙원동 건국빌딩)을 설립하였다. 1949년 9월 정치대학으로 승격하였고, 1959년 2월에는 종합대학교인 건국대학교로 승격 발전하였다. 1963년 6월에는 재단법인을 학교법인으로 변경하였다.

1970년대 중반에 정부는 늘어나는 대학 지원자들을 수용하고 수도권 인구 집중을 억제하기 위한 방안의 일환으로 서울 소재 대학들의 지방 캠퍼스 설립을 적극 권장하였다. 이에 부응하여 본교도 1978년도에 지방 캠퍼스 설립계획을 수립하고 학교 부지를 물색하기 시작하였다. 그때 건국대학교 충주동문회에서 충주가 내륙 중심에 위치하고 있으며, 장차 교육과 문화, 관광 도시로 발전할 가능성이 있는 지역이라는 점을 내세워 충주지역의 설립을 법인 이사장과 총장에게 요청해 왔다.

1979년 3월 14일 유승윤 이사장이 충주를 방문하여 예정 부지를 직접 답사하고 검토한 후, 충주시 단월동 산 21번지 일원을 설립지로 확정하였다. 마침내 1979년 9월 18일 문교부로부터 설립 인가가 나왔으며, 1980년 3월 5일 개교 당시 입학정원은 8개 학과에 총 400명이었다.

현재 건국대학교는 180여만 평의 교지를 확보하고 5개 수익 사업체를 두고 있으며 17개의 대학원과 21개 단과대학(서울캠퍼스는 대학원 13개와 단과대학 15개, 글로컬캠퍼스는 대학원 4개, 단과대학 6개)으로 구성되었고, 사범대학 부속 중학교와 고등학교를 유지, 경영하고 있다.

▮건국대학교 연표

1946. 5. 15.	조선정치학관으로 개교
1948. 5. 15.	재단법인 조선정치학원 조선정치대학관 설립 인가
1949. 9. 9.	재단법인 정치학원 및 정치대학 설립 인가
1949. 11. 11.	학교법인 유석창 이사장 취임
1956. 10. 19.	서울특별시 성동구 모진동 신축교사로 대학 이전
1959. 2. 26.	종합대학 건국대학교 설립 인가
1959. 3. 31.	초대 총장에 유석창 박사 취임
1962. 1. 15.	제2대 총장 정대위 박사 취임
1968. 11. 5.	제4대 총장 문희석 박사 취임
1971. 1. 6.	제5대 총장 곽종원 박사 취임

1972. 1. 1.	설립자 상허 유석창 박사 서거(사회장)
1974. 1. 1.	설립자 상허 유석창 박사 동상 건립
1979. 9. 18.	충청북도 충주시에 충주대학 설립 인가
1980. 3. 5.	충주대학 개교(8개 학과에 입학정원 400명)
1980. 3. 29.	제8대 총장 조일문 박사 취임
1981. 3. 1.	6개 학과(법학과, 행정학과, 임학과, 원예학과, 가정관리학과, 의상학과) 증설 입학정원 910명
1982. 3. 6.	113학군단 충주분단 설치(모집정원 20명)
1982. 8. 25.	충주대학 인문사회학관 준공
1983. 3. 1.	제9대 총장 권영찬 박사 취임 농기계학과 증설(15개 학과에 입학정원 1,040명)
1984. 2. 13.	충주대학을 인문과학대학 · 사회과학대학 · 자연과학대학으로 분리 개명하고, 부총장 제도를 신설하였으며(1984년 1년간 사회과학대학 황대석 학장이 대표학장으로서 부총장 임무를 수행하였음), 행정부서도 2개의 처(사무처, 교학처)를 신설하여, 사무처에는 총무과와 경리과를 두고, 교학처에는 교무과와 학생과를 두었음
1984. 2. 21.	충주캠퍼스 자연과학관 준공
1984. 3. 1.	3개 학과(도서관학과, 신문방송학과, 공예학과) 증설 전체 입학정원 1,170명
1984. 12. 15.	충주캠퍼스 학생복지회관 준공
1985. 3. 1.	충주캠퍼스 초대 부총장 현두일 박사 취임
1985. 3. 1.	3개 학과(농업경제학과, 생화학과, 산업미술학과) 증설 전체 입학정원 1,352명
1985. 9. 6.	충주캠퍼스 교문 준공
1986. 3. 1.	충주캠퍼스 자연과학대학 의예과 신설(仁術精神 구현 기반 확립)
1986. 11. 6.	충주캠퍼스 의과대학 설립 인가
1986. 12. 1.	직제 개편(충주 교학처를 제2교무처, 제2학생처로 분리)
1986. 12. 20.	의과대학 및 자연과학관 준공

1987. 5. 15.	충주캠퍼스 중원도서관 준공
1987. 11. 9.	충주캠퍼스 지역개발대학원 설립 인가(지역개발학과 입학정원 80명)
1988. 3. 1.	3개 학과(사회복지학과, 응용수학과, 환경미술학과) 증설 전체 입학정원 1,250명
1988. 8. 10.	제11대 총장 김용한 박사 취임
1988. 8. 20.	충주캠퍼스 의과대학 교사 준공
1989. 3. 1.	3개 학과(분자생물학과, 회화학과, 의학공학과) 증설 전체 입학정원 1,360명
1989. 3. 1.	지역개발대학원 기업경영학과 신설(입학정원 95명)
1989. 7. 30.	충주캠퍼스 학생회관 준공
1989. 9. 1.	충주캠퍼스 '건대학보' 발간(서울캠퍼스의 '건대신문'과 분리 독립)
1990. 3. 1.	학과 명칭 변경(자연과학대학 농업기계학과가 농업기계공학과로, 예술대학의 산업미술학과가 산업디자인학과로, 환경미술학과가 실내디자인학과로, 의상학과가 의상디자인학과로 명칭이 변경되었음)
1990. 8. 17.	제12대 총장 안용교 박사 취임 충주 소재 의료법인 신라병원 이사장에 학교법인 유승윤 이사장 취임
1991. 3. 1.	인문과학대학 러시아학과 신설(40명)
1991. 7. 12.	충주캠퍼스 직제를 총무처, 교무처, 학생처로 개명하고, 기획조정처와 기획과 신설, 총무처에 관리과 신설, 중앙도서관 분관을 중원도서관으로 개명)
1992. 3. 1.	지역개발대학원을 사회과학대학원으로 개명
1992. 4. 27.	충주캠퍼스 모시래학사 여학생 기숙사 준공
1992. 7. 31.	충주캠퍼스 예술대학 증축
1993. 2. 1.	제13대 총장 정호권 박사 취임
1993. 10. 20.	충주캠퍼스 종합강의동 준공
1994. 3. 1.	야간에 3개 학과 신설(법학과 40명, 응용물리학과 40명, 응용화학과 40명) 전체 입학정원 1,530명

1994. 9. 1.	제14대 총장 윤형섭 박사 취임
1994. 10. 13.	충주캠퍼스 전자계산소 설치
1994. 11. 1.	의과대학에 교학부장 직제 도입
1995. 3. 1.	사회과학대학원에 교육행정학과가 신설되고, 자연과학대학의 임학과가 산림과학과로 명칭이 변경됨
1995. 9. 1.	자연과학대학에 건국대학교 부설 전문농업인 최고경영자과정 신설
1996. 3. 1.	2개 학과 증설(전산과학과 50명, 간호학과 30명) 전체 입학정원 1,590명
1996. 7. 11.	사회교육원 신설(평생교육원으로 명칭 변경)
1997. 1. 7.	충주캠퍼스 모시래학사 여학생기숙사B동 증축
1998. 4. 17.	충주캠퍼스 종합강의동 증축
1998. 7. 9.	충주캠퍼스 사회교육원 준공
1998. 9. 1.	제15대 총장 맹원재 박사 취임
1999. 7. 12.	충주캠퍼스 행정관 준공
1999. 8. 25.	충주캠퍼스 건국체육관 준공
2002. 1. 30.	충주캠퍼스 모시래학사 여학생기숙사 증축
2002. 9. 1.	제16대 총장 정길생 박사 취임
2003. 5. 13.	사회과학대학 경상학부 무역학전공 산업자원부가 TI 사업단으로 선정
2003. 7. 1.	모토 공표 "시대를 앞서는 지성, 세계를 향한 도전"
2003. 9. 5.	행정조직 개편(팀제 시행)
2003. 9. 5.	교무처 교수학습지원센터 신설
2004. 3. 1.	산학협력단 신설
2004. 9. 1.	교무처 입학관리팀 신설
2004. 12. 10.	민자유치 제2생활관 착공(800여 명 수용)
2005. 2. 22.	대외협력처 신설
2005. 3. 1.	의료생명대학 신설, 의학전문대학원 설립(신입학 40명)
2005. 3. 3.	공동연구동 및 복합실습동 준공
2005. 8. 1.	건국대학교병원(서울) 신축 개원
2006. 9. 1.	제17대 총장 오명 박사 취임
2008. 11. 26.	입학전형연구실 신설

2009. 12. 16.	건국어린이연구학원 신설
2010. 9. 1.	제18대 총장 김진규 박사 취임
2010. 10. 21.	대외협력처 한국어교육센터 신설
2011. 4. 26.	<명칭변경> 충주캠퍼스 → GLOCAL(글로컬)캠퍼스 충주부총장 → GLOCAL부총장
2012. 1. 11.	<신설> 산학협력집중교수 스마트생명공학연구소, 도시행정연구소, 신흥국글로벌기업연구소, 글로컬문화전략연구소, KU커뮤니케이션연구소
2012. 9. 1.	제19대 총장 송희영 박사 취임
2014. 1.	교원확보 및 학생충원율 최우수평가(1위)

참고문헌

강만길, 『고쳐 쓴 한국현대사』, 창작과 비평사, 1994

건국대학교, 『건국대학교 요람 2014』, 2014

국사편찬위원회, 『한국사』 52, 2013

문정인, 『1950년대 한국사의 재조명』, 선인, 2004

서중석, 『한국현대민족운동연구』, 역사비평사, 1991

송찬섭 외, 『한국사의 이해』, 방송대출판부, 2012

역사문제연구소, 『분단 50년과 통일시대의 과제』, 역사비평사, 1995

해방의 민족사적 인식*

일제잔재의 재등장

1945년 8월 15일 해방을 맞았을 때 한국사회에서는 하나의 이념 아래 민중을 단결시키고 그들을 독립에의 길로 이끌어 나갈만한 국제적으로 인정된 혁명적 주체세력이 없었다. 물론 각종 형태의 항일투쟁이 민중 사이에 벌어지고 있었으나 이들을 조직화하고 이끌어 나갈만한 지도자가 없어 이들의 투쟁은 지극히 산발적이었다는 사실은 앞에서 살펴본 바와 같다.

이른바 지도층은 대부분 일제의 압력에 굴복, 그들에 협력하고 있었으며 다만 여운형을 중심으로 한 일부 지식인층이 지하운동을 시작하여 앞으로 닥쳐올 한국의 독립에 대비하고 있었으나 이 운동은 그 당시의 객관적 상황으로 보아 지하서클 활동의 범위를 크게 벗어나지 못했고 따라서 8·15 후 재빨리 사태수습에 나서 건국준비위원회에서 <인민공화국>으로 그들 나름의 독립노선을 개척해 나가려 하다가 미군정의 반대로 좌절되고 말았던 것이다. 만약 그들의 항일전통과 힘이 질량면에서 찬란했다면 미군정에 어느 정도 저항해 싸웠겠으나 그러한 저항이 없었다는 것은 그만한 전통이나 힘이 부족했었기 때문으로 보여진다.

8·15를 맞은 우리 민족에 민중을 이끌어 나갈만한 혁명적 주체세력이 없었다는 것은 일제의 식민통치와 탄압이 그만큼 철저하고 집요하고 악랄해서 지도에 의한 투쟁이 남아날 여지가 없었기 때문

---

*송건호·진덕규·김학준, “해방의 민족사적 인식”, 『해방전후사의 인식』, 한길사, 2004

이다. 하여간 8·15 직후의 이 땅은 각계 각파의 정치세력을 위해 일종의 기회균등적 상황에 놓여 있었다. 우파나 좌파나 그 당시엔 어느 쪽도 민중을 잡지 못하고 있었으며 이제부터라는 단계였다. 오히려 알려지기로는 여운형이나 박헌영보다 이승만 쪽이 유리했고, 게다가 미군정이라는 배경이 있어 좌파보다 우파가 유리한 여건에 놓여 있었다. 그 중에서도 귀국 당시 가장 유리한 여건하에 있던 것이 이승만이었다. 만약 그가 그렇게 할 생각만 있었다면 무진장한 민중 속에서 진정한 민족의 주체세력을 형성해서 그 후의 민족의 진로에 확고한 민족자주국가를 세울 수도 있었을 것이다. 당시의 정치여건은 좌파에 유리하고 우파에 불리한 것이 아니라 오히려 좌파에 불리하고 우파에 유리했다. 우파가 좌파와 싸우기 위해 친일파의 힘을 빌려야 할 논리는 설 수 없었다. 이승만이 자기의 정치기반으로 친일세력을 포섭해야 할 이유는 없었다. 이승만이 친일세력 쪽으로 기울어진 것은 그의 정치적 체질이 그것을 요구한 것이지 좌파에 대항할 힘이 부족한 때문이었다고 볼 수는 없다. 하여간 이승만이 자기의 정치기반으로서 친일세력을 감싸고 나선 것은 그 후의 민족운명과 대한민국의 성격과 진로와 통일문제 등에 결정적 영향을 미쳤다고 보아야 한다.

……(중략)……

권력에 대한 집념은 망명 후에도 나타나 하와이 민족단체 안에서도 재정과 주도권을 잡자 동포끼리 싸움과 재판으로 세월을 보냈고, 그를 하와이 교포사회에 소개한 옛 동지인 박용만(朴容萬) 조차도 이승만은 겉으로는 도덕과 민주주의를 말하면서도 권력을 잡기 위해서는 폭력과 모함 등 수단 방법을 가리지 않는 무서운 사람이라고 개탄했다.

권력을 잡기 위해서는 수단 방법을 가리지 않는 이승만이 민족정의에서 벗어난 부일협력자들을 자기의 정치기반으로 삼은 것은 조금도 놀라운 일이 아니다.

그는 귀국하자마자 하지 중장이나 아놀드 군정장관을 배석시킨 가운데 3천만 동포는 우선 뭉쳐야 산다고 주장했다. 하지나 아놀드를 배석시켜 마친 이 두 사람이 자기를 추대하고 있다는 인상을 주려고 한 점이나 우선 뭉치라고 함으로써 중국의 임정이고 기정사실화 하려는 <인공>의 존재고 모두 무시하고 자기를 중심으로 단결하라는 방향으로 이끌고 나가려고 한 것 같은 것은 과연 이승만다운 정략이라고 할 수 있겠다.

……(중략)……

첫째, 그는 입으로 민주주의를 말했으나 자신이 왕족이라는 관념에 집착하고 있었다. 로버트 올리버의 『이승만』을 보더라도 이승만이 자기 가무에 대한 자랑이 대단했었다는 것을 말해 준다. 그는 본질적으로 귀족적, 따라서 만민중적 정치인이었다. 그가 귀국 후 부일협력자의 대변자라고 비난받던 한민당을 자기의 정치기반으로 삼은 것은 조금도 이상한 일이 아니었다.

해방 후 반민족 부일협력자를 숙청하라는 국민적 여론이 비등했으나 알다시피 미군정은 이 같은 여론을 무시했고, 이승만이 미군정을 뒤따라 친일세력을 두둔·보호했다. 빗발치는 국민여론에 따라 제헌국회에서 반민족행위 처벌법을 제정하였으나 친일파들이 <대지구락부>라는 단체를 조직하고 이승만의 지지를 받아 친일파숙청을 주장하는 자는 '공산당의 주구'라고 위협했다. 이승만은 국회에서 회부한 반미족행위처벌법안-반민법-을 거부하기로 했다가 쌀 공출제 실시에 관한 법안이 거부될 것 같아 하는 수 없이 통과시켰으나 49년 1월부터 친일반역자들의 일람표를 작성하는 등 반민특위의 활동이 시작되자 경찰 측에서 반민특위 관계자들의 암살음모가 꾸며지는가 하면 그간 애국지사를 고문·학살한 일제고등계 형사 노덕술(盧德述)을 체포하자 이승만은 특위조사위원을 불러 노덕술은 건국공로자니 석방하라고 요구했다. 특위가 항일애국자를 고문·학살한 자로 도저히 석방할 수 없다고 거절하자 이승만은 2월 15일(49년) 특위활동을 비난하는 담화를 발표하고 행정부 안의 반민자조사 협조를 거부했다.

이승만의 이 같은 비난과 방해와 협박이 있음에도 특위는 애국지사들을 체포·고문·학살한 고등계 형사들을 비롯, 반민자들을 계속

잡아들였다. 특위는 마침내 그해(49년) 6월 6일 서울시경 사찰과장(지금의 정보과장) 최운하(崔雲霞)와 종로서 사찰주임 조응선(趙應善)을 연행하자 경찰은 정부의 양해 아래 반민특위를 포위하고 특경대(반미특위 소속 경찰)를 무장 해제하고 특위 직원에 마구 폭행하고 연행 구속했다. 이에 특위위원장 김상덕(金尙德)을 비롯한 특위조사위원과 특별재판관, 특별검찰관 등이 사임하고 반민특위 활동을 반대한 바 있는 법무장관 이인(李仁)이 위원장이 되어 특위활동의 막을 닫았던 것이다.

국민의 절대적 여론에 따라 착수된 친일반역자에 대한 민족적 심판은 이렇게 이승만의 반대로 좌절되고 이로서 경찰을 비롯해 각계에 뿌리박고 있는 악질 친일반역자들은 마음놓고 활개를 치게 되었고, 그후 이들은 이승만 정권유지를 위해 이 나라 민권을 탄압하고 마침내 3·15 부정선거까지 자행하다가 민중의 분노가 폭발하는 4월 혁명에 의해 붕괴되고 말았던 것이다.

……(중략)……

7·4 남북공동성명

최근 평양과 서울에서 남북관계를 개선하며 갈라진 조국을 통일하는 문제를 협의하기 위한 회담이 있었다.

서울의 이후락 중앙정보부장이 1972년 5월 2일부터 5월 5일까지 평양을 방문하여 평양의 김영주 조직지도부장과 회담을 진행하였으며, 김영주 부장을 대신한 박성철 제2부수상이 1972년 5월 29일부터 6월 1일까지 서울을 방문하여 이후락 부장과 회담을 진행하였다.

이 회담들에서 쌍방은 조국의 평화적 통일을 하루빨리 가져와야 한다는 공통된 염원을 안고 허심탄회하게 의견을 교환하였으며 서로의 이해를 증진시키는 데서 큰 성과를 거두었다.

이 과정에서 쌍방은 오랫동안 서로 만나보지 못한 결과로 생긴 남북 사이의 오해와 불신을 풀고 긴장의 고조를 완화시키며 나아가서 조국통일을 촉진시키기 위하여 다음과 같은 문제들에 완전한 견해의 일치를 보았다.

1. 쌍방은 다음과 같은 조국통일원칙들에 합의를 보았다.

첫째, 통일은 외세에 의존하거나 외세의 간섭을 받음이 없이 자주적으로 해결하여야 한다.

둘째, 통일은 서로 상대방을 반대하는 무력행사에 의거하지 않고 평화적 방법으로 실현 하여야 한다.

셋째, 사상과 이념·제도의 차이를 초월하여 우선 하나의 민족으로서 민족적 대단결을 도모하여야 한다.

2. 쌍방은 남북 사이의 긴장상태를 완화하고 신뢰의 분위기를 조성하기 위하여 서로 상대방을 중상 비방하지 않으며 크고 작은 것을 막론하고 무장도발을 하지 않으며 불의의 군사적 충돌사건을 방지하기 위한 적극적인 조치를 취하기로 합의하였다.

3. 쌍방은 끊어졌던 민족적 연계를 회복하며 서로의 이해를 증진시키고 자주적 평화통일을 촉진시키기 위하여 남북 사이에 다방면적인 제반교류를 실시하기로 합의하였다.

4. 쌍방은 지금 온 민족의 거대한 기대 속에 진행되고 있는 남북적십자회담이 하루빨리 성사되도록 적극 협조하는 데 합의하였다.

5. 쌍방은 돌발적 군사사고를 방지하고 남북 사이에 제기되는 문제들을 직접, 신속 정확히 처리하기 위하여 서울과 평양 사이에 상설 직통전화를 놓기로 합의하였다.

6. 쌍방은 이러한 합의사항을 추진시킴과 함께 남북 사이의 제반문제를 개선 해결하며 또 합의된 조국통일원칙에 기초하여 나라의 통일문제를 해결할 목적으로 이후락 부장과 김영주 부장을 공동위원장으로 하는 남북조절위원회를 구성·운영하기로 합의하였다.

7. 쌍방은 이상의 합의사항이 조국통일을 일일천추로 갈망하는 온 겨레의 한결같은 염원에 부합된다고 확신하면서 이 합의사항을 성실히 이행할 것을 온 민족 앞에 엄숙히 약속한다.

서로 상부의 뜻을 받들어

이후락·김영주
1972년 7월 4일

남북 기본 합의서

남과 북은 분단된 조국의 평화적 통일을 염원하는 온 겨레의 뜻에 따라 7·4 남북공동성명에서 천명된 조국통일 3대원칙을 재확인하고, 정치군사적 대결상태를 해소하여 민족적 화해를 이룩하고, 무력에 의한 침략과 충돌을 막고 긴장완화와 평화를 보장하며, 다각적인 교류·협력을 실현하여 민족공동의 이익과 번영을 도모하며, 쌍방 사이의 관계가 나라와 나라사이의 관계가 아닌 통일을 지향하는 과정에서 잠정적으로 형성되는 특수관계라는 것을 인정하고 평화통일을 성취하기 위한 공동의 노력을 경주할 것을 다짐하면서 다음과 같이 합의하였다.

제1장 남북화해

제1조 남과 북은 서로 상대방의 체제를 인정하고 존중한다.

제2조 남과 북은 상대방의 내부문제에 간섭하지 아니한다.

제3조 남과 북은 상대방에 대한 비방·중상을 하지 아니한다.

제4조 남과 북은 상대방을 파괴·전복하려는 일체행위를 하지 아니한다.

제5조 남과 북은 현 정전상태를 남북사이의 공고한 평화상태로 전환시키기 위하여 공동으로 노력하며 이러한 평화상태가 이룩될 때까지 현 군사정전협정을 준수한다.

제6조 남과 북은 국제무대에서 대결과 경쟁을 중지하고 서로 협력하며 민족의 존엄과 이익을 위하여 공동으로 노력한다.

제7조 남과 북은 서로의 긴밀한 연락과 협의를 위하여 이 합의서 발효후 3개월 안에 판문점에 남북연락사무소를 설치·운영한다.

제8조 남과 북은 이 합의서 발효후 1개월 안에 본회담 테두리 안

에서 남북 정치분과위원회를 구성하여 남북화해에 관한 합의의 이행과 준수를 위한 구체적 대책을 합의한다.

제2장 남북불가침

제9조 남과 북은 상대방에 대하여 무력을 사용하지 않으며 상대방을 무력으로 침략하지 아니한다.

제10조 남과 북은 의견대립과 분쟁문제들을 대화와 협상을 통하여 평화적으로 해결한다.

제11조 남과 북의 불가침 경계선과 구역은 1953년 7월27일자 군사정전에 관한 협정에 규정된 군사분계선과 지금까지 쌍방이 관할하여 온 구역으로 한다.

제12조 남과 북은 불가침의 이행과 보장을 위하여 이 합의서 발효후 3개월 안에 남북 군사공동위원회를 구성·운영한다. 남북군사공동위원회에서는 대규모 부대이동과 군사연습의 통보 및 통제문제, 비무장지대의 평화적 이용문제, 군인사 교류 및 정보교환 문제, 대량살상무기와 공격능력의 제거를 비롯한 단계적 군축실현문제, 검증문제 등 군사적 신뢰 조성과 군축을 실현하기 위한 문제를 협의.추진한다.

제13조 남과 북은 우발적인 무력충돌과 그 확대를 방지하기 위하여 쌍방 군사당국자 사이에 직통전화를 설치·운영한다.

제14조 남과 북은 이 합의서 발효후 1개월 안에 본회담 테두리 안에서 남북 군사분과위원회를 구성하여 불가침에 관한 합의의 이행과 준수 및 군사적 대결상태를 해소하기 위한 구체적 대책을 협의한다.

제3장 남북교류·협력

제15조 남과 북은 민족경제의 통일적이며 균형적인 발전과 민족전체의 복리 향상을 도모하기 위하여 자원의 공동개발, 민족내부교류로서의 물자교류, 합작투자 등 경제교류와 협력을 실시한다.

제16조 남과 북은 과학·기술, 교육, 문학·예술, 보건, 체육, 환경

과 신문, 라디오, 텔레비전 및 출판물을 비롯한 출판·보도 등 여러 분야에서 교류와 협력을 실시한다.

제17조 남과 북은 민족구성원들의 자유로운 왕래와 접촉을 실현한다.

제18조 남과 북은 흩어진 가족. 친척들의 자유로운 서신거래와 왕래와 상봉 및 방문을 실시하고 자유의사에 의한 재결합을 실현하며, 기타 인도적으로 해결할 문제에 대한 대책을 강구한다.

제19조 남과 북은 끊어진 철도와 도로를 연결하고 해로, 항로를 개설한다.

제20조 남과 북은 우편과 전기통신교류에 필요한 시설을 설치·연결하며, 우편·전기통신 교류의 비밀을 보장한다.

제21조 남과 북은 국제무대에서 경제와 문화 등 여러 분야에서 서로 협력하며 대외에 공동으로 진출한다.

제22조 남과 북은 경제와 문화 등 각 분야의 교류와 협력을 실현하기 위한 합의의 이행을 위하여 이 합의서 발효후 3개월 안에 남북경제교류·협력공동위원회를 비롯한 부문별 공동위원회들을 구성·운영한다.

제23조 남과 북은 이 합의서 발효후 1개월 안에 본회담 테두리 안에서 남북 교류·협력분과위원회를 구성하여 남북교류·협력에 관한 합의의 이행과 준수를 위한 구체적 대책을 협의한다.

제4장 수정 및 발효

제24조 이 합의서는 쌍방의 합의에 의하여 수정 보충할 수 있다.

제25조 이 합의서는 남과 북이 각기 발효에 필요한 절차를 거쳐 그 문본을 서로 교환한 날부터 효력을 발생한다.

1991년 12월 13일

남북고위급 회담 남측대표단 수석대표 대한민국 국무총리 정원식

북남고위급 회담 북측대표단 단장 조선민주주의인민공화국 정무원총리 연형묵

6·15 남북 공동선언

조국의 평화적 통일을 염원하는 온 겨레의 숭고한 뜻에 따라 대한민국 김대중 대통령과 조선민주주의 인민 공화국 김정일 국방 위원장은 2000년 6월 13일부터 6월 15일까지 평양에서 역사적인 상봉을 하였으며 정상 회담을 가졌다.

남·북 정상은 분단 역사상 최초로 열린 이번 상봉과 회담이 서로 이해를 증진시키고 남부관계를 발전시키며 평화 통일을 실현하는 데 중대한 의의를 갖는다고 평가하고 다음과 같이 선언한다.

1. 남과 북은 나라의 통일 문제를 그 주인인 우리 민족끼리 서로 힘을 합쳐 자주적으로 해결해 나가기로 하였다.

2. 남과 북은 나라의 통일을 위한 남측의 연합제안과 북측의 낮은 단계의 연방제안이 서로 공통성이 있다고 인정하고, 앞으로 이 방향에서 통일을 지향시켜 나가기로 하였다.

3. 남과 북은 올해 8·15에 즈음하여 흩어진 가족, 친척 방문단을 교환하며 비전향 장기수 문제를 해결하는 등 인도적 문제를 조속히 풀어 나가기로 하였다.

4. 남과 북은 경제 협력을 통하여 민족 경제를 균형적으로 발전시키고 사회·문화·체육·보건·환경 등 제반 분야의 협력과 교류를 활성화하여 서로의 신뢰를 다져 나가기로 하였다.

5. 남과 북은 이상과 같은 합의 사항을 조속히 실천에 옮기기 위하여 빠른 시일 안에 당국 사이의 대화를 개최하기로 하였다.

김대중 대통령은 김정일 국방위원장이 서울을 방문하도록 정중히 초청하였으며 김정일 국방위원장은 앞으로 적절한 시기에 서울을 방문하기로 하였다.

2000년 6월 15일

대한민국 대통령 김대중

조선민주주의 인민공화국 국방위원장 김정일

역사의 고전(충주편)

『三國史記』卷35 雜志4 地理2

중원경(中原京)은 본래 고구려(高句麗) 국원성(國原城)이었는데 신라(新羅)가 이를 평정하였다. 진흥왕(眞興王)이 소경(小京)을 세우고 문무왕(文武王) 때 성을 쌓았는데, 주위가 2592보였다. 경덕왕(景德王)이 중원경(中原京)으로 이름을 고쳤으며, 지금은 충주(忠州)이다.

『三國史記』卷37 雜志6 地理4 고구려(高句麗)

한산주(漢山州), 국원성(國原城) [미을성(未乙省)라고도 하고 탁장성(託長城)이라고도 한다.]

충주 고구려비

(前面)

5월에 高麗大王의 相王公과 …… 신라 寐錦은 世世토록 형제같이 지내기를 원하여 서로 守天하기 위해 동으로 (왔다). 寐錦 忌 太子 共 前部 大使者 多亏桓奴

主簿 道德 등이 …… 로 가서 跪營에 이르렀다. 太子 共 …… 尙 …… 上共看 명령하여 太翟鄒를 내리고 …… 寐錦의 衣服을 내리고 建立處 用者賜之 隨者 …… . 奴客人 …… 諸位에게 敎를 내리고 여러 사람에게 의복을 주는 敎를 내렸다. 東夷 寐錦이 늦게 돌아와 寐

錦 土內의 諸衆人에게 節敎賜를 내렸다. (태자 共이) 고구려 국토 내의 大位 諸位 상하에게 의복과 受敎를 궤영에서 내렸다. 12월 23일 갑인에 東夷寐錦의 상하가 于伐城에 와서 敎를 내렸다. 전부 대사자 다우환노와 주부 道德이 국경 근처에서 300명을 모았다. 신라토내당주 下部 拔位使者 補奴 …… 와 盖盧가 공히 신라 영토 내의 주민을 모아서 …… 로 움직였다.

(左側面)

…… 中 …… 城不 …… 村舍 …… 沙 …… 班功 …… 節人 …… 辛酉年 …… 十 …… 太王國土 …… 上有 …… 酉 …… 東夷 寐錦의 영토 …… 方 …… 桓□沙□斯色 …… 古鄒加 共의

군대가 于伐城에 이르렀다. …… 古牟婁城守事 下部 大兄 耶□

『고려사』 志권 제10 地理1 양광도 충주목

충주목(忠州牧)은 본래 고구려(高句麗)의 국원성(國原城)【미을성(未乙省)이라고도 하며, 난장성(薍長城)이라고도 한다.】으로, 신라(新羅)가 차지하였다. 진흥왕(眞興王) 때 소경(小京)을 설치했으며, 경덕왕(景德王) 때 중원경(中原京)으로 고쳤다. 태조(太祖) 23년(940)에 또 충주(忠州)로 고쳤다. 성종(成宗) 2년(983)에 처음으로 12목(牧)을 설치하였는데, 주(州)도 그 중의 하나였다. 성종 14년(995)에 12주 절도사(節度使)를 설치하면서, 창화군(昌化軍)이라 부르고 중원도(中原道)라 불렀다. 현종(顯宗) 3년(1012)에 절도사를 없애고 안무사(安撫使)가 되었다. 현종 9년(1018)에 목으로 정하여 8목의 하나가 되었다. 고종(高宗) 41년(1254)에 승격시켜 국원경(國原京)이 되었다. 양진명소(楊津溟所)와 양진연소(楊津衍所)가 있다. 별호(別號)는 대원(大原)【성종[成廟] 때 정하였다.】이며, 또한 예성(蘂城)으로 부르기도 한다【고종 42년(1255)에 다인철소(多仁鐵所)의 주민들이 몽고군을 방어하

는 데 공을 세웠으므로, 소(所)를 익안현(翼安縣)으로 승격시켰다.】. 속군(屬郡)이 1개, 속현(屬縣)이 5개이고, 관할하는 지사군(知事郡)이 1개이다.

『세종실록지리지(世宗實錄地理志)』 충주목(忠州牧)

사(使) 1인, 판관(判官) 1인, 유학 교수관(儒學敎授官) 1인

본래 고구려의 국원성(國原城)인데, 신라에서 빼앗아, 진흥왕(眞興王)이 소경(小京)을 설치하였고, 경덕왕(景德王)이 중원경(中原京)으로 고치었다. 고려 태조(太祖) 23년 경자에 충주(忠州)로 고치었고, 성종(成宗) 2년 계미에는 처음에는 12목(牧)을 두었는데, 바로 그 하나가 되었다. 14년 을미에는 12주(州) 절도사(節度使)를 두어 충주창화군(忠州昌化軍)이라 이름하였고, 현종(顯宗) 3년 임자에 절도사를 폐하여 안무사(安撫使)로 고쳤다가, 9년 무오에 충주목(忠州牧)으로 정하니, 8목(牧)의 하나이었다. 본조(本朝)에서도 그대로 따랐다. 별호(別號)는 대원(大原),【순화(淳化) 때에 정한 것이다.】또는 예성(蘂城)이다. 속현(屬縣)이 1이니 익안(翼安)이요,【본래 다인철소(多仁鐵所)인데, 고려 고종(高宗) 42년, 갑인에 본 고을 사람이 몽고(蒙古) 군사를 막아 공(功)이 있었으므로, 현(縣)으로 승격하였다.】부곡(部曲)이 3이니, 소잉림(所仍林) · 광반석(廣反石) · 감내며(甘內旀)이며, 향(鄕)이 1이니, 덕산(德山)이다.

대림산(大林山)【주의 사람들이 진산(鎭山)으로 삼는다. 】대천(大川) 양진명소(楊津溟所)는 청풍(淸風)으로부터 〈시작하여 충주〉 서남쪽으로 흘러 여강(驪江)이 된다.【봄 · 가을에 〈나라에서〉 향축(香祝)을 내려 제사를 지내는데, 소사(小祀)로 한다.】양진연소(楊津衍所)【봄 · 가을에 소재관(所在官)으로 하여금 제사를 지내게 한다.】덕천진(德川津)【주(州)에서 5리에 있다.】

사방 경계는 동쪽으로 청풍(淸風)에 이르기 30리, 서쪽으로 죽산(竹山)에 이르기 90리, 남쪽으로 음성(陰城)에 이르기 50리, 북쪽으로 원주(原州)에 이르기 40리이다.

호수는 1천 8백 71호요, 인구는 7천 4백 52명이다. 군정은 시위군(侍衛軍)이 4백 40명이요, 선군(船軍)이 4백 65명이다.

본주(本州)의 토성(土姓)이 9이니, 서(徐)·석(石)·최(崔)·유(劉)·강(康)·양(梁)·진(秦)·안(安)·박(朴)이요, 내성(來姓)이 2이니, 견(堅)·정(鄭)이다. 외촌성(外村姓)이 3이니, 혜(嵇)·어(魚)·지(池)요, 소잉림 부곡(所仍林部曲)의 성(姓)이 1이니, 석(石)이요, 감내며 부곡(甘內旀部曲)의 성이 1이니, 노(盧)요, 익안현(翼安縣)의 속성(續姓)이 2이니, 지(池)·어(魚)요, 광반석 부곡(廣反石部曲)의 속성이 2이니, 최(崔)·안(安)이요, 덕산향(德山鄕)의 성이 2이니, 석(石)·연(延)이다.

땅이 기름지고 메마른 것이 반반이며, 민간의 풍속이 검소하고 인색하다. 간전(墾田)이 1만 9천 8백 93결이요,【논이 10분의 3에 좀 넘는다.】 토의(土宜)는 오곡과 팥·대추·여(黎)·뽕나무·참깨요, 토공(土貢)은 꿀·밀[黃蠟]·석이[石茸]·칠(漆)·지초·느타리·주토(朱土)·돼지털·족제비털[黃毛]·종이요, 약재(藥材)는 활석(滑石)·모란뿌리껍질[牧丹皮]·인삼이요, 토산(土産)은 모과[木爪]·신감초(辛甘草)·송이[松茸]이다. 철장(鐵場)이 1이니, 주의 남쪽 말흘금(末訖金)에 있고,【중품이다.】 자기소(磁器所)가 1이니, 주의 서쪽 보련동(寶蓮洞)에 있고, 도기소(陶器所)가 1이니, 주의 북쪽 월호현(月乎峴)에 있다.【모두 하품(下品)이다.】

읍 석성(邑石城)【둘레가 6백 80보(步)요, 안에 우물 3이 있는데 겨울이나 여름에도 늘 마르지 않는다.】 사고(史庫)가 객사(客舍) 서쪽에 있다.【수호관(守護官) 5인, 별색(別色)·호장(戶長)·기관(記官)·고지기[庫直] 각 1인씩 있다. 사고는 본래 합천(陜川) 가야산(伽倻山)의 해인사(海印寺)에 있어서, 홍건적(紅巾賊)의 난리에도 잃지 아니하였는데, 본조(本朝) 초기에 그 땅이 바다에 가까우므로 이곳에 옮겨 두었다.】 경원창(慶原倉)【주의 서쪽 10리 연천(淵遷)에 있는데 경상도의 공부(貢賦)를 거두어 받는 곳이다.】 덕흥창(德興倉)【경원창 북쪽에 있다.】 역(驛)이 2이니, 연원(連原)과 가흥(嘉興)이요, 봉화가 4곳이니, 오성(梧城)【동쪽으로 청풍(淸風) 오현(吾峴)에, 서쪽으로 익안(翼安) 마산(馬山)에 응한다.】· 대림성(大林城)【서쪽으로 마산에 응한다.】· 마산(馬山)【서쪽 음성(陰城) 가섭산(伽葉山)에 응한다.】· 망이산(望伊山)【동쪽으로 음성 가섭산에, 서쪽으로 죽산(竹山) 검단산(儉丹山)에 응한다.】이다. 큰 방죽[大堤]이 1이요, 작은 방죽[小堤]이 1이다.【길이 4백 80척(尺)인데, 66결(結)의 논에 물을 댄다.】보련사(寶蓮寺)【교종(敎宗)에 붙이고, 전지 1백 50결을 주었다.】

관할은 군(郡)이 3이니, 단양(丹陽) · 청풍(淸風) · 괴산(槐山)이요, 현(縣)이 4이니, 영춘(永春) · 제천(堤川) · 음성(陰城) · 연풍(延豐)이다.

『신증동국여지승람(新增東國輿地勝覽)』 제14권

충청도(忠淸道) 충주목(忠州牧)

동쪽으로 청풍군(淸風郡) 경계까지 28리이고, 남쪽으로 괴산군(槐山郡) 경계까지 48리이고, 연풍현(延豐縣) 경계까지 31리이고, 서쪽으로 음성현(陰城縣) 경계까지 51리이고, 경기도 여주(驪州) 경계까지 78리이고, 경기도 음죽현(陰竹縣) 경계까지 66리이고, 북쪽으로 제천현(堤川縣) 경계까지 45리이고, 강원도(江原道) 원주(原州) 경계까지 58리이고, 서울과의 거리는 2백 82리이다.

【건치연혁】 본래 고구려의 국원성(國原城)인데 혹은 미을성(未乙省)이라고도 하고, 혹은 완장성(薍長城)이라고도 한다. 신라에서 빼앗았다. 진흥왕(眞興王)이 소경(小京)을 설치하여 귀척(貴戚)의 자제와 육부(六部)의 호민(豪民)을 옮겨서 채웠고, 경덕왕(景德王)이 중원경(中原京)으로 고쳤다. 고려 태조(太祖) 23년(940)에 지금 이름으로 고쳤고, 성종(成宗) 2년(983)에 목(牧)을 두었다가 14년(995)에 절도사(節度使)를 두어 창화군(昌化軍)이라 이름하여 중원도(中原道)에 예속하였다. 현종(顯宗) 3년(1012)에 폐지하고 안무사(安撫使)로 만들었다가 9년에 8목(牧)의 하나로 만들었고, 고종(高宗) 41년(1254)에 승격하여 국원경(國原京)으로 만들었다가 뒤에 다시

목으로 만들었는데, 본조(本朝)에서 그대로 인습하였다. 세종(世宗) 31년(1449)에 관찰사로서 목사를 겸하게 하였다가 조금 뒤에 파하였고, 세조(世祖) 때에 진(鎭)을 두었다.

【진관】군(郡)이 셋이고 청풍(淸風)·단양(丹陽)·괴산(槐山). 현(縣)이 넷이다. 연풍(延豐)·음성(陰城)·영춘(永春)·제천(堤川).

【관원】 목사(牧使)·판관(判官)·교수(敎授) 각 1인.

【군명】 국원(國原)·대원(大原)·예성(蘂城)·중원(中原)·창화군(昌化軍).

【성씨】 본주 서(徐)·석(石)·최(崔)·유(劉)·강(康)·양(梁)·진(秦)·안(安)·박(朴)·매(梅) 사성(賜姓)이다. ○중원 제남(中原 濟南)·해(嵇)·어(魚)·지(池)·노(盧)·연(延) 모두 촌성(村姓)이다. 견(堅)·정(鄭) 모두 내성(來姓)이다. 덕산(德山) 석(石)·연(延). 소내림(所仍林) 석(石)·최(崔) 감물내미(甘勿內彌) 김(金)·노(盧)·유(劉)·석(石). 이차탄(伊次呑) 채(蔡)·박(朴)·윤(尹). 익안(翼安) 지(池)·어(魚). 광반석(廣反石) 최(崔)·안(安).

【풍속】 백성의 풍속이 검소하고 인색하다.《지지(地志)》

【형승】 남쪽 방면의 요해처에 자리 잡고 있는 땅이다. 정인지(鄭麟趾)의 기(記)

【산천】 대림산(大林山) 주(州) 남쪽 10리에 있는데, 진산(鎭山)이다. 말흘산(末訖山) 주 북쪽 30리에 있다. 심항산(心項山) 주 동북쪽 9리에 있다. 마산(馬山) 주 서쪽 30리에 있다. 망이산(望夷山) 주 서쪽 91리에 있다. 월악산(月岳山) 주 동쪽 45리에 있다. 또 청풍군(淸風郡) 조에 보인다. ○이숭인(李崇仁)의 시에, "저 월악(月岳)을 보니 중원(中原)에 비껴 있는데, 한강의 물이 처음 발원했네." 하였다. 천룡산(天龍山) 주 서쪽 50리에 있다. 정토산(淨土山) 혹은 개천산(開天山)이라고도 한다. 주 북쪽 33리에 있다. 견문산(犬門山) 주 서쪽 8리에 있다. 그 아래에 큰 내가 있는데, 금휴포(琴休浦)라 한다. 풍류산(風流山) 주 남쪽 23리에 있다. 가섭산(迦葉山) 주 서쪽 45리에 있다. 국망산(國望山) 주 서쪽 51리에 있다. 장미산(薔薇山) 주 서쪽 28리에 있는데, 옛 석성(石城)이 있다. 천등산(天燈山) 주 북쪽 40리에 있다. 개천사비(開天寺碑)가 있는데,

세속에서 전하기를, “당(唐) 나라 개원(開元) 연간에 세웠다.” 한다. 비문은 닳아서 읽을 수가 없다. 오동산(梧桐山) 주 동쪽 7리에 있다. 금봉산(金鳳山) 주 동쪽 5리에 있다. 종당산(宗堂山) 주 북쪽 13리에 있다. 이상한 돌이 생산되는데 세밀하여 비갈(碑碣)을 만들 만하다. 악현(惡峴) 주 서쪽 음성현(陰城縣) 경계에 있다. ○이승소(李承召)의 시에, “돌 길에 서성이니 하늘에 오르는 것 같은데, 게으른 종 입 벌리며 헐떡여 김 연기를 토한다. 올라 가서 머리 들고 바라보니 삼산(三山)이 오색 구름 가에 희미하게 보이는 것 기쁘기도 하네.” 하였다. 연주현(連珠峴) 주 남쪽 5리에 있다. 속담에 전하기를, “연주의 선녀가 풍류산(風流山)에 놀고 혹은 이 고개에서 놀았다.” 한다. 그 골목의 이름을 지금까지 비선동(飛仙洞)이라고 일컫는다. 북진(北津) 주 북쪽 10리에 있다. 근원이 강릉부(江陵府) 오대산(五臺山)에서 나온다. 금천(金遷) 주 서쪽 10리에 있는데, 바로 북진(北津)의 하류이다. 월락탄(月落灘) 주 서쪽 15리에 있는데, 바로 지금의 금천(金遷) 월탄(月灘)으로 우륵(于勒)이 놀던 곳이다. ○안숭선(安崇善)의 시에, “금휴포(琴休浦) 어구에는 외로운 돛이 멀고, 월락탄(月落灘) 머리에는 흰 물결이 평평하다.” 하였다. 달천(達川) 혹은 덕천(德川)이라 이름하고, 혹은 달천(獺川)이라 이름하는데, 주 서쪽 8리에 있다. 근원이 보은현(報恩縣) 속리산(俗離山) 꼭대기에서 나와서 그 물이 세 갈래로 나뉘는데, 그 하나가 서쪽으로 흘러 달천이 되었다. 배를 띄우고 겨울에는 다리를 놓는다. ○본조(本朝)의 이행(李行)이 능히 물맛을 변별하는데, 달천 물을 제일이라 하여 마시기를 좋아하였다. ○고려 고종(高宗) 때에 주의 노군(奴軍)이 난을 일으키자 이자성(李子晟) 등을 보내 삼군(三軍)을 거느리고서 토벌하게 하였다. 삼군이 달천에 이르러 물이 깊어 건너지 못하고 한참 다리를 만들고 있는데, 적이 말하기를, “반역의 괴수를 베어 나와서 항복하려 한다.” 하니, 자성(子晟)이 말하기를, “그렇게 한다면 너희들을 반드시 다 죽이지는 않겠다.” 하자, 적이 괴수인 중 우목(牛木)의 머리를 베어 가지고 오니, 관군(官軍)이 드디어 남은 무리를 사로잡아 모두 베었다. 진포(辰浦) 곧 북진(北津)의 상류인데, 주 동쪽 15리에 있다. 맑고 깊어 바닥을 알 수 없는데, 세속에서 용못[龍淵]이라고 전한다. 하늘이 가물 때에 범의 두골(頭骨)을 던져넣으면 징험이 있다. 혹은 전회강(澶洄江)이라고도 한다.

【토산】 철(鐵) 주연리(周連里)에서 산출된다. 잣[海松子] · 송이[松蕈] · 활석(活石) · 수달(水獺) · 꿀[蜂蜜] · 지치[紫草] · 대추[棗] · 인삼 · 사향(麝香) · 안식향(安息香) · 쏘가리[錦鱗魚] · 석이버섯[石蕈]. 『신증』 석류황(石硫黃) 노오(老烏) · 시물(柴勿) 두 골짜기에서 산출된다.

【성곽】 읍성(邑城) 돌로 쌓았는데, 주위가 3천 6백 50척이고 높이가 8척이다. 가운데에 우물 셋이 있다.

【봉수】 대림산 봉수(大林山烽燧) 남쪽으로 연풍현(延豐縣) 주정산(周井山)에 응하고, 서쪽으로 마산(馬山)에 응한다. 심항산 봉수(心項山烽燧) 동쪽으로 청풍군(淸風郡) 오현(吾峴)에 응하고, 서쪽으로 마산에 응한다. 마산 봉수(馬山烽燧) 동쪽으로 대림산과 심항산에 응하고, 서쪽으로 음성현(陰城縣) 가섭산(迦葉山)에 응한다. 망이성 봉수(望夷城烽燧) 동쪽으로 음성현 가섭산에 응하고, 남쪽으로 진천현(鎭川縣) 소을산(所乙山)에 응하고, 서쪽으로 경기 죽산현(竹山縣) 건지산(巾之山)에 응한다.

【궁실】 실록각(實錄閣) 객관(客館) 동남쪽에 있다. 본조(本朝)의 실록(實錄)을 보관하고 있는데, 3년마다 사관(史官)을 보내 포쇄(曝曬)한다. 성주(星州)와 전주(全州)도 같다. ○강희맹(姜希孟)의 기(記)에, "세조(世祖)와 예종(睿宗)의 실록이 이루어지자 3건을 인쇄하여 지방 사고(史庫)에 나누어 두게 하였다. 계사년 가을에 신(臣) 희맹을 보내어 충주와 성주에 봉안(奉安)하고, 지사(知事) 신 양성지(梁誠之)를 보내 전주에 봉안하게 하였다. 실록이 모두 71질인데 다섯 궤(樻)에 나누어 넣어서 간직하는 일이 이미 끝났다. 희맹이 가만히 생각건대, 예부터 성제(聖帝)와 명왕(明王)이 천하 국가를 다스리매 그 광대 광명(廣大光明)한 체(體)와 성신 공화(聖神功化)의 묘(妙)가 곧 천지와 더불어 그 도량을 함께 하고 귀신과 더불어 그 운행(運行)을 합하니 진실로 얕은 식견으로 그

가장자리조차 엿보기 어렵다. 그러나 천지의 변화를 궁구(窮究)하여 성인의 마음을 보는 것은 《주역(周易)》이 아니면 다할 수 없고 성인의 정치를 보아 성인의 마음을 보는 것은 전모(典謨)가 아니면 상고할 수 없으니, 이른바 전모는 바로 옛날의 실록이다. 당우(唐虞)로부터 내려와서 지금에 미치기까지 시대마다 각각 사적(史籍)이 있어서 실린 것이 실제 사적(史蹟)이 아닌 것이 없고 담겨 있는 것이 실제 마음 아닌 것이 없으니, 백왕(百王)의 정치를 보고 백왕의 마음을 궁구하려고 하면, 이것을 버리고서는 의거할 데가 없다. 공손히 생각하건대, 세조 대왕께서는 하늘이 내신 용맹과 지혜로써 빠진 것을 건져내고 어려운 것을 통하게 하여 집을 변화하여 나라로 만들었으니, 정일(精一)하여 중을 잡는 학문과 널리 베풀고 여러 백성을 구제[博施濟衆]하는 정치가 멀리 천고를 뛰어넘어 백왕의 으뜸이 되었으며, 예종대왕(睿宗大王)은 왕위(王位)를 이어받아 밤낮으로 공경하고 두려워하여 감히 안일하게 놀지 못하였으니, 전후로 공적을 서로 이어 여러 세대 태평한 아름다움이 어찌 성왕(成王)과 강왕(康王)보다 많이 못하겠는가. 지금 사방 국경에 근심이 없어서 백성들이 모두 베개를 편안히 하고 자며, 밭을 갈고 우물을 파서 날마다 마시고 먹을 뿐이다. 어찌 두 성군(聖君)이 서로 이어 다스리고 하여 만든 것인 줄을 알겠는가. 그 정치 교화가 나온 곳을 궁구해 보면 또한 세조 대왕의 굳세고 강하여 해이하지 않은 묘(妙)함과 예종대왕의 공경하고 두려워한 부지런함에 있을 뿐이다. 그렇다면 이 실록은 마땅히 이전(二典) · 삼모(三謨)와 더불어 나란히 전하여 썩지 않을 것이다. 슬프다, 진(秦) 나라의 불꽃이 한번 타매 육경(六經)이 남은 것이 없고, 《상서(尙書)》 여러 편(篇)은 급군(汲郡)의 무덤과, 공씨(孔氏) 벽중(壁中)에 감추어 둔 것에 의거하여 그 만분의 일이나마 보충하였으니 이것이 우리 성조(聖朝)에서 사고(史庫)를 나누어 두어 실록을 봉안한 은미한 뜻이다. 뒤에 보는 자는 공경히 받들지어다." 하였다.

『신증』 남별관(南別館) 서문(西門) 안에 있다. 신별관(新別館) 남문 안에 있다.

【누정】 경영루(慶迎樓) 객관(客館) 동쪽에 있는데, 예전 이름은 동루(東樓)이다. ○정인지(鄭麟趾)의 기에, "충주는 남방의 요충지를 질러 막은 곳에 자리잡았다. 지역이 넓고 호구가 많으며, 이 때문에 공문서가 구름처럼 쌓이고 빈객이 모여들어서, 참으로 현명하고 지혜로움이 남보다 뛰어난 인재가 아니면 그 번잡한 것을 다스릴 수 없다. 사군(使君) 김중성(金仲誠)은 공신(功臣)의 후사(後嗣)로서 사무 처리의 재간이 능하여 사대부(士大夫)들의 추앙하는 바이다. 여기에 목사로 나온 지 3년 만에 정사가 이루어지고 백성이 화목해졌으며 온갖 폐지되었던 것이 모두 새로워졌다. 그를 보좌하여 다스린 사람은 황영(黃永)이다. 정통(正統) 임술년(1442) 가을에 지금 임금께서 대신을 보내 우리 태조(太祖)의 영정(影幀)을 경주(慶州)에서 받들어 맞이하는데 길이 충주를 지나게 되었다. 사군(使君)이 고을 사람들을 거느리고 조복(朝服)을 갖추고 고을 경계에 나가 맞이하였는데, 정청(正廳)이 낮고 누추하므로 객관 동쪽 누각에 모시고 엄숙하고 공손하게 우러러보며 향(香)을 올리고 네 번 절하고 물러났다. 이튿날 교외에서 공경히 전송하고 돌아와 여러 사람에게 말하기를, '오늘날 어용(御容)이 잠깐 멈추신 것은 참으로 이 고을의 만나기 어려운 영광이니, 신자(臣子)로서 마땅히 마음을 다하여 정성껏 받들어야 한다. 이 고을이 세워진 지 가장 오래되어 삼한(三韓)이 반드시 다투는 땅이 되었고, 신라에 있어서는 한강군(漢江郡)이 되었고, 고구려에 있어서는 국원성(國原城)이 되었는데, 예전 누각이 좁고 기울어져 관부(官府)에서도 쉴 곳이 없다. 하물며 어용(御容)이 돌아오시는 날에 다시 여기에 모신다면 신자의 마음에 편안하겠는가.' 하니, 모두 말하기를, '참으로 불안하다.' 하자, '그렇다면 어째서 새롭게 하기를 도모하지 않겠는가.' 하고, 드디어 감사 이익박(李益朴) 공과 도사(都事)와 강이(姜履) 군에게 아뢰었다. 이에 놀고 있는 사람들을 불러 모으고 재목을 베고 기와를 구어 산의 중 신정(信靖)이 그 일을 주관하고 고을 사람 민수(閔修)가 그 역사를 감독

하여 한 달 만에 공사가 끝나매, 이름하기를 경영루(慶迎樓)라 하였으니, 대개 어용을 받들어 맞은 뜻을 취한 것이다." 하였다.

○이승소(李承召)의 시에, "예성(蘂城)은 아름다워서 예로부터 이름난 땅, 앞에 다가서는 산 빛이 자리 구석에 들어온다. 바람과 달은 공부(工部 두보(杜甫))의 읊음이 얼마나 많았던가. 시내와 산 모두가 망천(輞川)의 그림일세. 사람을 침범하는 서늘한 기운 은하수가 가까운 듯, 땅에 깔린 푸른 그늘 들새가 운다. 날이 다하도록 올라가 노는 무한한 뜻은, 석양이 점점 푸른 들로 내려오네." 하였다. 『신증』 김종직의 시에, "진한(辰韓) 천 년의 국원(國原) 땅, 다시 층층 누각이 있어 동북 모퉁이를 눌렀다. 길은 옥구(玉鉤)로 나서 경계를 지었고, 땅은 금잔(金盞)을 나누어 그림을 이루었네. 웅풍(雄風)이 또 옷깃을 헤치고 받을 만하구나. 취한 글씨는 이마를 드러내고 부르짖는 것이 해롭지 않다. 서북으로 바라보니 어느 곳이 서울인가. 외로운 돛대 아득하게 푸른 들판에 닿았네." 하였다.

○성현(成俔)의 시에, "땅이 감추고 하늘이 아끼는 별다른 땅, 대울타리 초가집이 성 모퉁이를 눌렀다. 사방 산의 경치는 멀리 보는 눈에 아득하고, 만 리의 곤붕(鵾鵬)은 장한 계획을 펴리. 버드나무 늘어선 큰 거리에는 버들개지 날아 어지럽고, 줄과 부들 낭떠러지 언덕에는 저녁 새가 부른다. 동풍은 봄빛이 늙는 것을 아끼지 않고, 쇠잔한 붉은꽃을 불어 흩어 푸른 들판 속에 점점하네." 하였다.

○"사방 들판의 외밭이 토란밭에 닿았는데, 물은 맑고 모래는 희어 물고기가 환히 보이네. 낭간 대[琅玕竹]는 바람 앞에 잎을 나부끼고, 수놓은 비단 같은 산은 비온 뒤에 그림을 펼쳤도다. 백 묘(畝)의 벼꽃은 가을바람에 한들거리고, 만 가구의 등불은 취하여 환호한다. 태평하여 조세를 재촉하는 것을 보지 못하니, 짖는 개는 긴 털이 나고 길에는 풀이 가득하네." 하였다.

○"구슬 꽃[雲]이 번쩍번쩍 온 지경에 일렁거리니, 백옥(白玉) 봉우리가 자리 모퉁이에서 솟아오르네. 나무에 가득한 찬 매화

는 새로 꽃송이를 터뜨리고, 뜰을 침노하는 밝은 달은 그림을 이룬다. 천 개 항아리에 넘쳐 가득한 술을 탐스럽게 보고, 만 개 구멍이 휘몰아쳐 부르짖는 것을 두려워하지 않는다. 이르는 곳마다 임금의 은혜 깊기가 바다 같으니, 삼경(三逕)이 날마다 거칠어진들 혐의할 수 있으랴." 하였다.

○양희지(楊熙止)의 시에, "명리(名利) 길 10년에 구구한 포부, 중원(中原) 땅 한 모퉁이에 목사로 왔네. 관사(官舍) 버들은 푸른데 도령(陶令)의 집에 연했고, 촌락 꽃은 붉어서 망천(輞川) 그림에 들어온다. 진흙이 골목 어귀에 깊었으니 제비가 다투어 모이고, 해가 나루 머리에 저무니 사람들이 어지럽게 부른다. 벼슬 버리고 돌아갈 계책은 이루지 못하고 몸은 또 늙었는데, 고향 동산의 솔과 국화는 이미 거칠어졌으리." 하였다.

○홍귀달(洪貴達)의 시에, "수려한 물 아름다운 산이 명승(名勝)의 땅 만들어, 만가(萬家)의 밥 짓는 연기 성 모퉁이를 덮었도다. 마루와 창은 사람이 신선의 집에 누워 있는 듯, 바람과 비는 하늘이 수묵화를 이루었다. 꽃 속에서 회포를 읊으니 봄새가 화답하고, 술 옆에서 잠이 드니 미인이 부른다. 번화한 신세가 도리어 우습구나. 시골 전원이 반은 거친 것을 어이하리." 하였다. 만경루(萬景樓) 주 서쪽 3리에 있다.

○서거정(徐居正)의 시에, "만경(萬景)의 높은 누각 반공에 서 있는데, 올라와 보니 아름다운 흥치를 금하기 어렵구나. 달천(獺川) 푸른 물은 금탄(金灘)을 접하였고, 조령(鳥嶺) 푸른빛은 월악(月岳)을 연하여 높도다. 물결에 뜬 백구(白鷗)와는 맹서가 친숙하지 못하고, 머뭇거리는 황학(黃鶴)은 부(賦)를 지어 부를 만하구나. 남북으로 보내고 맞는 일이 어느 때나 끝나리. 산은 스스로 푸르고 물은 스스로 아득하도다." 하였다. 공신루(拱宸樓) 바로 성의 북문루(北門樓)이다. 남풍루(南風樓) 바로 성의 남문루(南門樓)이다. 망경루(望京樓) 객관 서쪽에 있다. 『신증』 청연당(淸燕堂) 객관 동쪽에 있다. ○홍귀달의 기(記)에, "중원(中原)은 남북의 요충(要衝)이다. 서울에서부터 남쪽으로 가는 사람이 물

에 뜨고 육지로 달려 중원에 모여 길이 갈라져 두 고개(조령과 죽령)를 넘어 이내 목적지에 도달하고, 남쪽에서부터 북쪽으로 가는 자도 또한 각각 두 고개를 경유하여 중원에 모여서 다시 물과 육지를 경유하여 서울에 도달하는데, 만일 남북의 손님이 서로 만나는 때를 당하면 관사(官舍)가 수용하지를 못하고, 본도(本道)의 세 사(使)는 벼슬이 높아서 품계가 같은데 혹 동시에 이르면 관사를 정해 대접하는 것이 실로 어렵다. 이것은 고을을 다스리는 자가 오래 불편하게 여기는 바였으나 당을 짓는 자가 없더니, 목사 최후(崔侯)와 통판(通判) 이군(李君)은 모두 당시의 어진 사람으로 뜻이 같고 기(氣)가 합하여 서로 더불어 백성에게 임하는 것이 도리가 있어, 지경 안이 흡연(洽然)히 따라서 감화되어 명령하는 대로 좇았다. 이에 비어 있는 땅에 터를 보아서 문의 동편에 들어가서 그 집을 높게 하여 연접시키고 칸수를 넓게 하여 청(廳)을 만드니, 여름에는 서늘한 마루가 있고 겨울에는 따뜻한 방이 있다. 손님이 오면 거닐고 편히 쉴 곳이 있고, 주인은 손님을 접대하고 정사를 할 곳이 있게 되었다. 그렇게 된 뒤에 객사(客舍)가 비로소 부족하고 빠진 것이 없게 되었으니, 최후와 이군의 지어 만든 것이 보통보다 훨씬 뛰어난 줄을 알겠다. 준공이 된 뒤에 두 사람이 서울에 편지를 보내 나에게 누각에 대해 이름을 짓고 기를 짓기를 청하니, 내가 사양하다 못하여 말하기를, '중원은 산수의 뿌리이니, 천지의 맑은 기운이 여기에 모였다. 묵은 관사가 퇴락되고 새로 짓는 것이 이미 성취되었으니, 이에 천지의 맑은 기운이 산수에 붙여 있다가 이 누각이 뛰어나게 일어나고 단청이 휘황찬란해짐에 미쳐서는 산수의 맑은 기운이 모두 처마와 기둥 사이에 옮겨졌다. 여기에서 연회의 예를 행하거나 조용히 휴식할 수도 있고, 여기에서 문서를 정리할 수도 있으니, 청연(淸燕)이라고 이름하는 것이 합당하다.' 하였다. 공사가 4월에 시작하여 석달 뒤에 끝났으니 어찌 그리 빠른가. 백성의 힘을 수고롭게 하지 않고 6, 7명을 부리는 것으로 충분하였으니 어찌 그리 간단한가. 최후의 휘(諱)는 인(潾)이요, 이후는 그 이름이 윤중(允中)이다." 하였다. 자경당(自警堂) 객관 동쪽에 있다. 향사당(鄉射堂) 서문 밖에 있다. 목사 이귀(李龜)가 세웠다.

【학교】 향교(鄉校) 서북쪽 2리에 있다.

【역원】 연원역(連原驛) 주 북쪽 5리에 있다. 찰방(察訪)하는 본도(本道)의 속역(屬驛)이 14개인데, 단월(丹月) · 인산(仁山) · 감원(坎原) · 신풍(新豐) · 안부(安富) · 가흥(嘉興) · 용안(用安) · 황강(黃江) · 수산(壽山) · 장림(長林) · 영천(靈泉) · 오사(吾賜) · 천남(泉南) · 안음(安陰)이다. ○찰방 한 사람이다. 가흥역(嘉興驛) 주 북쪽 30리에 있다. 용안역(用安驛) 주 서쪽 45리에 있다. 예전에는 음성(陰城)에 속했는데, 성종(成宗) 9년에 본 주로 옮겨 붙였다. 단월역(丹月驛) 옛날 단월부곡(丹月部曲)의 땅으로, 주 남쪽 10리에 있다. 역 남쪽에 계월루(溪月樓)가 있다. ○정지상(鄭知常)의 시에, "술이 취하여 베개를 기대니 그림 병풍이 나직한데, 꿈을 깨니 앞마을에 첫 닭이 운다. 문득 생각하니 밤 깊어 비구름이 흩어질 제, 푸른 하늘 외로운 달이 작은 누각 서쪽에 있네." 하였다. ○서거정(徐居正)의 시에, "부서진 병풍 외로운 베개에 짧은 촛대가 나직하고, 취(醉)한 것 덜 깨고 꿈은 날치는데, 벌써 새벽닭이 운다. 아전이 오경을 알리기에 창을 밀치고 나가니, 반 바퀴 밝은 달이 늙은 오동나무 서쪽에 있네." 하였다. 건태원(乾兌院) 주 서쪽 3리에 있다. 약옹원(若翁院) 주 동쪽 25리에 있다. 경희원(慶希院) 주 남쪽 40리에 있다. 용두원(龍頭院) 주 서쪽 15리에 있다. 경제원(敬濟院) 일명 대조(大棗)라고도 한다. 주 서쪽 30리에 있다. 우원(隅院) 주 서쪽 65리에 있다. 도관원(都官院) 주 서쪽 77리에 있다. 석원(石院) 주 서쪽 85리에 있다. 금곶원(金串院) 주 서쪽 10리에 있다. 주지원(注之院) 주 남쪽 16리에 있다. 미륵원(彌勒院) 주 서쪽 50리에 있다. 일명 광수(廣修)라고도 한다. 신창원(新倉院) 주 서북쪽 20리에 있다. 부구이원(釜拘伊院) 주 서쪽 55리에 있다. 『신증』 금천참(金遷站) 주 서쪽 15리에 있다. 가흥참(嘉興站) 가흥역(嘉興驛) 옆에 있다.

창고 가흥창(可興倉) 옛날에는 덕흥창(德興倉)이라 일컬었고, 또

경원창(慶原倉)이라 일컬었다. 가흥역 동쪽 2리에 있다. 예전에는 금천(金遷) 서쪽 언덕에 있었는데, 세조(世祖) 때에 여기로 옮기고 경상도 여러 고을과 본주(本州)의 음성(陰城) · 괴산(槐山) · 청안(淸安) · 보은(報恩) · 단양(丹陽) · 영춘(永春) · 제천(堤川) · 진천(鎭川) · 황간(黃澗) · 영동(永同) · 청풍(淸風) · 연풍(延豐) · 청산(靑山) 등 고을의 전세(田稅)를 여기에서 거두어 배로 실어 날라 서울에 이르는데, 수로(水路)로 2백 60리이다. 『신증』 예전에는 창사(倉舍)가 없었는데, 금상(今上) 16년에 비로소 집을 지었다. 모두 70칸이다.

『신증』 사창(社倉) 주의 서쪽 80리에 있다.

【불우】 보련사(寶蓮寺) 천룡산(天龍山)에 있다. 용두사(龍頭寺) 말흘산(末訖山) 밑에 있다. 삼국시대 때에 북쪽 오랑캐가 자주 침범하므로, 이에 절을 짓고 탑을 세워서 기도하였다. 고려 최언위(崔彦撝)가 지은 승 법경자등탑비(僧法鏡慈燈塔碑)가 있다. ○이숭인(李崇仁)이 송도생상인(送道生上人)시에, "개천(開天) 서쪽 억정(憶井) 동쪽에 높직하게 이 절이 있다. 산은 평야를 둘렀으니 새벽 구름이 희고, 강은 성긴 숲을 둘렀으니 단풍잎이 붉도다. 상인(上人)은 오늘에 돌아가는 돛대를 움직이고, 노는 손은 옛날에 울린 종소리를 들었노라. 동방(同榜)인 비서(祕書)가 아마 잘 있을 것이니, 조만간 편지가 도달할 것이라 말하여 다오." 하였다. 개천사(開天寺) 정토산(淨土山)에 있다. ○고려(高麗) 역대 왕조의 실록(實錄)을 처음에는 합천(陜川) 해인사(海印寺)에 간직했다가 왜구(倭寇)로 인하여 선산(善山) 득익사(得益寺)에 옮기고, 또 이 절에 옮기고, 또 죽주(竹州) 칠장사(七長寺)에 옮겼다가, 공양왕(恭讓王) 2년(1390)에 그 땅이 바닥에 가까워서 왜구가 쉽게 이를 수 있기 때문에 다시 이 절에 간직하기에 이르렀다. 우리 세종(世宗) 때에 고려사(高麗史)를 편찬하기 위하여 모두 서울로 운반하였다.

○이숭인(李崇仁)이 권 사군(權使君)을 보내는 시에, "정토산이 대단히 좋다. 개천사가 징거할 만하네. 문에 이르는 이는 속(俗)된 손이 없고, 벽(壁)을 향한 이는 높은 중이러라. 백 척 높은 대

(臺)는 물에 임하고, 천 년의 나무는 등넝쿨에 누웠다. 그대 돌아가 여가가 있거든 하나하나 찾아보소." 하였다. 영곡사(靈鵠寺) 대림산(大林山)에 있다. 깎아지른 절벽에 기대고 푸른 시냇물을 굽어보며 공중에 걸쳐서 누각을 지었다. 밑에서 바라보면 달아맨 것 같다. ○정지상(鄭知常)의 시에, "천 길 바위 머리에 천년 묵은 절, 앞은 강물에 임하고 뒤는 산에 기대었다. 위로는 별(星)에 닿았으니 집이 세 뿔이 났고, 반쯤 허공에 솟았으니 다락 한 칸이로다." 하였다.

○고려 진화(陳澕)의 시에, "이미 낭떠러지 구렁에 임하여 긴 소나무를 굽어보고, 나시 층층 사다리를 밟으며 여윈 지팡이를 짚는다. 도리어 우습구나, 노는 사람의 마음이 너무 조급하여, 한 번 와서 최고봉에 오르려 한다." 하였다. ○김극기(金克己)의 시에, "옛 절이 비고 서늘하여 땅에 먼지조차 없는데, 어느 해에 애써 부지런히 일하는 것을 무릅쓰고 집을 지었는고. 그림 누각은 그림자가 남호(南湖) 물에 떨어지고, 경쇠[磬] 소리 여운은 북령(北嶺) 구름에 묻힌다. 날이 따뜻하니 갈대 시내에는 고기가 떼를 짓고, 사람이 돌아가니 버들 물가에는 학이 줄을 지었다. 중을 향하여 세상일을 말하려 하니, 단정히 앉아 말없이 냉정히 듣지 않네." 하였다. 김생사(金生寺) 북진(北津) 언덕에 있다. 김생(金生)은 신라 사람인데, 부모가 미천하여 그 세계(世系)는 알지 못한다. 경운(景雲) 2년(711)에 났다. 어려서부터 글씨에 능하여 평생토록 다른 기예는 공부하지 않고, 나이 80이 넘었어도 오히려 붓을 잡고 쉬지 않아서, 예서(隷書)·행서(行書)·초서(草書)가 모두 신묘한 경지에 들어갔다. 지금도 가끔 진적(眞蹟)이 있는데, 배우는 자들이 전하며 보물로 여긴다. 숭녕(崇寧) 연간에 고려 학사(學士) 홍관(洪灌)이 진봉사(進奉使)를 따라 송(宋) 나라에 들어가서 변경(汴京)에 머물 때에 한림 대조(翰林待詔) 양구(楊球)와 이혁(李革)이 황제의 칙령(勅令)을 받들고 관사에 이르러 그림 족자를 썼다. 홍관이 김생의 행서·초서 한 권을 보이니, 두 사람이 깜짝 놀라며 말하기를, "오늘에 왕 우군(王右軍 왕희지(王羲之))

의 친필을 볼 수 있으리라고는 생각지 못하였다." 하자, 홍관이 말하기를, "그것이 아니라 이것은 바로 신라사람 김생이 쓴 것이다." 하니, 두 사람이 웃으며 말하기를, "천하에 왕 우군을 제외하고 어찌 이런 신묘한 글씨가 있으랴." 하였다. 홍관이 여러 번 말하였으나 끝내 믿지 않았다. 김생이 두타행(頭陀行)을 닦고 이 절에 있었으므로 인하여 이름을 삼았다. 덕주사(德周寺) 월악산(月岳山) 밑에 있다. 속담에 전하기를, "덕주부인(德周夫人)이 이 절을 세웠기 때문에 인하여 이름하였다." 한다. 난초사(蘭草寺)·동가섭사(東迦葉寺) 모두 가섭산(迦葉山)에 있다.

【사묘】 사직단(社稷壇) 주 서쪽에 있다. 문묘(文廟) 향교(鄕校)에 있다. 성황사(城隍祠) 주 북쪽 3리에 있다. 양진명소사(楊津溟所祠) 견문산(犬門山) 밑 금휴포(琴休浦) 어귀에 있다. 사전(祀典)에 소사(小祀)로 실려 있다. 봄가을마다 향(香)과 축문을 내려 치제(致祭)한다. 월악사(月岳祠) 월악산(月岳山)에 있다. 고려 고종(高宗) 43년(1256)에 몽고(蒙古) 군사가 주의 성을 무찌르고 또 산성(山城)을 공격하니, 관리들이 늙고 약하여 막지 못할 것을 두려워하여 산사로 올라갔는데, 홀연히 구름 안개·비·우레·번개가 크게 일어나자, 몽고 군사들이 신이 돕는 것이라고 여겨 치지 않고 물러갔다. 여단(厲壇) 주 북쪽에 있다.

【총묘】 권근(權近) 묘·권제(權踶) 묘·권람(權擥) 묘 모두 주 서쪽 미법곡(彌法谷)에 있다. 정인지(鄭麟趾) 묘 주 남쪽 30리에 있다. 이극감(李克堪) 묘·손순효(孫舜孝) 묘·김예몽(金禮蒙) 묘 모두 주 북쪽 30리에 있다.

【고적】 익안 폐현(翼安廢縣) 주 서쪽 30리에 있다. 본주(本州)의 다인철소(多仁鐵所)인데, 고려 고종 42년에 그 지방 사람들이 몽고 군사를 막아내어 공이 있으므로 승격하여 현(縣)을 만들고, 인하여 예속시켰다. 대림산성(大林山城) 돌로 쌓았는데, 주위가 9천 6백 38척이고, 안에 우물 하나가 있었는데 지금은 폐하였다. 덕주산성(德周山城) 주 동쪽 45리에 있다. 돌로 쌓았는데, 주위가 3만 2천 6백 70척이고, 안에 샘 하나가 있었는데 지금은 폐하였다. 동악성

(桐岳城) 주 동쪽 13리에 있다. 돌로 쌓았는데, 주위가 2천 2백 80척이다. 안에 우물 하나가 있었는데, 지금은 폐하였다. 봉황성(鳳凰城) 주 서쪽 28리에 있다. 돌로 쌓았는데, 주위가 6천 1백 21척이고, 안에 우물 하나가 있었는데 지금은 폐하였다. 포모대(泡母臺) 풍류산(風流山)에 있는데, 높이가 수십 장(丈)이다. 속설에 전하기를, "옛적에 장미(薔薇)라는 선녀가 있었는데, 스스로 포모(泡母)라 이름하고 항상 그 위에서 놀아 향기가 골에 가득하였다. 당 명황(唐明皇)이 그 말을 듣고 도사(道士)를 보내 맞아서 궁에 들이고 정완부인(貞完夫人)이라 이름하였다." 한다. 상고하건대, 신라 성덕왕(聖德王) 22년(723)에 왕이 사신을 당(唐) 나라에 보내어 미녀 포정(抱貞)과 정원(貞菀) 두 사람을 바치니, 현종(玄宗)이 말하기를, "여자가 모두 왕의 고모와 자매인데, 친속(親屬)을 떠나고 고국을 이별하였으니, 짐이 차마 머물러 둘 수 없다." 하고, 후하게 물건을 주어 돌려보냈다 하였으니, 정완(貞完)은 아마 정원(貞菀)이 잘못된 듯하다. 그러나 향기가 골에 가득하였다는 말은 심히 괴이하여 믿을 수 없다. 탄금대(彈琴臺) 견문산(犬門山)에 있다. 푸른 벽이 낭떠러지라 높이가 20여 길이요, 그 위에 소나무·참나무가 울창하여 양진명소(楊津溟所)를 굽어 임하고 있는데, 우륵(于勒)이 거문고를 타던 곳이다. 뒷사람이 인하여 그 대를 탄금대라 이름하였다. 단월부곡(丹月部曲) 바로 단월역(丹月驛)의 옛터이다. 광반석부곡(廣反石部曲) 주 동쪽 25리에 있다. 지금은 사을미(沙乙未)라고 일컫는다. 탄촌부곡(炭村部曲) 주 남쪽 20리에 있다. 이차탄부곡(伊次呑部曲)·감물내미부곡(甘勿內彌部曲) 주 남쪽 45리에 있다. 소잉림부곡(所仍林部曲) 주 동쪽 65리에 있다. 청풍군(淸風郡) 남촌(南村)으로 넘어 들어간다. 덕산향(德山鄕) 주 동쪽 55리에 있다. 청풍군 남촌으로 넘어 들어간다. 하맥곡처(下麥谷處) 주 서북쪽 45리에 있다. 상맥곡처(上麥谷處)·연탄처(淵呑處) 고을 서쪽 90리에 있다. 대조곡처(大鳥谷處) 주 서쪽 90리에 있다.

【명환】 신라 춘부(春賦) 진흥왕(眞興王) 26년(565)에 아찬(阿飡) 춘부

(春賦)가 나가서 국원(國原)의 수령이 되었다. 김양(金陽) 흥덕왕(興德王) 3년(828)에 중원 대윤(中原大尹)을 제수하였다.

고려 김윤후(金允侯) 산성방호별감(山城防護別監)이 되었는데, 몽고 군사가 와서 성을 포위한 지 70여 일이 되어 양식이 거의 다 되었다. 윤후가 사졸(士卒)들을 타일러 독려하기를, "만일 능히 힘을 다한다면 귀천을 불문하고 모두 관작을 제수하겠다." 하고, 드디어 관노(官奴)의 문서를 꺼내어 불사르고 또 노획한 소와 말을 나누어 주니, 사람들이 모두 죽을힘을 다하여 대전하자 몽고 군사가 차츰 꺾여 마침내 다시는 남쪽으로 오지 못하였다. 이지명(李知命) 판관(判官)이 되었다. 박항(朴恒) 판관이 되어서 치적(治績)이 최고이므로 불러서 우정언(右正言)을 제수하였다. 김륜(金倫) 목사(牧使)가 되었다. 황보항(皇甫沆) 임춘(林椿)의 송행서(送行序)에, "내가 서울에 있으매 문을 막고 발을 늘어뜨리고 깊이 들어앉아 나가는 일이 적어서 드디어 사람들과 끊어졌으나, 그 나가고 처하는 것이 나와 어긋나지 않고 아침저녁으로 나를 버리지 않는 이는 오직 안정(安定) 황보약수(皇甫若水)이다. 군은 학문을 널리 하고 그 뜻을 오로지 하며, 또 기억력이 강하고 문장이 호방(豪放)하다. 군의 곧음은 거문고 위의 줄이요, 군의 맑음은 갑 속의 거울이다. 선비로서 귀하건 천하건 어질건 어리석건 모두 군을 종유(從遊)하지 못하는 것으로 부끄러움을 삼으니, 이것은 그 마음에 얻은 바가 과연 남과 다름이 있음이다. 이제 장차 조서를 받고 나가서 큰 번진(藩鎭)의 속관(屬官)이 되었다. 조정이 강좌(江左)의 지역으로 중요함을 삼으니, 그 징세(徵稅)를 완화하고 조세(租稅)를 개정하며 침체된 것을 진흥하고 간특한 것을 규찰하여, 가혹하게 거두고 독점하여 빼앗는 정사가 군으로부터 고쳐질 것이니, 이는 말할 것도 못 된다. 천자의 은택을 선양(宣揚)함으로써 한 방면을 교화하여 아름다운 소리와 화한 기운을 소통시켜, 서늘한 바람이 되고 엉키어 단비가 되게 함으로써, 따뜻하고 빛나서 신작(神雀)과 영지(靈芝)의 상서가 모두 지경 안에 모이는 것을 내가 군에게 바라지 않고 누구한테 바라겠는가. 무릇 군을 교유하는 자들이 모두 군의 떠남을 아름답게 여겨 긴 말로 전별한다. 아, 고기는 강호(江湖)에서 서로 잊고 사람은 도술(道術)에서 서로 잊나니, 내가 군과 더불어 도술의 강호에서 잊고 지낸 지가 오래인데도 이 작별에서 침묵하지 못하니, 이것이 어찌 참으로 잊은 것인가." 하였다. 정책(鄭幘) 목사로 나와서 정치하는 것이 엄하고 밝아 아전들이 감히 범하지 못하였다. 이순우(李純祐) 의종(毅宗) 때에 과거에 장원 급제하여 충주 사록(忠州司祿)에 제수되었다. 최유청(崔惟淸)·최운해(崔雲海) 모두 목사이다.

본조 정도전(鄭道傳) 고려 공민왕 때에 충주 사록이 되었다. 심덕부(沈德符)·유구(柳玽)·김사형(金士衡)·하자종(河自宗)·맹사성(孟思誠)·권진(權軫)·김담(金淡) 모두 목사이다. 이사관(李士寬)·이익박(李益朴) 모두 판관(判官)이다. 『신증』 정성근(鄭誠謹) 목사가 되어 정사에 있어 청렴하고 신중한 것을 숭상하였다. 최린(崔潾) 목사가 되어 치적(治績)이 최(最)임으로 당상(堂上)에 승진하였다. 박상(朴祥) 목사가 되어 강직하고 밝게 정사를 하였다.

【인물】 신라 임강수(任强首) 그 어머니가 꿈에 뿔 있는 사람을 보고 임신하였는데, 낳자 머리 뒤에 높은 뼈가 있고 또 사마귀가 있었다. 장성하자 아버지 석체(昔諦)가 묻기를, "네가 불도를 배우겠느냐, 유도를 배우겠느냐?" 하니, 대답하기를, "불도는 세상 밖의 교이고 나는 인간 세상의 사람이니, 어찌 불도를 배우겠습니까. 유도를 배우겠습니다." 하자, 아버지가 말하기를, "네가 좋은 대로 하라." 하였다. 드디어 스승에게 나아가 《효경(孝經)》·《곡례(曲禮)》·《이아(爾雅)》·《문선(文選)》을 읽어서 우뚝이 당대의 준걸이 되었다. 태종왕(太宗王)이 즉위하자, 당 나라 사신이 와서 조서를 전하는데 해득하기 어려운 곳이 있었다. 왕이 강수를 불러 물으니 한 번 보고 막힘없이 다 해설하였다. 왕이 놀라고 기뻐서 서로 늦게 만난 것을 한탄하고 회사표문(回謝表文)을 짓게 하니, 문장이 교묘하고 할 말을 다하였다. 왕이 더욱 기이하게 여겨 이름을 부르지 않고 항상 임생(任生)이라고 칭하였다. 집이 가난해

도 태연하였는데, 왕이 유사(有司)에게 명하여 해마다 신성(新城) 조세(租稅) 1백 석(石)을 하사하였다. 문무왕(文武王) 때에 사찬(沙飡)을 제수하고 녹봉(祿俸)으로 벼 2백 석을 더 주었다. 신문왕(神文王) 때에 죽으니 관가에서 그 장사를 치렀다. 대신이 그 아내가 먹고살기가 궁핍하여 시골로 돌아가기를 원한다는 말을 듣고 왕께 청하여 벼 1백 석을 내려 주니, 사양하기를, "첩은 천한 사람으로서 남편을 따라 입고 먹었으니 나라 은혜를 받은 것이 많습니다. 이제 이미 과부가 되었으니, 어찌 감히 다시 후하게 주심을 욕되게 하겠습니까." 하고, 드디어 받지 않았다. 고려 유긍달(劉兢達) 태조(太祖) 때에 태사 내사령(太史內史令)을 증직하였다. 유희(劉羲) 장원 급제하여 곧 한림원(翰林院)에 재직하였다가 계사년의 난에 무부(武夫)에게 해를 당하였다. 유충기(劉沖祺) 희(羲)의 아들이다. 과거에 올라 벼슬이 국자감 대사성(國子監大司成)에 이르렀다. 문장이 넉넉하고 몸가짐이 고결하여 아버지의 풍도가 있었다. 유진(劉瑨) 후비(后妃)로서 성이 유씨인 자는 모두 그 종족(宗族)에서 나왔기 때문에 대대로 척리(戚里)가 되었다. 사람됨이 청렴결백하고 풍채가 아름다웠다. 벼슬이 문하시중(門下侍中)에 이르렀다. 최홍사(崔弘嗣) 가세(家世)가 외롭고 미천하였다. 젊어서 힘써 배워 과거에 올라 문행(文行)으로 소문이 났다. 일찍이 사명(使命)을 받들고 송(宋) 나라에 가는데 홀연히 회오리바람에 흔들림에 뱃사람들이 가슴을 치며 울지 않는 자가 없는데, 홍사는 신색(神色)이 태연하였다. 송나라에 이르자 황제가 후하게 대접하고 금과 폐백을 더 주어서 돌려보냈다. 예종(睿宗) 때에 문하시랑 평장사(門下侍郎平章事)로 옮겨 여러 번 더하여 추성찬화공신(推誠贊化功臣)이 되었다. 나이 80에 죽었고, 시호는 정경(貞敬)이다. 양원준(梁元俊) 청렴 검소하고 순진 정직하며, 처음부터 끝까지 절개가 한결같았다. 산업(産業)을 일삼지 않으며 선물을 받지 않으니 문 앞이 쓸쓸하였다. 서리(胥吏)로부터 광주 감무(光州監務)가 되었다. 인종(仁宗) 때 여러 번 옮겨 시어사(侍御史)가 되고, 나가서 상주 부사(尙州副使)가 되었다가 문하시랑 평장사(門下侍郎平章事)에 승진하였다. 양문형(梁文熒) 원준(元俊)의 아들로, 맑고 곧아서 아버지의 풍도가 있었다. 벼슬이 어사중승(御史中丞)에 이르렀다. 최우청(崔遇淸) 아전으로 과거에 올라 진례위(進禮尉)에 제수되었다. 명종(明宗)의 잠저(潛邸) 때의 관속이므로 중외의 벼슬을 고루 지냈다. 명성과 공적이 있어서 등급을 뛰어넘어 추밀원사(樞密院事)를 제수하였다. 뒤에 사직을 청하니, 수사공(守司空)을 더하여 치사(致仕)시켰다. 최렴(崔濂) 향적(鄕籍)에서 출신(出身)하여 벼슬이 반주검정승(班主檢政丞)에 이르렀다. 본조 양여공(梁汝恭) 과거에 올라 여러 번 옮겨 병조 정랑에 이르렀다. 시(詩)를 잘하여 명성이 있었다. 어유소(魚有沼) 무과에 장원하였고, 적개공신(敵愾功臣)이 되어 예성군(蘂城君)을 봉하였다.

【우거】 신라 우륵(于勒) 《고기(古記)》에 가야국(伽倻國) 가실왕(嘉悉王)이 당 나라 악기를 보고 거문고를 만들고, 악사(樂師) 성열현(省熱縣) 사람 우륵에게 명하여 12곡(曲)을 지었다. 뒤에 우륵이 그 나라가 장차 어지러워질 것을 알고 거문고를 안고 신라로 갔다. 진흥왕(眞興王)이 국원(國原)에 안치(安置)하고 주지(主知)·계고(階古)·만덕(萬德)을 보내어 그 기술을 전수하게 하였다. 세 사람이 11곡을 배우고 나서 서로 말하기를, "이것이 번잡하고 또 음란하니, 아(雅)하게 만들지 않을 수 없다." 하고 드디어 요약하여 5곡을 만들었다. 우륵이 처음에는 듣고 노하였다가, 그 소리를 듣고 나서는 눈물을 흘리며 탄식하기를, "즐거워도 흐르지 않고 슬퍼도 비참하지 않으니 바른 소리라 할 수 있다." 하였다. 왕 앞에서 연주하니 왕이 기뻐하였다.

본조 권근(權近) 고려 말기에 죄에 연좌되어 이 고을에 귀양 와서 주의 남쪽 양촌(陽村)에 살았는데, 이로써 호를 양촌(陽村)이라 하였다. ○이색(李穡)의 기(記)에, "양촌은 나의 문인인 영가(永嘉) 권근의 자호(自號)이다. 권근이 말하기를, '제가 선생의 문하에 있어서 나이가 가장 적고 학문이 가장 낮으나, 사모하여 바라는 것은 가까운 데서 멀리 가는 것이기 때문에 자(字)를 가원

(可遠)이라 하였습니다. 천하에 가깝고도 먼 것은 안에서 구하면 성(誠)이고 밖에서 구하면 양(陽)인데, 성(誠)은 오직 군자(君子)라야 실천할 수 있지만 양(陽)은 어리석은 남자와 어리석은 여자도 다 같이 아는 것입니다. 봄에는 따뜻하고 여름에는 뜨겁고 가을에는 건조하고 겨울에는 따스한 데로 돌아갈 수 있어서, 한 해의 농사가 이루어지고 민생(民生)이 이루어지는 것입니다. 제가 가만히 스스로 생각건대, 성인(聖人)이 인재를 교화하여 이루는 것이 또한 이와 같으니, 시(詩) · 서(書) · 예(禮) · 악(樂)의 가르침이 모두 천시(天時)를 따르는 것입니다. 중니(仲尼)가 일찍이 제자들에게 말하기를, 「나더러 숨긴다고 하느냐. 나는 너희들에게 숨김없이 하노라.」 하였습니다. 대개 중니는 천지와 같고 일월과 같으니, 천지는 넓고 커서 포용하지 않는 것이 없고 일월은 교대로 밝아서 비추지 않는 것이 없으므로, 그 사이에 물건이란 물건은 형형색색이 남김없이 드러나는 지라, 그러므로 《중용(中庸)》에 이르기를, 「시경에 이른바 솔개는 날아 하늘에 이르는데 물고기는 못에서 뛰논다 하였으니, 상하의 이치가 밝게 드러남을 말한 것이다.」 하였으니, 오히려 무슨 그윽하고 숨기는 것이 있겠습니까. 비록 그 음험(陰險)하고 간사한 무리라도 또한 모두 그 정상을 숨길 수가 없으니, 부자[夫子, 공자(孔子)]께서는 알지 못하는 것이 없고 감화시키지 못하는 것이 없어서, 소소(昭昭)하게 밝고 호호(浩浩)하게 넓습니다. 기수(沂水)에 목욕하고 무우(舞雩)에 바람 쐬고 읊는 것으로도, 오히려 화기(和氣)가 유행하는 것이 당우(唐虞)의 기상과 다름이 없음을 알 수 있으니, 그 때 맞춰 오는 비처럼 화육(化育)시키는 것이 번영(繁榮)하고 자라나는 것이야 다시 무엇을 말하겠습니까.' 하였다.

아, 중니가 종유(從遊)하는 3천 명과 속초(速肖)하는 70명 사이에 천지가 되고 일월이 된 것은 모두 양(陽)의 도(道)가 발현하여 밝게 드러난 것인데도 보고 아는 자가 심히 적었다. 증자(曾子) · 자사(子思)가 다행히 저술하여 오늘에 이르렀고, 염락(濂洛)의 학설이 행한 연후에야 배우는 자들이 그 글을 읽고 나서 중니의 천지에 노는 것 같고 중니의 일월을 본 것 같았으니, 진(秦)나라와 한(漢) 나라 이래로 가리고 막히고 아득하고 어두워서 거의 귀신과 물여우가 될 뻔하였던 것이 마치 맑은 바람이 일어나자 흔적 없이 쓸어버린 것처럼 되었으니, 얼마나 시원한 일인가. 10월에는 양(陽)이 없으나 양월(陽月)이라고 하는 것은 성인(聖人)의 뜻이니, 큰 과일은 먹지 않는다[碩果不食]고 한 교훈을 보면 성인이 양을 붙든 것이 지극하다. 《춘추(春秋)》는 성인의 뜻이다. 기린(麒麟)은 양물(陽物)인데 잡혔으니, 성인이 심히 슬퍼하였기 때문에 《춘추》를 지으면서 춘왕정월(春王正月)이라고 썼는데, 해석하는 자가 말하기를, '일통(一統)을 크게 여긴다.' 하였다. 아, 선비가 이 세상에 나서 때를 만나지 못하면 할 수 없지만, 때를 만난다면 천자를 도와 일통을 크게 하여 사해에 양춘(陽春)을 펼 뿐이다. 나는 늙었으니 다시 무엇을 바라겠는가. 가원(可遠)은 스스로 양촌이란 호를 지은 까닭을 생각하여 더욱 힘쓸지어다. 힘쓰기를 마땅히 어떻게 하여야 하는가? 반드시 성(誠)으로부터 시작해야 할 것이다." 하였다.

【효자】 본조 최환(崔環) 벼슬이 부정(副正)에 이르렀다. 효행으로 정문(旌門)하였다. 임계번(林季蕃) 어버이 섬기기를 지극한 효성으로 하여, 어릴 적부터 아침저녁으로 안부를 묻고 보살핌을 폐하지 않았고, 아내와 더불어 몸소 반찬을 갖추어 비록 밤이라 할지라도 반드시 올려 하루도 게을리하지 않았다. 어머니가 죽자 장사와 제사에 예를 다하고 삼년상을 마쳤어도 그대로 초하루와 보름에 제물(祭物)을 올렸다. 이 일이 조정에 알려져 벼슬로 상 주었다. 말산(末山) 군기시(軍器寺)의 종이다. 부모를 섬기기를 효성으로 하여 집이 가난하였지만 남에게 꾸어서라도 대고 한번도 뜻을 어기지 않았다. 그 아버지가 병에 걸리자 약과 죽을 반드시 맛보고서 드리고, 밤낮으로 곁을 떠나지 않았다. 아버지가 죽자 애통하며 예를 다하고 상사와 장례 모든 일을 형들을 번거롭게 하지 않고 스스로 마련하였으며, 시묘(侍墓)를 하였다. 그 어머니가 또한 다른 자식한테서 편안하지 못하여 저의 집으로 오니, 아

버지를 제사하고 어머니를 봉양하는 것을 한결같이 지성으로 하였다. 어머니가 죽자 그 아내에게 말하기를, "처자 때문에 상례(喪禮)에 누를 끼칠 수 없으니, 그대는 우선 친정집에 돌아가서 내가 상을 마치기를 기다리라." 하고 드디어 보냈다. 일이 조정에 알려지자 정문을 세우고 부역을 면제해 주었다. 『신증』 하숙륜(河叔倫) 어머니가 악한 병에 걸리자 넓적다리의 살을 베어 술에 타서 드렸더니 병이 바로 나았다. 뒤에 어머니의 병이 다시 생김에 또 손가락을 잘라 구어서 드렸더니 그 병이 영원히 낳았다. 금상(今上) 23년에 정문하였다.

【열녀】 본조 최씨(崔氏) 최환(崔環)의 사촌 누이동생이다. 부사(副使) 한약(韓約)과 혼인을 정하였는데, 일본 정벌에 종군하였다가 전사하니 일생을 수절하였다. 일이 조정에 알려지자 정문을 세웠다. 『신증』 경씨(慶氏) 도사(都事) 윤준(尹畯)의 아내이다. 남편이 죽자 장사할 때에 스스로 목매어 거의 죽게 되었는데, 족당(族黨)들이 풀어주어 깨어났다. 장사지낸 뒤 무덤을 어루만지며 슬퍼 곡을 하자 무덤이 두어 자나 갈라졌다. 복을 마친 뒤에도 오히려 조석전(朝夕奠)을 폐하지 않고 잘 때에는 옷을 벗지 않았다. 금상(今上) 14년에 징려하였다.

【제영】 청산환공수영회(靑山環拱水縈回) 이숭인(李崇仁)의 시에, "푸른 산은 둘러 있고 물은 돌고 도는데, 베 버선에 짚신으로 몇 번이나 왕래하였던고." 하였다. 월악산고천표묘(月岳山高天縹緲) 김구용(金九容)의 시에, "월악산은 높은데 하늘은 까마득하고, 김생사(金生寺)는 오랜데 물은 졸졸 흐른다." 하였다. 맥수치초구(麥秀雉初雊) 김구용의 시에, "구름을 더위잡고 어지러운 고개를 뚫고, 물결을 횡단하여 긴 내를 건는다. 보리가 패어나니 꿩이 처음으로 울고, 뽕잎이 드무니 누에가 이미 잔다. 묵은 다리에는 다시 설 판자가 없고, 파리한 말은 채찍을 사양하지 않는다. 가고 가매 해가 서쪽으로 떨어지니, 앞마을에 흰 연기가 난다." 하였다. 정읍소조정미어(井邑蕭條赬尾魚) 정이오(鄭以吾)의 수령으로 나가는 사람을 보내는 시에, "백성들은 생업을 잃어

먹는 것이 나머지가 없고, 정읍(井邑)이 쓸쓸하니 꼬리 붉은 고기로다. 선달 눈이 날지 않으니 봄이 또 가물겠다. 공이여, 돌아가거든 모름지기 활민서(活民書)를 보소." 하였다. 월종동악누운생(月從桐岳漏雲生) 이인전(李仁全)의 시에, "돛은 한양(漢陽)을 향하여 비를 뚫고 가고, 달은 동악을 좇아 구름에 새어 나온다." 하였다. 지근금천주객뇨(地近金遷舟客鬧) 중 성회(性晦)의 시에, "땅이 금천에 가까우니 배의 손님들이 떠들고, 하늘은 월악에 나직한데 고개에 원숭이가 운다." 하였다. 박지여염방수사(撲地閭閻傍水斜 땅에 깔려 있는 여염은 물 옆에 비꼈도다) 노숙동(盧叔仝)의 시. 부운원수무심출(浮雲遠岫無心出) 이승소(李承召)의 시에, "산 아래 외로운 성 한 띠처럼 비끼고, 푸른 다락이 웅장하게 일어났는데, 채색 노을[綵霞]이 밝도다. 뜬 구름은 먼 산 구멍에서 무심히 나오고, 꽃다운 풀은 긴 뚝에 제멋대로 난다. 해마다 가을 곡식은 풍년이 들고, 촌마다 두레북[社鼓]은 태평을 즐긴다. 내가 와서 여러 사람의 칭송을 들으니, 자사(刺史)가 어질고 밝아서 아랫사람의 정을 살펴준다네." 하였다.

《증보문헌비고(增補文獻備考)》

【연혁】 본래는 임나국(任那國)이었는데 백제의 영토가 되어서는 낭자곡성(狼子谷城)이라 하였다. 낭자성(狼子城)이라고도 하고, 미을성(未乙省)이라고도 한다. 명종(明宗) 5년(1550)에 유신현(維新縣)으로 강등시켰다. 이홍윤(李洪胤)의 난 때문이다. 선조(宣祖)가 즉위하여 정묘년(1567)에 다시 복귀시켰다 무옥(誣獄)으로 하옥되었기 때문이다. 광해주 5년(1613)에 현으로 강등시켰다. 유인발(柳仁發)이 반역하다가 주륙당했기 때문이다. 인조 원년(1623)에 다시 복귀하였다가 6년에 다시 충원현(忠原縣)으로 강등되었다. 안집중(安執中)이 반역으로 주륙당하였기 때문이

다. 15년에 다시 복귀하였다가 25년에 현으로 강등되었다 채문형(蔡門亨)이 반역으로 주륙당하였기 때문이다. 효종 3년(1652)에 다시 복귀하였다가 숙종 6년(1680)에 현으로 강등되었다. 아비를 죽인 죄인 때문이다. 15년에 다시 복귀되었다가 영종 5년(1729)에 현으로 강등되었다. 이조겸(李祖謙)이 반역으로 주륙당하였기 때문이다. 14년에 다시 복귀되었다가 15년에 현으로 강등되었다. 지아비를 죽인 죄인 때문이다. 24년에 복귀되었다가 31년에 현으로 강등되었다. 유수원(柳壽垣)이 반역죄로 주륙당하였기 때문이다. 40년에 다시 복귀되었다. 고종(高宗) 32년(1895)에 군으로 고쳤다.

《대동지지(大東地志)》

【방면】 남변(南邊) 끝이 10리. 북변(北邊) 끝이 10리. 금천(金遷) 서쪽으로 처음이 10리, 끝이 25리. 이안(利安) 서남쪽으로 처음이 15리, 끝이 30리. 신석(薪石) 서쪽으로 처음이 40리, 끝이 60리. 덕서(德西) 서쪽으로 처음이 30리, 끝이 40리. 중니곡(中尼谷) 서쪽으로 끝이 60리. 복성면(福城面) 서쪽으로 처음이 50리, 끝이 60리. 소탄(所呑) 옛날 연탄처(淵呑處)인데, 서쪽으로 처음이 80리, 끝이 90리. 법왕(法王) 위와 같음. 금목동(金目洞) 서쪽으로 처음이 60리, 끝이 80리. 성곡(省谷) 서쪽으로 처음이 10리, 끝이 25리. 대오곡(大烏谷) 본래는 대오곡처(大烏谷處)로써, 서쪽으로 처음이 1백 리, 끝이 1백 10리. 사다산(沙多山) 서쪽으로 처음이 1백 리, 끝이 1백 15리. 기음(岐音) 위와 같음. 두의곡(豆衣谷) 서쪽으로 처음이 80리, 끝이 90리. 소고(蘇古) 서쪽으로 처음이 30리, 끝이 50리. 유모곡(柳茅谷) 남쪽으로 처음이 30리, 끝이 40리. 불정(佛頂) 위와 같음. 율지동(栗枝洞) 남쪽으로 처음이 25리, 끝이 40리. 감물내(甘勿內) 본래는 감물내미부곡(甘勿內彌部曲)이었는데, 남쪽으로 처음이 30리, 끝이 50리.

맹동(孟洞) 서쪽으로 처음이 80리, 끝이 1백 리. 감미곡(甘味谷) 서쪽 끝으로 처음이 60리, 끝이 80리. 거곡(居谷) 위와 같음. 사을미(沙乙味) 본래는 광반석부곡(廣反石部曲)이었는데, 동남쪽으로 처음이 35리, 끝이 50리. 가흥(可興) 서북쪽으로 처음이 25리, 끝이 35리. 앙암(仰巖) 서북쪽으로 처음이 50리, 끝이 60리. 성대양(省台陽) 서북쪽으로 처음이 30리, 끝이 50리. 금생(金生) 북쪽으로 처음이 10리, 끝이 20리. 가차산(加次山) 서북쪽으로 처음이 15리, 끝이 20리. 엄정(嚴政) 북쪽으로 처음이 30리, 끝이 60리. 산천(山天) 동북쪽으로 처음이 30리, 끝이 50리. 주유모(周柳茅) 서남쪽으로 처음이 40리, 끝이 50리. 사리포(沙里浦) 처음이 40리, 끝이 50리. 율동(栗洞) 처음이 80리, 끝이 1백 리. 덕산(德山) 본래는 덕산향(德山鄕)인데, 동남쪽으로 처음이 55리, 끝이 1백 5리. 적화현(赤火峴) 처음과 끝이 60리. ○탄촌부곡(炭村部曲)은 남쪽으로 20리. 소잉임부곡(所仍林部曲)은 동남쪽으로 65리. 상하맥곡(上下麥曲)은 서북쪽으로 45리.

【진도】 포탄진(浦灘津) 동북쪽으로 25리인데, 제천(堤川)으로 통한다. 달천진(達川津) 서남쪽으로 8리인데, 서울에서 영남으로 통하는 대로로서, 가물면 다리를 개설한다. 신당진(新塘津) 동쪽으로 25리인데, 청풍(淸風)·황강역(黃江驛)으로 통한다. 목계진(木溪津) 서북쪽으로 20리인데, 가흥(可興)에서부터 원주(原州)·제천(堤川)으로 통한다. 청룡진(靑龍津) 서북쪽으로 40리이다. 북강진(北江津) 북쪽으로 10리인데, 원주(原州)와 하연진(荷淵津)으로 통한다. 하연진 서북쪽으로 20리인데, 가흥(可興) 대로로 통한다. 가흥진(可興津) 창북(倉北)의 사잇길에 있다.

【토산】 붕어[鯽魚]·백면지(白綿紙) 중국의 세폐(歲幣)로 썼다.

【사원】 팔봉서원(八峯書院) 선조 임인년(1602)에 세웠고, 현종 임자년(1672)에 사액하였다. 이자(李耔) 자는 차야(次野), 호는 음애(陰崖), 본관은 한산(韓山)이다. 벼슬은 우참찬이었으며, 좌찬성에 추증되었다. 시호는 문의(文懿). 이연경(李延慶) 자는 장길(長吉), 호는 탄수(灘叟), 본관은 광주(廣州), 벼슬은 교리였는

데, 이조 참판에 추증되었다. 김세필(金世弼) 자는 공석(公碩), 호는 십청헌(十淸軒), 본관은 경주이다. 벼슬은 이조 참판이었는데, 이조 판서에 추증되었다. 시호는 문간(文簡). 노수신(盧守愼) 자는 관회(寬悔), 호는 소재(蘇齋), 본관은 광주(光州)이다. 벼슬은 영의정이었으며, 시호는 문의(文懿). ○ 운곡서원(雲谷書院) 현종 신축년(1661)에 세웠고, 숙종 병진년(1676)에 사액하였다. 주자(朱子)·정구(鄭逑) 자는 도가(道可), 호는 한강(寒岡), 본관은 청주이다. 벼슬은 대사헌이었는데, 영의정에 추증되었으며, 시호는 문목(文穆). ○누암서원(樓巖書院) 숙종 을해년(1695)에 세웠고, 임오년(1702)에 사액하였다. 송시열(宋時烈) 문묘에 보인다. 민정중(閔鼎重) 양주(楊州)에 보인다. 권상하(權尙夏) 자는 치도(致道), 호는 수암(遂庵), 본관은 안동(安東)이다. 벼슬은 좌의정, 시호는 문순(文純). 정호(鄭澔) 자는 중순(仲淳), 호는 문암(文巖), 본관은 영일(迎日)이다. 벼슬은 영의정이었으며, 시호는 문경(文敬) ○충렬사(忠烈祠) 달천(達川)에 있는데, 숙종 정축년(1677)에 세웠으며, 영종(英宗) 정미년(1727)에 사액하였고, 어제비(御製碑)가 있다. 임경업(林慶業) 자는 영백(英伯), 본관은 평택(平澤)이며, 벼슬은 지중추부사였는데, 좌찬성을 추증하였다. 시호는 충민(忠愍)이다. 화상(畫像)이 있다.

【성지】 천용산 고성(天龍山古城) 봉황성(鳳凰城)이라고도 한다. 둘레는 6천 1백 21척이며, 우물이 하나 있다. 장미산 고성(薔薇山古城) 유적(遺跡)이 있다.

【영아】 후영(後營) 인조조(仁祖朝)에 두었다. ○후영장(後營將) 한 사람. ○속읍(屬邑)은 충주·청풍·단양·괴산·연풍·제천·영춘·음성이다.

본군 양진창(楊津倉) 숙종 12년(1686)에 양진(楊津)의 동쪽에 세웠다가 16년에 읍내로 옮겨 세우고 군량(軍糧)을 저장했다. 동창(東倉) 동남쪽 10리. 청풍과의 경계이다. 남창(南倉) 남쪽 40리이다. 북창(北倉) 북쪽 10리. 금천(金遷)의 북안(北岸)이다. 내창(內倉) 서북쪽 30리.

李重煥,『擇里志』, 八道總論, 忠淸道(충주)

충주는 청주의 동북쪽 100여 리 지점에 있다. 청주에서 청안의 유령을 넘고 괴산을 지난 다음, 달천을 건너면 충주읍이 되는데 한양에서 동남쪽으로 300리 거리이다. 속리산 아홉 돌림 여덟 굽이의 물이 북쪽으로 청주 산동에서 와서 청천이 되고, 괴산에 이르러서는 괴강이 되며, 충주읍에 와서는 달천이라 부른다. 다시 북쪽으로 금천 앞에 이르러 청풍강과 합류한다. 임진년에 명나라 장수가 달천을 건너다가 물맛을 보고 중국 여산의 수렴과 같다고 하였다.

읍이 한강 상류에 있어 물길로 왕래하기가 편리하여 예부터 서울 사대부들이 여기에 살 곳을 많이 정하였다.

달천에서 물을 거슬러 남쪽으로 가면 괴강에 이르고, 다시 동쪽으로 거슬러 가면 청풍에 이르는데, 사대부의 정각이 많고 의관 차린 사람이 모이며, 배와 수레가 모여든다. 또 국도의 동남방에 위치하여, 한 고을에서 과거에 오른 사람이 많기로는 팔도 여러 고을 중 첫째여서 이름난 도회라 부르기에 족하다.

그러나 경상도에서 서울 가는 길이, 좌도에서는 죽령을 지나 이 읍에 통하고, 우도에서는 조령을 지나 이 읍과 통한다. 두 고개의 길이 모두 이 읍에 모여, 물길 또는 육로로 한양과 통한다. 읍이 경기도와 영남과 왕래하는 길의 요충에 해당되므로 유사시에는 반드시 설로 점령하려는 곳이 도리 것이다. 실제로 온 나라의 한복판으로 중국의 형주·예주와 같다. 이 때문에 임진년에 신립이 왜적에게 패한 곳도 이 지방이었다. 그리하여 평상시에도 살기가 하늘을 찌르며 해가 빛이 없다. 지세가 서북쪽으로 쏟아지듯 하여 정기가 머물러 쌓이지 않으므로, 부유한 자가 적고 백성은 많아 항상 구설이 많고 경박하여 살 만한 곳이 못 된다. 그러나 이것은 읍만을 논한 것이다.

충주읍에서 서쪽으로 달천을 건너면 속리산이고, 이 산에서 북쪽으로 뻗은 한 가지가 음성현 서편에 우뚝하게 솟아 가섭산·부용산이 되었다. 다시 여기에서 뻗은 맥이 하나는 금천에서 그쳤고, 다른 하나는 가흥에서 그쳤으며, 나머지 산기슭은 달천 서쪽에 빙 돌아 있다. 땅은 오곡과 목화 가꾸기에 알맞고 토질이 아주 기름지다. 산골 사이에 마을이 섞여 있고 부유한 자도 많다.

그 중에서도 금천과 가흥이 가장 번성하다. 금천은 두 강이 마을 앞에서 합친 다음, 마을을 둘러 북편으로 흘러 나가므로 동남쪽으로 영남의 물화를 받아들이고, 서북쪽으로는 한양과 생선 및 소금을 교역하는 민가가 빗살처럼 촘촘하여, 한양의 여러 강 마을과 흡사하다. 배의 고물과 이물이 잇닿아 하나의 큰 도회가 되었다. 가흥은 금천 서편 10여 리 지점에 있다. 강이 동남쪽에서 서북쪽으로 흘러가고, 마을은 남쪽 언덕에 있다.

부용산 한 가지가 강을 거슬러 우뚝하게 솟아 장미산이 되었는데, 이 산이 가흥의 주산이다. 나라에서 여기에 창을 두고 고개 남쪽의 경상도 일곱 고을과, 고개 북쪽의 충청도 일곱 고을의 세곡을 거두고 수운판관을 시켜 뱃길로 서울까지 실어 나른다. 주민은 객주업으로 미곡을 출납할 때 간여하여 이문을 노리며, 가끔 횡재하는 수도 있다. 두 마을에는 과거에 올라 높은 벼슬을 지낸 사람의 집도 많다.

가섭산 일대 너머 속리산에서 서쪽으로 뻗은 맥을 소속리산이라 부른다. 여기에서 다시 한 가지가 거슬러 뻗어서 옥장·팔성 등의 산이 되고 말마리에서 그쳤는데, 바로 기묘 연대의 명현이었던 십청 김세필이 벼슬에서 물러나 살던 곳이다. 자손이 지금까지 대를 이어 살며 민가가 수백 호이고 모두 넉넉하게 산다.

마을 앞에 큰 냇물이 있어 관개하므로 논에는 1묘에 1종을 거두는 곳이 많아 예부터 흉년 드는 해가 적다. 한양과 가까운 200리 거리이며, 또 물길로는 여주와 통하여 참으로 살 만한 곳이다. 지방 사람들은 금천·가흥·말마리와 강 북쪽에 있는 내창을 충주의 사대촌이라 한다.

읍에서 서북쪽으로 7리쯤 되는 곳에 작은 산 하나가 두 강물이 합치는 곳의 안쪽에 솟아 있다. 신라 때 우륵 선인이 가야금을 타던 곳으로 탄금대라 부른다. 탄금대에서 강을 건너 북쪽으로 가면 북창인데 강을 임한 바위의 경치가 좋다. 창 서쪽은 기묘 연대의 명현이었던 탄수 이연경이 살던 곳이다. 자손 10대에 끊임없이 과거에 합격하자 남들이 강가에 있는 좋은 터라 하였다. 강을 따라 서쪽에 있는 월탄은 홍 씨들이 사는 곳이고, 그 서쪽은 하담인데 고 판서 김시양이 살던 곳이다.

또 그 서쪽은 목계인데, 여기가 강 하류여서 생선배와 소금배가 정박하고 외상 거래도 하는 곳이다. 동해의 생선과 영남 산골의 화물이 모두 여기에 집산되므로 주민은 모두 사고팔고 하는 일에 종사하여 부유하다. 목계 서편은 청룡사 골판이며 서쪽으로 원주와 경계가 맞닿았다. 동쪽으로는 북창에서, 서쪽으로는 청룡사까지를 아울러 강북 여러 마을이라 부른다. 비록 강을 임한 경치는 좋지만 모두 땅이 메말라 큰 강 남쪽에서 달천 서쪽까지의 기름진 땅에는 미치지 못한다.

목계에서 북쪽으로 10리 지점에 있는 내창촌은 천 년 동안 이름난 마을이다. 산중에 들판이 틔어서 바람기가 조용하고, 땅이 매우 넓어 여러 대를 사는 사대부들이 많다. 동쪽은 월은령과 맞닿았는데 영 동쪽은 바로 제천과의 경계이다.

찾아보기